U0454159

论经济结构对策

孙尚清 - 主编
张卓元　蔡中杰　陈吉元 - 副主编

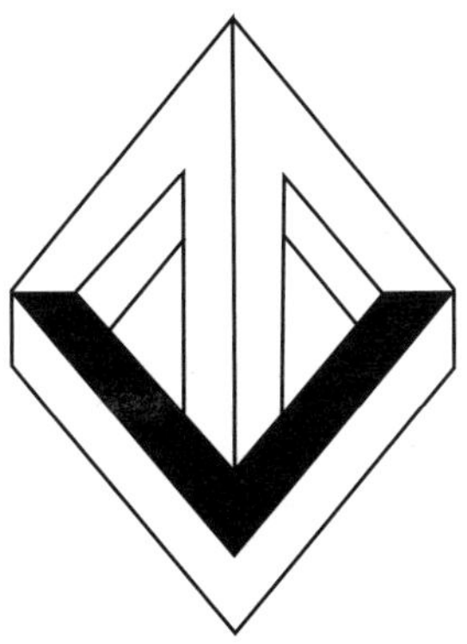

ON THE COUNTERMEASURE OF ECONOMIC STRUCTURE

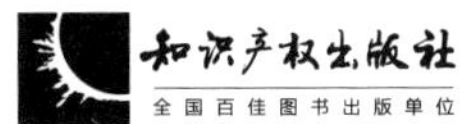

图书在版编目（CIP）数据

论经济结构对策 / 孙尚清主编 . —北京 : 知识产权出版社，2019.6
ISBN 978-7-5130-6288-6

Ⅰ. ①论… Ⅱ. ①孙… Ⅲ. ①经济结构—对策—研究—中国
Ⅳ. ① F121

中国版本图书馆 CIP 数据核字（2019）第 103376 号

内容提要

本书针对中国经济结构中存在的多个特别重要的问题包括经济发展战略目标、产业结构、技术结构、教育科学结构、就业结构、企业规模与组织结构、地区结构、积累消费结构、投资结构、消费结构、国际交换和所有制结构等，进行了深入的研究，并提出了相应的对策建议。

总 策 划：王润贵　　**项目负责：**蔡　虹
套书责编：蔡　虹　石红华　　**责任校对：**谷　洋
本书责编：石红华　　**责任印制：**刘译文

论经济结构对策

孙尚清　主编
张卓元　蔡中杰　陈吉元　副主编

出版发行：知识产权出版社有限责任公司　　**网　　址：**http：//www.ipph.cn
社　　址：北京市海淀区气象路 50 号院　　**邮　　编：**100081
责编电话：010-82000860 转 8130　　**责编邮箱：**shihonghua@sina.com
发行电话：010-82000860 转 8101/8102　　**发行传真：**010-82000893/82005070/82000270
印　　刷：三河市国英印务有限公司　　**经　　销：**各大网上书店、新华书店及相关专业书店
开　　本：787mm × 1092mm　1/32　　**印　　张：**16.625
版　　次：2019 年 6 月第 1 版　　**印　　次：**2019 年 6 月第 1 次印刷
字　　数：430 千字　　**定　　价：**78.00 元

ISBN 978-7-5130-6288-6

本书编委会成员

主　编： 孙尚清

副主编： 张卓元　蔡中杰　陈吉元

编　委： 汪海波　陈胜昌　冒天启　魏加宁

出版说明

知识产权出版社自1980年成立以来，一直坚持以传播优秀文化、服务国家发展为己任，不断发展壮大，影响力和竞争力不断提升。近年来，我们大力支持经济类图书尤其是经济学名家大家的著作出版，先后编辑出版了《孙冶方文集》《于光远经济论著全集》《刘国光经济论著全集》和《苏星经济论著全集》等一批经济学精品力作，产生了广泛的社会影响。受此激励和鼓舞，我们和孙冶方基金会携手于2018年1月出版《孙冶方文集》之后，又精选再版孙冶方经济科学奖获奖作品。

"孙冶方经济科学奖"是中国经济学界的最高奖，每两年评选一次，每届评选的著作奖和论文奖都有若干个，评选的对象是1979年以来的所有公开发表的经济学论著。其获奖成果基本反映了中国经济科学发展前沿的最新成果，代表了中国经济学研究各领域的最高水平。这次再版的孙冶方经济科学奖获奖作品，是我们从孙冶方经济科学奖于1984年首次评选到2017年第十七届共评选出的获奖著作中精选的20多部作品。这次再版，一方面是为了缅怀和纪念中国卓越的马克思主义经济学家和中国经济改革的理论先驱孙冶方同志；另一方面有助于系统回顾和梳理我国经济理论创新发展历程，对经济学同人深入研究当代中国经济学思想史，在继承基础上继续推动我国经济学理论创新、更好构建中国特色社会主义政治经济学都具有重要意义。

在编辑整理"孙冶方经济科学奖获奖作品选"时，有几点说明如下。

第一，由于这20多部作品第一版时是由不同出版社出版的，所以开本、版式、封面和体例不太一致，这次再版都进行了统一。

第二，再版的这20多部作品中，有一部分作品这次再版时作者进行了修订和校订，因此与第一版内容不完全一致。

第三，大部分作品由于第一版时出现很多类似“近几年”“目前”等时间词，再版时已不适用了。但为了保持原貌，我们没有进行修改。

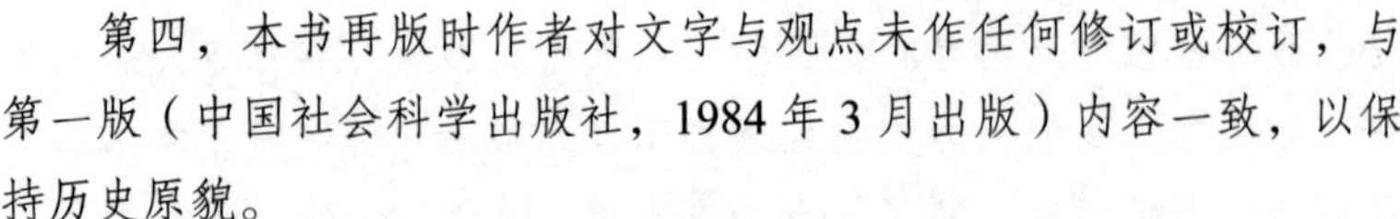

第四，本书再版时作者对文字与观点未作任何修订或校订，与第一版（中国社会科学出版社，1984年3月出版）内容一致，以保持历史原貌。

在这20多部作品编辑出版过程中，孙冶方经济科学基金会的领导和同事对本套图书的出版提供了大力支持和帮助；86岁高龄的著名经济学家张卓元老师亲自为本套图书作了思想深刻、内涵丰富的序言；这20多部作品的作者也在百忙之中给予了积极的配合和帮助。可以说，正是他们的无私奉献和鼎力相助，才使本套图书的出版工作得以顺利进行。在此，一并表示衷心感谢！

知识产权出版社
2019年6月

序　言

张卓元

知识产权出版社领导和编辑提出要统一装帧再版从1984年起荣获孙冶方经济科学奖著作奖的几十本著作，他们最终精选了20多部作品再版。他们要我为这套再版著作写序，我答应了。

趁此机会，我想首先简要介绍一下孙冶方经济科学基金会。孙冶方经济科学基金会是为纪念卓越的马克思主义经济学家孙冶方等老一辈经济学家的杰出贡献而于1983年设立的，是中国在改革开放初期最早设立的基金会。基金会成立36年来，紧跟时代步伐，遵循孙冶方等老一辈经济学家毕生追求真理、严谨治学的精神，在经济学学术研究、政策研究、学术新人发掘培养等方面不断探索，为繁荣我国经济科学事业做出了积极贡献。

由孙冶方经济科学基金会主办的“孙冶方经济科学奖”（著作奖、论文奖）是我国经济学界的最高荣誉，是经济学界最具权威地位、最受关注的奖项。评奖对象是改革开放以来经济理论工作者和实际工作者在国内外公开发表的论文和出版的专著。评选范围包括：经济学的基础理论研究、国民经济现实问题的理论研究，特别是改革开放与经济发展实践中热点问题的理论研究。强调注重发现中青年的优秀作品，为全面深化改革和经济建设，为繁荣和发展中国的经济学做出贡献。自1984年评奖活动启动以来，每两年评选一次，累计已评奖17届，共评出获奖著作55部，获奖论文175篇。由于孙冶方经济科学奖的评奖过程一直是开放、公开、公平、公正的，在作者申报和专家推荐的基础上，由全国著名综合性与财经类大学经济院系和中国社会科学院经济学科领域研究所各推荐一名教授组成的初评小组，进行独立评审，提出建议入围的论著。然后由基金会评奖委员会以公开讨论和无记名投票方式，以简单多数选定获奖作品。最近几届的票决结果还要进行公示后报基金会理事会最终批准。因此，所有获奖论著，都是经过权威专家几轮认真的公平公正的评审筛选后确定的，因此这些论著可以说代表着当时中国经济学研究成果的最高水平。

作为17届评奖活动的参与者和具体操作者，我不敢说我们评出的获奖作品百分之百代表着当时经济学研究的最高水平，但我们的确是尽力而为，只是限于我们的水平，肯定有疏漏和不足之处。总体来说，从各方面反映来看，获奖作品还是当时最具代表性和最高质量的，反映了改革开放后中国经济学研究的重大进展。也正因为如此，我认为知识产权出版社重新成套再版获奖专著，是很有意义和价值的。

首先，有助于人们很好地回顾改革开放40年来经济改革及其带来的经济腾飞和人民生活水平的快速提高。改革开放40年使中国社会经济发生了翻天覆地的变化。贫穷落后的中国经过改革开放30年的艰苦奋斗于2009年即成为世界第二大经济体，创造了世界经济发展历史的新奇迹。翻阅再版的获奖专著，我们可以清晰地看到40年经济奇迹是怎样创造出来的。这里有对整个农村改革的理论阐述，有中国走上社会主义市场经济发展道路的理论解释，有关于财政、金融、发展第三产业、消费、社会保障、扶贫等重大现实问题的应用性研究并提出切实可行的建议，有对经济飞速发展过程中经济结构、产业组织变动的深刻分析，有对中国新型工业化进程和中长期发展的深入研讨，等等。阅读这些从理论上讲好中国故事的著作，有助于我们了解中国经济巨变的内在原因和客观必然性。

其次，有助于我们掌握改革开放以来中国特色社会主义经济理论发展的进程和走向。中国的经济改革和发展是在由邓小平开创的中国特色社会主义及其经济理论指导下顺利推进的。中国特色社会主义理论体系也是在伟大的改革开放进程中不断丰富和发展的。由于获奖著作均系经济理论力作，我们可以从各个时段获奖著作中，了解中国特色社会主义经济理论是怎样随着中国经济市场化改革的深化而不断丰富发展的。因此，再版获奖著作，对研究中国经济思想史和中国经济史的理论工作者是大有裨益的。

再次，有助于年轻的经济理论工作者学习怎样写学术专著。获奖著作除少数应用性、政策性强的以外，都是规范的学术著作，大家可以从中学到怎样撰写学术专著。获奖著作中有几套经济史、经济思想史作品，都是多卷本的，都是作者几十年研究的结晶。我们在评奖过程中，争议最少的就是颁奖给那些经过几十年研究的上乘成果。过去苏星教授写过经济学研究要“积之十年”，而获奖的属于经济史和经济思想史的专著，更是积之几十年结出的硕果。

是为序。

2019 年 5 月

实现战略目标的若干基本经济结构对策

（代序言）

孙尚清

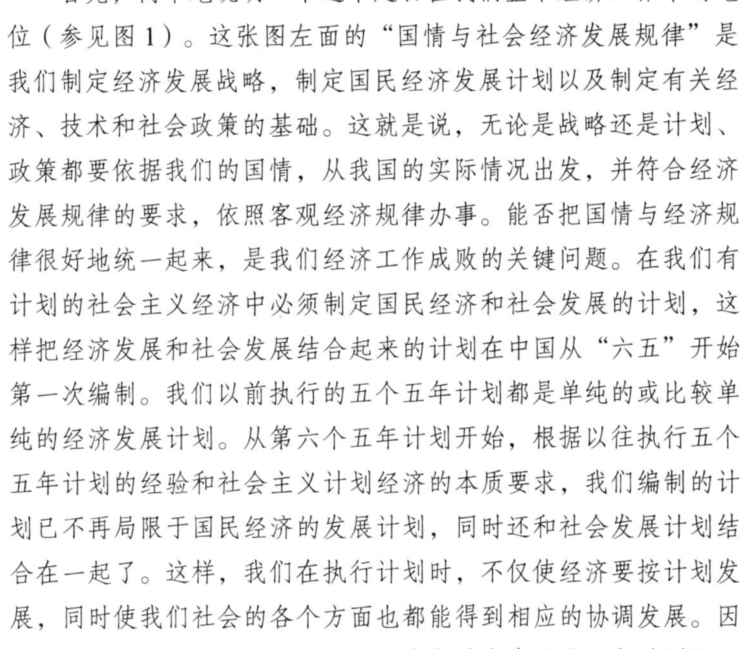

首先，简单地说明一下这个题目在我们整个经济工作中的地位（参见图 1）。这张图左面的“国情与社会经济发展规律”是我们制定经济发展战略，制定国民经济发展计划以及制定有关经济、技术和社会政策的基础。这就是说，无论是战略还是计划、政策都要依据我们的国情，从我国的实际情况出发，并符合经济发展规律的要求，依照客观经济规律办事。能否把国情与经济规律很好地统一起来，是我们经济工作成败的关键问题。在我们有计划的社会主义经济中必须制定国民经济和社会发展的计划，这样把经济发展和社会发展结合起来的计划在中国从“六五”开始第一次编制。我们以前执行的五个五年计划都是单纯的或比较单纯的经济发展计划。从第六个五年计划开始，根据以往执行五个五年计划的经验和社会主义计划经济的本质要求，我们编制的计划已不再局限于国民经济的发展计划，同时还和社会发展计划结合在一起了。这样，我们在执行计划时，不仅使经济要按计划发展，同时使我们社会的各个方面也都能得到相应的协调发展。因此，第六个五年计划叫作“国民经济和社会发展的五年计划”。这样的计划应当包括战略目标、战略步骤、战略重点、综合平

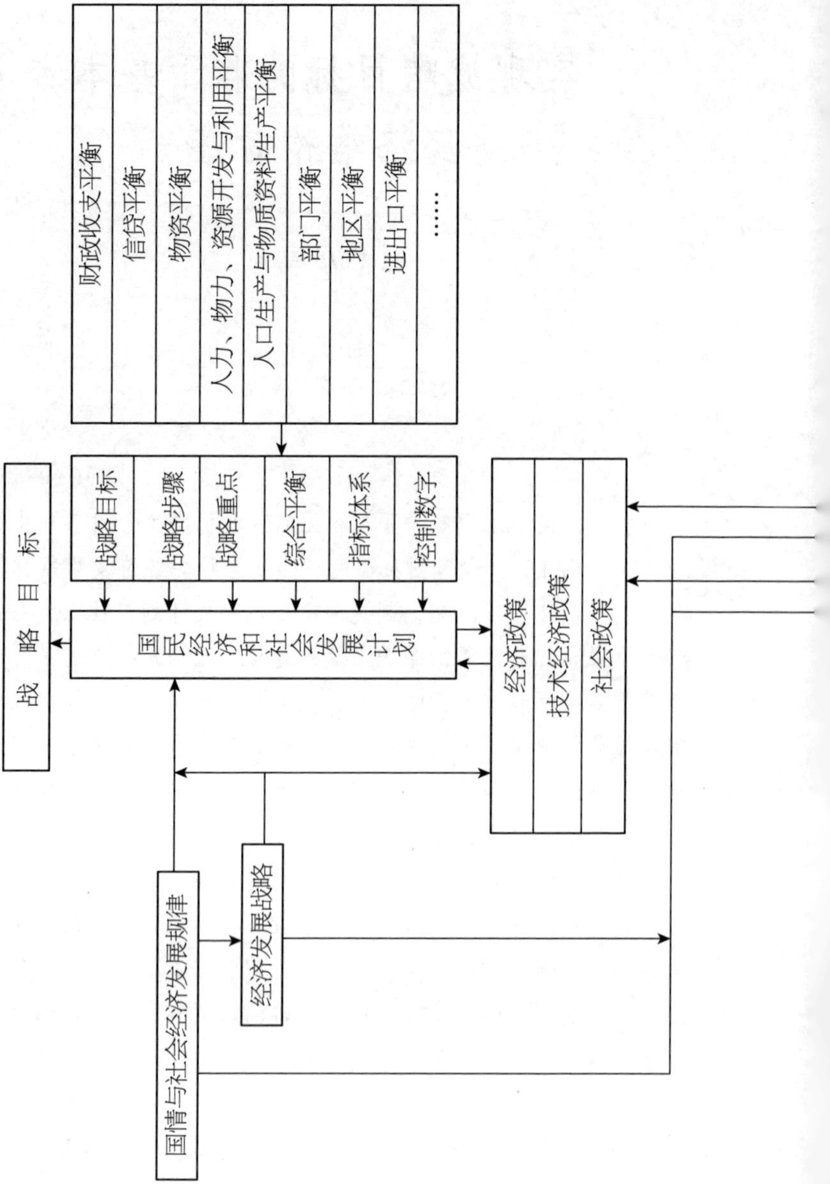

财政收支平衡
信贷平衡
物资平衡
人力、物力、资源开发与利用平衡
人口生产与物质资料生产平衡
部门平衡
地区平衡
进出口平衡
……

战略目标
战略步骤
战略重点
综合平衡
指标体系
控制数字

国民经济和社会发展计划

战略目标

经济政策
技术经济政策
社会政策

经济发展战略

国情与社会经济发展规律

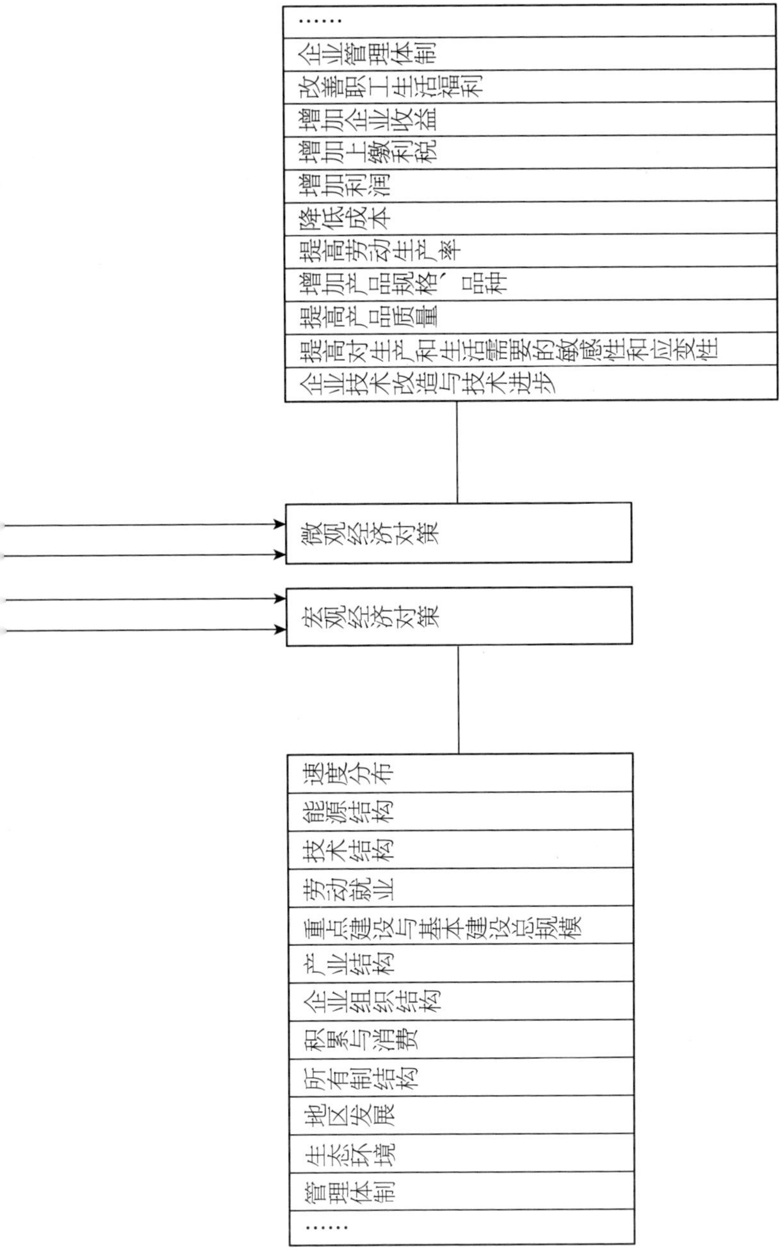

……
企业管理体制
改善职工生活福利
增加企业收益
增加上缴利税
增加利润
降低成本
提高劳动生产率
增加产品规格、品种
提高产品质量
提高对生产和生活需要的敏感性和应变性
企业技术改造与技术进步

微观经济对策

宏观经济对策

速度分布
能源结构
技术结构
劳动就业
重点建设与基本建设总规模
产业结构
企业组织结构
积累与消费
所有制结构
地区发展
生态环境
管理体制
……

图 1

衡、指标体系和控制数字等。战略目标一旦确定下来，它就会上升为全社会各方面工作围绕的中心，并且都要为它的实现服务。因此，实现战略目标是同我们完成国民经济和社会发展计划相一致的，而不是另外一码事。为了完成国民经济和社会发展的计划，需要有经济政策，需要有技术经济政策，还需要有其他方面的社会政策。所有这些政策可以大体上区分为宏观和微观两个方面。微观方面的政策主要是那些企业范围内和一些局部性的政策，宏观经济政策指的是全社会从总体上考虑所制订的涉及全局的政策。无论是宏观的还是微观的，都是为实现战略目标或实现国民经济和社会发展计划服务的，因此，政策在这里表现为达到战略目标、完成国民经济和社会发展计划的手段。

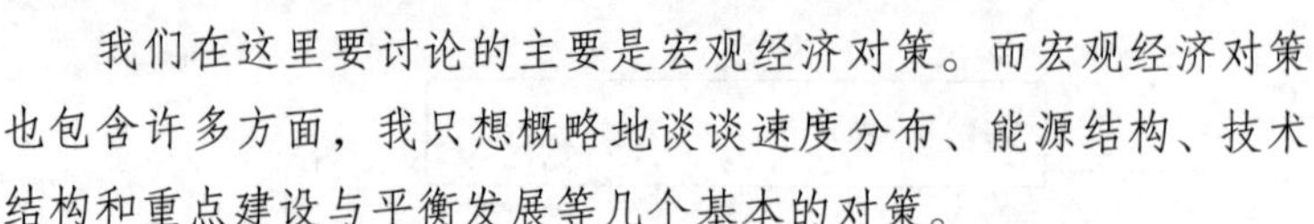

我们在这里要讨论的主要是宏观经济对策。而宏观经济对策也包含许多方面，我只想概略地谈谈速度分布、能源结构、技术结构和重点建设与平衡发展等几个基本的对策。

十二大提出20世纪末的战略目标，要求在不断提高经济效益的前提下实现工农业年总产值翻两番，人民生活达到小康水平。这个目标提出后引起了外国经济学家的广泛注意和评论。大体上是三种看法。一种意见认为我们这个目标提得比较高，离我们实际的可能性比较远，因此很难达到；另一种意见认为我们的战略目标是宏伟的，实现这个战略目标有许多困难，但中国有完成这个目标的潜力，只要经过努力，政策对头，这个目标是可能实现的；第三种意见认为，没有充分的资料来判断能否实现，不敢作肯定或否定的评论。我们国内绝大多数经济学家普遍认为十二大提出的战略目标是根据我国的具体情况出发的，考虑到我们未来发展的可能性，这个目标既是宏伟的，又是经过努力可以实现的。实现这个战略目标的关键是，必须有正确的对策。没有正确的对策，战略目标就可能落空；有了正确的对策，经过努力就可能实现。

关于速度分布对策

我们的战略目标是工农业年总产值翻两番。有些同志提出为什么选工农业年总产值这个指标？我们认为选用这个指标比较符合我国的现实情况。大家知道，社会产品千千万万，用实物指标来规划我们的发展目标，事实上是不可能的。不能开一张很长很长的单子，列出几十种、几百种，甚至成千上万种产品到20世纪末要达到的产量，即使这样做也不可能给人们一个总的概念。从理论上说，使用价值是千差万别的，加不起来。一个茶杯和一个暖水瓶怎么加总呢？只有根据价值，表现为货币额，才可以加起来。因此，中国和外国一样，在规划自己的发展目标时，一般都是采用价值指标而不是实物指标。比如，西方国家通常采用的国民生产总值就是一种价值指标。不过，我们的总产值指标虽属价值指标，但它实际上可以代表实物，用不变价格计算的总产值增长率能反映实物量的增长。由于我国的统计传统上就把工农业年总产值作为一个重要的指标，所以在这方面我们的统计基础比较好，统计数字也比较准确。当然，我们还可以考虑采用社会总产值指标，就是除工农业以外，把交通运输、建筑、商业这几个物质生产部门也都加在一起，它们的产值合起来就成了社会总产值。但是，社会总产值从发展速度来看，根据统计经验，它与工农业总产值差不多。因为工业在几个物质生产部门中增长速度相对地最快，农业在五大物质生产部门中增长速度相对最慢，工农业又是国民经济中最重要的同时又是比重最大的两个部门，把发展最快的和最慢的两个部门合在一起，其增长速度与五大物质生产部门加在一起的增长速度大体上差不多。我们中国以及苏联和东欧国家的经验大体上都是如此。所以，采用工农业总产值指标，既考虑到我们以往计划指标的基础和习惯，又考虑到工农业是社会两个最基本最重要的物质生产部门。

下面，针对外国某些报道中把有关概念有时搞混的情况作些解释。西方国家通常采用国民生产总值即GNP，用以表示经济的增长。这个国民生产总值与我国的工农业总产值的差别很大，它包括全社会各行各业的各种收入。既包括我们所说的物质生产部门的收入，也包括非物质生产部门的收入和从国外取得的纯收入。还包括国家公务人员和军警的收入，房主出租房子所得的房租和地主出租土地所得的地租。而我们的工农业总产值不仅局限于物质生产领域，而且在五大物质生产部门中也仅是工业与农业两个部门。所以，我们的工农业总产值不仅在范围上比国民生产总值小，而且其所代表的物质内容和国民生产总值也有很大差别。

外国的一些报道中有时把工农业总产值与国民收入混为一谈，说中国的国民收入要翻两番，这也是概念上的混乱。我们知道，工农业总产值也不能等于国民收入。我们的国民收入是五大物质生产部门一年中新创造的价值之和，是社会物质生产部门总产品 c+v+m 中的 v 和 m 两个部分。社会总产品中物质消耗的部分，即价值转移的部分不包括在内。另外，它与西方国家的国内生产总值（GDP），即从 GNP 中扣除从国外取得的各项纯收入，也是不同的。

关于翻两番，前一个时期外国报刊的报道也很乱，有的说是增长两倍，有的说是增长三倍，有的说是增长四倍。按照我们的习惯说法，翻两番就是增长三倍，就是增长到四倍，这也就是两个倍增。第一个倍增是在1980年的工农业总产值基础上增加一倍，然后在这个基础上再来一个倍增。所以，翻两番、增长三倍、增长到四倍、两个倍增都是一个意思。

我们实现工农业年总产值翻两番不是单纯的量的增加，十二大报告中提出要在不断提高经济效益的前提下来实现这个目标。不断提高经济效益这个前提非常重要，这体现着我们是把速度和效益统一起来考虑的，为了避免单纯追求工农业总产值的增长速度，就必须把提高经济效益作为前提。

我们要从 1980 年工农业年总产值 7195 亿元，到 2000 年增长到 28 780 亿元（均按 1980 年不变价计算，参见图 2）。

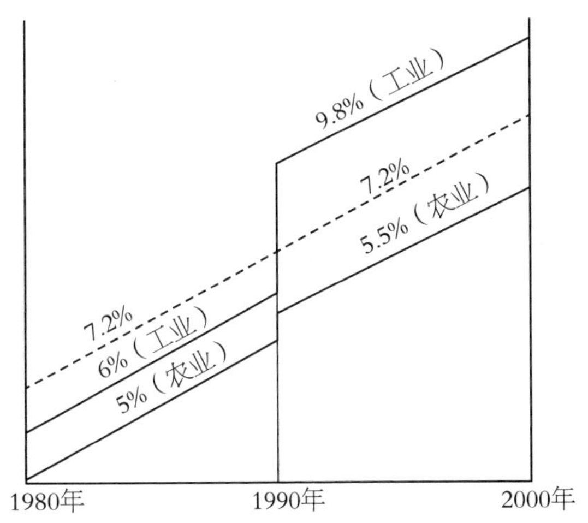

图 2　工农业年总产值翻两番速度示意图

图 2 是理论的示意图，它表示到 2000 年工农业年总产值翻两番，每年平均增长速度或者叫每年递增应当是 7.2%。这是一种理论上的速度。下面我们要从实际出发，不断地加进一些因素来修正这个理论速度，用以说明速度分布的复杂性。

第一个因素，我们应考虑到十二大规定的战略步骤。实现战略目标的二十年划分为两个十年，要求在前十年打好基础，准备好条件，因此前十年的增长速度不能太高，要扎扎实实地把我们的经济进一步调整好，以便为后十年的经济振兴打好基础，做好准备。后十年我国的国民经济要出现一个新的飞跃。为此，前十年的速度一般应低于理论上的平均速度（7.2%），后十年的增长速度就应快于前十年。我们假定，前十年每年递增 6.4%，那么，相应地后十年每年就必须递增 8%。这就是说，引进两个战略步骤的因素，理论上的速度就不能不作出修正，这实际上是逐步具体化。

第二个因素，我们还要考虑到工农业两个部门的特点。工业和农业是不同的两个物质生产部门。农业直接向自然界索取财富，因此它受自然力的影响就比工业大得多。天气变化、气候是否正常对农业有决定性意义。一片麦子丰收在望，一场天灾就可以化为乌有。而工业相对地说抵御自然影响的能力要强得多，因而受自然力的影响就小。一般地说，工业有厂房，天气不好对生产影响不大。当然特别大的自然灾害如泥石流、洪水或大地震对工业也有很大影响，受自然力影响大小是相对而言的。农业的增长速度不仅在中国，外国也一样，一般都要低于工业。假定我国农业前十年以 5% 的速度递增，那么后十年就要高一些，但也不能太高，不妨假定达到 5.5% 的平均增长率。这种假设并不是毫无根据和随意的，而是考虑到了我们的经验和实际的各种可能性。我国从 1953 年到 1980 年这 28 年中，农业每年的平均增长速度是 3.4%。第六个五年计划规定的农业增长速度是“保四争五”即 4%~5% 的速度。“六五”计划规定的速度和我们假定的增长率，都超过了我们过去 28 年中农业的平均增长速度，所以，上述假定的农业增长速度就不能说很低了。大家知道，1982 年我国农业的增长速度曾达到 11%，但它是实行农业生产责任制使农村中蕴藏的潜力得到很大发挥的结果。我们制订长期计划，不能仅仅以一两年的情况作为根据。过去，我们对农业生产关系的处理有“左”的毛病，压抑了农民的积极性，使农业生产力发展迟缓。三中全会以后，由于陆续实行了各种形式的责任制，农民的积极性提高了，农业生产力有一个飞跃，这是正常的。近两年农业的发展情况是令人鼓舞的，但我们制订长期计划不应以一两年的情况为根据，而必须考虑多方面的情况和各种各样的可能性，不能以个别年份突然增高的增长率为基础。另外，现在我国统计上农业总产值内还包括队办工业，社办工业已划到工业产值里去了，队办工业还一直属于农业产值。因此，队办工业的发展也会使农业总产值增大。但严格说来，农业总产值只能包括那些农产

品的初级加工和那些与农业有紧密联系的工业。从理论上讲，工业的产值应当是工业产品的产值，农业的产值就是农产品（广义的）的产值。但是在统计上一下子变过来还很困难，我们现在的统计基本上还是手工方式，基层的统计人员有许多未经过专业训练，把统计口径一下改变，事实上也很难做到。现在，生产队搞的什么自行车链条加工厂，什么城镇工业需要的零部件生产，什么玩具的生产，统统算作农业的产值，实在不大科学，因为它与农业毫无关系。

再看看工业方面。如果我国的农业假定前十年每年递增5%，后十年递增5.5%，那么工业在20年内每年就应当递增7.9%，而不是7.2%了。考虑到战略步骤，假定工业前十年按6%的递增率，那么后十年就要有9.8%的递增率。这样，工业才能达到7.9%的平均增长率。如果把后十年再分为两步，第一步1953—1995年，即第八个五年计划期间，假定工业是9.5%的年增长率，那么第九个五年计划（1996—2000年）则应是9.9%的年增长率。这样的工业增长率是否保守？我国1953—1980年工业的平均增长速度是10.8%，上述设想的速度略低于这个速度。为什么我们要按略低于这个速度来设想呢？主要是过去我们工业发展速度虽快，但经济效益不高。十二大的战略目标要求我们在提高经济效益的前提下实现翻两番，因此我们必须把效益和速度统一起来考虑，根据我们以往的经验，工业的增长速度如果订得过高，势必使企业拼命地赶速度，从而影响或降低效益。同时，还应考虑到在我国现行的经济管理体制下，搞速度比较容易，而提高效益却难得多，我们把速度订得低一点是比较有利的。虽然从目前的情况看，比如1982年我国工业总产值增长7.7%，工农业总产值增长9.2%，这个速度大大超过了我们计划规定的“保四争五”。但在调整时期，出现这种情况要比订高指标完不成计划的情况好得多，因为这就使我们有可能在提高效益上下功夫。在考虑长远发展速度时，我们也不要因为个别年份大大高于计划的速度就轻易改变计划。正因如此，中央还是重申“六五”期间的计划速度不变。从实践上看，我们有些企业还是习惯于搞产值，也就是搞速度。其实在某些条件下，速度搞得那么高也未必都是好事，生产出来的东西卖不出去，压在仓库里，或者质量不好，消耗很高，即使卖出去社会效益也不能提高，这就是所谓速度中的“水分”。据估计，1982 年的这种水分不小于 1% 的速度。我们要提高效益，就要消灭速度中的水分。以上是说，我们从工农业两个部门的特点来考虑，也必须对理论上的速度做出相应的修正。

第三个因素，考虑工农业内部各个行业和产品结构的差异。比如，我们在上面是把农业作为一个整体来考虑速度的，实际上农业中有种植业、林业、渔业、牧业、副业和队办工业。在种植业中又有各种粮食作物、经济作物等等。它们的发展不可能按照一个速度来进行。又比如，工业中有重工业，重工业中又有机械工业、钢铁工业、化学工业、电子工业、石油工业、煤炭工业等等，这些重工业行业也不能齐步走，发展的速度不可能都一样。工业还包括轻工业，其中又有自行车、手表、造纸、纺织、塑料制品、日用陶瓷等等，它们的增长率也不可能都一样。以上的说明实际上还是相当笼统的，还未说到产品结构问题。例如，机械工业包括各种各样的机械制造业，汽车还包括各种载重车和乘用车等。为了使社会经济平衡发展，取得较大效益，速度的分布将具体地变成一幅错综复杂的图画，而不会像图 2 那样整齐了，就是说，把实际情况考虑进去后，速度分布的图形就不像理论示意图那样简明了。

速度分布对策，就是要求从宏观上把主要产品、主要行业和主要部门的增长速度作一个合理的分布。资本主义国家做不到这一点，我们应当而且可以做到，因为我们是社会主义经济制度，公有制在本质上就要求计划性。我们只有科学地规定各主要部门、行业和各种主要产品合理的增长速度，才能使我们在实现战略目标的同时，使经济结构逐步合理化，经济效益不断提高。

在讲速度分布对策时，我抛开了非物质生产部门，事实上，不能设想物质生产部门的发展可以离开非物质生产部门的相应发展。社会发展中在各方面都有一种相互联系、相互制约、相互促进的关系。例如，随着经济的发展，要求人才有计划地培养和供给，科学（包括社会科学）也要发展，卫生、体育也都要相应发展，为生产服务和为生活服务的各种服务行业也要发展。

在制订速度分布对策时，我们认为应当遵循以下三个原则：

第一，实现目标的原则。这就是说速度的分布一定要有目的，到20世纪末工农业年总产值翻两番，这是一个实实在在的目标。这个目标的提出是经过各方面比较充分的论证和计算的，所以说是比较切合我国实际，经过努力有可能实现的。速度分布就要体现这个目标的要求。第二，提高效益的原则。“十二大”文件上已说得清清楚楚，我们要在不断提高经济效益的前提下实现工农业年总产值翻两番。因此，我们不能把实现目标当作前提，然后“兼顾”效益，而应当把效益和速度统一起来。当效益和速度发生矛盾时，应该是速度服从效益，而不是相反。贯彻这个原则是与我们过去三十年的习惯格格不入的。所以，不仅在管理制度上，而且在我们的思想上，要有一个变革和提高。我们过去惯于以搞速度为主，只要达到某种速度就报喜，当效益和速度发生矛盾时，很少把效益放在首位，所以说重效益是三中全会后经济发展新道路的核心问题。第三，综合平衡的原则。综合平衡是我们提高经济效益的基础。经济发展无论是在宏观上还是在微观上都应当保持平衡，否则经济效益就不可能提高，因为各部门各行业的各种产品在客观上存在一种相互制约的关系，要求保持适当的比例。这种比例有的决定于经济发展的要求，有的取决于技术，如炼多少钢需要多少焦炭，随着经济发展和技术进步，这个比例也会变。但在一定的经济技术水平下，这种比例是一定的。如果我们不能自觉地保持社会生产的基本比例关系，生产很多没有需要或需要很少的产品，而有些需要很多的产品却生产很少，这样当然就不会有什么经济效益。翻两番本身是一个速度指标，这就容易把人们的注意力吸引到速度上来。我们要防止丢掉效益这个“前提”，也要防止丢掉“基础”，即保持综合平衡。

“文革”前理论界曾热烈讨论过速度和比例的相互关系问题，实质上是谁服从谁的问题。今天看来，这个问题提得不太高明。那时提出这个问题主要是因为在指导思想上强调高速度，要求比例服从速度。这种“左”的影响现在还在我们某些同志的头脑中不同程度地残留着。这种思想影响不端正过来，在综合平衡的基础上，以提高效益为前提来实现翻两番的目标就难以实现。此外，过去有些文章还提出“积极平衡”和“消极平衡”的问题。其实平衡就是平衡，没有什么积极与消极之分。那时提出这个概念是为了从理论上打破“消极平衡”，提倡按照长线平衡，搞留有很大缺口的“积极平衡”计划。这与现在某些同志在思想上把速度与效益对立起来是有某种联系的。虽然现在这些问题在理论上已经解决了，但它在思想上的影响并不因为讨论的停止和理论上的解决而一下子消失干净。当前，某些企业还在不顾效益地尽量把产值搞上去，把速度搞快，用以报成绩，这在本质上是一种“左”的思想影响，不符合十二大提出的在提高经济效益的前提下争取速度的精神，也不符合三中全会以来党中央提出的、全国人民一致拥护的以提高经济效益为中心发展经济的新路子。过去我们片面地提“高速度”、片面地发展重工业、特别是搞“以钢为纲”，这些做法给国民经济带来了严重的后果。三中全会以后，通过总结经验，我们对此认识得越来越深刻了。这就使我们现在解决这种思想问题有了一个很好的政治思想基础和条件。

上述速度分布应贯彻的三原则，即实现目标、提高效益、综合平衡是统一的，而不是各自孤立的。因为，实现目标的原则表示目标所要求的增长，这实际上是速度要求，而第二个原则是前提，第三个原则是基础。一个是速度，一个是这个速度必须在什

么样的前提下实现，一个是在一定前提下实现目标必须建立在综合平衡的基础上。因此，不能把三个原则孤立起来，应该联系起来，统一起来加以考虑。

通过以上分析，我们的速度分布对策必须是从实际出发的、实事求是的，而不应是简单地一刀切。工农业年总产值翻两番，决不意味着各种产品，各个企业、行业、部门和地区都不分青红皂白一律翻两番。十二大提出战略目标以后，有的地区曾提出这样的口号："全国翻两番，我们这个地方怎么办？"意思是我们这里也要翻两番。这种口号还是1958年那种口号的延续。这种口号在我看来没有积极意义，弄不好就会造成混乱。全国工农业年总产值翻两番，要有一个科学的速度分布。各个地区、部门、行业和各种产品增长多少都应当有一个科学的规定，而不能什么都要翻两番，因为受到各种主观、客观条件的限制，比如，在重工业中，石油、煤炭、钢铁、有色金属这样的行业，我看就不可能翻两番，这不仅有资源条件的限制，还有资金和技术等方面的限制。农业也不可能翻两番，尽管把队办工业也算在农业产值里，队办工业可能还有很大的发展，但也不可能翻两番。轻工业中的纺织和造纸能翻两番吗？考虑主、客观条件，看来也难以翻两番。各个地区、各个部门、各个企业和各种产品怎么翻，情况是千差万别的，有的不可能翻两番，有的可以翻两番，有的可以翻两番以上，甚至增长十几倍、几十倍。如有些原来落后的，然而发展前途和潜力很大的行业，像电子工业、石油化工、一些新兴的原材料工业，还有食品加工工业等等，很可能翻两番以上。某些长线产品就不是翻两番、翻一番或翻半番的问题，而是要减少产量；那些很落后的产品，现在都没有人要了，只能淘汰。

可见，速度分布只有最后落实到主要产品上来，才能够有全国的综合平衡，才能够在综合平衡的基础上取得效益。科学的速度分布必须正确体现我们社会主义经济有计划发展的客观要求。这是一项十分细致、十分复杂的工作。

关于能源结构对策

能源对策问题提出的背景是，经过初步计算，到20世纪末我国的一次能源不可能翻两番，只能翻一番或稍多一点。于是出现了一个问题，即怎样用一次能源翻一番来支持工农业总产值翻两番的问题。可能不可能？怎么办？这就需要研究实现战略目标的能源对策。根据我们了解的情况，在二十年内用能源翻一番支持工业翻两番，是史无前例的，还没有一个国家做到过。那么在中国的条件下，在二十年内用一次能源翻一番支持工农业总产值翻两番行不行？

为了探讨能源对策问题，首先我们要看到，中国的能源资源是良好的。先说煤炭的情况，我国煤炭的总储量五万亿吨，在世界上居第二位；可预测储量是1.4万亿吨，居世界第三位；已探明储量即可供近期建井使用的约400亿吨，大体上可以保证20年开采的需要。再说水利资源，我国可以开发的水利资源近4亿千瓦；已经开发的部分还不到水利资源的5%，而发达国家的水利资源一般都已开发40%以上，可见我国开发水利资源的潜力是很大的。从石油来看，我国现有600亿吨以上的地质储量，这个储量还没有包括海底的部分。另外，我国原子能发电的资源条件也是良好的，铀有相当的储量和相当的产量。同时，我们也应看到我国能源资源的分布是不平衡的。例如，煤炭的储量虽然较丰富，可是基本上在山西、内蒙古即偏西偏北地区。最近贵州虽然也发现了比较好的煤矿苗头，这对将来建设西南地区火电站有重要意义，但还不能根本改变资源分布不平衡的状况。水利资源却主要分布在西南地区，如长江上游主要支流和三峡以及正在兴建水电站的红水河等等，都处在偏西偏南地区。由于资源分布的不平衡，给我们开发和利用能源也带来一些不利条件，如煤炭的运输就是一个很大的问题。在西南建设大水电站，输电问题也是个复杂问题。

为了保证战略目标的实现，我们应当从我国的实际情况出发，选择适合我国国情的、切实可行的能源结构对策，建立合理的能源生产结构和消费结构。我国能源的生产结构和消费结构在相当长的时期内，只能是以煤炭为主，即能源的生产以煤炭为主，消费也是以煤炭为主。有的同志提出，我国的水利资源目前才开发不到5%，潜力很大，为什么不能搞以水电为主的能源结构呢？这个问题虽然提得有一定道理，但在事实上做不到。因为我国目前水电在整个能源生产和消费中只占4%多一点，即使我们大力建设水电站，水电在一次能源中的比重会有所提高，但在相当长的时期内也不可能上升为主要能源。以煤炭为主的能源生产结构和消费结构是一种现实，我们要承认这个现实，坚持这个实际。但这并不意味着我们就可以忽视水利资源和其他能源的开发。还有的同志提出，能不能考虑搞以石油为主的能源结构？这在相当长的时期内也办不到。目前我国大陆每年只能保持一亿多吨的产量。因为还未发现新的像大庆油田那样的新构造，在这种情况下，为了维持一亿吨的产量，每年必须新增800万吨到1000万吨的石油生产能力。因为老油井的产量有递减的趋势，地层的压力随着采油的持续而下降以后，油井喷的油就由多变少，这就要往地下高压住水以维持油层的压力，而注水就要用电。这样，生产石油耗费的能源增加了，石油的成本也大幅度提高了。因此，我国“六五”计划的石油年产量保持一亿吨并不是消极的，在努力勘探新油田的同时，还要不断有接替的油井投入使用。近几年在南疆和别的地方也陆续发现一些陆地储油构造，但是就目前情况看，还不具备迅速大量增加陆地石油产量的条件。至于海底石油，现在苗头是好的，但是开采海底石油要用很多钱，我们受技术和资金等条件的限制，目前只能与外资合作开发，现在已经打出一些探井，离大量生产和利用还要有一个很长的过程。所以在“六五”期间，我们不能指望海底石油。看来到“七五”后

期，也许到后十年，才有可能生产几千万吨。因此，从石油生产的实际情况看，在一个很长的时期内，石油也不可能成为我国的主要能源。

有的同志提出，我们国家能不能学日本的办法，能源结构也不一定建立在本国资源的基础上。日本国内没有什么能源资源，靠大量进口石油来发展工业特别是石油化学工业。这样的看法未免失之于天真！我国是个人口众多的社会主义国家，我们革命和建设的正反两方面的经验都证明，必须坚持自力更生为主的原则，才能顺利发展。我们在探讨实现战略目标的能源结构对策时，也必须把立足点放在自力更生上。况且我们现在也没有那么多外汇进口石油，短期内也没有可能引进和建设更多的石油化工设备来有效地利用进口石油。因此，想走以石油为主的能源结构的道路，在我国目前情况下和相当长的时期内都是不现实的。对于近两年国际石油价格下跌也应有科学的清醒的认识。这是一个很复杂的问题，在这里不需要展开分析，我只想概略地提出一个基本看法。由于一些非石油输出国组织的产油国如英国、苏联、墨西哥、印度尼西亚等石油产量的增加，由于70年代初石油价格暴涨刺激起来的节约用油和节油技术的发展，替代能源的开发，以及由于石油输出国组织成员国面临的经济问题及其相互间的矛盾，石油输出国组织已不能有效地保持石油垄断价格的局面，因此，国际石油价格由暴涨转到了反面。但是，石油毕竟是现有的、资源有限的、高级的、使用广泛的能源。从长远来看，今后国际石油价格既不可能像过去“石油危机”年代那样出现暴涨的局面，也不会继续下跌，很可能是稳定中略有回升。如果这种看法是对的，那么就更没有理由说我国今后可以充分利用“日益价廉”的国际石油了。

以上是想说明我们在目前和今后一个长时期里应当毫不动摇地坚持和实行以煤炭为主的能源生产结构和消费结构。

下面要讨论的是能源对策的另一个重要问题，即到20世纪

末我国一次能源产量由6亿吨标准煤只能增加到12亿吨标准煤或稍多一点，如何用以保证工农业年总产值由1980年的7159亿元增长到2000年的28 780亿元的具体对策问题。除了选定以煤炭为主的能源结构之外，还必须采取一种“双管齐下”的对策，这就是一方面，我们要尽可能地努力开发新的能源，但这在任何时候都要受自然资源条件、经济技术水平和当时财力、物力的限制。国家决定在“六五”期间要建设几个大水电站、几个大煤矿，以后还要建设核电站。这是开发一次能源的重大措施。另一方面要大力节约能源，提高能源的利用效率。在这方面，我们既要杜绝“跑冒滴漏”的现象，加强科学管理；又要大搞技术革新，积极开发和推广节能新技术，以提高能源的利用效率。通过以上两个方面的切实努力，我们就可以指望翻两番的一半左右靠新增产的能源保证，而另一半左右则靠应用节能新技术节约能源和提高高附加价值产品的比重来保证。

应当指出，属于管理不善所造成的能源浪费固然值得我们重视，属于技术设备陈旧落后所造成的能源浪费更值得我们重视。就我国目前情况与工业发达国家比较，后者的差距更大，潜力也更大。当然，在任何时候改善管理都是节能的一个重要因素，但当管理水平有一个大的提高以后，节能的主要方面势必越来越转向依靠新技术。我国目前运行中的大约100万辆解放牌汽车，油耗比先进的同类型汽车多20%左右，一年多耗油近100万吨。我们这两年从技术上改造了22万辆解放牌B型车，节油率为10%，一年就可节油13万多吨，如达到先进水平，节油20%，就能节油20多万吨。国务院已经发布命令，立即停止使用那些热效率只有30%~40%的旧式锅炉。我国约有6万台这种老式锅炉，与热效率为百分之七八十的锅炉相比，一年就多耗煤400万吨。现在全国有锅炉近20万台，平均热效率为55%左右，如全部进行技术改造，热效率提高20%~30%，每年即可节约煤炭4000万吨。所以能源的节约，提高能源的利用效率，不能离开节能技术的开发和推广。当然，随着节能技术的发展，对管理的要求也越来越高。因此，我们强调节能技术并不是忽视管理水平不断提高的必要性。例如，尽管使用最先进的汽车，如果管理不善，货源组织不好，车辆调度不好，经常跑空车，也很难真正提高能源利用效率，更不要说节能新设备的科学管理和养护了。

采取上述双管齐下的对策，我们就有可能用一次能源增长一倍来支持工农业年总产值翻两番。应当看到，要把这种可能性变成现实性，是十分艰巨的。因为我们的起点太低，跟发达国家比较，我国的能源利用效率太低了。例如，我国能源消耗量占世界第 3 位，而单位国民生产总值的能耗却占 113 位，不仅落后于工业发达国家，而且比印度还高 2.6 倍。据计算，1 亿美元产值的能耗（折合成标准煤），我国是 21 万吨，苏联是 12 万吨，美国是 9.1 万吨，日本是 3.7 万吨。我国一年消耗 6 亿吨标准煤，同日本几乎相等，但是用同样多的能源所带来的国民生产总值，我国只有日本的四分之一，国民收入也只有日本的三分之一。尽管有若干不可比因素如价格、能源质量、经济结构等的差异，但毕竟还可以反映出我国能源利用效率较低的情况。在这里，我们也看到了我国提高能源利用效率的潜力是很大的。所以，我们说靠节约能源、提高能源利用效率来支持我们工农业总产值翻一番，绝不是凭空想象出来的如意算盘，而是根据我国提高能源利用效率的潜力非常巨大这样一个实际所得出的结论。

我们这样说，丝毫没有轻视实现能源对策艰巨性的意思。在这方面如表 1 所示。

在 20 年内一次能源翻一番支持工业翻两番多是史无前例的。苏联在 1950—1970 年，工业翻了两番多，一次能源也差不多翻了两番；1960—1979 年，工业近于翻两番，一次能源翻了一番多。日本 1960—1979 年，工业翻两番半，一次能源翻两番。我国要实现自己的对策，能源弹性系数只有 0.48，这个数字大大低于苏联和日本 20 世纪 70 年代的比例水平。大家知道，日本是节

表 1　20 年工业翻两番与能源消费增长的关系

国别	时期	工业		一次能源		
		相当倍数	递增率	相当倍数	递增率	弹性系数
苏联	1950—1970 年	6.4	9.7	3.7	6.8	0.70
	1960—1979 年	3.9	7.4	2.4	4.75	0.64
日本	1960—1979 年	6.0	9.95	4.0	7.5	0.75
中国（计划）	1980—2000 年	4.5	7.9	2.1	3.8	0.48

能的能手，节能技术比较发达，我们要在 1981—2000 年平均的能源弹性系数达到 0.48 的水平，低于日本目前的水平，这确实是不容易的。有的同志说，这两年我国能源弹性系数不是很低吗？是的，近几年我国能源弹性系数曾经达到 0.33 以下，比 20 世纪末预计的还要低。但这是因为我国在能源供应十分紧张的情况下，为了调整经济，也调整了产品结构，使能耗很多的某些产品大幅度减产，同时大大增加了能耗少的轻工产品的生产，所以这几年能源消费的弹性系数下降带有临时性。我们不能用前几年由于大量地压缩能耗高的产品产量、增加能耗低的产品产量的办法所取得的较低的能源弹性系数来作为规划我们到 20 世纪末能源需求量的根据。从国内外长期统计数字来看，能源弹性系数，在过去一个相当长的时期里大致在 1 左右变动。只是近 20 多年来，随着科学技术的进步，能源弹性系数才出现略小于 1 的趋势。在这样的情况下，我们用 0.48 的能源弹性系数来规划我们的发展，既有可能，又必须作出艰巨的努力。

应当说明，以上讲的能源是指的一次能源，如果讲到电力，其中水电、核电属于一次能源，而火电则是二次能源。在一次能源翻一番的情况下，如果电力也只翻一番，那就可以肯定无法保

证工农业总产值翻两番目标的实现。因此，我们说一次能源翻一番，并不是说电力的生产也只翻一番，即从现在的3000亿度增长到20世纪末的6000亿度。这是因为各国工业发展经验和我国工业发展经验都表明：电力弹性系数一般都大于或等于1，从长期来看很难低于1。根据这样的经验，我们就不能把电力弹性系数凭空地规划在1以下。因此，我们要想方设法使电力的生产翻两番，最好再多一点，从现在的3000亿度增加到20世纪末的12 000亿度以上。只有这样，才能适应国民经济发展与电力发展相互关系的规律性，即单位工业产值所占有的能源有减少的趋势，而其中的电力却有增加的趋势。这是伴随机械化、自动化发展的必然结果。特别是在我国，目前电力生产还很落后，工业用电、农业用电都在急剧地增加，家用电器的普及已成为不可阻挡的趋势，城乡居民生活用电也在迅速增长。到2000年，我国的电力生产实现翻两番也不能说是宽裕的。由此可见，到20世纪末我国能源结构在以煤炭为主这一点上虽然不会改变，但发电用一次能源的比重将有显著的上升。

我们发展电力必须有计划地建设几个大型水力枢纽工程，同时也必须搞小水电，这对我国广大有条件的农村解决自己用电问题是十分必要、十分有效的。但是要很好地规划，特别应注意水利资源的综合开发，不能只顾发电不顾航运和其他。我们还要建设火电站，也要建设核电站。目前，有关核能发电技术我国已经基本上掌握了，但是由于我们没有搞过，缺乏必要的经验，某些设备的制造还有技术和材质等方面的困难，目前建设核电站还需要引进外国的成熟技术，包括对于核废料的处理，这是必须认真严肃对待的问题。

总之，我们要想方设法多发电，水电、火电、核电，还有其他发电技术，都要有计划有步骤地搞。这样，电力翻两番的目标就有可能实现。

在坚持以煤炭为主的能源生产结构和消费结构时，必须注意解决好环境污染问题，从根本上说要走煤炭液化和气化的道路。煤炭的液化和气化，既有利于解决环境污染问题，还有利于解决煤炭运输问题。这项技术目前国外正在积极研究试验，我国也和日本合作搞了一个小型的每天只能处理200斤煤炭的试验性装置。应当看到，在以煤炭为主要能源的国家，如果在技术上不解决这个问题，环境就会被严重破坏。千家万户冒煤烟，工厂烟囱林立，浓烟冲天，就会损害我们的子孙后代。所以，以煤炭为主的能源结构也要求我们在煤炭的利用方面逐步实行技术革命。

关于技术结构对策

赵紫阳同志在全国科技发奖大会上指出："不靠技术进步，这个目标（指战略目标）就有落空的危险；依靠技术进步，这个目标就有实现的把握。"这就不仅把实现战略目标与技术的发展紧密地联系在一起，而且把技术进步视为实现战略目标的一个关键问题。

为什么把技术进步问题提得这样高？这首先需要从社会生产发展三种基本形式的作用上来分析：①单纯依靠劳动力和生产资料的增加，在技术水平不变的情况下也可以增产。②把现有的生产力诸要素进行合理的组织，在技术水平和生产资料、劳动力不变的情况下也可以增产。但这两种形式对于增加生产都是有限的。③依靠科学技术的进步。只有这种形式对于增加生产所起的作用才是无限的，因为科学技术的发展本身就是无限的。所以，我们应当把实现战略目标寄希望于技术进步上，争取逐步地把发达国家70年代末80年代初的技术，到20世纪末在我国普及起来。

再从技术进步对劳动生产率提高所起的作用来看。根据外国的有关统计，在整个工业劳动生产率的提高中，依靠技术进步所取得的部分在迅速地增长。20世纪初大约占有5%~20%，到了

20世纪中叶，技术进步的比重上升到40%，70年代进一步上升到60%以上。目前一些发达国家已达到70%~80%，即在劳动生产率提高额中有70%~80%是靠技术进步取得的。

还可以从若干国家经济翻两番所需时间上看。由于科学技术的进步，使许多国家的经济增长速度大大加快。第二次世界大战前技术相对落后，那时一些国家经济上翻两番，用的时间也相当长。例如，英国和法国都用60年以上的时间，德国用了52年的时间，美国也用了30年的时间。到了战后，苏联和东欧的一些国家以及日本、西德等都用不到20年的时间翻过两番，像希腊这样的国家也用20年翻了两番（参见表2）。其中一个很重要的因素就是科学技术水平的提高及其在生产中应用大为加快了。处在80年代，科学技术已经提高到一个新的水平，我们理所当然地要依靠科学技术进步来实现翻两番的目标。

表2 若干国家在20年内经济翻两番的情况

国别	所需年数	年递增率（%）	备注
苏	16	9.1	社会总产值
保	15	10.6	社会总产值
罗	15	9.9	社会总产值
民主德国	19	7.8	社会总产值
日	14	10.6	GNP
西德	19	7.8	GNP
希腊	20	7.4	GNP

说明：全世界有19个国家和地区（包括11个发展中国家）在20年内实现了翻两番。上表所列是举例性的，并选其历史上实现经济翻两番所用时间最短的情况。

我国作为技术上的后进国，在采用先进技术方面有一些便利的条件，就是说我们可以少走弯路，花钱也少些。先驱国的许多技术是开发性的，要反复试验，有时难免走一段回头路。在这一点上我们可以引进一些现成的，当然要适合我国条件的先进技术。但是也有不利的方面，那就是由于我国人民群众的科学文化水平总的来说比较低，在学习、掌握和管理先进技术上就自然出现一系列困难。在这种情况下，先进技术拿来后，也不一定马上就能充分发挥它的效益，充分取得它应带来的好处。这就要求我们采取有力措施迅速提高我国人民群众的文化科学水平，以便从根本上克服这方面的困难。

在我们从根本上发展科学教育的同时，还应当采取一系列的对策，以体现实现战略目标必须依靠技术进步的原则。

首先，今后扩大再生产的主要手段应当由建设新企业转变为原有企业的技术改造。这就是走以内涵为主的发展生产的道路。过去我们是走以外延为主发展生产的道路，花钱多，见效慢，效果差，而且已建成企业的技术改造被忽视了。但这决不是说今后就不要新建一些企业了。我国工业还有一些空白部门，新技术在迅速发展，薄弱的部门亟待加强，我们必须不断地有计划地新建企业。提高技术水平，既靠老企业技术改造，同时也要有一批新建的采用新技术的企业。这就是说，我们今后发展生产的主要手段是老企业的技术改造，同时也还需要建设采用新技术的企业，这两个方面主次分明地相互配合，才能把我国国民经济的物质技术基础提高到一个新的水平上来。

其次，社会的技术结构要有一个合理的控制。需要说明，社会技术结构可以用多种指标来表示，如各种技术装备的劳动者人数；各种技术所生产的产品（产值）在社会总产品（总产值）中的比重；同类产品在各种技术间的生产量；各种技术装备（固定资产）价值在全社会固定资产总值中的比重等。我们在这里主要是探讨为了实现战略目标如何正确控制社会各种技术的变化，这实际上是与劳动就业问题紧密相连的，因此我们采用各种技术装备的劳动者人数指标，其他几个指标就略而不论了（参见图3）。

它是社会技术结构的图形，是按各种技术装备的劳动者人数绘制的，如按其他指标，图形也就不是这样了。

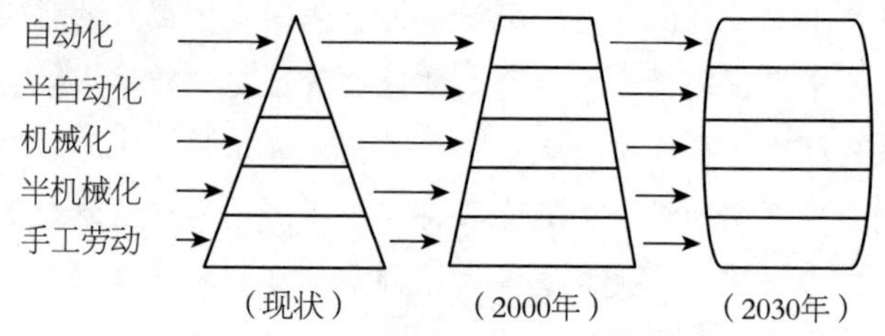

图 3　社会技术结构示意图形

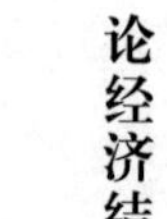

三个形状中的五个格表示不同的技术种类。这五种类别的划分，是世界上通常采用的划分方法。到 2000 年我们实现战略目标的时候，三角形的技术结构应当变成梯形。由于我国人口多，技术水平低，手工劳动仍将是大量的，这是技术结构的大底盘。但是图形上端和中段的自动化、半自动化、机械化的技术却相对地扩大了，这预示我国社会技术水平有一个显著的提高。这种图形实际上是表示到 20 世纪末在我国可以普及发达国家 70 年代末 80 年代初的生产技术，并形成具有我国特色的技术体系。再过三十年以后，即到 2030 年，我们预计，比较合理的技术结构应是啤酒桶的形状，两头稍细、中间稍粗。到那时手工劳动会相对减少，但也不可能减少到底部小上部大的程度。因为除了我国劳动力多以外，还要考虑到随着社会经济的发展，商业、饮食业和各种服务业必将有一个大的发展，而这些行业一般都是手工劳动。此外，还有传统的手工业也要发展。这种图形实际上是表示到那时我国在应用科学技术方面可以赶上发达国家。还应当说明的是，这些图形中的五种技术的内容也不是固定不变的。随着时代的发展和技术的进步，它们的内容都在发生变化，三个表示不同时期技术结构的图形，虽然都是五个技术种类，但同类技术在不同时期是有明显区别的。

有的同志提出，提高劳动生产率主要靠技术进步，而我国人口多，又要多安排就业，这两者有没有矛盾？这个矛盾是很明显的。在现实经济生活中，有些企业不一定用那么多人，为了安排青年就业，劳动部门分配一些人来，就是这个矛盾的具体表现。但是，从理论上说，提高劳动生产率与多安排就业在根本上又是统一的。当前是有矛盾的，以后也不能说就没有矛盾，但是在指导思想上既要看到矛盾的一面，更要看到在根本上是统一的一面。因为要真正广开就业门路，就要寄希望于劳动生产率的不断提高。这个道理很简单，只有物质生产领域劳动生产率大幅度提高了，生产出来的物质产品可以养活更多的人了，我们才能够大量地发展物质生产部门和非物质生产领域的各个部门，才能大量发展科学、教育、文化、卫生、体育等事业，从而这些部门才能吸收更多的人员就业。物质生产领域随着劳动生产率的提高，就业也要扩大。这不仅在我国这样的生产水平较低的国家是如此，即使像美国那样生产水平较高的国家也是如此。根据美国《经济影响》季刊1983年发表的资料，美国自50年代初到80年代初这三十年中，技术进步很快，劳动生产率大幅度提高，但各个行业的就业人数除农业以外非但没有减少，反而有所增加。从矿业、运输、服务、政府机构等八大行业来看，三十年来就业人数增长了一倍多。该文认为，科学技术的进步，不会使就业人数减少，而只会引起就业结构的变化。这个资料表明，只要经济在增长，为提高生产率而采用各种新技术与劳动就业人数的增加并不是水火不相容的。但是，整个社会就业人员在各部门的比重却要发生新的变化，物质生产部门就业人员所占比重有减少的趋势。

因此，我们如果一味迁就当前的就业压力，牺牲劳动生产率的提高，硬往工厂里塞人，使劳动生产率下降，从长远看这就会堵塞就业门路。这样说并不排斥当前我们应当设法尽量多安排待业人员，这是社会主义国家的责任，也是保持社会安定的需要。但是，我们在制定战略性对策时，必须清醒地认识到只有大幅度地提高劳动生产率，才真正能够广开就业门路，才能从根本上解

决我国到20世纪末12亿人口这个大国的就业问题。

现代经济的发展，从事物质生产的劳动者占整个就业者的比重呈减少的趋势（参见表3和表4）。

表3　美国、日本产业结构和就业机构的变化

<table>
<tr><th colspan="2" rowspan="2">项目</th><th colspan="2">第一次产业</th><th colspan="2">第二次产业</th><th colspan="2">第三次产业</th></tr>
<tr><th>占国民生产总值（%）</th><th>占就业者（%）</th><th>占国民生产总值（%）</th><th>占就业者（%）</th><th>占国民生产总值（%）</th><th>占就业者（%）</th></tr>
<tr><td rowspan="2">美国</td><td>1967年</td><td>3.06</td><td>5.2</td><td>39.9</td><td>31.3</td><td>57.2</td><td>63.5</td></tr>
<tr><td>1978年</td><td>2.80</td><td>1.8</td><td>30.4</td><td>29.9</td><td>66.8</td><td>68.3</td></tr>
<tr><td rowspan="2">日本</td><td>1965年</td><td>8.1</td><td>24.6</td><td>54.5</td><td>19.3</td><td>37.4</td><td>13.9</td></tr>
<tr><td>1975年</td><td>4.2</td><td>13.9</td><td>56.9</td><td>34.0</td><td>38.9</td><td>51.9</td></tr>
</table>

说明：表中第一次产业包括农业、林业、水产业；第二次产业包括矿业、建筑业、制造业，第三次产业包括商业、金融保险业、交通运输业、通信业、电业、自来水、煤气、服务业、公务、仓库、娱乐业、广播电视、医疗、教育及其他行业。美国政府的统计是按林业、农业和渔业、矿业、建筑业、制造业、运输业、邮电业、电力、煤气、批发和零售业、金融保险和房地产业、服务业、政府部门等行业分别统计的。此表则按第一、第二、第三次产业分类法，分别将各有关部门的数据纳入各该产业。

表4　我国就业结构

（按第一、第二、第三次产业计算，以便与外国对比）

<table>
<tr><th rowspan="2">时间</th><th>第一次产业</th><th>第二次产业</th><th>第三次产业</th></tr>
<tr><th>占劳动者的百分比（%）</th><th>占劳动者的百分比（%）</th><th>占劳动者的百分比（%）</th></tr>
<tr><td>1965年</td><td>81.6</td><td>8.3</td><td>10.1</td></tr>
<tr><td>1979年</td><td>72.5</td><td>15.8</td><td>11.7</td></tr>
<tr><td>1981年</td><td>72.0</td><td>16.3</td><td>11.7</td></tr>
</table>

在“第三次产业”中就业者的比例越来越大是个规律，我国也不能违背这个规律。我国在“第三次产业”中就业者的比重为什么变化不大？从根本上说是物质生产部门的劳动生产率提高不多。同时也应看到，在我国属于“第三次产业”的一些服务行业有相当一部分，约有450万~500万人被算到“第二次产业”里去了，因为我们的企业大而全、小而全，许多服务业没有独立化和社会化。

说来说去还应当回到当前的现实矛盾上来，待业青年目前的就业门路必须妥善处理。我们认为，除了在城镇合理发展集体经营和个人经营的生产、商业和服务业外，还可以想一些别的门路，如组织一些修路队和植林队等。祖国大好河山需要保护和开发，用人的地方很多。不过现在有些年轻人不愿离开城市，需要做好思想动员工作。当然，企业为了保持职工的正常的技术和年龄结构，对新进厂的工人在文化水平和数量上都应有合理的规定。新建企业总还需要一批批的新工人。大家知道，今后随着科学技术的不断进步，对新就业者的文化科学知识的要求会越来越高。为了适应这个趋势，我们的教育和培训工作都要改革，劳动就业方面的一些制度也必须改革。

重点建设和平衡发展对策

实现战略目标需要正确认识和处理重点建设与国民经济平衡发展的关系。我们知道，国民经济是个有机联系的整体，随着战略目标的逐步实现，工农业以外的其他物质生产部门即交通运输业、建筑业和商业，以及非物质生产部门都要有一个相应的发展，因此需要我们从宏观方面有计划地保持整个社会各部门各行业发展中的平衡，以求它们之间相互适应，相互促进，增大效益，并且使我国经济有一个良好的不断发展的基础。在国民经济的正常发展中，旧的比例关系不可能永远不变，因为科学技术在不断进步，各部门、行业本身又有自己的特点，在发展中总会出现某些薄弱环节，也会出现某些超前发展的客观需要。在这种情况下，为了自觉地保持国民经济发展中的综合平衡，就需要处理好重点建设与平衡发展的关系，使比例关系合理化。

重点建设的选择，只能根据经济发展的客观需要，重点建设只能在综合平衡的基础上进行。因为平衡发展不仅不排斥、反而恰恰要求一定时期有一定的发展重点，只有重点建设搞好了，才能使国民经济在不断发展中保持综合平衡。重点建设与平衡发展就是这样一种辩证的矛盾统一关系。因此，那种把二者截然对立起来，认为讲重点建设就是不要平衡发展，或者为了平衡发展就不能强调重点建设的观点，都是不对的。那种认为强调重点建设就必然导致只要速度不顾比例的观点，也是没有科学根据的。

生产力的发展规律是不以人们的章志为转移的。生产力在发展中保持各部门之间的平衡是一种客观要求。违背这个平衡要求，就要受到惩罚。我们在这方面是有深刻教训的。所以，应根据我国的具体情况，按照生产力发展的规律，选择好一定时期的建设的重点，这是经济领导工作和经济计划工作的一个很高的艺术。经济是不断发展变化的，若要维持某种固定不变的比例关系来保持平衡，这在客观上就会导致平衡的破坏。只有从我国具体经济情况出发，按照经济规律的要求和科学发展的趋势，有预见性地选择不同时期的重点建设，以解决平衡发展中必然出现的新矛盾，才能使国民经济不断向新的更高的水平前进。我们过去在这方面出现的毛病主要是，从“不平衡是绝对的”这个哲学上的一般原理出发，引出国民经济发展也永远处于不平衡状态，因而计划可以留缺口的结论。这个教训我们应当牢牢记住。但是这同目前我们讲的重点建设完全是两码事。当前国家的重点建设既是有效克服国民经济薄弱环节的迫切需要，同时又是迅速改变发展中出现的不平衡状态，保持国民经济平衡发展从而取得更大经济效益的需要。

下面，我想进一步从几个方面谈谈重点建设的科学根据。

第一，社会生产两大部类的发展关系要求在一定时期有的部门、有的产品必须优先增长。近几年来，我国理论界在对生产资料生产优先增长问题的讨论中，许多同志认为，在用机器代替手工劳动为特征的技术进步条件下实现扩大再生产，生产资料优先增长这一趋势是存在的。但是，过去我们对这一趋势的理解有两个片面性，一个是把生产资料优先增长简单地归结为重工业的优先发展，而重工业的优先发展又简单地归结为“以钢为纲”。另一个是把生产资料优先增长的趋势简单地归结为不论任何时期、任何年份都要绝对地优先发展。这样做的结果，给我们的经济生活带来很大的危害，于是人们就对生产资料优先增长这一规律是否存在产生了怀疑。其实，从马克思到列宁，他们都是把生产资料优先增长当作社会扩大再生产条件下的一种趋势来表述的，并没有说过可以把它归结为钢铁优先，也没有说过生产资料优先增长必须是年年如斯。他们强调的恰恰是在扩大再生产条件下两大部类之间要保持相互适应的关系。马克思甚至没有明确提出生产资料优先增长的规律。只是后来列宁把技术进步的因素引进扩大再生产的公式中，才明确指出了这个规律。因此我们既不应对生产资料优先增长作片面的理解，也不要因为我们过去在这方面有片面性和绝对化的错误，就否认生产资料优先增长在技术进步型的扩大再生产条件下作为一种趋势的存在。这一趋势显示出两大部类在平衡发展中、在相互适应中要有优先发展的部门，因此，重点建设只要合乎两大部类发展中的客观要求，就是完全必要的。

第二，采用先进技术的过程总是有先有后、有主有次，有轻重缓急之分的。任何一种先进技术，在全社会推广和普及都要经历一个过程，而不可能在一天早晨一声令下就被普遍采用。我国现有工业企业 37 万个，加上交通运输企业将近 40 万个。这样多的企业都有技术改造的任务，它们采用新技术不可能像军队操练

那样齐步走。如此众多的部门和企业，在生产技术水平上永远也不可能整齐划一。这在任何国家都是一样的。这就要求我们根据经济规律和科学技术发展规律，安排好轻重缓急，有计划地抓好重点，带动一般。因此，从这方面看，重点建设也是客观经济技术发展过程本身的一种要求。

第三，社会生产各部门在国民经济发展过程中，经常会出现一些薄弱环节。这种薄弱环节有时可能是由我们某些政策的失误造成的，也可能是经济本身运动的结果。经济这种极其复杂的客观事物在其发展运动过程中，总会有些情况是我们事先无法预测的。当出现薄弱环节，并且这种薄弱环节已经构成或即将构成经济平衡发展的严重障碍时，我们就应当采取有力措施把它们当作重点，使之迅速得到加强，以利于国民经济综合平衡的实现。否则，国民经济势必被这些薄弱环节拖住后腿，整个经济的平衡发展也就不可能了。例如，我国当前能源和交通这两个突出的薄弱环节的出现，既有投资结构政策失误的长期积累，又有我们事先没有预见到的复杂情况。科学、教育也是一个薄弱环节，这是我们长期以来偏重物质生产，忽视智力开发造成的。这些薄弱环节必须当作重点来抓。

第四，中外各国经济发展的过程和经验表明，任何国家，在经济发展的一定时期，在客观上都存在某些能带动全局发展的部门或技术，必须将它们当作重点来建设和开发，才能带动整个国民经济顺利发展。这也可以说是一个规律，即在经济发展中会有一种向更高水平过渡的带头产业或技术。这无论是在社会主义国家还是在资本主义国家都是一样的，因为这是一个生产力规律问题，而不是生产关系规律问题。例如，美国在第二次世界大战前的一个长时期的经济发展中，曾重点发展钢铁业、建筑业和汽车工业，使之成为支持美国经济发展的“三大支柱”。战后，重点又逐渐转移到大型电子计算机工业、飞机制造业、航天技术和大型石油化工设备方面，通过这些部门带动美国经济水平的进一步

提高。日本在战后50年代中期以前的经济情况同当时我国差不多，当然由于日本国民的文化教育水平较高，因此，整个社会生产的技术水平也比我们高一些，但也高不多。他们从50年代中期开始重点发展钢铁工业和化学工业；当随着经济的发展人民收入增加之后，又开始重点发展家用电器；接着又重点发展汽车工业；现在日本正在重点发展机器人的生产。这就是说，资本主义国家在经济发展中也有自己的重点，用重点带动全局。虽然它们是靠私人投资，但政府也可以发挥一些指导作用，特别是通过立法和金融手段来支持选定的重点建设。我们的社会主义制度是实行计划经济的，我们有更优越的条件做好这一工作。

第五，生产力的合理布局，经济区的合理划分，城乡差别的逐步缩小，我们社会的长远发展利益，也要求我们有步骤地进行重点建设。马克思、恩格斯在《共产党宣言》里就宣布，将来要消灭城乡差别。在我们为当前纲领奋斗的时候，时刻都不应忘记我们的最高纲领。在我们当前的实际经济生活中，工业的合理布局从长远来看也是同缩小城乡差别有联系的。这个问题我们进行过多年的理论和实际的研究，为什么在工业密集的地方很难迁走一个应当迁走的工厂？为什么在一个合理的地方很难建设一个工厂，即使建起来也难以稳定和发展？当然，其中的原因是多方面的，但主要原因是基础设施和社会公用设施的建设没有先行。如果在一个空地上要建一个工厂，那里一无水、二无电、三无气、四无道路，怎么能建得起来呢？即使建起来也难以进行生产和提高经济效益。而在工业密集的地方基础设施和公用设施就比较完备和方便。我国的工人、技术人员和管理人员也未必对拥挤不堪、环境污染严重的城市有什么天然的留恋，工业合理布局进展迟缓的主要原因恰恰在于应当先行的设施我们没有预先建设起来。而基础设施和公用设施由各企业自己去搞是很不划算的，这些必须由政府统一规划进行建设。当然城乡差别不只是工业合理分布问题，还有物质生活和文化生活的差别。但这些差别又都与

工业基础设施和社会公用事业的建设密切相关。处在我国目前的经济水平下，想过急过快地在全国范围内开展基础设施和公用设施的建设显然是不切实际的。但根据目前的情况，我们必须有重点地进行，抓晚了就不利了。城乡差别，主要是生产力发展水平的差别。即使在资本主义制度下，由于生产力的发展，城乡差别也可以逐渐缩小。城市里有资本家，乡村里也有资本家；城市里有被剥削的劳动者，乡村里也同样有，这一点在资本主义制度下是不可能改变的。在社会主义制度下，我们有更为有利的条件来发展生产力，有重点地进行基础设施和公用设施的建设，自觉地逐步地缩小城乡差别。

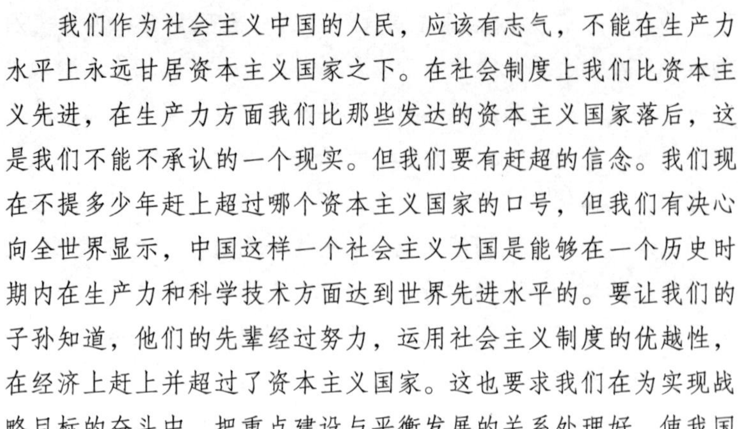

我们作为社会主义中国的人民，应该有志气，不能在生产力水平上永远甘居资本主义国家之下。在社会制度上我们比资本主义先进，在生产力方面我们比那些发达的资本主义国家落后，这是我们不能不承认的一个现实。但我们要有赶超的信念。我们现在不提多少年赶上超过哪个资本主义国家的口号，但我们有决心向全世界显示，中国这样一个社会主义大国是能够在一个历史时期内在生产力和科学技术方面达到世界先进水平的。要让我们的子孙知道，他们的先辈经过努力，运用社会主义制度的优越性，在经济上赶上并超过了资本主义国家。这也要求我们在为实现战略目标的奋斗中，把重点建设与平衡发展的关系处理好，使我国生产力有一个新的飞跃。

综上所述，任何国家在经济发展的不同水平上，在不同时期，都必然存在着重点。重点可以是经济发展过程中出现的薄弱环节，也可以是能带动经济全局发展的行业或技术。重点是随着经济发展变动的，而不是固定不变的。既然如此，重点首先存在于国民经济发展总过程中，对重点的选定，就应当像陈云同志指出的，只能由中央根据全局的长远利益，经过综合平衡来确定。如果从一个局部、一个部门、一个企业的角度来选择全局的重点，那是十分困难的，不是站在对经济发展一览无遗的高度上，最多只能看到自己局部的重点，不可能看清全局的重点。因此，要搞好重点建设必须牢固树立“全国一盘棋”的思想。当选定重点后组织重点建设时，也必须适当集中全国的力量，由中央统一规划兴办。重点建设项目一般是投资额大，有许多重点项目如修筑铁路、公路、电站、基础设施等带来的收益则通常很少。显然，由某个地方、某个部门、某些企业去兴办这些项目是不可能的。同时由国家统一安排兴办重点项目还可以避免各搞各的，因而连不成网络，造成浪费等情况的发生。

当前保证重点建设已成为我国经济生活中一个非常突出的问题。三中全会以来，“新八字方针”的贯彻，我国在经济建设上所取得的重大成就是每一个人都可以感受到的。但是同时也应该看到，在良好的经济形势下当前出现了资金分散的问题。

这几年为了克服我国财经管理体制上统得过多过死的弊端，解决长期积累下来的一系列迫切的经济问题，较快地改善人民生活，增加地方、企业的自有资金，这些都是完全必要的。但是由于某些措施步子迈得大了些，财政管理上有漏洞，一些地方、部门、企业乱上基本建设项目，随意涨价，滥发奖金等，使资金过于分散了。这就使得“十二大”确定的重点难以按照预定的计划开展建设。

1978—1982 年，我国国民收入共增长了 1200 多亿元，同期农民、职工和企业的所得也都有大幅度的增长。但是国家的财政收入却没有相应的增长，反而减少了 70 多亿元。这一时期国家财政收入占国民收入的比重也连年下降，1978 年是 37.2%，1980 年降到 28.4%，到 1981 年又降到 25.8%，去年继续下降到 25.5%。与此同时，预算外资金却大幅度增加，由 1978 年的 370 亿元增加到 1982 年的 650 亿元，四年间增长 75.7%。国家每年负担的农产品和其他价格补贴已达到 320 亿元，占国家预算收入的 30% 以上，这是国家财力无法承担的。资金严重分散使国家重点建设所需要的资金得不到保证。这几年，能源、交通运输这些最薄弱环节的基本建设投资，不但没有增加，反而逐年减少。国家在这方面的投资额1983年比1978年还少。1982年能源、交通方面新增的生产能力也比1978年有所减少。与此同时，部门、地方、企业却用自己掌握的资金大上基建，建设一些一般的加工工业，还有许多非生产性建设，这样使基本建设的总规模失去控制，增长过猛，而且一般加工工业增长过快又使本来就很紧张的能源和某些原材料的供应更趋紧张。物资也相当分散，如1982年国内生产的物资由国家统一分配的部分，钢材、木材、煤炭只有一半稍多一点，水泥只占四分之一。同时也出现了消费基金的增长失去控制的现象，今年1~5月，国营民用工业职工奖金的增长速度超出了同期产值增长速度的两倍，而企业上缴给国家的税利却比去年同期减少了10%。这种情况如果不能及时解决，“六五”计划安排的续建和新建的大中型项目890个，以及“七五”期间还将兴建的一批重大项目，都难以按计划实现，这样我们在前十年就不可能为后十年的经济振兴打好基础。因此，必须采取有效措施，适当扩大国家手里掌握的财力和物力，经过综合平衡，有计划地进行重点建设。

为了适当集中资金保证重点建设，最重要的是要提高劳动生产率，提高经济效益。这是增加国家财政收入的根本途径。同时，针对当前的情况，必须从宏观方面合理控制几个基本比例关系。

首先，要稳定合理的积累率。随着生产的发展，一方面要保证人民生活继续改善，另一方面还要保证扩大再生产顺利进行。过去我们在很长的时期内，积累率过高，影响了人民生活的提高。近几年我国的积累率已经由1980年以前的33%左右降到29%左右。这样看来在我国生产力水平还比较低、国民收入还不能增长很快的情况下，今后一个时期积累率不宜再降低了。从国民收入增长速度和积累效果的预测以及几种积累率方案的比较来看，今后一个时期内应当稳定住目前的积累率。

其次，适当提高国家财政收入占国民收入的比重。过去国家财政集中过多，不利于发挥地方和企业的积极性，不解决这个问题，就不能使经济很好地发展。但是在解决这个问题的过程中，发生了国家财政收入下降的问题。1979 年到 1982 年这四年间，社会总产值增长 33.6%，国民收入增长 27.7%，而国家的财政收入却下降 3.3%，这就发生一个尖锐的矛盾，即随着建设事业的发展，国家财政担负的开支不断增加，而财政收入却在下降，显然这是难以为继的一种极其不正常的情况。我们既要发挥地方和企业的积极性，又要保证重点建设投资的需要，财政收入占国民收入的比重应该适当提高。看来在目前 25.5% 基础上提高百分之三四不仅是必要的，而且是可能的。

最后，适当提高基本建设投资占财政支出的比重。前几年我们大力压缩基本建设投资对经济调整起了关键性的作用，这是完全必要的。为了保证重点建设的需要，总结以往的经验，可以考虑把基本建设投资占财政支出的比重从目前的 26.8% 酌情提高 2%~3%，只要把全国基建总规模控制住，把盲目的重复建设停下来，并合理调整生产性建设与非生产性建设的比例，就能够解决当前基本建设规模失控所带来的一系列问题。当然，重点建设项目投资大，建设周期长，需要多方面的配合。国家在适当集中财力物力兴办时，也要量力而行，保持一个合理的规模，使之与国力相适应。在科学总结过去经验的基础上，在我国经济发展已走上一条正确道路的情况下，一般不会再发生像过去那样只顾重点不顾其他的情况。今后，重点建设重点浪费的情况将竭力加以避免。同时重点建设项目必须经过严格的筛选和充分进行可行性研究，做好前期工作，实行严格的科学管理。

集中资金搞好重点建设，这是国家、集体、个人的根本利益和长远利益之所在。它与发挥地方、部门、企业的积极性是辩证统一的，重点建设与平衡发展也是辩证统一的。为了在实践上把重点建设与平衡发展真正统一起来，我们必须坚决贯彻“大计划、小自由”，“大集中、小分散”的方针。过去我们经济发展过程中出现的重大问题，是靠这个方针解决的，现在和将来经济发展过程中出现的重大问题，也还要靠这个方针去解决。这也是我们社会主义制度的一个优越性。只要我们按照中央决定的这个正确方针去做，在理论上很好地论证，扫清各种思想障碍，集中资金保证重点建设的工作就能够顺利实现。

结　语

全世界有 19 个国家和地区在 20 年内实现了经济翻两番。在这 19 个国家里，包括 11 个发展中国家，平均每年经济增长速度都超过了 7.2%。从这方面看，我国今后 7.2% 的递增率并不是很高的。虽然在实现战略目标的征途上还有许多困难，但是我国社会主义制度有很大优越性，劳动力多，资源比较丰富，经济发展还有很大潜力，特别是三中全会以来，我国经济已开始走上健康发展的道路，国际环境对我们也比较有利。只要我们按照以提高经济效益为中心的路子扎扎实实地干下去，制订出成套的而不是零碎的、互相衔接的而不是彼此孤立的正确的经济对策，一旦发现毛病就及时加以纠正，可以说实现 20 世纪末我国经济发展的战略目标是完全可能的。

目　录

第一章　总　论

蔡中杰

第一节　经济发展战略目标的选择

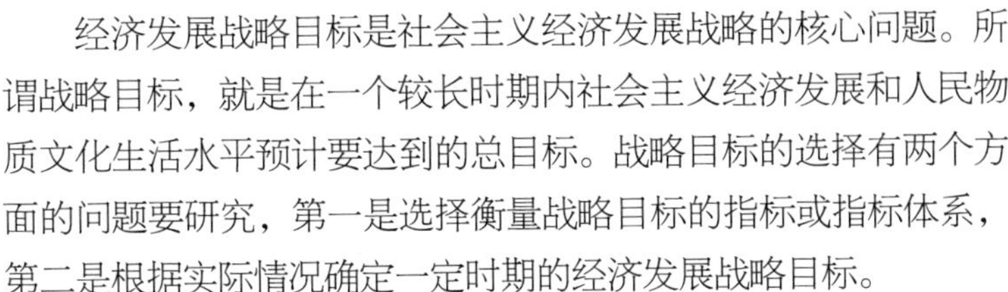

经济发展战略目标是社会主义经济发展战略的核心问题。所谓战略目标，就是在一个较长时期内社会主义经济发展和人民物质文化生活水平预计要达到的总目标。战略目标的选择有两个方面的问题要研究，第一是选择衡量战略目标的指标或指标体系，第二是根据实际情况确定一定时期的经济发展战略目标。

衡量社会主义经济发展战略目标的指标，应由相互联系相互制约的两类指标组成，即反映经济实力与经济发展水平的指标和反映人民物质文化生活水平的指标。这两类指标的紧密结合是由社会主义生产与需要之间的内在联系决定的，它反映了社会主义经济的目的和手段之间的关系，反映了社会主义经济的本质。衡量社会主义经济发展战略目标的指标，既不能只考虑经济的增长，忽视人民的消费需要，也不能只考虑消费需要的增长，忽视社会主义扩大再生产的客观规律的要求。这两种片面性的结果必然是殊途同归，既妨碍社会主义经济的发展，又妨碍人民消费水平的提高。衡量经济发展战略目标的指标或指标体系的正确选择，对于科学地确定和胜利实现社会主义经济发展战略目标关系极大。

反映经济增长的指标有：社会总产值（或工农业总产值）、国民收入、社会纯收入；人均社会总产值（或人均工农业总产值）、人均国民收入和人均社会纯收入。对总产值指标与国民收入指标的长处与短处，国内外经济学家发表了不少意见，这里不打算详细论述。我们认为，一个十全十美的指标是没有的，应该从实际出发，利用各类指标的优点，组成一个指标体系，互相补充，互相校正，达到比较科学地反映一个国家的经济实力、经济水平和人民物质文化生活水平的目的。社会总产值是按可比价格或不变价格计算的社会总产品的价值，即社会物质生产部门一年生产的c、v、m的总和，它能够反映物质生产的全貌，容易统计，通俗易懂，对于认识社会生产两大部类与国民经济各部门之间的内在联系、安排国民经济的综合平衡有重要作用。国民收入是生产劳动者一年内创造的净产值，不包括转移的生产资料价值c，它比社会总产值能更正确地反映社会经济的发展水平。同时，国民收入是可以直接用于积累与消费的国民财富，它可以较好地反映一个国家经济增长和人民生活的状况。社会纯收入是社会剩余产品的价值。剩余产品是积累的源泉，积累率的高低，扩大再生产的规模和速度，根本上决定于剩余产品的多少。要搞好社会主义计划经济，就需要对每年创造的剩余产品或社会纯收入有准确的计量。社会总产值、国民收入、社会剩余产品，就是整个社会的c、v、m及其各组成部分之间的关系。有了这些指标的全面资料，就可以对社会生产的投入与产出、费用与效果进行全面的分析比较，并同其他年份和时期进行比较，为安排好生产与需要、积累与消费提供科学的依据。这对于社会主义经济发展战略目标的确定和实现有重大意义。

反映人民的物质文化生活水平也有一系列指标：各种消费资料和劳务的数量与质量、消费基金总量、人均主要消费资料数量与质量、人均消费基金、人均个人收入和平均生活质量。消费资料可分为生存资料、享受资料、发展和表现一切体力和智力所需要的资料这样三个部分。社会生产和科学愈发展，后两部分消费资料所占的比重愈大，生存资料的内容和范围也会发生变化。

人民的消费水平取决于可供消费的消费资料、劳务的数量与质量和人口的数量。在消费资料已定的情况下，人口的多少对于生活水平的高低起着决定性的作用。人民生活水平的高低，还可用社会消费基金总量和人均消费基金、人均个人收入来衡量。社会主义消费又分为个人消费和集体消费两个部分，其中以个人消费为主。个人消费的多少决定于个人收入，人均收入的多少，基本上反映了一个国家人民的生活水平。计算一个国家的平均生活质量，是一个比较复杂的问题。这方面也有一系列指标，如预期平均寿命、出生率、死亡率、平均健康水平、识字率、义务教育率、大学生占人口的比率和人均自由时间等。分别统计这些指标是比较容易的，但要将各个指标加权平均，形成一个能科学反映生活质量的综合指标则比较困难，还需要进行深入的研究。应当指出，人均主要消费资料数量、人均消费基金、人均个人收入同人均消费资料与劳务产生的效果——平均生活质量两类指标并不是同步的。在不同的国家，由于社会制度、产业结构、分配制度的不同，同量的人均消费资料、人均消费基金、人均个人收入会产生不同的效果，在一个国家的不同时期，由于经济结构的变化也会产生不同的效果。生活质量的高低，在消费资料已定的条件下，很大程度上取决于生产关系与分配关系。

衡量一个国家或一定时期的经济发展水平和生活水平，还必须同时考虑人口指标和环境质量指标。人口无论是作为生产者还是作为消费者，都是经济发展的重要因素。人口的多少对于一国的经济发展水平和人民物质文化生活水平的提高，都有十分重要的作用。只有同时安排物质资料生产和人自身的生产的发展目标，才能正确地确定和顺利实现总的经济发展战略目标。这对于已有十亿人口的我国，具有特殊重要的意义。社会主义现代化建设过程中的环境保护问题的重要性和迫切性，日益为人们所认识。我们既要热心于社会主义经济的现代化，又要重视保护环境，规定环境质量指标，如有关大气、水质、噪声、植被、森林等方面的指标。工业的“三废”和土地、森林、草原、水域的不合理开发，都会污染环境，破坏生态平衡，给社会生产和人民生活带来危害。环境质量的降低还是对已有的社会总产值、国民收入、社会纯收入和消费基金的一种扣除，降低一个国家的经济发展水平和人民的物质文化生活水平。据一位美国研究员计算，美国的国民生产总值在全世界占据第一位，但居住环境却低于四十个国家，仅占世界第四十一位。

选择了科学地衡量战略目标的指标或指标体系，还要科学地确定一定时期的经济发展战略目标。选择经济发展战略目标的根本原则和方法是从实际出发，首先要从国家的经济状况出发，深入研究生产力和生产关系的状况及其发展趋势，深入研究社会生产与社会需要的状况及其发展趋势，还要调查研究经济基础与上层建筑之间的关系状况及其发展趋势。我们现在处于 20 世纪 80 年代，国际经济关系日益频繁，因而确定社会主义经济发展战略目标不仅要从国内的实际情况出发，还要考虑国际经济技术的状况及其发展趋势，要考虑能在多大程度上利用国际经济技术力量来发展国内的社会主义建设事业。只有既从国内实际情况出发，又考虑国际上的实际情况，才能正确地选择社会主义经济发展战略目标。关于决定战略目标的诸因素，将在第三节详细论述。

测算经济发展战略目标，要有科学的方法。目前常用的测算方法有目标法、资源法和部门法等。目标法是在选择好国民经济发展的核心指标的基础上，先确定核心指标的发展目标，再根据核心目标推算出国民经济各部门的发展目标，最后对各个发展目标进行综合平衡。资源法是从已有的资源（包括自然资源、活劳动资源、物化劳动资源）出发，估计国民经济各部门的潜在生产力和潜在生产力转化为现实生产力的程度，推算各部门的增长速度和比例关系，并通过综合平衡在各部门之间合理分配各种资源，最后确定整个国民经济和各个部门的发展目标与增长速度。

部门法是首先确定国民经济主要部门的发展目标，再根据主要部门的发展目标逐步推算出其他部门的发展目标。

上述三种方法对于测算经济发展目标，各有自己的优点。目标法能较好地体现社会主义生产目的，资源法能较好地利用扩大再生产的各种资源，部门法能较好地处理国民经济各部门之间的综合平衡关系。但它们又都有一定的局限性，如果单独运用其中某一种方法，很难选择出科学地反映社会主义生产和需要的实际状况的经济发展战略目标。例如，目标法较多地反映了主观要求，而较少考虑客观经济条件。如果核心目标的指标选择得当，核心目标切合实际情况，可以较好地反映社会主义生产目的。如果经济发展核心目标的指标选择不当，脱离实际，就很容易搞出主观主义的、脱离社会主义生产目的的高指标。1958 年的“大跃进”就是运用这种方法的一个不好的典型。实行“以钢为纲”的方针，把钢产量作为核心指标，而且要求一年翻番，各行各业都要为钢铁让路，结果得不偿失，严重妨碍了社会主义生产目的的实现。资源法和部门法则较多地考虑客观经济条件，而较少考虑社会主义生产目的。由于生产的目的不同和生产目的实现的程度不同，同样的资源条件和经济发展水平会有不同的社会生产两大部类的平衡和国民经济各部门的平衡，会有不同的经济发展速度和比例关系，仅仅运用资源法或部门法来测算经济发展目标，难以很好体现社会主义生产目的。看来，只有把几种方法结合起来运用，也就是把社会生产各种资源及其利用程度和社会需要的发展程度结合起来，把社会生产的总量及其构成和社会需要的总量及其构成结合起来，进行科学测算和综合平衡，才能较好地选择适合社会主义生产目的的经济发展战略目标。

社会生产不但受资源条件的制约，最终还受消费需要的制约。因此，选择社会主义经济发展战略目标要根据社会生产及其资源条件和社会消费需要发展变化的情况。第一步测算消费需要的总量及其构成的发展速度和目标，第二步测算消费资料生产的

发展速度和目标，第三步测算生产消费资料的生产资料生产的发展速度和目标，第四步测算生产生产资料的生产资料生产的发展速度和目标，最后总和起来形成社会主义经济发展战略的总目标。在测算过程中，每一步都要把生产与需要，客观条件与主观要求结合起来，最终形成一个适合社会主义生产目的、能充分利用各种资源、两大部类生产协调发展的经济发展战略目标。

第二节　经济结构

社会主义经济发展战略目标的实现是构成社会主义经济的各种因素综合作用的结果。因此只有采取正确的经济结构对策，建立合理的经济结构，才能保证经济发展战略目标的顺利实现。在这里有必要对经济结构概念作一些探讨。

简要地说，经济结构就是经济的构成。它说明社会经济由哪些因素构成，如何构成。马克思对于社会经济结构这个概念，有两个定义性的论述。马克思在《政治经济学批判》序言中说："人们在自己生活的社会生产中发生一定的、必然的、不以他们的意志为转移的关系，即同他们的物质生产力的一定发展阶段相适合的生产关系。这些生产关系的总和构成社会的经济结构，即有法律的和政治的上层建筑竖立其上并有一定的社会意识形式与之相适应的现实基础。"❶马克思在这里把社会经济结构定义为生产关系的总和，即由与一定社会生产力相适合的生产关系的总和构成社会的经济结构。这是我们长期以来使用的经济结构概念，它对说明社会经济的性质和特征有不可替代的作用。这样理解的社会经济结构，也就是社会的经济基础、经济制度和所有制。马克思在《资本论》中又写道："社会生产过程既是人类生活的物质生存条件的生产过程，又是一个在历史上经济上独特的生产关系

❶　《马克思恩格斯全集》第13卷，第8页。

中进行的过程，是生产和再生产着这些生产关系本身，因而生产和再生产着这个过程的承担者、他们的物质生存条件和他们的相互关系即他们的一定的社会经济形式的过程。因为，这种生产的承担者对自然的关系以及他们相互之间的关系，他们借以进行生产的各种关系的总和，就是从社会经济结构方面来看的社会。”[1]

马克思在这里是从社会生产和再生产过程来考察社会经济结构的。社会生产和再生产既是物质资料的生产和再生产过程，又是生产关系的生产和再生产过程。其中既有人与自然之间的关系，又有人与人之间的关系，把人们借以进行生产的人与自然之间的关系和人与人之间的关系总和起来理解的社会经济结构，更有利于揭示社会再生产的规律。马克思对于资本主义再生产问题的研究，就是把物质资料的再生产与生产关系的再生产结合起来进行的。诸如对于社会总产品、国民收入、资本主义积累规律、社会生产两大部类的划分、简单再生产与扩大再生产的实现条件、资本的循环与周转、固定资本更新等问题，既分析了使用价值的运动，又分析了价值的运动和两者之间的联系；既分析了生产力的发展变化，又分析了生产关系的发展变化和二者之间的相互作用。可以说马克思的再生产理论，是同把社会经济结构理解为生产者与自然的关系和他们相互之间的关系的总和密切相连的。

我们认为马克思对于社会经济结构的上述两种定义性的论述都是科学的，可以根据不同的情况运用不同含义的经济结构概念。这种事例在马克思的经济学著作中是屡见不鲜的。如对社会必要劳动、生产劳动等经济范畴，马克思就在不同的地方赋予不同的含义。实现经济发展战略目标的结构对策，实际上是研究社会主义扩大再生产的实现条件和规模、比例、速度、效益等问题。在这里运用马克思关于经济结构的第二个含义是很适当的。

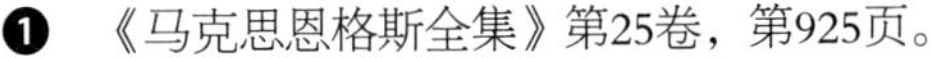

[1] 《马克思恩格斯全集》第25卷，第925页。

是否可以像有的同志所主张的那样，把经济结构只理解为生产力结构呢？我们认为是不可以的。因为生产力结构反映的是人与自然之间的物质变换关系，仅仅有人与自然之间的关系，不能构成社会生产和社会经济。人与人之间只有结成一定的生产关系才能进行生产，才有社会经济的存在和发展。同时，离开了生产关系，社会经济结构的任何重大问题都不能得到科学的阐明。如社会生产与社会需要、积累与消费、费用与效益等问题，不仅反映社会生产中物质技术的质与量的关系，而且深刻地反映着人与人之间的生产关系，只有在弄清社会生产关系性质的基础上，把社会生产关系问题与人与自然之间的关系结合起来研究，才能科学地揭示它们发展变化的规律性。马克思关于社会需要的一段精辟论述，对于我们弄清楚这个问题很有意义。他说："'社会需要'，也就是说，调节需求原则的东西，本质上是由不同阶级的互相关系和它们各自的经济地位决定的，因而也就是，第一是由全部剩余价值和工资的比率决定的，第二是由剩余价值所分成的不同部分（利润、利息、地租、赋税等）的比率决定的。这里再一次表明，在供求关系借以发生作用的基础得到说明以前，供求关系绝对不能说明什么问题。"[1]社会主义社会的社会需要，本质上是由社会主义生产关系决定的，离开社会主义生产关系来谈社会需要，也是不能说明什么问题的。那种把经济结构只理解为生产力的结构的观点是不能成立的。实际上，社会经济结构既包括生产力结构也包括生产关系结构，而这两种结构又是结合着的。我们在分析经济结构问题的时候，要注意局部与整体之间的内部联系，局部只是整体的一个有机组成部分，不能以局部结构代替整体结构。

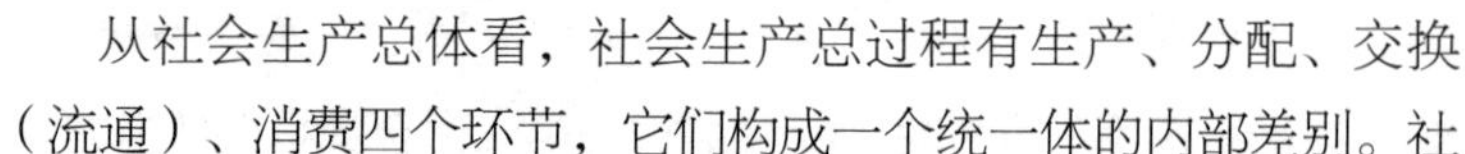

从社会生产总体看，社会生产总过程有生产、分配、交换（流通）、消费四个环节，它们构成一个统一体的内部差别。社

[1] 《马克思恩格斯全集》第25卷，第203页。

会生产总过程就是这四个环节相互联系相互作用的总过程，因而社会经济结构又可以分为生产结构、分配结构、交换（流通）结构、消费结构。

上述两种划分，都是从总体上来看的社会经济结构，它们对于正确认识与处理经济结构，促进经济的发展，各自具有独特的作用。但这两种划分又是互相联系互相渗透的。生产力与生产关系结构体现在生产、分配、交换、消费四个环节之中，而生产、分配、交换、消费四个环节又分别包含着生产力结构与生产关系结构。生产力与生产关系结构能从本质上反映社会经济性质，衡量社会经济制度是否适合生产力的发展及其适合的程度，生产、分配、交换、消费结构能具体地反映社会生产的总过程是否顺利进行及其经济效益的大小。

生产力与生产关系结构还可以作第二个层次的分析。生产力由劳动者的平均熟练程度，科学的发展水平及其在生产上应用的程度，生产过程的社会结合，生产资料的规模和效能以及自然条件等因素构成，因而生产力结构可以分为劳动力结构、科学技术结构、生产的专业化协作结构、生产力的地区结构、生产的技术结构、规模结构和自然资源结构等。生产关系结构可以分为生产过程、分配过程、交换过程、消费过程中的各种生产关系方面的结构。

生产、分配、交换、消费四个环节也可以作进一步的分析。生产结构从社会总产品的最终用途来看，可以分为生产资料与消费资料两大部类产品结构，从而社会生产也分为生产资料生产与消费资料生产两大部类生产结构。两大部类生产之间的价值补偿与物质补偿的对比关系制约着社会再生产的发展过程。生产资料又可分为生产生产资料的生产资料与生产消费资料的生产资料，消费资料又可分为生存资料、享受资料、发展和表现一切体力和智力所需要的资料。各类生产资料又由成千上万的产品构成。随着科学技术和生产社会化与家务劳动社会化的发展，为生产和生

活服务的服务业将日益发展。参照马克思关于社会生产两大部类及其对比关系的原理，服务业也可分为为生产服务的服务业与为生活服务的服务业结构。生产结构还可以按生产的特殊部门分为农业、轻工业、重工业、交通运输业、建筑业、商业和对外贸易等部门结构。各部门又分为许多行业和企业，于是又有行业结构、企业结构和产品结构等。对生产结构的上述两种划分，既有区别又有联系，两类生产结构的划分可以相辅而行。

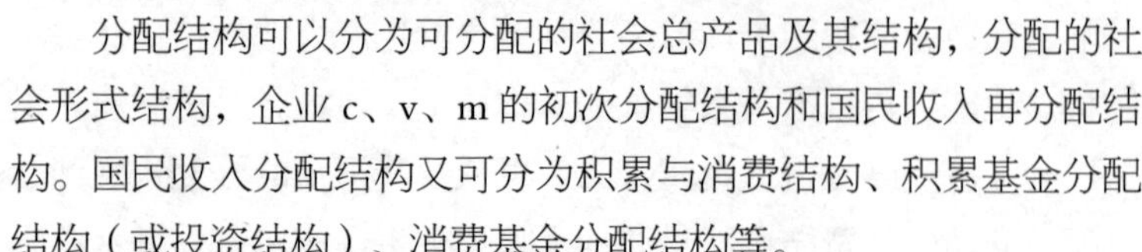

分配结构可以分为可分配的社会总产品及其结构，分配的社会形式结构，企业 c、v、m 的初次分配结构和国民收入再分配结构。国民收入分配结构又可分为积累与消费结构、积累基金分配结构（或投资结构）、消费基金分配结构等。

交换（流通）结构可以分为流通的产品总量及其结构、流通的社会形式或渠道结构、流通环节结构和流通的区域结构等。

消费结构可以分为社会消费品的总量及其结构，消费水平、消费方式结构，集体消费结构，个人消费结构等。

总之，社会主义经济结构是由多因素多层次构成的统一有机体，只有全面了解它的多因素多层次性和统一性完整性，才能正确认识和处理社会经济结构问题，制定出能保证经济发展战略目标实现的经济结构对策。

第三节 战略目标与经济结构的内在联系

社会主义经济发展战略目标是由多层次发展目标总和而成的，社会主义经济结构是由多层次的结构总和而成的，测算经济发展战略目标和层次目标，必须相应地考察社会经济的总体结构和层次结构。如果以一定的社会总产值、国民收入和社会纯收入为一定时期的经济发展战略目标，农业、工业、建筑业、交通运输业、商业服务业等部门的总产值、净产值和纯收入，就是第二层次的发展目标。农业中的种植业、林业、畜牧业、渔业和副业，工业中轻工业、重工业的总产值、净产值和纯收入则是第三层次的发展目标等。各部门的各种各样的产品和服务的发展目标，则是最基层的发展目标，是整个经济发展战略目标的基础。在这里，反映经济发展水平的多层次目标与多层次的产业结构是密切结合的。反映人民消费水平的战略目标与消费结构的多层次性相适应，也表现为多层次的消费目标。分配结构与流通结构作为生产与消费的中介，也有与生产目标和消费目标相适应的多层次的分配目标与流通目标。

战略目标与经济结构的内在联系，还表现在经济发展速度上。整个社会主义经济的发展速度，是由国民经济各部门、各行业、各种产品的发展速度总和而成的。国民经济各部门、各行业、各个企业、各种产品的发展速度，不可能像军事检阅的方阵那样齐头并进。有的部门、行业、企业、产品，由于资源丰富，技术进步快，经济结构合理，社会需要量大，发展速度就快一些；有的部门、行业、企业、产品由于资源欠丰，技术进步慢，经济结构不合理，社会需要量小，发展速度就慢一些；有的部门、行业、企业、产品由于资源枯竭，技术停滞，社会不再需要等原因，就可能被淘汰。同时，由于科学技术的进步，发现了新的资源，创造了新的产品，就可以不断出现新的部门、行业、企业和产品，并得到迅速发展。当然，有的部门、行业、企业和产品的发展速度过快或者过慢，可能是由于计划安排的失误或地方部门盲目发展造成的，我们要尽量避免这种情况的出现。最后，各部门、各行业、各个企业、各种产品的不同发展速度，必然会引起经济结构的变化，引起经济发展战略目标的变化。

三十多年来我国农业与工业结构的变化和农业、轻工业、重工业结构的变化，就是由于农业与工业、轻工业与重工业发展速度的变化引起的这种变化有合理的方面，即反映了国家工业化和整个国民经济现代化导致经济结构变化的必然趋势。但也有不合理的方面，即农业、轻工业发展速度过慢，重工业发展速度过快造成的畸形的国民经济结构。因此，要正确选择和顺利实现社会主义经济发展的战略目标，不但要选择整个国民经济的发展速度，而且要制订科学的速度分布。否则，不仅不利于建立与经济发展战略目标相适应的合理的经济结构，而且还可能导致国民经济结构的畸形化，浪费社会资源，降低社会经济效益，妨碍经济发展战略目标的实现。

战略目标、发展速度与经济结构之间的内在联系，多层次战略目标、多层次发展速度与多层次经济结构之间的内在联系，说明它们是同一社会主义经济有机体在不同方面的表现。战略目标是就社会主义经济运动的成果和效益而言，发展速度是就社会主义经济运动的进程而言，经济结构是就社会主义经济的构成而言，它们在社会主义经济运动过程中相互联系、相互制约，使社会主义经济从一个阶段发展到另一个阶段，日益增长和完善，人民的物质文化生活水平不断提高，人民的智力和体力日益得到全面的发展。

社会主义经济是不断发展变化的，我们对于战略目标、发展速度、经济结构，不能停留在静态的分析上，更重要的是从动态上把握它、研究它，要准确和及时地掌握经济发展的动态，也就是准确和及时地掌握经济信息，预见可能出现的问题，及时采取科学的对策。在实际经济生活中，某种战略目标、发展速度、经济结构之间可能出现某种不适应的情况。有时可能是战略目标太高或太低，发展速度太快或太慢，层次目标和速度分布不合理，妨碍了合理的经济结构的建立和各种资源的充分利用，这时就要调整战略目标或层次目标，调整发展速度和速度分布，以利于合理经济结构的建立。有时可能是经济结构不合理，妨碍合理的发展速度和科学的战略目标的实现，这时就要根据资源和社会生产与需要状况，调整积累与消费结构，调整投资结构与消费结构，使经济结构逐步合理化。

分析我国第一个五年计划时期和 1958—1978 年的社会主义

经济实践，可以具体地认识战略目标、发展速度和经济结构之间的内在联系。我国第一个五年计划时期的基本任务是建立工业化的初步基础，建立对农业、手工业和资本主义工商业进行社会主义改造的初步基础。第一个五年计划时期，工农业总产值平均每年增长 10.9%，农业总产值平均每年增长 4.5%，工业总产值平均每年增长 18%，重工业总产值平均每年增长 25.4%，轻工业总产值平均每年增长 12.8%。农业、轻工业、重工业占工农业总产值的比重，分别由 1952 年的 58.5、26.7、14.8 变为 1957 年的 43.5、29.2、27.3。国民收入五年增长 53%。全民所有制工业企业劳动生产率五年增长 52.1%。每百元资金实现的利润和税金由 1952 年的 25.4 元，提高到 1957 年的 34.7 元；每百元产值实现的利润，由 1952 年的 14.2 元，提高到 1957 年的 17.1 元。积累率五年平均为 24.2%。全民所有制各部门平均工资五年增长 42.8%。农民收入五年增长 27.9%。社会商品零售总额五年增长 71.3%。从上述资料可以看出，我国第一个五年计划时期农轻重关系比较协调，积累与消费关系比较适当，生产资料生产在两大部类基本协调中优先增长，因而经济发展速度和人民生活的改善都比较快，社会经济效益比较高。从 1958 年到 1978 年的二十年间，由于急于求成思想的严重发展，不顾国情，战略目标选择不当，想在短时期内改变我国“一穷二白”的面貌，赶上并超过经济发达国家。刮“共产风”、搞“穷过渡”严重破坏了生产关系结构。在国民经济发展上，把速度同比例、速度同效益截然对立起来，结果重工业畸形发展，农业轻工业长期落后，生产资料生产过度优先增长，积累与消费的比例失调，积累率长期过高，使第一个五年计划时期形成的比较合理的国民经济结构受到破坏，造成高积累、低消费，高耗费、低效果，经济发展速度大起大落，人民生活改善很慢，结果是欲速而不达，“速成论”变成了“不成论”。这是战略目标的不科学导致经济发展速度和经济结构不合理的一个典型事例。上述两个时期的实践，为我们认识战略目

标、发展速度、经济结构之间的内在联系和正确处理它们之间的关系，提供了宝贵的经验，我们应当深刻地记取和充分利用这些经验。

第四节　决定战略目标和经济结构的因素

为了科学地选择经济发展战略目标，建立与战略目标相适应的合理经济结构，需要具体地考察决定经济发展战略目标与经济结构的因素。

社会经济的发展，首先是生产力的发展。在没有技术进步的条件下，生产的发展决定于投入生产的劳动力和生产资料的数量。在劳动力和生产资料的数量既定的情况下，生产的扩大决定于技术进步的程度，决定于劳动力和生产资料质量的提高。生产资料不仅有经过劳动加工的产品，还有自然资源。因此，劳动力、科学技术、自然资源是社会生产发展的三个重要条件，是生产力的三个重要因素。

从连续不断的过程来考察社会的劳动力，它是过去的劳动力、现在的劳动力和将来的劳动力不断更新的过程。因此考察劳动力必须考察人口问题。人口从两个方面决定着社会经济的发展。一方面，人是劳动者，是生产力最主要的因素，是社会主义生产的主体。另一方面，人是消费者，是社会主义生产的服务对象，生产的目的就是满足人生存、发展和享受的需要，实现劳动力的再生产。因此，一个国家的人口状况从生产和需要两个方面决定着社会经济发展战略目标和经济结构。

从 1982 年 7 月 1 日全国第三次人口普查的资料来看，我国人口已超过 10 亿，农村人口近八亿，出生率高，自然增长率高，增长速度快，科学文化水平低，文盲半文盲多。人口多既是我国发展经济的宝贵资源，又是一种限制性因素。人口多、劳动力多，经济发展不愁没有劳动力。但是经济的发展不仅取决于劳动力的量，更重要的是取决于劳动力的质，取决于人民科学文化水平的高低。我国现有人口的科学文化水平低，文盲半文盲多，对于经济的发展和实现四化是一个很不利的因素，每年出生人口 2000 多万，现在的国民收入水平很难保证新出生人口科学文化水平的大幅度提高，对今后经济的发展也是一个不利因素。我国现在每年有 1000 万以上进入劳动年龄的人口需要就业，这就需要增加大量生产资料。如果没有足够的生产资料供新增的劳动力使用，就不能实现充分就业，或者虽然勉强就业，但不能充分发挥劳动力的作用。这样不仅不能提高企业和社会劳动生产率，而且可能导致劳动生产率的降低。同时由于人口多、劳动力多、工资水平低，反正可以靠增人来发展生产，这就容易减缓发展科学教育，加速技术改造，不断提高劳动生产率的紧迫感。人口多、出生率高，还不利于增加资金积累。积累的规模和速度，取决于国民收入与社会剩余产品的总量和人口消费的多少。我国生产力水平低，国民收入与社会剩余产品增加不可能很快，而国民收入的相当大部分被现有人口和新增人口所消费，能用于积累的部分不多，从而限制了积累的规模和速度。我国人口 80% 在农村，农业和副业的劳动生产率、剩余产品率和积累率都比城市低，对于国民经济发展的限制性更大。人口多、增长快，还不利于提高人民的物质文化生活水平，我国现在每年增长人口超过 2000 万，每年用于新增人口的抚养、医疗、教育费用就占去了新增国民收入的相当大部分，剩下能用于提高原有人口的物质文化生活水平的资金就不多了。从主要消费资料的生产和消费上更可以看出人口多、增长快，对于提高人民生活水平的限制作用。如我国粮食产量，从 1952 年到 1981 年，由 16 392 万吨增长到 32 502 万吨，几乎增长了一倍，但在此期间人口从 57 482 万增长到 99 622 万，增加了 42 000 多万人，按人平均的粮食产量从 576 斤增加到 657 斤，三十年仅增加 81 斤。

马克思主义认为，社会主义社会不但要有计划地进行物质资料的生产，而且要有计划地进行人自身的再生产。由于过去长时期内对人口问题缺乏科学全面的认识和正确的政策，人口盲目增长，人口多已经成为我国人口问题的主要矛盾。同时由于人口增长与经济发展不协调，人口过多已成为我国社会主义现代化建设中的一个限制性因素。因此，必须采取各种经济的法律的措施和深入细致的宣传教育工作，有计划地控制人口的增长，逐步做到人口的增长与经济的发展相适应。这是我国经济发展战略中的一个十分重要的问题。

人既是消费者，又是生产者，必须全面地认识处理二者之间的关系，把人口论和人手论结合起来。过去片面强调人是生产者，人多好办事，忽视人是消费者，要消费大量生活资料才能成为生产者，导致了人口的盲目增长。现在也不能只看到人是消费者，把人口多单纯当作包袱，而忽视人是生产者，不重视利用和发挥人的作用。必须看到，要解决我国的人口问题，一要靠有计划地控制人口，二要靠发挥现有人口的作用，发展生产，提高劳动生产率，增加资金积累，兴办更多的事业，二者缺一不可。我们要把人口多的压力变成发展生产的动力，努力提高劳动者的科学文化水平，把技术密集型产业与劳动密集型产业恰当地结合起来，向生产的深度和广度进军，充分发挥现有劳动力的作用，促进社会主义经济的迅速发展。

西方资产阶级经济学家关于经济发展战略问题的论著也十分重视人口问题，但是他们一般都摆脱不了马尔萨斯人口论的束缚。一是离开社会经济制度来谈人口问题，认为人口膨胀是一切贫困和罪恶的原因，把资本主义的相对人口过剩视为人口的自然规律，适用于一切社会和国家。二是重复马尔萨斯关于人口按几何级数增长，土地的生产力按算术级数增长的神话，看不到科学技术进步对生活资料生产的巨大作用。正如恩格斯所指出的：“科学也是按几何级数发展的”。[1]百余年来科学技术发展的历史证明了恩格斯的这个科学论断。随着科学技术的进步，不毛之地可以变成沃土，沙漠可以生产蔬菜、水果，现有耕地的生产率也会成倍提高，那种认为人类不能解决吃饭问题的悲观论调是毫无根据的。何况人口的增长并不总是按几何级数增长的。现在有些国家由于人口增长太慢，已经感到人口的增长不能适应经济发展的需要了。人口的增长不仅仅决定于自然因素，而且决定于社会经济、文化、传统习惯等多种因素，可以采取各种措施控制人口的增长速度。在社会主义制度下，只要采取正确的政策，有计划地控制人口，可以做到人口的适度增长，使人口的增长与生产的发展相适应。

科学技术在现代化生产中处于十分重要的地位，起着决定性的作用。科学技术转化为生产力是通过它的物化而实现的。一是物化在人的头脑中，发展劳动者的智能；二是物化在劳动工具、劳动对象中，不断采用新的技术装备和新的原料材料。在现代化生产过程中，这两个方面结合在一起，从工程设计、产品设计、工艺流程、操作技术、科技情报资料、技术装备、原料、材料、动力等测试计量手段等方面促进生产的发展。于是一系列新的产品、新的行业、新的产业部门出现了，一些老的产品、行业和部门被改造或者淘汰了，科学技术成为现代化生产发展的巨大动力。例如，电子计算机对于现代化生产的发展就起着革命的推动作用。钢铁工业采用吹氧转炉炼钢，每二十分钟可以出一炉钢，但它的反应十分迅速和复杂，只有用电子计算机和其他电子装置，才能大大提高效率和产品合格率。20 世纪 70 年代初，一台年产 200 万吨的带钢热轧机用人工控制，每周生产 500 吨就是破纪录的成绩，改用电子计算机控制后，每周生产 5 万吨，为人工控制的 100 倍，而且质量还有显著提高。据报道，美国现在应

[1] 《马克思恩格斯全集》第1卷，第621页。

用电子计算机的领域已超过3000个，电子计算机设置的累计台数迅速增长。有人估计，美国现有电子计算机完成的工作量需要4000亿人才能完成，而且有些工作量是人工根本无法完成的。

科学技术不但通过它的物化转化为直接生产力，还对整个国民经济的发展和社会的进步有重大的作用。国情的精密估量，经济结构的调整，经济管理体制的改革，生产与需要的预测和计划，生产的合理布局，技术政策和劳动政策的制定，生态环境的保护和改造等一系列重大问题的解决，都与科学技术的发展密切相关。没有现代化的科学技术就没有现代化的农业、工业和国防。科学技术现代化是实现四化的关键。因此，研究经济发展战略目标和经济结构必须十分重视科学技术问题，把科学技术状况及其发展趋势作为制定经济发展战略目标和经济结构的重要依据。

我国从五四运动起就提出科学问题，但当时没有发展科学技术的社会条件。新中国成立后，科学技术有了很大的发展，解决了不少尖端技术问题，但仍未摆脱科学技术落后的局面。它不仅表现在国家用于科学教育的投资不多，在国民收入中占的比例不高，科技力量弱，科研设备落后，科技成果少，而且表现在已有的科技人才和科研设备不能充分发挥作用，已取得的科技成果不能迅速转移到生产建设上去，转化为社会生产力。造成我国科学技术长期落后有多方面的原因，一个重要的原因是对科学技术在现代化生产和整个社会发展中的革命作用认识不足，长期轻视科学技术，轻视科学技术人才。在20世纪80年代，不尽快掌握先进的科学技术，包括把别人的先进的科学技术拿过来，单纯依靠直接的生产经验搞生产，就只能成为爬行主义者。马克思主义者应该是十分重视科学技术的。马克思为了进行革命理论的创造，除了研究哲学、政治经济学和科学社会主义之外，还对科学技术史、数学、生物学、生理学、医学、化学、天文学、地质学、工艺学、农艺学、农业化学、植物学、人类学、比较解剖学等自然科学作过研究。当达尔文的《物种起源》问世的时候，马克思曾说达尔文的书为我们（指马克思和恩格斯）的书提供了自然史的基础。在马克思看来，科学是一种在历史上起推动作用的革命力量，对科学的发现和发明感到异常的兴奋和喜悦。他正是从科学技术的进步看到生产力的发展，看到经济革命与社会革命的必然到来。社会主义制度为科学技术的发展创造了良好的条件，客观上又存在着对科学技术迫切的巨大需要。我们学习马克思从整个共产主义事业的高度来看待科学技术的现代化问题，就可以从经济与政治和体制与方法等方面创造条件，保障科学技术的迅速发展，推动社会主义经济和整个社会的发展。

生产过程是人与自然之间的物质变换过程，劳动生产力是与自然资源联系在一起的，因而自然资源是生产力的一个因素，是确定经济发展战略目标的一个重要依据。自然资源包括土地、河流、海洋、矿藏、森林、草原和气候条件等，马克思把自然资源称为自然富源、自然生产力。自然资源的差异，会使投入同量的劳动产生不同的结果。人类生活的自然界在经济上可分为两类：一类是生活资料的自然资源，如土地的肥力，渔产丰富的水域，良好的气候等；另一类是劳动资料的自然资源，如矿藏、森林、草原、江河湖泊、瀑布、海洋等。在文化初期，第一类自然资源具有决定性意义，在较高的发展阶段，第二类自然资源具有决定意义。对于现代化生产来说，最重要的不是土壤的绝对肥力和自然资源的绝对丰度，而是自然资源的差异性和自然产品的多样性。自然资源的差异性和产品的多样性是社会分工和国民经济结构的自然基础。自然资源的差异性和产品的多样性，会使人的需要、能力、劳动资料和生产部门多样化，对一个国家的国民经济结构影响很大。当然，在科学技术发达、世界交通方便、国际交往频繁的今天，可以通过对外贸易来解决一部分自然资源的贫乏问题，可以部分地利用别国的自然资源来完善本国的经济结构。

自然资源同自然资源的利用是两个不同的问题。自然资源是自然界的客观存在，它的变化是很缓慢的。自然资源的发现和利用则有赖于科学技术的发展。自然资源的利用特别是地下矿藏的大量发现和利用，取决于地质学、矿物学、勘探技术和冶炼技术的发展。如中华人民共和国成立前，国内外都有很多人认为我国是一个贫油国家，但地质科学的发展和我国石油工业的成就证明，我国是一个拥有丰富石油资源的国家之一。对于土地和气候资源的充分利用，也有赖于科学技术的发展。如我国的橡胶种植业，经过林业工作者的长期研究和生产实践，在北纬 18°～24°的地区内大面积种植橡胶成功，打破了国际上所谓北纬 17° 线以北属于“植胶禁区”的结论。我国橡胶种植已达 600 多万亩，居世界第四位，产量达 14 万吨以上，居世界第六位。

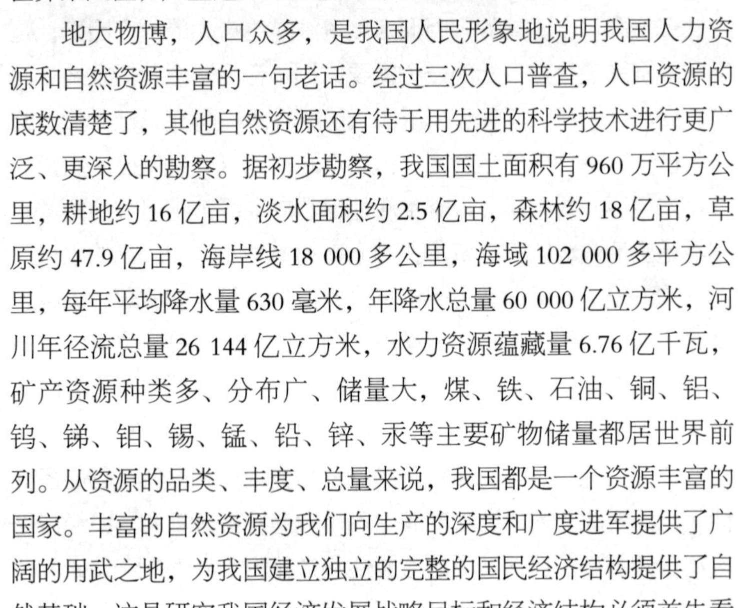

地大物博，人口众多，是我国人民形象地说明我国人力资源和自然资源丰富的一句老话。经过三次人口普查，人口资源的底数清楚了，其他自然资源还有待于用先进的科学技术进行更广泛、更深入的勘察。据初步勘察，我国国土面积有 960 万平方公里，耕地约 16 亿亩，淡水面积约 2.5 亿亩，森林约 18 亿亩，草原约 47.9 亿亩，海岸线 18 000 多公里，海域 102 000 多平方公里，每年平均降水量 630 毫米，年降水总量 60 000 亿立方米，河川年径流总量 26 144 亿立方米，水力资源蕴藏量 6.76 亿千瓦，矿产资源种类多、分布广、储量大，煤、铁、石油、铜、铝、钨、锑、钼、锡、锰、铅、锌、汞等主要矿物储量都居世界前列。从资源的品类、丰度、总量来说，我国都是一个资源丰富的国家。丰富的自然资源为我们向生产的深度和广度进军提供了广阔的用武之地，为我国建立独立的完整的国民经济结构提供了自然基础。这是研究我国经济发展战略目标和经济结构必须首先看到的。

同时也要看到用 10 亿人口来平均各类自然资源，就显出自然资源相当贫乏的一面。我国农林牧的土地面积按人口平均只有 6.6 亩，而世界平均每人 33 亩；耕地面积每人平均不到 2 亩，世界平均每人 4 亩；森林平均每人 1.8 亩，世界平均每人 15 亩；许多矿产资源我国每人平均量也低于世界平均水平。更重要的是，我国对许多自然资源的利用水平低，许多资源白白地浪费了。如大量耕地被不合理的建筑占用了，被水土流失破坏了，大量的森林被滥伐了，矿产资源缺乏综合利用，许多宝贵的资源被当作“三废”扔掉了。因此，研究我国的经济发展战略和经济结构，必须十分重视我国既是自然资源的富国，又是自然资源的贫国这个二重性，要十分珍惜自然资源，运用先进的科学技术，努力勘探新的自然资源，合理地开发和利用自然资源，讲求自然资源利用的经济效益。

上述人口、科学技术和自然资源是生产力的三个重要因素，也是确定社会主义经济发展战略目标和经济结构的重要依据。我国人口多劳动力充足，科学技术有相当发展，自然资源丰富，为发展我国社会主义经济提供了有利条件，在此基础上完全可以建立经济发达、人民生活富裕的社会主义经济。不利条件是我国人口过多、自然增长率高，科学技术水平不高，人均自然资源水平低，劳动资料的规模不大、效能不高，因而生产力水平低，每年可以用来发展生产建设和科学教育的资金有限，社会主义经济建设的发展和人民生活改善的速度不可能很快。这就决定了我国社会主义经济建设必须坚持稳步前进艰苦奋斗的战略方针，在战略目标的选择上不能急于求成，既要反对“悲观论”，又要反对“速成论”。

社会生产总是在一定的生产关系下进行的。人们在生产过程中不仅影响自然界，而且也互相影响，他们如果不以一定方式结合起来共同活动和互相交换其活动，便不能进行生产。为了进行生产，人们便发生一定的联系和关系。生产关系是生产力的社会形式，决定于生产力的性质和水平。一定的生产关系又作用于生产力，促进或延缓生产力的发展。资本主义生产关系，同以前的奴隶制和封建制生产关系相比，有它文明的一面，它较有利于生产力的发展和社会关系的发展，有利于更高级的新社会形态的创造。社会主义公有制生产关系，解决了生产社会性和资本家私人占有之间的矛盾，实行计划经济，更有利于生产力的发展，首先是人的全面发展。正如马克思所指出的："社会化的人，联合起来的生产者，将合理地调节他们和自然之间的物质变换，把它置于他们的共同控制之下，而不让它作为盲目的力量来统治自己；靠消耗最小的力量，在最无愧于和最适合于他们的人类本性的条件下来进行这种物质变换。"[1]实践证明，社会主义经济制度优越于资本主义经济制度，更有利于社会生产力的发展。我国经过民主革命和社会主义革命，改变了半殖民地半封建的生产关系，逐步建立了社会主义生产关系，解放了劳动者和生产资料，也解放了旧社会无法利用的广大自然界，促进了生产力的迅速发展。以国民经济恢复时期结束的 1952 年的各种主要指标为 100，1981 年工农业总产值指数为 946.8，农业总产值指数为 270.7，工业总产值指数为 1962.7，国民收入指数为 525.4。新中国的经济发展速度不仅远远超过旧中国，同世界其他国家相比，我国工业生产发展速度也是比较快的。从 1951—1980 年三十年间，我国年平均增长 12.5%，美国年平均增长 4%，苏联年平均增长 8.6%，日本年平均增长 11.5%，西德年平均增长 5.8%，英国年平均增长 2.3%，法国年平均增长 5%，印度年平均增长 5.9%。但是，也要看到我国经济发展中存在的问题：一是有些时期经济增长缓慢甚至下降；二是劳动生产率增长缓慢，剩余产品率低，经济的增长主要是靠劳动量的增加；三是人民物质文化生活改善的幅度不大。总之，我国经济发展和人民生活状况表明，我国生产关系结构基本上是适合生产力性质和水平的，促进了经济的发展和生活的改善，但某些时期的生产关系结构也出现过严重的问题，延缓了经济的发展和人民生活的改善。这方面在 1958—1962 年期间

[1] 《马克思恩格斯全集》第25卷，第926—927页。

和 1966—1976 年期间最为突出。总结三十多年的经验，最重要的经验教训是必须遵循生产关系适合生产力性质和水平的规律。要按照这个规律办事，首先就要弄清当时当地的生产力性质和水平。从认识论上说，1958 年的错误首先是由于错误地估计了当时的生产力性质和水平，天天宣传什么放“卫星”，到处说农业已过关，发愁粮食多了怎么办，钢铁一年翻一番，这就从根本上错误地估计了当时生产力的性质和水平。于是，什么吃饭不要钱，破除资产阶级法权，公社越大越公越好等“共产风”吹遍全国，影响了经济战略目标的正确选择与合理经济结构的建立。结果破坏了生产力，降低了社会经济效益，阻碍了社会主义经济的发展。经过这次教训，开始认识到我们的生产力水平还不高，不能超越历史发展阶段，但并没有认真的清理和改正错误，以致在十年“文化大革命”中又旧病复发。不过在形式上稍有不同，1958 年是说“大跃进”的形势要求过渡，十年“文化大革命”中则是明知经济形势不好却要搞“穷过渡”，但在实质上都违背了生产关系适合生产力性质的规律，对社会主义经济的发展都起了阻碍作用。

三中全会以来，实行“调整、改革、整顿、提高”的方针，在调整经济结构、改革经济管理体制方面做了不少工作，取得了不少经验，促进了社会主义经济的发展。要使生产关系进一步适合生产力的性质和水平，适应经济发展战略目标的需要，必须进一步调整生产关系结构，改革经济管理体制。我们必须认识到，社会主义经济的建立和发展是一个历史过程，理想境界需要经过长期的艰苦奋斗才能逐步实现。我国现在还存在着多层次的生产力，既有能解决上天、入地、下海等尖端技术问题的现代化生产力，也存在大量近似古代的落后生产力。适应不同的生产力性质和水平，必然长期存在以社会主义公有制为主体的多层次生产关系结构，生产、分配、交换、消费各个环节必然长期存在多种多样的经济形式。我们要根据全国和各部门各地区的实际情况，对于不适应生产力性质和水平的生产关系和经济管理体制，适时地调整和改革；对于适合生产力性质和水平的生产关系和经济管理体制，要相对稳定，使之更加完善。

在一定经济基础上产生的上层建筑，归根到底是为生产服务的。社会经济的发展变化，需要有上层建筑的保护和推动。恩格斯说：“政治、法律、哲学、宗教、文学、艺术等的发展是以经济发展为基础的。但是，它们又都互相影响并对经济基础发生影响。并不是只有经济状况才是原因，才是积极的，而其余一切都不过是消极的结果。这是在归根到底不断为自己开辟道路的经济必然性的基础上的互相作用。例如，国家就是通过保护关税、贸易自由、好的或者坏的财政制度发生作用的。”[1]适应经济必然性的国家政权和其他上层建筑就能促进经济的发展和社会的进步。如果上层建筑不能适应经济必然性以至背道而驰，就会延缓或阻碍经济的发展和社会进步。社会主义社会在公有制基础上实行计划经济，社会主义国家作为社会经济中心，代表人民管理国民经济，对经济的发展有更加密切的关系。社会主义国家通过经济发展战略和实现经济战略的五年计划、年度计划来管理和引导国民经济的发展。而经济发展战略目标的确定是一个综合性的大问题，它涉及政治、经济、技术、自然等多种因素和社会科学与自然科学的各种门类，任何一个人都不可能全部掌握有关的科学知识和情报资料，并作出正确的决策。只有在党和国家的领导下，发扬社会主义民主，实行多学科协同配合，集思广益，才能制定有科学预见的、具有战略指导意义的社会主义经济发展战略和科学的经济结构对策。

生产力因素是决定社会主义经济发展战略目标和经济结构的第一性因素。没有劳动力、科学技术和自然资源就没有社会生产的发展，离开劳动力、科学技术和自然资源，就无从分析和预测

[1] 《马克思恩格斯全集》第39卷，第199页。

生产和需要的发展变化，经济发展战略目标就成了无源之水，无本之木。生产关系和上层建筑是决定社会主义经济发展战略目标的第二性因素，但它对生产的发展和经济效益的提高有重大的作用。在同样的生产力条件下，只要采取正确的政策，调整好人与人之间的经济关系与政治关系，改革好经济管理体制，就可以大大促进生产力的发展和经济效益的提高。反之，即使增加大量投资，也不会产生好的效果。离开生产关系和上层建筑因素，经济发展战略和结构对策就没有目的和动力，而仅仅是物质技术数量关系的演变。因此，只有把生产力、生产关系和上层建筑联系起来考察，并正确认识和处理它们相互之间的关系，才能制定正确的经济发展战略目标和经济结构对策。

第五节　经济结构合理化三原则

一、目的原则

合理的社会主义经济结构的首要原则是目的原则。它要求经济结构符合社会主义生产目的，能最大限度地满足人民群众日益增长的物质和文化需要。

社会生产目的客观地存在于一定的社会生产中，客观地存在于一定的社会经济结构中。社会生产的性质不同，社会经济结构不同，社会生产的目的也不同。资本主义生产追逐最大限度利润的生产目的，是由资本主义生产的本性决定的。那么资本主义生产是否也适应社会需要呢？它在客观上是要适应资本主义社会的消费需要的。因为任何社会生产都要受社会消费需要的制约。可是消费需要并不是资本主义生产的目的，资本家只是为了赚取最大限度的利润而在客观上适应社会的消费需要。对于这个问题需要作具体分析。资本主义社会的需要首先是资产阶级及其国家的需要。资本主义社会的生产资料大部分被资本家和大土地所有者占有，剩余价值被各类资本家和大土地所有者瓜分，资产阶级国家征收大量赋税，发行大量国债，为巩固资产阶级的统治服务。工人阶级只能靠出卖劳动力来换取消费资料，维持最基本的生活需要。资本主义社会的需要有些是人的正常需要，有些则是资产阶级的特殊需要。资产阶级为了加强其反动统治和侵略扩张，就要搞国民经济军事化，大做军火买卖；为了满足资产阶级过糜烂生活的需要，出现了各种各样的生产部门、行业和产品，资产阶级及其国家从中大发其财。例如，美国人每年吸食毒品就要花掉1000多亿美元。当然，这些腐朽的行业和产品也使一部分劳动者深受其害。

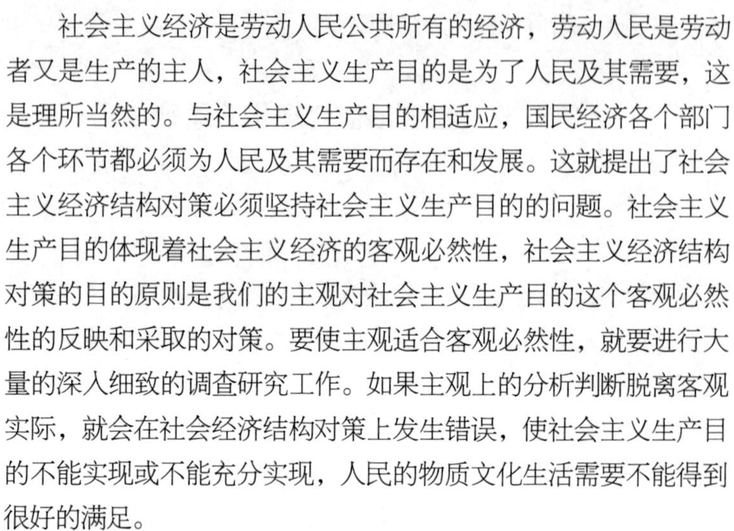

社会主义经济是劳动人民公共所有的经济，劳动人民是劳动者又是生产的主人，社会主义生产目的是为了人民及其需要，这是理所当然的。与社会主义生产目的相适应，国民经济各个部门各个环节都必须为人民及其需要而存在和发展。这就提出了社会主义经济结构对策必须坚持社会主义生产目的的问题。社会主义生产目的体现着社会主义经济的客观必然性，社会主义经济结构对策的目的原则是我们的主观对社会主义生产目的这个客观必然性的反映和采取的对策。要使主观适合客观必然性，就要进行大量的深入细致的调查研究工作。如果主观上的分析判断脱离客观实际，就会在社会经济结构对策上发生错误，使社会主义生产目的不能实现或不能充分实现，人民的物质文化生活需要不能得到很好的满足。

要使社会主义经济结构体现社会主义生产目的，首先要正确处理生产资料生产与消费资料生产的关系。生产资料生产部门要为消费资料生产提供充足的先进的生产资料，消费资料生产要适应一定经济条件下人民生存、享受和发展所需要的消费资料总量及其构成，而对于资产阶级腐朽生活方式所需要的物质产品和精神产品，则要坚决反对和抵制。在消费资料生产中要广泛运用现代科学技术成果，不断发展新产品，革新老产品，提高产品质量，更好地满足人民的新需要。还要改革生产、分配、流通结构，改变信息不灵，计划失当，流通阻塞的状况，使经济领导机关和农工商等企业及时了解人民的需要，使社会主义经济更好地成为有利于人民的经济。

社会生产目的是社会经济动力的来源，目的论实际上是动力论。资本主义生产追逐最大限度的利润、追求最大限度的交换价值，同奴隶制生产和封建制生产追逐更多的使用价值相比，对生产有较大的推动作用，创造了巨大的生产力。但资本主义生产的局限性也就在于追逐利润。生产的社会性和资本家的私人占有极大地限制了劳动人民的消费需要，不断地发生周期性的生产过剩危机，使资本主义经济长期处于不能自拔的“滞胀”局面。社会主义生产以最大限度地满足人民群众的物质和文化需要为目的，人民的需要更好地得到满足，人民的智力和体力得到全面的发展，是社会主义经济发展的强大动力。由于人民群众需要的不断发展，社会主义市场也会不断扩大，这对社会主义经济的发展有着巨大的推动作用。

二、效益原则

效益原则要求建立经济效益高的社会经济结构。讲求经济效益就要注重劳动耗费与有用效果的比较，争取以最少的劳动耗费取得最大的有用效果。马克思在《剩余价值理论》中引用李嘉图的话说：“真正的财富在于用尽量少的价值创造出尽量多的使用价值，换句话说，就是在尽量少的劳动时间里创造出尽量丰富的物质财富。”紧接着马克思又说：“财富和价值的对立后来在李嘉图的著作里表现为这样的形式，即纯产品在总产品中占的比例应当尽量的大。”[1]后来在《资本论》中，马克思又进一步指出：“富的程度不是由产品的绝对量来计量，而是由剩余产品的相对

[1] 《马克思恩格斯全集》第26卷（Ⅲ），第281—282页。

量来计量。”[1]这三段话一段比一段更深刻地反映了经济效益的本质，最后归结为剩余产品率。

评价社会主义经济效益有多种多样的指标，但最根本的是剩余产品率和剩余产品量。列宁曾在《对布哈林〈过渡时期的经济〉一书的评论》中说：“利润也是满足‘社会’需要的。应该说：在这种条件下，剩余产品不归私有者阶级，而归全体劳动者，而且只归他们。”[2]劳动者物质文化生活水平的提高归根到底要靠剩余产品的增加，非生产部门的一切费用来自剩余产品，社会主义扩大再生产主要靠剩余品中提供的积累。可以说没有剩余产品的增加和剩余产品率的提高，就没有社会主义经济的发展和人民物质文化生活的改善。因此社会经济效益的提高是实现经济战略目标的关键。

讲求社会主义经济效益，要特别注重社会的经济效益，全局的经济效益。可是社会的经济效益是以企业的经济效益为基础的，只有各个企业的劳动生产率高，经济效益好，整个社会的经济效益才能提高。长期以来，我们对于提高企业的经济效益重视不够，很多企业的规模结构与组织结构不合理，搞“大而全”“小而全”，不能发挥社会化大生产的优越性；忽视技术进步和老产品的更新换代，搞几十年一贯制，产品的质量、品种、规格不能适应人民群众的需要；忽视经营管理，生产与需要、生产与销售脱节，造成大量积压和浪费；在劳动、资金、物资管理上缺乏经济核算思想，没有建立科学的经济责任制，以致影响资金物资的节约和劳动生产率与剩余产品率的提高。全国有相当数量的企业长期经济效益不高，甚至亏损，靠借债度日。1981 年有 27.1% 的全民所有制工业企业不同程度地存在亏损，1982 年一些全民所有

---

❶ 《马克思恩格斯全集》第23卷，第257页。

❷ 列宁：《对布哈林〈过渡时期的经济〉一书的评论》，人民出版社1958年版，第41—42页。

制工业企业的亏损总额达到42亿元。经过近年的整顿企业工作，有不少企业开始转亏为盈。

提高企业经济效益，必须使企业结构合理化。当前主要应解决以下几个问题：建立健全党委领导下的职工代表大会制和党委领导下的厂长、经理负责制，把广大职工的民主管理与厂长经理负责制结合起来，充分发挥工人、技术人员、领导干部办好企业的积极性；根据各类企业的特点建立科学的经济责任制，把国家、企业、职工的责权利统一起来；在企业内合理配置生产力的各种因素，把“大而全”“小而全”的企业改造成为合理规模的专业化企业；对工人、技术人员、干部要定期进行技术、业务考核，以考核成绩作为定级、升级、评定职称和任免干部的主要依据；对长期亏损企业坚决实行关停并转。

以全民所有制经济为主体的社会主义公有制经济的建立，把社会各方面的根本利益统一起来，为实行计划经济，讲求社会经济效益创造了条件。社会主义的社会经济效益以企业经济效益为基础，但又不是企业经济效益的简单总和。讲求社会经济效益，除了要提高各个企业的经济效益，还要充分利用与合理分配社会劳动，取得适合社会需要的最大的有用效果。马克思说：“正像单个人必须正确地分配自己的时间，才能以适当的比例获得知识或满足对他的活动所提出的各种要求，社会必须合理地分配自己的时间，才能实现符合社会全部需要的生产。因此，时间的节约，以及劳动时间在不同的生产部门之间有计划的分配，在共同生产的基础上仍然是首要的经济规律。这甚至在更加高得多的程度上成为规律。”[1]社会主义社会劳动时间在国民经济各部门的分配，主要是通过计划来实现的，社会劳动的节约与浪费主要取决于计划是否科学合理，因此，计划的节约是最大的节约，计划的浪费是最大的浪费。

---

[1] 《马克思恩格斯全集》第46卷（上），第120页。

提高社会经济效益，首先要充分利用、合理分配活劳动资源与物化劳动资源。国家在一定时期内拥有的资源是一定的。而社会生产各部门、各行业、各种产品的生产，有的有机构成高，有的有机构成低，有的生产周期长，有的生产周期短，有的资金周转快，有的资金周转慢，有的劳动生产率高成本低占用资金多而需要劳动力少，有的劳动生产率较低成本较高占用资金少而需要劳动力多，等等。在全国范围内不同条件的部门、企业和产品的不同组合，社会经济效益是有很大差别的。特别像我国存在着资金短缺、科学技术落后，而活劳动资源和自然资源丰富的情况，在全社会范围内合理的配置各类生产，充分利用与合理分配物化劳动与活劳动资源，以取得最大的社会有用效果，更是建立合理的社会经济结构的迫切要求。

提高社会经济效益，还要使物化劳动资源与活劳动资源的分配，与多种多样的社会需要相适应，也就是要使产品结构适合第二种意义的社会必要劳动。马克思说："事实上价值规律所影响的不是个别商品或物品，而总是各个特殊的因分工而互相独立的社会生产领域的总产品；因此，不仅在每个商品上只使用必要的劳动时间，而且在社会总劳动时间中，也只把必要的比例量使用在不同类的商品上，……在这里，社会需要，即社会规模的使用价值，对于社会总劳动时间分别用在各个特殊生产领域的份额来说，是有决定意义的。"[1]马克思关于两种社会必要劳动的理论，为我们评价企业经济效益和社会经济效益提供了科学的理论基础，并且把企业的经济效益与社会的经济效益结合起来。企业生产的产品既是满足一定社会需要的使用价值，又要使劳动消耗低于或等于社会必要劳动，才能取得好的经济效益。如果产品质量低，劳动消耗高，经济效益就不可能好。那些亏损企业就往往是收入还不足以补偿劳动消耗，即通常说的入不敷出，谈不到有

[1] 《马克思恩格斯全集》第25卷，第716页。

什么经济效益。在一定经济条件下，社会对某种产品的需要量是一定的，如果某种产品的生产超过了社会的需要，就不能全部实现，生产产品的劳动也就不能全部变成有益于社会的劳动。我们经常说的货不对路，为仓库而生产就是这个问题。国家应当按照两种意义的社会必要劳动来安排国民经济计划，使劳动资源、社会生产、社会需要相互适应。企业应当按照两种意义的社会必要劳动来组织生产和经营，使产品的劳动消耗不断降低，使产品适合社会需要。这两个方面结合起来，就能充分利用与合理分配社会劳动资源，取得最大的社会有用效果，大大提高社会经济效益。

三、平衡原则

社会经济的运动，总是在平衡与不平衡的矛盾斗争中前进的。经济结构的平衡原则，就是要通过调整经济结构，从不平衡中求平衡，从一个平衡到另一个新的平衡，促进社会主义经济发展战略目标的顺利实现。

社会经济结构的平衡原则，就是国民经济各个环节，各个部门相互适应地按比例发展的原则。平衡发展不是平均发展。生产、分配、交换、消费四个环节不能平均发展而是要求相互适应，国民经济各部门、各行业、各种产品的速度和比例不能平均发展而是要求按比例发展。同时也不能把平衡发展与重点发展对立起来。国民经济四个环节中，生产是起点，消费是终点，分配、交换是中介，其中生产占首位，一定的生产决定一定的分配、交换和消费，而分配、交换和消费又在一定程度上决定着生产。国民经济各部门、各行业、各种产品按比例发展中就包含着一定的重点发展。如我国现阶段要使国民经济按比例发展，就必须有农业、能源和交通、教育和科学的重点发展。

一切社会生产都存在着按一定比例分配社会劳动的必然性，不同的只是实现的社会形式。资本主义经济的比例是通过竞争和无政府状态，通过周期性的经济危机来实现的。社会主义经济的按比例发展，则主要是通过计划实现的。社会主义计划经济要求根据资源的可能和社会的需要有计划按比例地发展，实现社会生产各部门协调发展、社会生产与社会需要协调发展的最优经济比例关系。恩格斯曾经指出："在一个和人类本性相称的社会制度下，……社会那时就应当考虑，靠它所掌握的资料能够生产些什么，并根据这种生产力和广大消费者之间的关系来确定，应该把生产提高多少或缩减多少，应该允许生产或限制生产多少奢侈品。"[1] 最优经济比例关系是对社会生产的总量与构成和社会消费力的总量与构成反复平衡多次选择的结果。社会生产与社会消费的总量与构成既与生产力状况有关，又与生产关系密切相连。因此，最优的国民经济比例关系，是符合社会主义生产目的、保证社会主义生产高速度发展的比例关系，是耗费最少社会劳动取得最优社会经济效益的比例关系。凡是不符合社会主义生产目的、压低人民生活消费的生产高速度增长的比例关系，和脱离生产发展的消费高速度增长的比例关系，都不是社会主义经济的最优比例关系。同时，是否最优的经济比例关系，不能只看一两年，还要从长期来看，比如五年、十年、二十年。要看一定的经济比例关系能否保证国民经济持久地较快地发展和人民生活的不断改善。这就关系到积累与消费的比例关系和当前利益与长远利益的结合问题。要根据当时的生产水平和社会需要，确定合理的积累基金与消费基金的比例，确定积累基金在各部门的合理分配。积累与消费的比例，积累基金和消费基金的分配，对于合理的国民经济结构的形成，具有重要的作用。通过调整积累与消费的结构和投资结构与消费结构，不合理的国民经济结构可以逐步转变为合理，不平衡可以转变为平衡。反之，如果积累与消费的结构和投资结构与消费结构不适当，合理的国民经济结构可以变

[1] 《马克思恩格斯全集》第1卷，第615页。

成不合理，平衡可以转变为不平衡。

实现社会主义生产目的，满足日益增长的人民物质文化生活的需要，要有相应的消费资料。发展社会主义生产，要有相应的生产资料和消费资料。因此，符合社会主义生产目的、保证社会主义生产正常发展的最优经济比例，集中体现在生产资料生产与消费资料生产的最优比例之中。技术进步条件下的社会主义扩大再生产，要求生产资料生产优先增长。但这种优先增长必须适度，不能为生产而生产，而生活的改善又以生产的发展和劳动生产率的提高为前提。所以生产资料优先增长的“度”就是有利于两大部类的协调发展和在有利于生产发展、劳动生产率提高的基础上不断改善人民生活如果超过这个适当的“度”，生产资料优先增长也就不能继续下去，结果必然会导致生产资料生产增长速度的降低和消费资料增长速度的提高，甚至在一定时期内消费资料生产增长速度快于生产资料生产增长速度。由于消费资料生产增长速度在一定时期内快于生产资料生产增长速度，是以前期生产资料生产过度优先增长为条件的。一旦这个条件不存在，即不再有那么多生产资料来实现消费资料生产快于生产资料生产，两大部类的比例关系就要改变，生产资料生产就要重新优先增长。这是一个否定之否定。如果掌握好生产资料生产优先增长的“度”，就可以避免再一次出现生产资料生产过度增长的局面，在保证两大部类生产协调发展的基础上实现生产资料生产的优先增长。在现实的社会经济生活中，农业、轻工业与重工业的关系，能大致上反映两大部类生产之间的比例关系，并可由此观察整个国民经济结构的状况。可以通过合理安排农业、轻工业、重工业的比例关系，来处理两大部类生产之间的关系，实现国民经济的平衡发展，建立合理的经济结构。

社会主义经济结构的目的原则、效益原则、平衡原则是一个有机的整体。目的原则体现社会主义生产的目的和方向，为社会主义生产提供巨大的动力。效益原则体现社会主义经济蒸蒸日

上，自强不息的旺盛生命力，能以有限的资源为实现生产目的提供丰富多彩的适合社会需要的有用效果。平衡原则体现社会主义经济有计划按比例地发展，是提高社会经济效益实现生产目的的有效途径。合理的经济结构，是相对于一定的时间地点和条件来说的，没有适合于一切时间地点条件的合理的经济结构。因此，结合我国社会主义经济的实际情况，坚持实行经济结构合理化三原则，对于制订保证战略目标顺利实现的经济结构对策是十分重要的。

第二章　经济发展战略目标

张卓元

党的十二大提出了鼓舞人心的经济发展战略目标：从1981年到20世纪末的二十年，我国要在不断提高经济效益的前提下，力争使全国工农业的年总产值翻两番，即由1980年的7100亿元增加到2000年的28 000亿元左右（均按1980年不变价格计算）。实现了这个目标，我国国民收入总额和主要工农业产品的产量将居于世界前列，整个国民经济的现代化过程将取得重大进展，城乡人民的收入将成倍增长，人民的物质文化生活可以达到小康水平。到那个时候，我国按人口平均的国民收入还比较低，但同现在相比，经济实力和国防实力将大为增强。

为了实现经济发展战略目标，需要采取正确的、互相配套的经济结构对策。本章的任务是对经济发展战略目标本身作某些分析和说明，以下各章则分别从不同方面论述为实现这个目标应采取的经济结构对策。

第一节　用工农业总产值作为经济发展战略目标的主要指标的依据

十二大报告确定的经济发展战略目标，采取了以工农业总产值指标为主，兼用国民收入、主要工农业产品产量以及人民生活达到小康水平等指标。采用这些指标的背景和客观依据是什么呢？

这里首先需要讲一讲什么叫工农业总产值？它同社会总产品（社会总产值）、国内生产总值与国民生产总值以及国民收入的区别。

工农业总产值为工业总产值和农业总产值之和。工业总产值是以货币表现的工业企业生产的产品总量，反映一定时期工业生产的总成果。工业总产值目前采用“工厂法”计算，包括各工业企业生产的符合产品质量标准的入库成品价值（无论自备原料的产成品或来料加工的产成品都按全价计算）和对外承做的工业性作业价值。一个企业内部自产自用的产品、半成品不允许重复计算产值，但各企业之间存在着重复计算。1958 年及以后，在工业总产值中，将农村人民公社工业的轧花、碾米、磨粉、屠宰、缝纫等作业，由按产品全值计算，改为按加工费计算，并将机械化捕鱼和生产大队、生产队办的工业产值划归农业总产值。1983 年 4 月 29 日国家统计局发布的《关于一九八二年国民经济和社会发展计划执行结果的公报》，又开始公布了扣除农村生产大队和生产队办的工业产值的农业总产值。

农业总产值是以货币表现的农、林、牧、副（包括队办工业）、渔五业的全部产品及其副产品的总量，反映一定时期农业生产的总成果。计算方法通常是以农林牧副渔产品及其副产品的产量乘以该项产品的单位价格而得该项产品的产值。各项产品产值之和即为农业总产值。1957 年以前的农业总产值中包括了厩肥和农民自给性手工业（如农民自制衣服、鞋、袜、自己从事的粮食初步加工等）。1958 年及以后的农业总产值，林业中增加了生产大队、生产队和社员竹木采伐产值；牧业中取消了厩肥产值；副业中取消了农民自给性手工业产值，增加了生产大队和生产队办的工业产值；渔业中增加了机械化捕鱼产值。

社会总产品或社会总产值是指一定时期全社会生产的物质产品的总值（包括生产性服务追加的价值）。它反映一定时期内物质生产活动的总成果，凡在国内发生的物质生产活动都包括在内，即包括各种经济类型的工业、农业、建筑业、交通运输业、商业（包括物资供销业和公共饮食业）等物质生产部门创造的总产值之和。国家统计局1983年4月29日公布了我国1982年社会总产值的数字。可以看出，工农业总产值是社会总产值的一部分，它等于社会总产值减去建筑业、交通运输业和商业总产值的余额。

国民收入是指一年内工业、农业、建筑业、交通运输业和商业（包括物资供销业和公共饮食业）等物质生产部门净产值的总和。我国计算国民收入的方法有二：①生产法，用各种物质生产部门的总产值减去生产中物质消耗的价值（如用于生产的原材料、种籽、肥料、燃料、动力等的消耗，生产用固定资产折旧等）后的净产值相加。②分配法，从国民收入初次分配的角度出发，等于生产部门中劳动者的劳动报酬加利润、税金、利息等的总和。非物质生产部门，如服务业、教育科学文化卫生部门、国家行政管理部门和国防部门等，为人民生活和物质资料生产提供有益的服务，是整个社会发展不可缺少的部分，但不直接从事物质生产。在我国，非物质生产部门和服务性收入不计算在国民收入之内。可以明显看出，工农业总产值和国民收入这两个指标的内含有较大的不同。国民收入中只包括工农业的净产值以及其他三个物质生产部门的净产值。

国内生产总值（GDP）为资产阶级国家一般采用的统计和核算指标。联合国于1953年公布了标准的国民经济核算体系，并在许多国家推广这个指标体系；经过十多年的使用，于1968年又公布了经过修订的新的国民经济核算体系。在这一体系中，国内生产总值指标的重要性超过了国民收入指标而占据核心地位。现在，在联合国汇编的《国民经济核算统计年鉴》中，列出了157个国家和地区的国内生产总值数字，其中153个国家和地区有详细的数字。但是，国内生产总值指标是以资产阶级庸俗经济学的“生产要素论”和“服务论”为依据的。它除了包括物质生产部门创造的国民收入以外，还包括固定资本折旧，特别是还包括全部非生产性服务的收入。这里说的服务，既包括金融、保险、旅馆、饭店、娱乐、理发等营利性服务（其服务价值按营业收入扣除外购物品和服务的费用后的差额计算），医疗卫生、教育、科研、慈善、宗教等非营利性服务（其服务价值按工资计算），保姆、厨师、家庭教师、擦皮鞋等直接为家庭或个人的服务（其服务价值按工资或报酬计算），也包括政府、军队、警察等为统治阶级的服务。由于国内生产总值包含了一系列非物质生产部门的收入，不符合马克思主义关于生产劳动的学说，所以不能作为我们核算和评价经济活动效果的指标，也不能作为我们经济发展的战略目标。

国民生产总值（GNP）等于国内生产总值加上来自国外的净要素收入。这里说的“来自国外的净要素收入”，等于本国投在外国的资本和服务的收入与外国投在本国的资本和服务的收入的差额。它可能是正数，也可能是负数，因此国民生产总值可能大于也可能小于国内生产总值。一般地说，输出资本的发达国家，国民生产总值大于国内生产总值；而输入资本的发展中国家，国民生产总值小于国内生产总值。

由于国民生产总值和国内生产总值是资本主义国家最常用的统计指标，我们有时为了同一些资本主义国家的经济发展水平比较，也用国民收入折算为国民生产总值（严格说是国内生产总值）。有的经济学家提出，根据当前我国经济发展情况，以国民收入为基础，加上大约 5% 的服务部门的收入，再加上 7% 的固定资产折旧，即相当于西方国家的国民生产总值。也就是说，我国国民收入的 112% 即可大致与西方国家的国民生产总值相等。

有的文章提出：“我们用 110% 来乘我国国民收入的数值，大体上就可以得出我国国民生产总值的数字。这个 10% 是这么得出来的。假定固定资产资金折旧年限是二十年，那就是在年总产值中要加 5%；再假定在我国不计入国民收入的文教事业、服务行业的收入占上述五个部门（即五个物质生产部门——引者）的收入也是 5%，两者加在一起就是 10%。”❶这里，文章把固定资产折旧率的 5%，等同于从国民收入折算国民生产总值时，需要加上国民收入的百分数，使其包含固定资产的折旧在内。这只有在固定资产原值同国民收入相等时，上述计算公式才能成立。事实上，这两个数字是相差很大的。从我国情况看，按 5% 的折旧率计算的固定资产折旧（以全民所有制为代表），要占到国民收入的 7% 左右（见表 2–1）。

表 2–1

年份	国营企业年底固定资产原值（亿元）	国民收入（亿元）	固定资产折旧（按 5% 折旧率计算，亿元）	固定资产折旧占国民收入的比重（%）
1975	3414	2503	171	6.8
1978	4488	3010	224	7.4
1979	4893	3350	245	7.3
1980	5311	3667	266	7.3

可见，以国民收入的 7% 而不是 5% 折算固定资产折旧额，看来是比较切合实际的。❷

下面回过头来说明为什么要用工农业总产值作为确定我国到 20 世纪末经济发展战略目标的主要指标。

以工农业总产值作为主要指标，首先是由我国当前经济还比较落后，工农业总产值占整个社会总产值的比重和工农业净产值占全部国民收入的比重均达 80% 以上决定的（见表 2–2、表 2–3）。

❶ 《经济学周报》编辑部：《学习胡耀邦同志十二大报告中第二部分的体会》，载《经济学周报》第41期（1982年10月11日）。

❷ 参见《经济学周报》第67期（1983年4月11日）读者来信。

表 2-2 工农业总产值占社会总产值的比重

年份	社会总产值（亿元）	工农业总产值（亿元）	工农业总产值占社会总产值比重（%）
1975	5379	4467	83.0
1981	8919	7482	83.9

表 2-3 工农业净产值占国民收入的比重

年份	国民收入（亿元）	工农业净产值（亿元）	工农业净产值占国民收入比重（%）
1975	2505	2100	83.8
1981	3887	3353	86.3

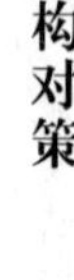

中国的上述情况，同许多经济发达国家的情况有很大区别。经济发达国家经济一般区分为第一、二、三次产业，其中农业属第一次产业，工业主要属第二次产业。近几十年来，第一、二次产业占国民生产总值比重逐渐下降，而包括交通运输、邮电、商业服务业、公用事业（自来水、电力、煤气）、金融、保险、旅游、科学、文化教育卫生事业等在内的第三次产业的比重则逐渐上升，情况如表 2-4 所示。

其次，选择以工农业总产值为主要指标，还由于我国过去一直沿用它作为反映国民经济状况的主要指标，一直为广大经济工作干部和群众所熟悉，便于经济部门和单位计算和作历史比较。如果不是这样，比如采用净产值指标，那么，许多经济工作干部，特别是基层单位的干部，要么不会计算，要么还是以总产值为基础进行换算（从而不够准确）。同时，也不能采用西方的第一、二、三次产业产值指标。这不但因为第一、二、三次产业的划分，特别是第三次产业是以资产阶级庸俗经济学为指导思想的，而且在当前我国生产力发展水平还较低的情况下，区分物

表 2-4　发达资本主义国家一、二、三次产业占国内生产总值的比重（%）（1978 年，按现价计）

国别	第一次产业	第二次产业	第三次产业
美国	3	34	62
日本	5	40	53
西德	3	49	48
法国①	5	37	49
英国	2	36	49
意大利②	8	43	47
加拿大	4	31	54
比利时	2	37	56
瑞典	4	34	51

注：①②法国和意大利为 1977 年数。

资料来源：陈元：《部分国家的经济结构（按三类产业划分）》，载《世界经济》1981 年第 12 期。

质生产部门和非物质生产部门有重大意义。在物质生产部门没有大发展以前，非物质生产部门（即所谓第三次产业的主要部分）是不可能大发展的。如果现在采用第一、二、三次产业，有可能引导人们脱离物质生产部门的发展而盲目发展非物质生产部门。

不必讳言，采用工农业总产值指标，的确有如下一些主要弊病。

第一，只反映生产的总数量，不反映产品的品种和质量，不反映产品是否为社会或市场所需要，能否销售出去，从而易于使产销脱节，造成产品积压和社会财富的浪费。

第二，由于现行总产值是按工厂法计算的，包括重复计算，受原材料等转移价值、生产起点变化及在制品余额变化等因素的影响，不能确切反映生产成果，也不利于生产的联合化（联合生产可能因不再重复计算产值而使产值减少）。

第三，物质消耗越多，产值越大。在产值按工厂法计算的条件下，可能促使人们不努力节约物化劳动消耗，反而造成原材料、燃料等的浪费。

第四，工农业总产值只计算工业和农业两个部门的产值，而没有计算其他物质生产部门即交通运输业、建筑业和商业的产值，因此不够全面，不能反映国民经济的全貌。随着生产和科学技术的发展，工农业以外的三大物质生产部门的产值在社会总产值中所占的比重将逐步扩大，只用工农业总产值指标的局限性将越来越大。

但是，总产值（包括工农业总产值）指标也有它的优点：

第一，它符合马克思所论述的社会总产品的概念，既能表明总产量，又能反映部门间的经济联系和全社会的周转情况。

第二，它反映一定时期（通常为一年）内全社会或工农业企业全部生产活动的规模和结果。

第三，由于计算方法简单（等于产量乘以单价），因而能及时地统计出来。

联合国汇编的《工业统计年鉴》1979 年版所包括的 93 个国家和地区中，计算总产值的有 83 个；经互会汇编的《经互会成员国统计年鉴》1981 年版中，除了波兰和越南之外，其他成员国都有社会总产值的统计数字。在苏联，直到现在，总产值指标仍起相当大的作用。

同时，我们应该注意到，十二大在采用工农业总产值为主要指标时，作了两方面的补充。一是提出了要在不断提高经济效益的前提下实现工农业总产值翻两番，二是提出了一系列其他经济指标作为 20 世纪末应达到的目标。关于不断提高经济效益的问题就不在这里谈了，对其他几个指标，还需要作些分析。

一个是国民收入指标。十二大提出，到 20 世纪末我国国民收入总额将居于世界前列。大家知道，国民收入是反映一个国家经济实力和发展水平的综合指标。计算国民收入指标有如下好处：

第一，它没有重复计算转移的价值，只计算新创造的价值，体现人们在一定时期新创造的可供用于积累和消费的物质财富。这就能比较准确和全面地反映人们从事经济活动所取得的成果。

第二，它有利于使人们努力节约劳动消耗，包括物化劳动消耗和活劳动消耗。因为增加物化劳动消耗，不能增加净产值反而减少净产值；相反，节约物化劳动消耗，却能提高经济效益。同样，由于国民收入和净产值并不是像计算总产值那样按工厂法计算的，不能因为一个工厂投入活劳动越多，创造的净产值或国民收入就越大。活劳动要经过社会的估价才能确定其创造的净产值或国民收入的多少。如果在生产同质同量产品时只需投入较少的活劳动（假定物化劳动消耗相同）就能创造相同的净产值和国民收入，那么，生产同质同量产品时所投入的过多的活劳动，就不会被社会承认，而成为一种虚耗。这样，采用净产值和国民收入指标就不但不会促使企业浪费活劳动，反而能促进企业节约活劳动消耗，努力使同量活劳动支出取得更大的经济效果。认为采用净产值和国民收入指标会促使企业滥用和浪费活劳动的说法是不对的。这样，它就能把速度和效益很好地统一起来。

第三，它的计算范围包括工业、农业、交通运输业、建筑业和商业等所有物质生产部门，因此能比较完整地反映社会经济活动的成果。而且随着社会生产和科学技术的发展，从非工农业部门创造的净产值占国民收入的比重有增加的趋势，这就使它比工农业总产值指标有越来越大的适用性。

第四，它作为反映社会在一定时期内所创造的物质财富的指标，能为人们提供一个确定积累和消费基金及其比例的数量界限的标准。大家知道，积累与消费的比例关系是国民经济中最基本

的比例关系，它实质上规定了国家建设与人民生活的关系。为了做到既保障和改善人民生活，又搞好社会主义现代化建设，必须正确安排好积累和消费的比例关系，实现最优结合，使社会主义制度的优越性充分发挥出来。

与此同时，也要看到，计算净产值和国民收入也存在一些困难和问题，主要是它受价格因素的影响较大，而现在我国价格体系不够合理，价格不能正确评价生产各种产品的社会劳动消耗，价格畸高畸低，脱离价值（或生产价格）的现象比较严重。还有，计算净产值比较麻烦，经济工作人员特别是企业干部对此不熟悉，不少企业管理人员甚至还不会计算，因而在一定程度上限制了它的应用范围。

现在再说说关于人民生活水平达到小康水平的指标。

所谓小康，就是不仅能吃饱穿暖，而且经济上比较宽裕，可以安稳过日子。当然，所谓吃饱穿暖、经济上比较宽裕，在不同时期包含的内容是不同的。毛泽东同志在《中国社会各阶级的分析》一文中，曾描绘解放前中国小资产阶级上层的经济情况：他们“是有余钱剩米的，即用其体力或脑力劳动所得，除自给外，每年有余剩。”❶这也可以算作当时的小康生活水平。我们现在提出的小康生活水平，比上面说的当然要高得多。看来，现阶段符合我国人民生活水平提高情况达到小康水平的指标，主要包括：居民平均消费水平（按国民收入使用额中用于个人消费的平均水平计算）比 1980 年增长 1.7 倍，即从 227 元增长到 610 元（其中农民增长幅度要大一些）；❷到 2000 年，每人平均占有粮

❶ 《毛泽东选集》第1卷，第5页。

❷ 这个数字是按我们下面估算的2000年的国民收入将达到12 000亿元，其中用于个人消费的比重与1980年持平，即占61%（这个比重不高，似不宜再降），并根据2000年的人口数为12亿计算的，即12 000亿元×0.61÷12亿=610亿元。

食 800 斤，每人平均消费的布、糖、油、肉、蛋、水果等比 1980 年增加一倍以上，即达到或接近现在世界平均生产和消费水平（布则有所超过）。消灭文盲，普及初中教育。人民平均寿命和婴儿生存率达到现在经济发达国家最好水平。居民储蓄率达到 10% 以上。城镇居民平均居住面积达到 9 平方米以上（1952 年为 4.5 平方米，1978 年为 3.6 平方米），农村居住条件也有显著改善。

我们这里估计的数字，同一些经济学家估计的数字没有多大出入。有的认为，到 2000 年，居民平均消费水平可达 600 元以上，每年平均增长 5%。[1] 有的认为，到 2000 年，居民平均消费水平可达 590 元，其中用于食品消费支出估计为 217 元，占 38.5%。[2] 根据这个估计，基本上符合恩格尔（恩格尔为德国 19 世纪经济学家，以研究家庭消费开支同家庭收入变动规律而著称）系数关于小康生活的标准。一般认为，恩格尔系数（食品支出占家庭生活费支出的比重）在 20 以下，为最富裕生活；25 为富裕生活；30 为小康生活；达到 50，就只能勉强度日。欧洲国家在人均国民生产总值达到 1000 美元时，食品支出占消费支出的比重为 33.7%。

总之，以工农业总产值为主要指标，再配合上国民收入和人民生活水平指标，就可以使经济发展战略目标更加明确、全面和具体。

第二节　工农业年总产值翻两番

到 20 世纪末，工农业年总产值翻两番，内容包括：

---

❶ 见周叔莲：《关于经济发展战略目标的几个问题》，载《经济研究》1983年第1期。

❷ 见杜大公：《二〇〇〇年的我国居民食品消费水平预测》，载《经济学周报》第67期（1983年4月11日）。

第一，工业能源、主要原材料和其他重要生产资料的产量，二十年翻一番，平均每年增长 3.5% 左右。这就是说：

一次能源产量从 1980 年的 6.3 亿吨增长到 2000 年的 12 亿吨或稍多一些（标准燃料）。

钢产量从 1980 年的 3712 万吨增长到 2000 年的 7000 万吨。

水泥产量从 1980 年的 7986 万吨增长到 2000 年的 16 000 万吨。

化肥产量从 1980 年的 1232 万吨增长到 2000 年的 2500 万吨。

棉纱产量从 1980 年的 293 万件增长到 2000 年的 600 万件。

机制纸及纸板的产量从 1980 年的 535 万吨增长到 2000 年的 1070 万吨。

第二，机械工业主要产品产量增长三四倍，设备自给率达到 95% 以上。

发电量要与工农业的发展速度相适应，因为电耗系数为 1。因此，发电量从 1980 年的 3006 亿度增加到 20 世纪末的 12 000 亿度。

第三，农业总产值要翻一番以上，即从 1980 年的 2187 亿元增长到 4375 亿元以上，平均每年增长 3.5% 以上。其中粮食产量要求增长到 9600 亿斤，平均每人 800 斤，平均每年增长 2.1%。其他经济作物和林、牧、副、渔等业，要比粮食增长速度快一些，有的要增长几倍。

由于农业总产值二十年翻一番以上（假定按翻一番计算），要实现工农业总产值翻两番，工业总产值就不能仅翻两番，而要求有更多的增长。初步计算，2000 年工业总产值要比 1980 年增长 3.75 倍，即从 1980 年的 4974 亿元增长到 23 625 亿元，平均每年增长 8.1%。

第四，由于能源和重要原材料产量二十年内只能翻一番，而工业总产值二十年内要增长 3.75 倍，这就对技术进步提出了更高的要求。我们过去一讲增加生产，争取发展速度，往往只想到搞基建，扩大生产能力，而且往往只想在原来的技术、设备、材料、工艺和产品的基础上实现生产能力的扩大。这种办法在今后二十年内是行不通的，能源、原材料和资金都不允许这样做。我们必须在思想、战略上实行转变，把翻两番放在着重抓技术进步的基础上。我们现在的工业技术水平，大体上相当于经济发达国家 50 年代末期或 60 年代初期的水平。我们要用二十年时间，达到经济发达国家 70 年代末 80 年代初期的水平。这是应该和可能做到的，搞得好，还能超过。因此，我们要依靠降低能源和原材料的消耗，提高产品质量和加工深度，以便逐步做到用同样数量的能源和原材料，使创造的价值增长一倍或一倍以上，或者说经济效益翻一番。例如，到 2000 年，我国工业主体部分的生产技术达到现在经济发达国家的水平，工业产品的单位能耗就可以比现在降一半；能源弹性系数可以降低为 0.5。同时，无论是原材料工业还是加工工业，都要增加产品品种，提高加工的深度和精度（一吨原油，如进行加工，一般可使其产值达到原油产值的十倍，如进行深度加工，甚至可以使其产值达到原油产值的一百倍，有人计算过，以日本 1978 年的价格为基础，一美元的原油可制成 5 美元的塑料，可制成 10 美元的纤维，制成感光材料则为 100 美元），实行产品升级换代和全面提高档次。

第五，努力推动新兴工业部门，如电子、信息、核能、石油化工、新型材料等等的迅速发展，其速度应大大高于翻两番，有的可以十几倍、几十倍的增长。这就意味着，在二十年内，我国工业产品结构将发生巨大变化。

第六，国民收入要有接近工农业产值的增长速度。调整国民经济以来，我国国民收入的增长速度逐步接近工农业总产值的增长速度，情况如表 2–5（均按可比价格计算）所示。

表 2–5

年份	国民收入增长速度（%）	工农业总产值增长速度（%）
1979	7.0	8.5
1980	5.2	7.2
1981	3.0	4.5
1982	7.4	8.7

今后，随着摒弃过去“高积累、高速度、低效率、低消费”的老路子，经济工作真正转到以提高经济效益为中心的轨道上来，特别是要求着重依靠技术进步来实现工农业总产值翻两番，国民收入的增长速度将逐步接近工农业总产值的增长速度。比如说，到 20 世纪末，国民收入总额比 1980 年增长两倍，即从 1980 年的 3667 亿元增长到 12 000 亿元，每人平均 1000 元，平均每年增长 6.1%（略高于从 1953—1981 年平均每年增长 5.9% 的速度），即比工农业总产值年平均增长 7.2% 少 1.1%。这是应该争取和可能达到的。

为了实现战略目标，需要正确解决速度分布问题。这个问题有两个方面，一是纵的方面，即不同时期对速度有不同要求；一是横的方面，即对不同地区、部门、企业有不同的速度要求，最后落实到对不同产品有不同的速度要求。

十二大报告指出：“为了实现二十年的奋斗目标，在战略部署上要分两步走：前十年主要是打好基础，积蓄力量，创造条件，后十年要进入一个新的经济振兴时期。”因此，二十年工农业年总产值平均增长速度为 7.2%，但在前十年要低于 7.2%，而在“六五”期间是保四争五，“七五”期间是保五争六；后十年则要超过 7.2%。分别从农业和工业来说，也是如此。农业发展速度慢一些，前十年为 5% 左右，后十年也不一定能超过 7.2%；工业前十年计划不高于 7%，后十年则要高于 9%。

另外，不同地区、部门和企业，情况不同，不能都翻两番。有些新的部门、行业和企业，要增长三倍以上甚至十几倍几十倍；有些则不要求有大的增长；有的还要被淘汰。如果认为全国二十年工农业年总产值翻两番，就要求各个地区、部门和企业的产值都翻两番，那么就等于保留原来的经济结构，这实际上意味着我们的经济结构不要随着生产的发展和技术的进步而作合理的调整，否认随着技术进步需要大力发展新的部门和行业，这显然同翻两番有一半要靠技术进步来实现是矛盾的。同时，要求各地区、部门和企业的发展速度都一样，还势必同提高经济效益相矛盾。

速度的不同分布，最后应落实到产品上，即正确地规划和确定主要产品和重要产品不同的增长速度。只有速度的分布恰当地落实到产品以后，才可能有合理的产品结构、部门结构、产业结构、地区结构以及技术结构，一句话，才可能有合理的工农业生产结构。

20 世纪末我国经济发展战略目标实现后，我国国民生产总值，国民收入总额和主要工农业产品的产量将居于世界前列。

以国民生产总值来说，根据统计，我国 1980 年国民生产总值为 2855 亿美元（这是按当年价格和当年汇率计算的，其他国家计算的方法同），居世界第八位。居于我国前面的国家及其国民生产总值依次为：美国 25 824 亿美元，苏联 12 120 亿美元，日本 11 529 亿美元，联邦德国 8278 亿美元，法国 6277 亿美元，英国 4428 亿美元，意大利 3240 亿美元（1979 年数字）。

到 20 世纪末，我国工农业总产值将达到 28 000 亿元，国民收入将达到 12 000 亿元，国民生产总值按照我们上面说的折算方法将为 13 440 亿元，折合 9343 亿美元。这样，就有几种可能：一个是如果现在居于我们前面的国家二十年内国民生产总值不变，即经济停滞不前，那么我国将居于世界第四位（当然还以现在比我国国民生产总值还少的国家不能赶上和不超过我们为前提，下同）。另一个是如果现在居于我们前面的国家二十年内国民生产总值也有所增长，但增长速度比我们慢，就会出现复杂的情况。假定它们平均每年增长 4%、3% 和 2%（1971—1979 年国民生产总值年平均增长率，法国为 3.7%，英国为 1.8%），到 20 世纪末，它们的国民生产总额和我国将居于世界第几位就会发生变化（见表 2-6）。

表 2-6

单位：亿美元

国　别	每年按 4% 增长计算 20 世纪末国民生产总值（20 年增长 1.191 倍）	每年按 3% 增长计算 20 世纪末国民生产总值（20 年增长 0.806 倍）	每年按 2% 增长计算 20 世纪末国民生产总值（20 年增长 0.486 倍）
美	56 583	46 641	38 373
苏	26 556	21 890	18 010
日	25 261	20 823	17 131
联邦德国	18 138	14 951	12 301
法	13 754	11 337	9327
英	9702	7997	6580
意大利	7384	6027	4912
中国将居于世界第几位	7	6	5

有的文章把国民生产总值的增长速度同工农业总产值的增长速度等同起来，认为到 20 世纪末我国工农业总产值实现翻两番，

也就等于国民生产总值翻两番，并据此估算我国在20世纪末国民生产总值将居世界第几位。[1]我认为这样估算是不对的。前面说过，我们现在估算国民生产总值是以国民收入为基础的，即相当于国民收入的112%，而不是以工农业总产值为基础的。前面的说法只有在这种情况下可以成立，即国民收入同工农业总产值同步增长。但这是很难做到的，过去三十多年没有做到，今后也很难做到。

根据我国现行计算国民收入的方法，有几方面的因素影响国民收入和工农业总产值的增长速度不相一致。一是交通运输业、建筑业和商业的净产值占国民收入总额比重的变化，在其他条件不变的情况下，这个比重的提高，能使国民收入增长速度快于工农业总产值增长速度；反之，情况也就相反。二是工业和农业的产值在工农业总产值中占的比例的变化。由于工业产值重复计算部分大，净产率低，农业产值重复计算部分小，净产率高，因此工业产值在工农业总产值中所占比重的提高，就会使国民收入增长速度慢于工农业总产值增长速度；反之，情况也就相反。三是工农业的净产值占其总产值的比率的变化及其幅度大小。把后面两种情况结合起来考察，在其他条件不变的情况下，工农业净产值率提高，能使国民收入的增长速度快于工农业总产值增长速度；反之，情况也就相反。过去三十多年，我国主要由于工农业净产值占总产值的比率有所下降，使得我国的国民收入增长速度远远低于工农业总产值的增长速度，其情况如表2-7所示。

统计资料表明：从1952—1980年的29年间，国民收入增长速度等于或超过工农业总产值增长速度的情况只有六年（其中有

[1] 见《学习胡耀邦同志十二大报告中第二部分的体会》，《经济学周报》1982年10月11日。该文说，1980年，我国国民生产总值大体上为2855亿美元，“到本世纪末，中国如果达到了工农业总产值增加到四倍的目标，就大体上相当于目前的11 400亿美元这个数字。”

表 2-7

年份	工农业总产值（亿元）（按当年价格计算）	工农业净产值（亿元）（按当年价格计算）	净产值率（%）
1952	810	455	56.2
1957	1241	682	55.0
1962	1404	747	53.2
1966	2534	1298	51.2
1970	3138	1567	49.9
1975	4467	2098	47.0
1980	7017	3162	45.1

三年是国民收入和工农业总产值的增长速度都为负数的不正常情况），占 20% 多一点，近 80% 的年份都是国民收入的增长速度慢于工农业总产值的增长速度。同时，今后国民收入的增长速度也难以完全赶上工农业总产值的增长速度。因为，首先在现代化过程中，随着国民经济部门结构的变化，生产的社会化专业化程度的提高，工农业总产值中重复计算的部分将增加。其次，随着社会主义现代化建设的进行，将对整个国民经济进行技术改造，从而大大提高劳动生产率。而马克思说过："劳动生产率的提高正是在于：活劳动的份额减少，过去劳动的份额增加，但结果是商品中包含的劳动总量减少；因而，所减少的活劳动要大于所增加的过去劳动。"[1]这就意味着在工农业总产值中，净产值的比重仍将下降。最后，交通运输业、建筑业和商业的净产值在国民收入总额中的比重难以有奇迹般地增长。看来，到 20 世纪末国

[1] 《马克思恩格斯全集》第25卷，第290页。

民收入的增长速度将等同于工农业总产值的增长速度的判断，是缺乏根据的，是难以实现的。当然，由于我们的经济工作水平将不断提高，今后国民收入的增长速度同工农业总产值的增长速度的差距将不会像过去那样大，而有可能缩小。

从主要产品产量来分析，则情况如下：

1980 年，我国原煤产量 6.2 亿吨，居世界第 3 位；原油产量 10 595 万吨，居世界第 6 位；钢产量 3712 万吨，居世界第 5 位；发电量 3006 亿度，居世界第 6 位；化肥（按有效成分 100% 计算）产量 1232 万吨，居世界第 3 位；硫酸产量 764 万吨，居世界第 3 位；烧碱产量 192 万吨，居世界第 5 位；水泥产量 7986 万吨，居世界第 3 位；谷物产量 28 972 万吨，居世界第 2 位；棉花（皮棉）产量 297 万吨，居世界第 2 位；猪牛羊肉产量 1261 万吨，居世界第 3 位。

按照我们在上面的设想，如果外国上述产品产量今后二十年平均以 2% 的速度增长，那么二十年后我国原煤产量将居世界第一位，原油将居世界第四位，钢将居世界第四位，发电量将居世界第四位，谷物、棉花仍居世界第二位，猪牛羊肉将居世界第二位。

需要指出的是，以上都是就国民生产总值和各种主要产品的产量总额相比较的。如果按人口平均计算，由于我国人多，无论国民生产总值还是收入和消费水平，仍将都是很低的。例如 1979 年我国平均每人国民生产总值为 253 美元，为世界第 126 位；1977 年根据美国海外发展委员会资料，我国生活质量指数为 71，为世界第 73 位（“生活质量指数”是由婴儿死亡率、平均预期寿命、成人识字率三个指标综合而成，数值越高，表明生活质量越高）。到 20 世纪末，随着我国经济发展战略目标的实现，我国每人平均国民生产总值和生活质量指数将有较大的提高，但整个说来，水平仍将是比较低的，在世界上占的位置虽然会提前，但还将是比较落后的。

第三节 确定经济发展战略目标的依据

我国到20世纪末的经济发展战略目标，是符合经济发展的客观规律和我国实际情况的，是实事求是的，是有科学根据的。

首先，我们可以从历史比较中去论证。从1980年到20世纪末，工农业总产值翻两番，要求工农业产值平均每年增长7.2%。这个速度并不是高不可攀的。从1950年到1981年，我国工农业总产值平均年增长速度为9.2%；如果不算建国初的恢复时期，从1953年到1980年，我国工农业总产值平均年增长速度也达8.2%，均超过7.2%的增长速度。上述增长速度，还是在经历了50年代末"大跃进"和十年"文化大革命"这两次经济上大折腾的情况下取得的。大家知道，"大跃进"使1962年工农业总产值比前两年下降了近40%，仅及1957年的水平，使经济发展停滞了五年。而十年"文化大革命"则使我国经济受到很大的破坏。在这期间，虽然在统计上，全国每人平均国民收入按可比价格计算，平均每年增长2%多一点。但由于统计数字中有很大水分，把相当数量的不对路、不合格的产品也计算成产值和国民收入，如果减去这些虚假数，实际上每人平均国民收入几乎没有什么增长，有些年份甚至是下降的。特别是，十年"文革"留给我们一个比例严重失调的"苦果"，使我们一直到现在还未啃完，还需继续补偿这方面的"欠债"。与此不同，在经济发展比较正常的时期，如"一五"时期和60年代调整时期，经济发展速度比三十年平均速度要高得多。"一五"时期，工农业总产值平均每年增长10.9%。1963—1965年，工农业总产值平均每年增长15.7%。

另外，从1979年起，我国经济进入新的调整时期，即主要为了克服"文化大革命"十年和粉碎"四人帮"初期在"左"的错误指导下的盲目大干快上而造成并加剧了的国民经济比例失调，以及偿还长期以来对人民生活的"欠账"，压缩基本建设投资，加强非生产性建设，调整积累与消费的比例关系，降低积累率，大量增加用于改善人民生活的财政支出。与此同时，还要调整不合理的经济结构，调整重工业的服务方向，加之不少企业生产任务严重不足，就是在这种情况下，我国经济仍然保持了一定的增长速度。1979—1982 年，工农业总产值平均每年仍增长 7.2% 稍多一点。在调整时期有这样的发展速度，是很不容易的。

过去三十年，我国在经济建设上的指导思想长期存在“左”倾错误，但是在经济建设几经曲折的条件下，仍然获得相当的经济发展速度。可以相信，今后在正确的路线、方针、政策指引下，我国经济建设肯定能取得比过去更大的成绩，7.2% 的发展速度是完全有可能达到的。在这里，我们应当充分看到今天有比过去 30 年更为有利的条件。

（1）根据党的十一届三中全会决议，我国从 1979 年起，已经将工作重点转移到经济建设上来，社会主义现代化建设已经成为全党和全国人民的中心任务。今后，除非发生大规模的抵抗外来侵略战争的情况，不会再出现冲击经济建设，使大家不能聚精会神、齐心协力搞经济建设的局面。

（2）经过从 1979 年以来的经济调整，我国国民经济比例关系已逐步朝着协调方向发展。农业得到迅速的发展，1979 年增长 8.6%，1980 年增长 2.7%，1981 年增长 5.7%，1982 年增长 11%，平均每年增长 7.5%，大大超过从 1950—1978 年平均每年增长 4.1% 的速度。轻工业连续几年增长幅度超过重工业，1979 年轻工业增长 9.6%，超过重工业 7.7% 的速度；1980 年轻工业增长 18.4%，大大超过重工业增长 1.4% 的速度；1981 年轻工业增长 14.1%，重工业则下降了 4.1%。积累率逐步下降，1979 年为 34.6%，比 1978 年的 36.5% 降低 1.9%；1980 年为 31.6%，比 1979 下降了 3%；1981 年为 28.3%，又比 1980 年下降了 3.3%。这就为今后我国经济的顺利发展、经济结构的逐步合理化创造了良好条件。

（3）在党的对外开放对内搞活经济方针的指导下，这几年对经济管理体制进行了某些改革。这些改革虽然是初步的，但是已经使社会主义生产关系和上层建筑更加适合生产力的发展，并对这几年经济的调整和发展起了不小的推动作用。在“六五”和“七五”期间，将逐步实现整个国民经济管理体制的改革，建立由中央到地方、企业和劳动者个人的层层责任制，合理调节各个方面的责任、权力和利益的关系，逐步建立一套较为完备的适合我国情况和特点的调节、控制、监督经济运行的经济体制，这就能够正确地调动各地方、部门、企业和劳动者的积极性，保证社会主义现代化建设的顺利进行。

（4）经过三十年的建设，我们已经拥有 40 万个工交企业，这是我国工交事业今后继续前进的强大阵地。国营企业拥有固定资产（原值）5000 多亿元，流动资金 3000 多亿元，这是一个非常雄厚的物质基础。但由于种种原因，现有工业企业起码还有 20%~30% 的设备能力没有发挥出来，对现在物质条件的利用也有很大的浪费。随着调整、改革、整顿、提高八字方针的贯彻执行，随着我国科学技术的发展，文化教育水平的提高，经济管理包括企业管理的进步，将大大改善对现有生产条件和能力的利用，从而保证经济的稳定和持续的增长。

（5）通过正确总结过去经济建设的经验教训，我们变得更聪明了，经济工作将能更好地按客观经济规律办事，不再出现过去那样的大折腾，使社会主义现代化建设能正常地发展。正如邓小平同志在十二大开幕词说的：“和‘八大’的时候比较，现在我们党对我国社会主义建设规律的认识深刻得多了，经验丰富得多了，贯彻执行我们的正确方针的正确性和坚定性大大加强了。”今后，我们肯定可以更好地走出一条速度比较实在，经济效益比较好，人民可以得到更多实惠的新路子。

（6）自从 1976 年 10 月粉碎江青反革命集团以来，特别是党的十一届三中全会以来，在党中央的正确领导下，经过全党全军全国人民的艰苦努力，我国已经在指导思想上完成了拨乱反正的艰巨任务，在各条战线的实际工作中取得了拨乱反正的重大胜利，实现了历史性的伟大转变，一个安定团结的政治局面已经形成并日益巩固。随着社会主义精神文明的建设，社会主义民主的进一步发扬，党风和社会风气的根本好转，将进一步提高广大人民群众的主人翁责任感和社会主义积极性。

（7）国际上的有利条件。今后二十年，只要我们工作得好，我们就可以争取得到一个和平建设的国际环境。在这期间，我们还可以更多的利用外资，进一步发展对外贸易，促进我国社会主义现代化建设。

其次，我们还可以从国际比较中去论证。

从世界各国经济发展历史来看，由于各国经济社会条件不同，从人均国民生产总值 200 多美元提高到 1000 美元左右所花的时间悬殊很大。根据《经济参考》1982 年 10 月 8 日载，以苏联、美国、日本、联邦德国、英国、法国、意大利、新加坡、巴西和突尼斯等十个不同类型的国家为例，最长的达 41 年，最短的只有 9 年，一般需要 9~14 年时间（见表 2–8）。

第二次世界大战后，科学技术发展更快了。对生产的促进作用更大了。一些经济发达国家和一些发展中国家都能用二十年左右时间实现经济翻两番。经济体制同我国差不多的苏联和一些东欧国家也做到了这一点。

有人说，战后日本、联邦德国等国，特别是日本经济发展速度快，是因为日本的军费支出少，所占比重不到国民生产总值的 1%，而我国的军费支出要占财政支出的 20% 左右，占国民收入的 5% 以上。苏联战后发展虽快，但这是以牺牲人民的生活水平提高为代价取得的，我们的方针是要在经济建设过程中使人民得到看得见的实惠，不能走苏联那种路子。因此，他们认为用日本和苏联在二十年内实现生产翻两番论证我国也能在二十年内翻两番，是缺乏说服力的。

表 2–8

国别	年份	人均国民生产总值（美元）	年份	人均国民生产总值（美元）	所需时间（年）
苏联①	1928	204~374	1958	1049	24②
美国	1900	246	1941	934	41
日本	1952	226	1965	1035	13
联邦德国	1949	386	1958	1015	9
英国	1938	401	1954	994	10②
法国	1938	270	1953	1018	9②
意大利	1950	297	1964	1026	14
新加坡	1960	428	1971	1061	11
巴西	1960	288	1974	1025	14
突尼斯	1968	245	1979	1168	11

注：①苏联官方没有发表过国民生产总值数字，本表引用的数字系美国学者估算的。按 1964 年不变价格计算。

②第二次世界大战对苏、美、法等国的经济有严重破坏，这些国家均按扣除六年计算。

我认为，我国同日本、苏联情况的确有不同之处。日本军费支出少，苏联牺牲人民生活搞建设，这可以说是他们能在二十年翻两番的一个不可忽视的因素。但是，我们现在也有他们没有的有利因素，这就是我们的经济潜力大。我国现在光是因为缺电，工业生产能力就有 20%~30% 没有发挥出来。我国由于十年内乱造成的破坏，管理混乱，经济效果直至现在还比较差。全民所有制独立核算工业企业每百元资金（固定资产净值加定额流动资金）提供的税金和利润，1979 年、1980 年均为 24.8 元。1981 年

为 23.8 元，比“一五”时期的 31.9 元低四分之一。1981 年全国重点企业 46 项主要产品质量指标，有 19 项没有达到历史上最好水平。1981 年全国重点企业 70 项物质消耗指标，有 54 项远没有达到历史最好水平。当然，存在这些问题原因是多方面的，现在与历史上的情况也有不可比的因素，但是上述情况毕竟表明生产潜力很大，这是无可怀疑的。问题在于组织管理，只要我们改善和提高组织管理水平，把现有的潜力充分挖掘出来，就能成为推动生产迅速发展的有力因素。总之，只要我们从我国国情出发，采取切实的有效的措施，用二十年的时间实现工农业年总产值翻两番是完全可能实现的。

与此同时，我们也要清醒地看到，实现经济发展战略目标也是很艰巨的。

十二大报告要求我们在不断提高经济效益的前提下实现工农业年总产值翻两番，因此要把全部经济工作转移到以提高经济效益为中心的轨道上来。这就必须继续克服急于求成的“左”倾思想。但是由于“左”倾错误延续的时间比较长，影响深远。虽然经过三中全会以来对过去社会主义建设经验教训的深入研究和总结，大家的认识已经基本一致，即根据我国的国情，实现现代化，必须打持久战。在经济建设上，悲观论是错误的，速胜论也是没有根据的。同时，也还需要继续防止在一定条件下旧病复发。过去的情况是，每当经济发展比较顺利、日子好过的时候，就容易头脑发热，总想把好事一天办完，因而要求挽起袖子大干快上，结果适得其反，片面追求产值，造成产需脱节，比例失调，效果下降。所以国外有的经济学家提出，社会主义国家切忌在经济发展顺利（例如农业丰收）时制订长远发展规划，因为在乐观情绪支配下容易制订不切实际的高指标。这几年在党的八字方针指引下，我国经济情况日益好转，农业轻工业上得很快，效果显著。在这种情况下，要注意防止急躁情绪再度抬头。这并不是危言耸听，而是有一定事实根据的。1981 年第四季度，不少企业、部门和地方，为了追求较高的速度，没有很好地根据社会和市场的需要，增产了一部分不适销对路的产品，使占用的流动资金大量增加，库存物资积压更多。1981 年原来计划动用库存钢材 150 万吨，可是到年底，实际钢材库存不但没有减少，反而增加了 203 万吨，就是一个明显的例子。这样，速度似乎上去了，但经济效益不理想，速度中“水分”不少。有人估计，1981 年工业总产值增长 4.1% 中，有 0.9% 的“水分”，实际增长速度只有 3% 多一点。1982 年总的经济形势是好的，但是也存在不少问题。年初，有的部门和地方在制订年度发展计划时，就出现过层层加码，不顾实际可能想方设法多上项目、增加基建投资等现象。这一年固定资产投资一下子猛增 177.5 亿元，比上年增长 25% 以上，比历史上投资最高的 1980 年还多近百亿元。由于基本建设规模过大，逼着重工业增产，使能源和“三材”（钢材、木材、水泥）供应更加紧张，从而出现重工挤轻工，“六个优先”得不到保证的现象。1982 年工业生产增长 7.7%，这个速度在一定程度上是靠牺牲经济效益得来的。按可比口径计算，1982 年预算内国营企业产值上升 6.3%，但利润总额只增长 3%，全部工业每百元产值实现的税利为 21 元，比上年还下降了 5.4%。看来，如何真正使我们的经济建设和经济工作走上以提高经济效益为中心的新路子，还是一个没有完全解决的问题。而这个问题如果不能够很好的解决，实现我国经济发展战略目标的“前提”就不具备了。

另一个实际困难是我们要在一次能源生产翻一番的条件下实现工农业年总产值翻两番，这是没有先例的。能源问题是否解决得好，将在很大程度上影响我国经济发展战略目标的实现。

除此以外，实现经济发展战略目标其他方面的困难也还不少。如人才、资金、技术、管理等方面也都有困难。我们讲困难的目的在于使我们既要看到实现经济发展战略目标的有利条件，

又要充分估计前进道路上的困难，以便振奋精神，努力工作，排除万难，稳步前进。

第四节 三个战略重点

胡耀邦同志在十二大的报告中说：“在今后二十年内，一定要牢牢抓住农业、能源和交通、教育和科学这几个根本环节，把它们作为经济发展的战略重点。在综合平衡的基础上，把这些方面的问题解决好了，就可以促进消费品生产的较快增长，带动整个工业和其他各项生产建设事业的发展，保障人民生活的改善。”

把农业、能源和交通、教育和科学作为经济发展的战略重点，是根据我国的现实情况和现代化建设的需要，作出的正确决策。

一、关于农业

农业是我国国民经济的基础，只要农业上去了，其他事情就比较好办了。党的十一届三中全会以来，我国农业发展形势很好。主要农产品粮食、棉花、油料、糖料以及林、牧、副、渔各业产量均有较大幅度的增长。农民的收入有较大的提高，生活有比较显著的改善，农民平均每人纯收入从 1978 年的 134 元提高到 1981 年的 223 元，增长 66.4%，扣除价格因素，仍增长 28.7%，平均每年增长 8.77%。全国农村生气勃勃，广大社员喜气洋洋，农业发展方兴未艾。农业形势的迅速好转，是三中全会以来全国经济形势迅速好转的最重要表现和标志。

同时，我们必须看到我国原来农业比较落后，这几年农业生产发展的成绩，在相当程度上带有恢复的性质，还没有完全摆脱农业生产不适应国民经济发展需要的状态，至于离农业过关（以全国每人平均粮食产量 1000 斤为首要标志）还差得很远。我国现在每人平均粮食占有量才 700 斤。为了让农民休养生息，适当扩大一点经济作物面积，每年仍需进口粮食1000多万吨。尽管这几年粮食增产幅度较大，进口粮食也不少，而农民的粮食消费水平仍然不离，现在还有几千万农民每日平均口粮不足一斤，还没有解决吃饱饭的问题。

由于农业劳动生产率低，农产品商品率也低。多年来，粮食的纯商品率只有15%左右。要使畜牧业、经济作物等有较大的发展，也要以粮食生产有显著的发展为前提。整个农业的商品率也不高，70年代商业部门收购的农产品，大概只占农业总产值的三分之一（1981年农副产品商品率提高到40%）。1978年，我国每个农业人口只能提供大约70元的农产品商品。1979年农产品收购价格提高后，每个农业人口也只能提供88元（1979年）、103元（1980年）、116元（1981年）的农产品商品。这种落后状况一直制约着我国工业和整个国民经济的发展。

如果拿我国农业发展情况同世界平均水平比较，或同其他一些国家相比较，那么就更可以看出我国农业仍然处于相当落后的状况，如表2-9所示。

我国农民的生活水平也是很低的，一般比城市居民生活水平低一半左右。农村文化水平也很低，甚至前些年出现文盲回升的不正常现象，就连浙江、安徽这样的省份，有的县青壮年农民中的文盲竟达到60%~70%。

由上可见，今后大力和加速发展农业生产，仍然是我国发展国民经济的首要战略任务。我们决不能因为这几年农业取得不小的进展，就对农业问题掉以轻心。应该看到，发展农业是很费力的，增长速度不能很快，平均每年增长4%~5%的速度就是很高的，很不容易达到的了。如果考虑到我国人口增长速度高，要让每人平均农产品产量有较大幅度的提高，更需要付出长期和艰苦的努力。而只有使农业有了明显的较快的发展，才能为整个国民经济的发展打下牢固的基础，才能为90年代经济振兴创造必要的条件。

表 2-9　按人口平均农畜产品产量（1980 年）

单位：斤

项目	粮食	植物油	肉类	水产品①	鸡蛋	牛奶	食糖	水果
世界平均	815	11.7	65	34.0	12	193	39	107③
中国	656	5.5	24.7	9.2	5.6②	2.3	5.9	9
印度	459	8.2	2.5	7	0.3	29	12	8
美国	2905	63.0	240	32	37	521	46	541
南斯拉夫	1445	10.0	129	5	20	382	73	137
苏联	1555	14.5	113	68	29	677	57	99
澳大利亚	2306	11.3	370	18	26	776	44.9	

注：①系 1978 年数字。②系估计数。③系 1979 年数字。

说明：1. 植物油包括花生、油菜籽、芝麻、棉籽、葵花籽、亚麻籽、大豆等折合油。

2. 国外资料是根据联合国粮农组织的统计月报、生产年鉴、贸易年鉴等整理的；中国的数字未包括台湾省的；粮食产量是按照中国统计口径计算的，包括谷物、大豆、杂豆和薯类折合粮。

为了使农业生产长期稳定地发展，需要注意解决如下几个问题：首先，把粮食生产同农业的多种经营恰当地结合起来。例如，就全国来说，“六五”期间粮食播种面积应当稳定在 17 亿亩的水平上，不能再减少。在现有耕地上经济作物的播种面积也应基本稳定，生产的增加主要靠提高单位面积产量，各个品种的地区分布可以作一些互换性的调整。其次，把通过政策调动农民积极性同逐步改善农业生产条件和提高农业生产的科学技术水平结合起来。农业生产条件的改善包括：增加农业生产资料的投入，主要是种子的改良，肥料结构和施肥方法的改进，农田水利建设的继续开展和提高效益，农业机械的改良和应用等。再次，农产品收购、派购数量和收购价格、奖售办法，要有利于农业生

产结构的调整，并且同国家财政的承受能力相适应。

二、关于能源和交通

当前能源和交通紧张是制约我国经济发展的一个重要因素。由于能源供应不足，影响生产能力的充分发挥。1980 年我国一次能源总产量为 6.37 亿吨（标准煤，下同），比 1952 年增长 12 倍。从 1953—1980 年的 28 年，工农业总产值平均每年增长 8.2%，而能源消费总量平均每年增长为 9%，能源的弹性系数为 1.1。但是，从 1979 年以来，由于过去对原油和煤炭的强采难以为继，采储、采掘（剥离）失调严重，能源生产增长缓慢，三年只增长 0.7%。与此同时，工业生产却增长了 27.8%，使能源的弹性系数降低为 0.1 以下。这主要是靠调整产业结构和产品结构，即增加轻工业产品比重、降低重工业产品比重，减少能耗高产品的生产实现的。每万元轻工业产值所耗能源，只为重工业的五分之一。但是这种状况，现在难以继续下去，因为轻工业产值目前已占全部工业产值的一半左右，已不可能继续提高这个比重了。另外，根据初步预测，一直到 1985 年，我国能源生产仍然难以大幅度提高。海上石油勘探要到“七五”后期才能初步见到效果，陆上石油勘探大体上只能弥补每年生产一亿吨原油所减少的储量。一些大型水电站的建设，要到“七五”后期才能发挥作用。1985 年一次能源总产量将可能只有 68 290 万吨，比 1980 年增长 4.1%，年平均增长 0.8%。如果工业生产要保持 4% 的年平均增长速度，就意味着能源弹性系数只能是 0.2，这是非常艰巨的任务。“七五”期间（1986—1990）能源的落后状况，也不可能有大的改变。据估计，整个 80 年代，我国能源生产只能平均增长 2% 多一点，要实现经济发展战略目标，除了大力节约能源，提高能源利用系数（我国能源利用系数为 30%，比发达资本主义国家 50% 左右低得多），别无他途。节约能源措施包括：压缩那些能耗大而产品又不是社会特别需要的

生产，严格控制能源和耗能高的产品出口（据估算，国内减少供应1000万吨标准煤，就要影响产值120亿元，影响利润和税金30亿元），发展节能工业，大力开展节能技术改造，包括改造锅炉等，对某些长期耗能特别高的五小工业要下决心停办，等等。

能源建设需要投资大、建设周期长。建设一个年产煤100万吨的矿井，需投资2亿元和七年时间；建设一个年产煤2000万吨的大型露天矿，需要30多亿元的投资和十年多的时间；建设一座100万千瓦装机的水电站，需要投资10亿元和十年时间。所以，必须把能源作为经济发展的战略重点，集中必要的资金，在近期以节约为主的同时，加强能源的开发，为今后经济发展打好基础。能源开发，首先是开发煤炭，重点建设山西、东北及内蒙古、豫西、苏鲁皖煤田，以及贵州煤田。前十年煤炭建井总规模达到3.6亿吨，建成投产2亿吨，结转到“八五”的建井规模为1.6亿吨。石油，陆上主要争取拿到较多储量，海上与外商合作较大面积地展开钻探和开发。水电，重点开发黄河上游、长江中上游支流，以及红水河的水力资源等。

造成我国能源不足的一个重要原因，是交通运输落后，不能适应能源生产（主要是煤炭生产）的需要，有些煤炭生产基地如山西、贵州、内蒙古等甚至出现“以运定产”的情况，严重地影响了这些地区的煤炭生产。因此，在发展能源生产和建设的同时，还必须同时解决交通运输问题，特别是努力增加京汉路两侧及其以东地区的铁路运输能力，努力增加沿海主要港口的吞吐能力，使生产出来的煤炭能够及时运送到消费地区。

三、关于教育和科学

教育和科学的中心是个人才问题。我国进行社会主义现代化建设，资金不足是一个相当困难的问题。但是我国有十亿人口，人民勤劳勇敢。我们要扬长避短，发挥优势，就要适当控制发展资金密集型行业，大力发展劳动密集和知识密集型行业，加强智力开发。大家知道，在现代化工农业生产中，科学技术越来越居于重要地位。有的经济学家曾经说过，发展中国家要摆脱穷国的状态，最重要的，就是要舍得花本钱进行智力投资，并且把这譬喻为“穷国的经济学”。世界各国经济发展的历史证明，智力投资往往能得到成倍、几倍甚至十几倍的报偿，❶因而是全国提高经济活动效果的良策。可见，把教育和科学作为今后二十年经济发展的战略重点之一，是非常正确的。

新中国成立以来，我国教育和科学事业也有很大的发展。以高等教育来说，解放前高等学校毕业生累计只有 18.5 万人，新中国成立后，截至 1981 年，已有 332.8 万人毕业，相当于解放前的 18 倍。全国科技人员，1952 年只有 42.5 万人，1981 年增加到 571.4 万人，其中科研人员由 0.8 万人增加到 33.8 万人。但是，同国民经济发展的要求相比，我国教育和科学事业还是落后的。如每万人平均在校的高等学校学生数，我国只有 13 人，不仅低于美国的 496 人和苏联的 195 人的水平，而且比印度还低，印度为 49 人。教育和科学的落后对国民经济的发展有很大的制约作用。据分析，我国能源消耗过高的原因，大约 40% 浪费于设备和工艺落后，40% 浪费于管理水平和操作水平低。这两方面都直接间接同教育和科学的落后分不开。因此，要实现经济发展战略目标，必须加强智力开发，培养人才，把教育和科学的基础打好。

为了加快发展教育和科学事业，就要尽可能增加科学文教卫

❶ 据美国《新闻周刊》1982年9月27日刊载：教育一向是美国得益最大的投资，美国在教育上花1美元可在国民生产中收回6美元。布鲁金斯研究所的研究报告指出，从1948年到1973年美国经济的增长，三分之二要归功于改进教育。

生事业资金。过去，我们用于这方面的支出是太少了。1977 年，国家预算内用于这方面资金为 90 亿元，占财政总支出的 10.6%。而国外这方面支出一般占财政支出比重比我国大得多。近几年来，我国用于这方面的支出逐步有所增加，比重有所提高。1982 年增加到 180 亿元，1985 年计划安排 219 亿元，分别达到占财政支出总额的 15.9% 和 18.2%，这还不包括预算外用于这方面的资金。1985 年比 1980 年整个财政支出增加不到 10%，而文教科学事业费支出增加 40%，是增加最多的。

由上可见，十二大确定的经济发展战略重点，既是当前国民经济的薄弱环节，又是对今后实现经济发展战略目标有决定意义的部门。抓住这些战略重点，集中必要的财政资金，加强重点部门的建设，必将带动整个国民经济的顺利发展。当然，我们在抓重点的时候，要吸取过去“以钢为纲”“以粮为纲”的教训，不能再出现类似钢铁一马当先，万马齐喑，“以粮为纲”，一网扫光的情况。战略重点需要首先安排发展，要在资金、物资、人才等方面优先保证，同时，重点也不能脱离一般，重点发展不能破坏均衡发展。陈云同志在《关于第一个五年计划的几点说明》中说过：“计划中要有带头的东西。……样样宽裕的平衡是不会有的。齐头并进是进不快的。但紧张不能搞到平衡破裂的程度。”所以，在经济发展中，一定要正确处理好重点与一般的关系，既要保证重点建设，搞好重点建设，又要统筹兼顾，保证按比例发展。

第五节 实现战略目标需要解决的几个认识问题与实际问题

一、正确认识和处理速度与效益的关系问题

十二大报告要求在不断提高经济效益的前提下实现经济发展

战略目标。这是我国和外国几十年来社会主义建设经验和教训的科学总结。在速度与效益的关系中，效益是居于主导地位的。没有水分的扎扎实实的速度，就是经济效益的表现。客观上不存在效益高速度低的情况，但确实存在速度高效益低的情况。这种情况必然导致经济的不良循环，并最终影响经济的发展和人民生活的改善。因此，我们今后必须坚持在讲求效益的前提下求速度，向效益要速度，努力通过提高经济效益取得高的发展速度，是最合算，最符合集体生产的发展规律——时间节约规律的要求的。因为提高经济效益，意味着社会可以支付更少的活劳动和物化劳动，消耗更少的自然资源，取得更多的物质成果；或者支付同量的活劳动和物化劳动，消耗同量的自然资源，取得更多的物质财富。我国当前生产发展中的一个突出问题是：原材料、燃料、电力不足，自然资源绝对量虽然丰富但相对量并不富裕，劳动力数量虽多但文化技术水平不高，建设资金不足，这就更要珍惜和合理利用人力物力财力和自然资源，特别是要把有限的原材料、燃料、电力等集中用在生产技术水平和管理水平都比较高、产品品种多、质量高、适销对路的企业上面，尽可能采取集约化的经营，力求避免和防止以小挤大、以落后挤先进的愚蠢做法。如果不是这样，在现有生产能力还不能充分发挥的条件下，仍然搞盲目的重复建设，把有限的原材料、燃料、电力等用于技术落后的小企业，不仅使技术先进的大企业更加“吃不饱”，降低效率，而且把许多原材料、燃料、电力都糟蹋了，如生产的产品质量差，品种不对路，没有社会的使用价值，还会增加仓库积压，支付保管费用。

二、实现战略目标需要分阶段进行

要认识实现战略目标需要分两个阶段，即先要用十年打好基础，以便为后十年的经济振兴创造条件。为什么要这样做呢？其中很重要的一个原因，是由于经过二十多年“左”的错误包括十年内乱以后，需要再用相当长一个时间去把经济理顺，使国民经济能够健康地协调发展，并且取得较好的经济效益。

前十年的打基础工作包括以下主要内容：调整好国民经济比例关系，逐步建立合理的经济结构；实现经济体制的改革；整顿好现有企业，包括对现有企业按专业化协作的原则进行改组和对一些产品质量差、能耗高、亏损大、销售不好的企业进行关停并转；加强基础设施建设，大力培养四化建设人才；等等。

现在的问题是，有的同志从急于求成的思想出发，在实际工作中否认需要分两个阶段，在经济还没有理顺，许多打基础的准备工作没有做好的情况下，就想“起飞”，追求高速度，这样做的结果，很可能使我们走回到“高速度、高积累、低效益、低消费”的老路上去，造成比例失调。要真正使我们的经济工作有一个新局面，就要把前进的道路铺平、铺好，以便使国民经济在 90 年代能健康的“起飞”。

三、加强对现有企业进行技术改造

我国工业企业，从 1970 年的 19 万个发展到 1981 年的 38 万个，十一年增长了一倍。现在看来，这种发展有一定的盲目性。因为现有的原材料、燃料和电力，不能保证这 38 万个工业企业开足马力生产，而是只能利用其中 70%~80% 的生产能力。这说明，我们现有企业的摊子已经铺得过大了。今后经济的发展，已经不能主要靠继续新建企业、铺新摊子，否则会使业已很紧张的原材料、燃料、电力供应更加紧张。

当前工业发展的主要途径，应该转向对现有 38 万个企业进行技术改造，提高他们的生产效率，降低各种消耗，增加产品品种，提高产品质量，降低成本，提高劳动生产率，提高经济活动的效果。中外各国的经济发展的历史证明，这样做收效明显。

根据我国的经验，一般说来，对现有企业进行技术改造比新建企业投资省三分之一，建成时间缩短一半以上，设备材料只要

60%，这样的例子到处都有。

过去，我们在基建投资的使用方向上，重新建，轻挖潜、革新、改造。据统计，全国基建投资总额中，新建占的比重，1973年为55.2%，1976年为56.9%，1977年和1978年均为57.6%；改建扩建所占的比重，1973年为39.8%，1976年为37.8%，1978年为37.5%。工业部门基本建设投资总额中，新建所占的比重1973年为58.2%，1976年为61.5%，1977年为61.6%，1978年为58.8%；改建扩建所占的比重，1973年为39.8%，1976年为37.6%，1977年为33.3%，1978年为39.5%。同时，即使是更新改造资金，也往往没有真正用在更新改造上。例如，1980年对辽宁省更新改造资金用途的分析表明，77%的更新改造资金最后被用于搞基本建设了。与此不同，外国新投资，大部分是用在原有企业的改建扩建（有的占70%），只有小部分用于新建企业上。例如，美国从1947—1978年，固定资本投资中用于改造原有企业的占69%。美国从1952—1972年金属切削机床产量共359万台，用于更新部分约239万台，占新增机床的67%。日本从1962—1972年，机床年产量162万台，用于更新的约136万台，占新增机床的84%。苏联机械工业用于更新和改造设备的投资比重，1965年为63%，1974年为72%。

现在，当我国工业部门已经比较齐全，工业企业已经不少的情况下，今后除了需要新建少量的企业以填平补齐和发展一些新兴的工业部门，以及重点进行能源、交通运输等基础设施建设以外，应当把主要力量（包括资金和物资）用于改造原有的企业，把提高现有企业的生产效率放在首要地位。当前，我国经济正处于调整时期，用于建设的资金有限，这就更需要通过把更多的资金用于改造原有的企业来增加生产，同时充分利用现有机械工业的生产能力，让它更好地为国民经济的技术改造服务。从这个意义上说，大规模地对现有企业进行技术改造，是使我国经济从不良循环转为良性循环的重要环节。当前，企业设备更新和技术改

造资金，应当重点使用于节约能源、节约原材料方面，用于改革产品结构、提高产品的性能和质量方面，用于搞好现有企业的设备、工艺和房屋建筑的更新方面，用于合理利用资源、治理严重污染、改善环境方面，以及围绕上述各项所必须推广的科技成果，等等。

四、按客观经济规律办事，尊重价值规律

我国过去实行的高度集中的以行政管理为主的经济体制，其弊病集中表现在经济活动效果差。这主要有两个方面，一是经济活动效率低，浪费大，按总产值计算的速度似乎不慢，但是可供人民吃穿用住行的最终产品增长很慢，人民得到的实惠不多；二是比例失调，只有一时的高速度，没有持续的稳定发展，起伏很大。这说明，我们的经济体制和经济工作违背了客观经济规律特别是价值规律。

社会主义经济是计划经济。全体劳动者掌握着生产资料，当然要按照全社会的利益和需要来支配和使用社会劳动，自觉地有计划地安排社会生产。所以，只要建立了社会主义公有制，国民经济的有计划发展就是一种客观必然性。

与此同时，我们也要看到，在社会主义历史阶段，每一个劳动者和企业，都有自己的相对独立的经济利益。这就决定着社会主义仍然存在广泛的商品货币关系：不仅消费资料是商品，生产资料也是商品；不仅集体经济单位是相对独立的商品生产者，全民所有制企业也是相对独立的商品生产者。社会主义计划经济就是在这样的经济条件下运行的。这样，在社会主义经济规律起着主导作用的同时，商品经济的基本规律——价值规律也起着广泛的作用。因此，我们要在“计划经济为主，市场调节为辅”的方针指导下，一方面坚持计划经济和计划调节，另一方面又要利用经济杠杆和市场机制，发挥市场调节的辅助作用，用间接计划或间接控制的办法，即利用企业和劳动者对物质利益的关心，来引

导作为相对独立商品生产者的企业，以至各部门和地区的经济决策和经营活动，竞相以提高效益为中心，并使这种对效益的追求符合社会的利益，有利于国民经济有计划按比例的发展，从而把整个社会经济搞活，使社会主义计划经济具有一种讲求和不断提高经济效果的内在机制。

为此，必须对现行的经济体制和计划体制进行改革。体制改革的重要内容，就是要更好地利用价值规律，利用市场机制，大力发展社会主义商品生产和商品交换。社会主义社会只有首先按计划原则同时又按商品生产和交换原则组织社会经济活动，才能使各部门、地区和企业都把争取最大经济效果作为自己的行为准则，更好地利用商品货币关系作为提高经济效果的强大杠杆。在现阶段把计划经济与价值规律的作用截然对立起来是不可想象的。要发挥计划经济的优越性，关键就在于正确认识我们的计划经济是在广泛存在商品货币关系条件下的计划经济，我们不应当也不可能把未来共产主义产品经济条件下搞计划经济的一套设想硬搬到当前来。在我国目前条件下，虽然整个经济的发展必须是有计划的，生产、分配、交换、消费的主要方面都要在计划指导下进行，关系国计民生的重大经济活动，必须由计划来安排和调节。但是，计划不可能包罗一切。国家计划的实现，国民经济活动的许多方面，还要通过市场，发挥市场调节的辅助作用。直接计划和间接计划，指令性计划和指导性计划，直接的计划市场和间接的计划市场（以及一小部分自由市场），行政手段和经济手段，必须同时并存，都要自觉地利用价值规律的作用。

五、采取正确的经济结构对策

经济结构的合理化，是在提高经济效益前提下到 20 世纪末实现工农业年总产值翻两番的根本保证。采取正确的结构对策，逐步实现经济结构的合理化，是国家最重要的宏观决策之一。

经济结构对策包括的方面很多，诸如产业、部门、产品结构对策，技术结构对策，企业组织结构对策，就业结构对策，地区结构对策，进出口产品结构对策，投资结构对策，科学教育结构对策，所有制结构对策，等等。这些都是属于本书其他各章的论述范围，这里只对制订正确的经济结构对策必须遵循的一些主要原则，提出一些看法。

制订经济结构对策，要从我国国情出发。我国三十多年社会主义建设的实践，给我们提供了丰富的经验教训，其中最重要和最具有现实意义的，我认为有三条。一是切忌片面地发展重工业，为重工业而重工业，盲目扩大基本建设规模，而是要首先保证按比例发展，特别是农轻重的按比例发展和积累与消费的按比例发展。二是不能在所有制上搞人为的升级——越大越好、越公越好，决不能再搞穷过渡，而要切实按生产关系一定要适合生产力性质的规律办事，在国营经济占主导地位的前提下，容许多种经济成分和多种经营方式并存，把国民经济搞活。三是不能搞“一刀切”，不能一说翻两番，各部门、各地区甚至各个企业都搞翻两番，这实际上就无法对原有的不合理结构进行调整。国家从宏观经济范围内确定正确的经济结构对策，正是为了更好地指导全国各部门、地区和企业共同为完成总的经济发展战略目标作出自己应有的贡献。

在制订经济结构对策时，必须互相配套，互相促进，而不能互相脱节，互相掣肘。要使经济结构合理化，光做到产业、部门、产品结构合理化还是不够的，必须有技术结构、地区结构、投资结构以及生产关系方面的一些结构互相配合和互相支持。例如，要调整产业结构和地区结构，就必须以调整投资结构为先导；又如技术结构对策必须同就业结构对策、科学教育结构对策和投资结构对策等相适应，否则就会落空。这也是由经济结构的整体性和统一性决定的。

1983 年 8 月

第三章　产业结构对策

张曙光

在上一章中，讨论了20世纪末我国经济发展需要达到和可能达到的战略目标。然而，重要的问题不仅在于提出恰当的发展目标和发展任务，而且在于选择和实行一条正确的发展途径和有效的发展对策。从这一章起，我们将分别探讨实现既定发展目标的各种经济结构对策，即讨论我国的经济结构应当如何变化，才能适应既定发展目标的要求，并保证其圆满实现。本章将根据我国产业结构的现状、变化的条件和发展的趋势，以及实现战略目标的要求，对我国到20世纪末产业结构的变化，作一些初步的构想和预测，探讨实现既定发展目标的产业结构对策。

产业结构就是按产业部门分类形成的社会生产结构，因而也叫社会生产的部门结构。马克思就劳动本身把社会生产分为“一般的分工”“特殊的分工”和“个别的分工”。[1]社会生产的产业结构或部门结构就是在一般分工和特殊分工的基础上产生和发展起来的。

产业结构是国民经济结构的主要内容。产业结构合理与否，对整个社会生产的发展及其经济效果的提高有着重大的影响。实现20世纪末的发展目标，我国的产业结构需要有一个巨大而深刻的变化，逐步建立起一个农、轻、重协调发展，各种产业互相

[1] 《马克思恩格斯全集》第23卷，第389页。

促进，具有比较先进的技术水平和较高的经济效率的新型的产业结构，这是我国整个国民经济结构合理化的基础。

第一节　农业和工业的比例和结构

在探讨实现既定目标的产业结构对策时，必须首先考察一下到 20 世纪末工农业总产值达到 28 000 亿元时，我国农业和工业的比例和结构应当如何变化。

从世界各发达国家工业化的进程来看，在工农业生产中，农业比重的降低和工业比重的提高是一个合乎规律的过程，这是经济结构进步的重要标志。就总的趋势来说，我国工农业生产的发展及其结构也将是向着这个方向变化的。合理构想我国工农业生产今后发展的比例和结构，第一，必须从我国的实际状况出发；第二，必须在发展中注意克服以前结构变化中出现的不合理因素和不合理现象。

从我国工农业生产三十年的发展状况来看。1952—1980 年，我国农业总产值增长了 1.55 倍，年平均增长速度为 3.4%。近三年来的调整使农业生产增长速度达到 5.6%。我国农业生产出现了建国以来从未有过的好形势，农业生产结构也开始向合理的方面转化。在今后十八年中，农业生产和农村建设将成为我国经济发展的战略重点。随着农村政策的进一步落实，农业结构的进一步调整，农业科学技术的进一步发展，农业生产条件和农业生态系统的改善以及非农业部门为农业服务的加强，我国农业保持 5% 以上的速度是可能的。

与此同时，我国工业必须以年平均 8% 左右的速度增长。根据我国三十年工业生产发展的状况和今后二十年的部署和安排，实现这样的速度是完全可能的。从 1952—1980 年，我国工业总产值曾经以年平均 11.1% 的速度增长，近三年的调整中，增长速度慢了一些，为 7.1%，预计在整个调整时期，我国工业的增长不可能很快，有可能保持 6% 的增长速度，但在经过 80 年代的调整和准备进入经济振兴时期以后，我国工业的发展将会大大加快，达到年平均 9%~10% 的速度则是完全可能的。也就是说，到 20 世纪末，我国农业和工业生产的比例和结构将发生变化，农业的比重有所下降，工业的比重有所提高。

在今后的三十年中，要使我国农业和工业两大物质生产部门达到上述的规模和结构，不仅需要举国上下的一致努力奋斗，而且需要采取一系列正确的对策。根据我国的历史经验，其中最重要的一条就是，要克服和防止片面追求产值的错误倾向，实现速度、比例和效果的合理结合和有机统一，把我国的经济发展从以追求数量和速度为中心转上以提高经济效益为中心的轨道，使我国的劳动生产率和社会生产经济效果有一个不断的和较大的提高。这是保证工农业协调发展，促使我国经济迅速转入良性循环的关键。这里，有必要具体分析一下工农业劳动生产率的变化，说明其在我国产业结构合理化中的作用。

根据发达国家的经验，农业比重的降低和工业比重的提高是建立在劳动生产率，特别是农业劳动生产率不断提高的基础之上的。农业劳动者人数的相对、绝对减少和农业劳动生产率的提高，是这一过程的两个方面，而工业生产在达到一定水平以后，其发展也主要依靠经济效果的提高。这是生产力发展的规律。

从我国农业三十年的发展来看，虽然农业人口和农业劳动者人数在总人口和社会劳动者总数中所占比重是降低的，而在同一时期，我国农业劳动生产率按总产值计算提高了 46.5%，年平均递增 1.4%；按净产值计算提高了 9%，年平均提高 0.3%；按粮食产量计算提高了 13.5%，年平均提高不到 0.5%。与此密切相关，我国农产品的商品率也比较低，而且变化不大。1980 年粮食的商品率只有 15% 左右，低于 1970 年的水平，按商业部门收购总值计算的农产品的商品率为 51.8%，一个农业劳动者

只能供养三个人。我国工业劳动生产率提高的速度虽较农业要快，按总产值计算每年平均增长 5.3%，按净产值计算为 4.3%，但却慢于工业劳动者人数的年平均 5.5% 的增长速度。明显地表现出外延扩大和粗放发展的特征。这是我国工农业生产结构和整个国民经济结构不合理的重要表现。十分明显，如果不改变过去主要依靠增加劳动者人数的外延方式，要实现产业结构的合理化和经济发展战略目标是根本不可能的。即使假定工农业劳动者人数占总人口和社会劳动者总数的比例保持 1980 年的水平（分别为 36.45% 和 85.6%），那么到 2000 年，其绝对数量将达到 43 700 多万人，其中农业劳动者人数将达到 36 800 多万人。如果劳动生产率不变，那么到 20 世纪末，我国的农业、工业以及工农业总产值只能增长 22% 左右，不能实现翻两番的目标。因此，要实现我国工农业生产的按比例发展和整个产业结构的合理化，以保证翻两番目标的实现，就必须使我国的经济发展从以外延方式为主逐步转向以内含方式为主，使我国工农业劳动生产率，特别是农业劳动生产率有一个较大的提高。由于随着社会生产力的发展，工农业劳动者人数所占的比重将会逐步降低，假定到 20 世纪末，这一比重分别降到 34%（占总人口）和 80%（占社会劳动者人数）。其中农业劳动者人数占社会总劳动者人数比重下降到 61%~65%。在这种情况下，农业、工业和工农业劳动生产率要分别以年平均 4% 以上，5% 以上和 6% 以上的速度提高，才能实现工农业总产值翻两番的目标。这样，今后我国农业人口和农业劳动者人数的增长速度将逐渐减慢，预计到 1995 年以后其绝对数量达到最高峰，并开始出现零增长和下降趋势，到 2000 年农业劳动者人数达到 33 200 万 ~ 35 300 万人，即比 1980 年增加 10%~16.8%，年平均增长速度为 0.47%~0.78%。我国工农业特别是农业的劳动者人数和劳动生产率达到了这样的水平，就为我国产业结构的合理化奠定了可靠的基础。

第二节　农业经济结构

农业是最基本的产业部门之一，是其他产业部门独立化和进一步发展的基础。在我们这样一个十亿人口、八亿农民的国家，农业经济结构的状况如何，不仅直接关系到农业本身的发展，而且对整个国民经济的发展及其结构的合理化有着重大的影响。

在农业生产上，自然、生物和人的活动是交织在一起的，经济规律和自然规律在共同起着作用。这是农业生产不同于工业和其他生产活动的基本特点。根据实现既定发展目标的要求，在我国建立合理的农业生产结构，必须从我国的实际状况和农业生产的特点出发，恰当安排农业内部各个部门之间的发展关系，解决好农业生产在全国各个地区的合理布局问题，正确处理农业生产同自然生态环境和发展农业科学技术之间关系，走我国自己农业发展的道路，逐步实现农业生产的社会化、区域化、专业化、商品化和科学化。

一、全面发展，多种经营，建立合理的农业部门结构

实行多种经营和全面发展，建立起农林牧副渔五业互相促进、共同繁荣的农业经济结构，是开创农业生产新局面的重要对策之一。

1. 要使粮食生产有一个持续稳定的增长

粮食不仅是关系到十多亿人吃饭问题的大事，而且是发展多种经营的前提条件。把粮食生产始终摆在农业发展的重要地位，保证粮食生产有一个持续稳定的增长，这是我国农业经济结构合理化的基础。

1980 年，我国的粮食产量达到 6411 亿斤，人均占有量 652 斤。要使我国粮食生产基本过关，至少需要达到人均占有粮食 800~1000 斤的水平。按此计算，到 20 世纪末我国粮食产量需要

达到 9600 亿斤以上。从我国的实际条件出发，按我国粮食生产三十年来中等水平或平均水平的增加额来设想和预测我国的粮食生产，到 2000 年，粮食产量有可能达到 9600 亿斤左右，人均占有粮食水平达到 800 斤。

从发达国家的情况来看，在粮食生产不断增长的基础上，其在种植业中的比重有逐步降低的趋势，各种非粮食的经济作物则逐渐上升。我们设想，在保证粮食生产以年平均 2% 的速度增长的情况下，使种植业占全部农业的比重从 1980 年的 64.6% 下降到 2000 年的 40%~45%，这样，粮食占种植业的比重将从现在的 70%~80% 下降到 60%~65%，而经济作物的比重将从 20%~30% 上升到 35%~40%。

要使我国粮食生产和整个种植业达到上述水平，今后，在不断完善农业生产责任制、改进农业指导方式和经营管理的同时，还要切实采取一系列重大措施。其中主要有：正确开展农业基本建设，不断扩大灌溉面积；抓紧改造现有 5 亿亩低产田，使之分期分批逐步达到高产稳产水平；改变单一化肥（氮肥）结构，增加磷肥、钾肥生产，发展复合肥料，实行有机肥料和化学肥料结合施用；大力发展良种事业，提高良种化水平；进一步防治和控制病虫害，争取把损失减少到最小限度。

2. 要使畜牧业有一个较大的发展

从世界各国农业生产发展的共同规律性来看，在种植业不断发展的同时，其在整个农业中的比重逐步降低，而畜牧业所占比重则迅速提高，有的国家甚至出现了这样一种趋势：畜牧业超过种植业，饲料谷物超过食用谷物，畜牧用地（草地、牧场和饲料作物用地）超过其他种植业用地，肉奶食超过粮食。从我国农业的现状和到 20 世纪末的发展来看，虽然还不可能实行以肉食为主，但随着农业生产的发展和人民生活的改善，对畜产品的需求将会有一个很大的增长，我国畜牧业在农业中所占的比重也必须有一个较大的提高。这是我国农业结构合理化的关键之一。

长期以来，我国农业发展战略指导的失误，重要的一条教训就在于忽视了畜牧业的发展。牧区的牧业还处于原始落后的阶段，农区的牧业零星细小，占不到什么地位，半农半牧区的牧业也不断退化。到 1980 年，我国畜牧业的产值只有 336 亿元，占农业总产值的 15.37%（占种植业和畜牧业合计的 19.2%）。我们设想，到 20 世纪末，使我国畜牧业产值占农业总产值的比重提高到 25% 左右，占种植业和畜牧业合计数的比重提高到 35%~40%。这样一来，我国的农业生产将会出现一个新的局面。我国有 40 多亿亩草原，近 10 亿亩草山草坡，广大农区也有着发展畜牧业的巨大潜力，特别是我国目前畜牧业的生产水平比较低，同发达国家的差距很大。因此，只要我们把发展畜牧业摆在重要地位，并且采取正确的政策，大力加强草原和草场建设，建立饲料基地，迅速改变牧区牧业的原始落后状态，使其有一个较大的发展；合理利用草山、草坡，大力发展半农半牧区的牧业，实行农牧结合，提高其在整个畜牧业中的比重；对目前占肉食产量 70% 的农区牧业要作为重点给予恰当的指导和必要的扶植，使之互相促进；要在城市郊区和工矿区建设一批机械化养鸡（鸭）、养牛、养猪基地，就地就近解决城镇居民和职工肉蛋奶禽等的供应问题。此外，还要根据各地的具体条件，发展其他各种饲养业，如养兔、养貂、养蜂、养蚕等。这样，就有可能在未来的十八年中，使我国的畜牧业以年平均 8% 左右的速度增长。

3. 大力发展林业，扩大森林覆盖面积

根据科学家的测定，森林覆盖率只有保持在 30% 以上，而且分布比较均匀，才能起到防风固沙、涵养水分、保持水土、调节气候的作用。要发挥农林牧三大农业部门互相促进，保证农业的稳定增长，必须注意大力发展林业，这不仅是要增加林产品产值在整个农业总产值中的比重，而且更重要的是要扩大森林覆盖面积，提高覆盖率，保护和改善自然生态环境。这也是我国农业结构合理化的一项重要任务。

要保证农业发展目标的实现，我国林业必须有一个大的发展。一方面要切实保护现有森林，实行采育结合，以育为主，合理采伐，另一方面要大力植树造林，要有计划有步骤地建设好三北（西北、华北、东北）防护林带，建立绿色长城；要广泛营造薪炭林和速生用材林，解决农村的一部分燃料和建筑用木材，阻止生态环境的继续恶化，并使其进一步得到改善；要大力营造经济林，发展木本粮食和木本油料；还要发展农田林网化和大搞四旁植树。由于中央重视，政策和措施对头，近几年每年造林六七千万亩，按此计算，今后二十年再造林 14 亿亩，而且保栽保活保成林是完全可能的。这样，到 2000 年，我国的森林覆盖率就可提高到 22%，达到目前的世界平均水平，森林覆盖面积 30 多亿亩，人均 2.6 亩，比 1980 年提高 44%。与此同时，使林业产值以 6%~7% 的速度增长，到 20 世纪末达到 288 亿 ~346 亿元。

4. 稳步发展渔业生产

渔业包括养殖和捕捞两个方面，也称水面农业和海洋农业，是农业生产的一个重要领域。随着陆地农业的发展受到一定限制，海洋农业逐渐受到人们的重视。同时，由于水产品是人民生活所需蛋白的重要来源，随着生活的改善，对水产品的需要也越来越大。因此，稳步发展渔业不仅是农业结构合理化的重要任务，也是满足人民生活需要的重要方面。

我国有 3 亿多亩内陆水面，有辽阔的海岸滩涂和大陆架，拥有发展渔业的良好条件。但是长期以来，由于重视不够、政策失误，我国渔业比较落后。一方面，现有水面、滩涂尚未充分利用，淡水水面只利用了 4000 多万亩，海岸滩涂只利用了 175 万亩，而且由于技术水平低，淡水养殖平均亩产不足 40 斤。另一方面，由于酷渔滥捕，近海渔业资源遭到严重破坏；外海渔业资源虽然比较丰富，但由于远洋捕捞船队能力不足，冷藏加工设备缺乏，产量有限。到 1980 年，渔业产值只有 21 亿元，占农业产值的 1.3%，全部水产品产量 450 万吨，每人每年平均不到 10 斤，

大大低于世界平均水平。要实现既定发展目标，我们必须重视海洋资源开发，稳步发展渔业生产。首先要调整沿海捕捞力量，严格控制近海捕捞强度，切实保护近海渔业资源；其次要积极建设远洋捕捞船队，增加加工冷藏设施，迅速发展远洋渔业，以丰富的外海资源弥补近海资源之不足；再次要贯彻捕养结合、以养为主的方针，特别要大力发展淡水养殖。这既可增加水产品供应，又可减轻对近海渔业的压力，有利于近海渔业的恢复和发展，因而是今后一二十年内我国渔业发展的重点和出路。为此，我们必须进一步放宽政策，使所有宜于养殖的水面都能够充分利用起来，同时积极推广先进养殖技术，解决鱼苗、饲料等问题，努力提高单产水平。预计到 2000 年，我国水产品产量可以达到 1000 万吨左右，比 1980 年增加 1 倍多；渔业产值可以达到 60 亿 ~70 亿元。

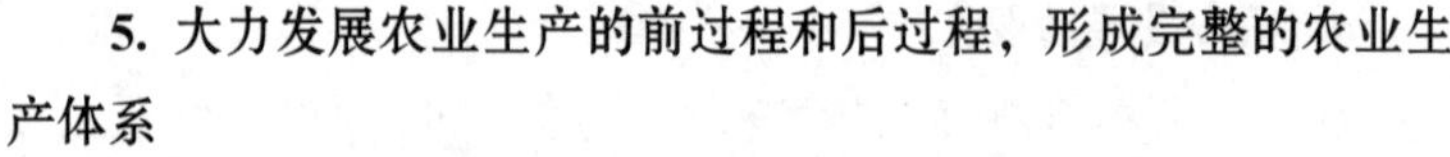

5. 大力发展农业生产的前过程和后过程，形成完整的农业生产体系

农业生产的前过程和后过程包括诸如种子、饲料、水利和其他设施以及农副产品的加工、储藏、运输和销售等。根据发达国家的经验，在从传统农业向现代农业转变的过程中，在农业生产不断扩大的基础上，上述各种生产活动都先后从农业中分离出来，形成特殊的社会分工部门，并同农业生产的发展紧密结合在一起。发展农业生产的前过程和后过程，是繁荣农村经济，加快农村建设，改善农民生活的重要途径，也是我国农业经济结构合理化的一个重要方面。

为实现翻两番的伟大目标，今后，在我国农村要普遍建立起专业化的良种生产和饲料生产行业，实现农副产品的就地加工，解决好农副产品的储运和销售问题，使之以 9%~10% 的速度增长。这样，我国农村副业生产的产值将达到 1735 亿 ~2086 亿元，从而提高其在农业总产值中的比重。

在发展农业生产的前过程和后过程，建立完整的农业生产体系的过程中，实现农工商一体化，建立农工商综合体是一个好形式。它是在农业生产力发展到一定水平上出现的、能够容纳不同水平生产力互相结合的一种社会经济组织形式。目前，我国出现的农工商综合体，在加速为农业服务的各种生产活动（种子、饲料、农业生产资料的生产供应和农副产品的加工、储运、销售等）互相分离和专业化的同时，又把它们在更大的范围内联合起来。这样，就扩大了农业生产经营的范围，使其有可能利用工商业的积累来扩大再生产，同时也为农村多余的劳动力开辟了新的就业门路。

综上所述，对我国 20 世纪末农业经济结构的构想，可以概括成一个“八、四、三、二、三”模式，即使粮食生产达到人均 800 斤的水平，使种植业产值大体占农业总产值的 40% 左右，使林牧渔业产值大体占农业总产值的 30% 以上，使森林覆盖面积占国土面积的 20% 以上，使农村副业生产（包括农业生产前过程和后过程）占农业总产值的 30% 左右。实现了这一构想，就能保证我国农业生产结构的合理发展和工农业两个倍增目标的实现。

二、因地制宜，适当集中，发展农业生产的区域化和专业化，建立合理的农业区域结构

发展农业生产区域化和专业化，能通过农业生产的合理布局，恰当选择各个地区农业生产发展的主要方向和重点，充分发挥各个地区的经济优势。同时，发展区域化和专业化生产，能够大大提高农业的劳动生产率和商品率，加强各个地区的经济交流和商品交换，促进我国农业从自给性经济占较大比重逐步转变为发达的社会主义商品经济。这是我国农业结构合理化和农业生产现代化的必由之路。

在农业生产的区域化和专业化问题上也有两条道路可供选择。一条是美国式的道路。他们从彻底的单项作物出发，只选择产量大、效率高的品种组织专业化生产，甚至一个地区基本上只

种植一两种农作物，结果造成了农作物和食品的单一化。很明显，我们不能走这种高度集中的区域化和专业化道路。我国有多种作物栽培、间作套种、精耕细作的优良传统和丰富经验，而且人民生活对农产品的需要也多种多样。我国农业生产的区域化和专业化，必须考虑我国的传统经验，走因地制宜、适当集中、多品种多样化的道路。既要使各种农业生产活动和农作物在最适宜于其生长繁殖的地区适当集中，又要发展多品种生产，特别是一些小品种作物的生产，以满足人民对多样化食物的需要。防止因区域化和专业化而使农产品品种单一化的片面倾向。

三、走中国式集约经营之路

很明显，粗放经营不适合我国国情，也实现不了农业结构的合理化和农业生产的现代化。但集约经营却有着不同的道路。一些经济发达国家通过高度机械化、自动化的途径，实现了农业的现代化，达到了高度的农业生产率，但这是一条以消耗大量能源为特征的“石油农业”或“无机农业”道路。例如在美国农业中，农业机具、燃料、化肥消耗的能源最多，增长最快，每年消耗在农业上的石油高达 6800 万吨，而农业能量的利用效率（产出热量 / 投入热量）却下降了。过去以畜力为主时，每投入一大卡热量可收回相当于 16 大卡的农作物，而到了机械化时代，只能收回相当于 5 大卡的作物产量。

我们既不能走粗放经营的路子，也不能选择高能耗的途径。这是因为，一方面我国能源比较紧张，资金缺乏，农业还基本上是手工劳动，在今后二十年中，投入农业的能源、资金和机械虽然会有大量增长，但毕竟有限，不可能达到发达国家今天的水平。另一方面，我国具有精耕细作的优良传统和丰富的劳动资源，没有必要丢掉我们自己的优势和长处，而照搬外国的办法。同时，农业生产又是人们在自然力的作用下，利用动植物的生命活动进行的社会生产过程。长期的物竞天择和人工作用，形成了各种生物之间、生物与自然条件之间互相依存、互相制约的有机联系和生态系统，走高能耗的无机农业之路，会破坏自然界的物质循环，造成生态环境恶化，这是发达国家遇到的共同问题。因此，我国农业结构合理化和现代化的道路，应当是充分发挥我国精耕细作的传统优势，把机械技术和生物技术结合起来，走劳动密集、知识技术密集和资金密集相结合而以前者为主的集约经营和生态农业之路。

1. 要全面认识农业机械化，正确实现农业机械化

农业机械化是包括农、林、牧、副、渔各个农业部门的机械化和农业生产活动全过程的机械化。就拿种植业来说，包括耕地、播种、中耕、除草、灭虫、施肥、灌溉、收割、脱粒、扬晒、储运、加工等各种作业。特别是农业机械化要真正收到实效，必须考虑动植物生长繁殖和农艺过程的特点，适应不同地区的不同耕作条件和耕作方式，以及多种作物和精耕细作的要求，才能创造出适合我国情况的农机系列和农机体系。这是我们今后二十年以至更长时间内的一个重要任务。可见，我国农业机械化是一个相当复杂的过程，既不可能一下子全面铺开，也不可能在短期内完成，必须采取积极慎重的态度，防止急躁情绪，注意讲求实效，有重点有选择地进行。可把一些商品农产品生产基地和大城市郊区作为重点，先行一步，对东北西北人少地多大面积垦荒地区和对江南、四川等人多地少的地区则应有所区别有所侧重。为了加快畜牧业的发展，对饲料加工机械化和城市郊区的畜牧业机械应当给予必要的重视。

2. 大力发展农业科学和生物技术

今后，我们要抓紧建立各种良种基地，选育适合我国各地条件的各种高产稳产优良品种，并使之不断更新提高。其次，要发展各种作物栽培和动物饲养的科学和技术，促进动植物的新陈代谢和发育成长，包括肥料的生产和施用、水利设施的建设和灌溉、土壤的改良和治理、高效低毒低残留农药的研制和施用、饲料的生产和喂养等科学和技术。要做到这一切，就需要加强农业科学技术的研究和开发，加强农业科学教育事业的发展。我们不仅要扫除文盲，而且要逐步普及农业中等教育，要加强农业基础科学和应用技术的研究和推广，争取使我国农业生产的科学技术面貌有一个较大的变化，使我国农业逐步从传统农业走上科学农业的轨道。

第三节　轻重工业结构

轻重工业结构是工业生产结构中最综合的一个问题，要实现工农业总产值翻两番，工业产值增长 3.5 倍以上，必须保持轻重工业的协调发展，实现工业生产结构的合理化。

轻工业和重工业的分类是一种自然产业分类，其中含有一些不科学的成分。它同工业生产两大部类的划分既有区别，也有联系。由于轻工业主要是生产消费资料，重工业主要是生产生产资料，为了分析的方便，在我们的论述中暂时把轻重工业的划分同工业两大部类的分类看作一致的。

一、轻重工业协调发展有规律可循

轻重工业的关系包括三个方面：一是既成的比例关系，二是即成的比例关系，三是发展速度的对比关系。既成的比例与结构是基础和出发点，即成的比例和结构是协调发展的目标，发展速度的对比关系则是从前者走向后者的桥梁，而且也是需要进行协调的主要方面。合理的工业结构就是要在既成比例的基础上，通过恰当安排轻重工业的发展速度，建立起二者协调发展和相互促进的关系。因此，合理构想轻重工业结构的关键在于正确处理轻重工业发展速度的对比关系。

轻重工业怎样才算结构合理和协调发展。有的同志企图为轻重工业的协调发展找到一个固定不变的比例标准。其实，轻重工业的比例和结构不仅包括多方面的内容，而且受多种因素的影响和制约，因而处于经常的变动之中，不可能设想其发展和合理化可以有一个长期不变的固定比例作为准绳。

轻重工业的协调发展虽无固定的比例标准，但其发展变化的趋势却有规律可循。从世界经济发展的历史进程来看，轻重工业发展速度对比关系的变化大体上经历了三个阶段：第一个阶段是工场手工业时期，轻工业的发展速度快于重工业，这时，以纺织业为代表的轻工业，其增长速度数倍数十倍于钢铁等重工业生产；第二个阶段是机器大工业时期，重工业的增长快于轻工业，煤、铁和机器制造等重工业部门迅速发展起来，从根本上改变了社会生产的面貌；第三个阶段是工业化实现以后，随着技术进步向高效率的机器体系代替低效率的机器体系过渡，轻重工业的发展速度趋于接近。因此，轻重工业在整个工业结构中所占的比重经历了一个上升（下降）—下降（上升）—相对稳定的过程。例如，美国在1860年以前，轻工业占着绝对优势，轻重工业的比例是2.3∶1。经过四十年重工业的较快增长，到1900年，二者比例变成1.26∶1。1921年重工业超过了轻工业。在1947—1972年的25年中，轻重工业的比例一直在33∶67~28.5∶71.5之间波动，前后两年之间比重变化的幅度不超过2%，而且有九个年份轻工业快于重工业，足见其增长速度十分接近。苏联和其他国家的情况也说明了这个趋势。

从目前到20世纪末，我国仍然处在手工劳动机械化的技术进步阶段，在这个阶段中，生产资料优先增长的规律还要起作用。我们一方面要进行大规模的重点建设，另一方面又面临着技术改造的高潮和设备更新的周期，这就需要进行大规模的固定资产投资，因而要求生产生产资料的重工业部门有一个较快的发展。虽然在当前经济调整时期的某些年份中，有必要使轻工业的增长快于重工业，但从整个二十年来看，重工业的优先增长仍然是我国工业发展的一个客观趋势。但是，二十年要成倍地提高人

民的收入和满足人民的消费需要，达到比较富裕的小康水平，我国的轻工业也必须相应地有一个较快和较大的增长。因此，重工业优先的程度不能过大，要求不能过急。必须注意保持轻重工业的协调发展。这种协调发展的标志应当是：①重工业的优先增长能够保证轻工业和整个国民经济的技术进步和经济效益的提高；②轻工业的发展能够满足广大人民不断增长和日益多样化的消费需要。

二、对轻重工业协调发展和合理结构的设想

过去，我国轻重工业结构不够合理，没有做到协调发展，主要经验教训有三：一是重工业增长过快，轻工业相对落后。二是轻重工业大起大落，很不稳定。三是轻重工业内部结构不够合理，主要表现为重工业中自我服务的比重过大，轻工业中为生产服务的比重过大。

为了实现经济发展目标，轻重工业必须协调发展。这种协调发展一方面包含着重工业适当程度的优先增长和某些部门的重点发展；另一方面，实现协调发展的途径应当是从迅速发展轻工业出发来发展重工业，而不是相反。据此，我们对轻重工业未来发展结构的合理设想，首先应当确定达到小康水平时我国人民的收入水平和消费水平将如何增长，据以计算出对轻工业产品的发展需要；然后考察农业生产对轻工业的影响和重工业为轻工业发展提供的条件，据以确定轻工业可能达到的速度；最后，根据技术改造和生产建设的需要以及能源供应的状况等条件，确定重工业的规模、水平和结构。

20 世纪末达到小康水平，我国的国民收入预计将以年平均 6.1% 的速度增长，达到 12 000 亿元，人均 1000 元左右。如果积累率保持在 28%~30%，消费基金大体可与国民收入以相近的速度增长，人均消费水平有可能提高 1.6~1.8 倍，年平均提高速度 4.9%~5.3%。预计社会购买力年平均增长速度为 6.5%。根据历史经验，轻工业的增长速度高于国民收入、消费基金和社会购买力的增长速度，有利于保持市场的稳定（从 1953—1980 年它们的年平均增长速度分别是 9.5%、6.1%、4.5% 和 7.6%），轻工业的增长速度以不低于 7.5% 为宜。这样到 2000 年，轻工业的产值大体可达到 10 000 亿元左右，约占全部工业总产值的 45%。

考虑到我国今后的发展条件，轻工业达到年平均 7.5% 的增长速度是完全可能的。轻工业同农业的关系非常密切，我国轻工业原料的 70% 左右来自农业，估计到 20 世纪末将逐步降低到 60% 左右。从 1953—1980 年的平均数以及各个发展时期的情况来看，农业生产的增长速度同轻工业的增长速度，以及以农产品为原料的轻工业产值的增长速度之间的比例，大约为 1 ∶ 2.0，最低时为 1 ∶ 1.8，最高时为 1 ∶ 2.8。这一比例今后将会有所降低，但不会低很多。如果到 20 世纪末我国农业的年平均增长速度达到 5% 左右，那么，从农业原料方面来看，轻工业以年平均 7.5% 的速度增长是有充分保证的。至于轻工业发展所需要工业方面的条件，只要我们的经济战略指导和经济计划安排得当，比农业方面的条件更有保证。

今后，我们要根本改善农业生产条件和提高农业生产技术水平，要进行能源交通等重点建设，要建设一系列新兴工业部门，全面实现现有企业的技术改造，要保证轻工业的迅速发展及其结构的合理化，要大规模地进行住宅建设等，这一切都需要重工业的优先增长。估计重工业的增长将稍快于轻工业，达到年平均 8% 以上的增长速度是完全可能的。这样，到 2000 年，我国重工业的产值将达到 12 000 亿元以上，占工业总产值的 55% 左右。

从前后两个十年来看，由于能源交通等限制条件的逐步改善以及经济体制改革的逐步完成，我国工业的发展也将经历两个发展阶段。在整个 80 年代，预计能源的年平均增长速度大约为 2% 以上，重工业的增长速度为 6% 左右，轻工业稍快于重工业为 7%

左右。而到 90 年代，由于新建煤井大量投产，海上油田开发取得进展，能源增长速度可望达到 4%~5%，体制改革全面展开并取得成效，我国工业的发展将逐渐加快，轻工业的年平均增长速度将达到 8.5% 左右，重工业将达到 10% 左右。前十年轻工业快于重工业，后十年重工业快于轻工业。这样，轻重工业增长速度的对比关系将在 1：0.86~1：1.18 之间变化。

不论是在 80 年代轻工业稍快于重工业的时期，还是在 90 年代重工业稍快于轻工业的时期，由于具体发展条件的变化，都有可能在一些年份中出现相反的情况。也就是说，在今后二十年中，保持轻重工业的协调发展和合理结构将呈现出这样一种情况：总的趋势是重工业优先增长，具体到各个年份则是轻重工业“轮流坐庄”，而且增长速度之间的差距，以及各个年份之间的波动起伏都不会太大。

三、轻重工业结构合理化的对策

轻重工业结构的合理化和协调发展，应当分别从轻工业和重工业两个方面进行。

1. 实现轻工业生产的战略转变，确保轻工业的稳定增长

目前，我国的轻工生产面临着一个战略转变的关头：即补偿欠账的阶段已经过去，稳定增长的时期即将开始；解决有无的任务已基本完成，解决优劣好坏的任务提到面前；粗放经营已不适用，集约发展才有出路。要完成这一战略转变，确保轻工业生产的稳定增长，必须做到以下几点：

在指导思想上，要改变传统观念，把满足人民群众各种各样和千变万化的消费需求放在首位，从了解市场、深入人心、方便人民、丰富人民生活出发，打开轻工业生产的新路子。

在经营决策上，要把开发新产品、发展新行业、开拓新领域作为轻工生产的中心环节，改变轻工产品结构和生产结构，使之适应消费水平提高和消费结构的变化。

在生产管理上，要把改革生产组织、改造生产手段和发展生产技术作为改变生产结构和实现战略转变的主要手段。要改变对社会化大生产和大批量生产的片面理解，实行小批量、多品种。要加快轻工企业的设备更新和技术改造，重视轻工科技力量的培养和科研开发的建设。

2. 既要保证重工业的优先增长，又要适当控制重工业的规模和速度

首先，要确定固定资产投资的最大规模和在建工程的最大规模，严格控制，不能超过。同时，也要把在建规模压缩到合理的限度以内，以便缩短建设周期，提高投资和建设效率。

其次，尽快制定行业发展规划（包括技术改造规划），把行业规划主要是生产能力发展计划和投资实施计划结合起来，落实到每一个建设项目上，并建立严格的经济责任制。

再次，建立正确的补贴和奖励制度，保证更改资金真正用于设备更新和技术改造。

第四节　消费品工业结构

实现翻两番，达到小康水平，我国的消费品工业不仅要以较快的速度增长，而且其内部结构也必须进一步向合理的方面变化。这种变化必须与我国人民消费结构的变化相适应，与我国人民消费水平的提高及其多样化发展相适应。因此，我们必须根据今后我国人民生活消费普遍达到的水平及其在吃、穿、住、用等方面引起的变化，来设想我国消费品工业的发展规模、速度和结构。

在 20 世纪后半叶的五十年中，我国人民的消费水平大致经历三个发展阶段：如果说解放前和解放初我国人民的生活还处于半饥饿水平，那么，经过三十年的建设，我们已经基本上解决了人民的吃饭、穿衣问题，我国人民的生活基本上实现了温饱水平，今后二十年的奋斗目标是要达到比较富裕的小康水平。随着社会经济的发展和人民收入的增加，人民消费结构变化的一般趋势是：生存需要的增长将慢于享受和发展需求的增长。据此，今后我国消费品工业的发展不仅要保证人民吃饱、穿暖，而且要逐步做到吃好、穿好，不仅要保证满足人民的基本生活需要，而且要逐步满足广大人民多方面的享受和发展的需要，使人们生活得舒适、方便、丰富、多彩。随着收入的增加，在消费支出中，吃的比重将逐步降低，穿用的比重将逐步提高。我国近几年的发展也表现了这种规律性。今后的发展趋势仍将是这样。这是在合理构想我国消费品工业的生产结构时必须遵循的原则。

消费品工业包括很多行业和很多门类，这里我们只就食品工业、纺织工业、耐用消费品工业等几个主要行业和门类的发展和结构作一点分析。

一、改善结构，提高技术，发展具有中国特色的食品工业

食品工业在整个消费品工业中占有越来越重要的地位。在发达国家，食品工业是一个比较大比较发达的产业部门，美国的食品工业仅次于机械工业居第二位。我国的食品工业经过三十年的发展，已经初步形成了一个包括粮油加工、制糖、卷烟、制盐、酿造、饮料、制茶、罐头、乳品、屠宰和肉类加工、水产加工、糖果糕点、蜜饯、饲料等 24 个行业。但是，总的来说，我国的食品工业还比较落后，不仅规模小、产品数量不足，而且品种少、质量差，与社会需要不相适应，很多方面还是空白。

为了满足人民对食品日益增加的需要，保证小康水平的实现，我国的食品工业必须有一个大的发展，我国人民的食品结构也会有大的改变。

首先，要加快食品工业的发展速度，增加食品工业的加工深度，提高加工食品和高级加工食品在全部食品中的比重。从 1953—1980 年，食品工业的年平均增长速度为 6.5%，大大落后于

轻工业的增长速度。在我国人民的食品结构中，没有经过加工的初级农产品所占比重太大，加工食品比重较小；粗加工的食品比重大，精加工（深度加工或高级加工）的食品比重小。因此，今后我们要加快食品工业的发展，不断提高食品工业的加工深度。如果整个轻工业的年平均增长速度达到7.5%左右，那么，食品工业的增长速度可以达到9%~10%，到2000年，其产值将达到3180亿~3800亿元左右。这样，在我国人民的食品结构中，经过食品工业加工的部分将从现在的30%左右提高到70%以上，食品工业产值与农业提供的食品工业原料产值之比将从1981年的1.6∶1提高到2.5∶1以上。

其次，要加强食品工业的科技开发，建设具有中国特色的食品工业。今后，必须大力恢复和进一步发展我国的传统食品，加强传统食品的科技开发，使之逐步上升到工业化生产水平。与此同时，还要大力加强食品工业的产品开发，发展新的品种、新的行业和新的领域。要大力发展各种方便食品（方便面条，方便米饭等）、营养食品、保健食品、特需食品（老人、小孩等），以及各种半加工食品、冷冻食品、生产各种食品添加剂。

再次，提高食品工业的技术和装备水平，建立各种食品工业的原料基地和综合加工基地。我国食品工业落后，加工粗放，一个重要原因是，食品工业投资过少，装备太差，技术力量薄弱。因此，要争取把食品工业的投资占全部工业投资的比重从目前的2%左右提高到5%以上，使食品工业的科技力量达到今天重工业部门的平均水平，根本改善我国食品工业的装备状况。同时，要大力发展食品工业的原料生产，建立各种食品工业自己的原料基地和综合加工基地。

二、以产品开发和提高质量为中心，稳步发展纺织工业

在我国，纺织工业是仅次于机械工业的第二个大工业部门，

也是轻工业中最大的生产部门。经过三十多年的建设和发展，已经成为一个门类比较齐全、原料设备基本立足国内、生产技术达到一定水平的工业部门。

我国人民穿着要求的满足情况相对较好。现在，人民对纺织品的需求已开始从保暖、蔽体向美观、舒适的方向转变，纺织工业的服务领域也开始从基本是解决人民的穿衣问题扩大到发展各种装饰用布和工业用布。因此，纺织工业今后的发展方针应当是：在保证一定数量增长的同时，主要应当抓产品开发和领域开发，抓提高质量和发展品种。根据今后二十年消费水平和消费结构的变化，预计纺织工业以年平均 5%~6% 的速度稳定增长，就能保证人民对纺织品的消费需求。这样，到 2000 年，我国纺织工业生产的棉纱可达 800 万吨左右，棉布可达 300 多亿平方米，其产值可达到 1950 亿 ~2350 亿元左右，占轻工业产值的 19.5%~23.5%。

要保证纺织工业在提高质量和扩大品种基础之上的稳定增长，必须注意纺织工业原料及其内部结构的合理化。

目前，在我国的纺织工业中，天然纤维仍占很大比重，化纤用量较少。1980 年，天然纤维占纺织工业原料总量的 79.5%，其中棉花占 76.7%。化纤只有 71.3 万吨（包括进口），占 20.5%，同世界平均水平相差甚远。根据我国人口多、耕地少的实际状况，今后棉田面积不可能大量增加。棉花单产 1980 年已达 73 斤，虽可进一步提高，但终究有一定限度，特别是由于化学纤维所具有的优点，其生产的经济效果也较天然纤维高得多。因此，我国纺织工业也必须走大力发展化学纤维的路子。如果说在 20 世纪内我国人民的食品结构方面还不可能实现由粮食为主到肉食为主的转变，那么，在人们的穿着方面，逐步实现从天然纤维为主到人造纤维为主的转变则是完全可能的。根据这种想法，我们应当实行天然纤维和化学纤维并重，大力发展化纤的方针。在今后的二十年中，棉花的平均增长速度预计约为 3%，毛、麻、丝的增长速度会大大高于棉花的速度，但由于它们的比重较小，天然纤维的增长速度也超不过 4%，而化纤的增长速度估计可以达到 7% 以上。这样，到 2000 年，在纺织工业产值达到 2000 亿元左右的情况下，化学纤维的总产量有可能达到 300 万吨左右，占纺织纤维总量的 40% 左右。那时，我国纺织工业的生产结构和人民的衣着结构将会发生一个根本的变化。

三、区别情况，积极而又稳步地发展耐用消费品生产

耐用消费品不仅使用的时间较长，而且价格也较贵。因此，发展耐用消费品生产，一要考虑人民的购买力水平，二要考虑使用的条件，三要考虑产品生产本身的技术水平。目前，我国人民的购买力水平还不高，使用耐用消费品的条件还不完全具备，如住房不足，设施不全，再加上一些耐用消费品本身的生产技术不过关，质量不高，性能不够稳定，价格偏高，影响着耐用消费品生产的发展。同时，由于耐用消费品种类繁多，各种产品的产销和供求状况又各不相同，因此发展规模和结构的预测和设想必须区别对待。仅以自行车和电视机为例略作分析和说明。

以自行车为代表的老三大件，在我国城市现已基本普及，在农村也有较大的拥有量。1980 年底，全国拥有自行车 9617 万辆，平均每百人拥有 9.7 辆，城镇每百人 27.9 辆，每户平均 1.17 辆；农村每百人 5.6 辆，每户平均 0.25 辆。据有关方面调查预测，城镇的最大需要量是每户平均 2 辆，农村（北京郊区）的最大需要量是每户平均 1.25 辆。到 2000 年，预计全国 12 亿人口中，城镇人口约为 2.4 亿（占总人口的 20%），6800 万户左右，需自行车 13 600 万辆；农村人口 9.6 亿，约 20 400 万户，需自行车 25 500 万辆；全国总需量为 39 100 万辆左右，加上出口和更新需要的数量，国家计划定点的 57 个自行车厂的生产能力完全可以保证满足全部需求并有余。没有列入国家计划的 100 多个厂点上千万辆

的生产能力完全是多余的，应当及早停产转产。

与自行车不同，电视机在我国的普及率还很低。1980年，全国电视机的社会拥有量大约750万台，综合普及率3.8%，合26.5户一台，其中城市普及率为26.3%，合3.8户一台。预计今后电视机的增长速度将很快。如果10年内使城市的普及率达到60%~70%，全国的综合普及率达到25%~30%，那么到1990年，全国电视机的拥有量将达到6000万~8000万部，每年平均增加600万~800万部。1980年，全国有66个电视机厂，职工7.4万人，固定资产5.1亿元，产值14.6亿元，当年生产电视机共245万部。根据现有厂和在建厂的生产能力，达到这样的数量问题不大，问题在于建设不配套，发展不平衡，整机总装能力超过了元器件的配套能力，原材料的生产跟不上元器件的生产，附属设施和测试手段不足，产品的稳定性和可靠性差，生产批量小，劳动生产率低，产品成本高。因此，今后发展的关键，不在于建设新厂，而在于整顿和改造旧厂，提高原材料和元器件的生产水平和配套能力，提高产品质量和降低生产成本。

第五节　能源结构

在实现经济发展战略目标中，能源的生产和消费及其结构的合理化，占有极其重要的地位。我们能否顺利地完成调整任务并实现经济振兴，在很大程度上取决于能源的生产和使用状况，我国经济发展的规模、速度、比例和效果也同能源生产和消费结构的合理化密切相关。

合理设想我国能源结构包括两个方面的内容：一是能源的生产和消费同工业生产以及整个国民经济发展之间的关系；二是能源生产和消费内部结构的变化。二者之间既互相区别，又有着密切的内在联系。

一、能源消费和经济增长的关系

考察能源消费同经济增长之间的关系，通常使用的综合指标是能源消费弹性系数，也可以通过单位社会产品的能源消耗量来考察。能源消费弹性系数 K= 年平均能源消费增长率 / 年平均国民经济增长率。影响能源消费弹性系数变化的因素主要有：①国民经济结构的变动；②技术进步的性质和状况；③经济管理水平；④以技术和管理为基础的能源使用效率的变化。

综合考察经济发达国家能源消费系数的变化，我们可以看出这样一个规律性：在工业化的初期阶段，由于技术进步处于手工劳动机械化的前期阶段，大量消费能源的重工业部门优先增长，能源消费的增长速度快于经济的增长速度，能源消费弹性系数大于 1，单位社会产品的能耗量上升。当手工劳动机械化达到一定程度，重工业的发展有了一定的规模和基础，其优先增长的趋势明显减弱，经济管理的水平和能源使用的效率逐步提高以后，能源消费的增长速度逐渐减慢，经济增长速度快于能源消费增长速度，能源消费弹性系数小于 1，单位社会产品能耗量趋于下降。

三十多年来，我国的能源消费弹性系数的变化趋势还基本上处在上述变化的第一个阶段，即处于大于 1 的阶段，而从 1979 年开始经济调整以后，才出现了下降的趋势。

应当指出，最近几年来我国能源消费弹性系数比较低的原因，一是由于经济结构的调整，二是由于过去能源浪费太大，能源管理工作稍有改进，就显示出明显的效果。今后，我国的能源消费系数肯定会比现在有所提高，但是，由于我国工业已经有了一定的基础，虽然今后重工业还要保持优先增长的趋势，但优先的程度不可能很大，其内部结构也会向着省能化的方向发展，消耗能源较少的轻工业则要大力发展。特别是由于我国技术落后，设备陈旧，能源利用效率低，节能潜力还很大。因此，随着技术改造的加快进行和全面能源管理的加强，节能工作将取得更大的

成效，预计到20世纪末，我国的能源消费弹性系数有可能保持在0.5左右，单位产值能耗有可能达到4万~4.5万吨/亿元，即达到今天天津、江苏、浙江的水平。按此计算，今后我国能源的消费量将以年平均3.6%的速度增长，到20世纪末达到12亿吨标准煤。

从人均能源消费量来看，各个发达国家的人均能源消费量是不断增加的，只是到1973年能源危机以后，才开始出现下降的趋势（苏联在此之后人均能耗水平还在继续提高），而且人均能源消费水平都比我国高得多。全世界平均，1973年为2065公斤/人，1980年为1947公斤/人，美国分别为11 742公斤/人和10 410公斤/人，日本分别为3936公斤/人和2494公斤/人，联邦德国分别为5885公斤/人和5727公斤/人，而我国分别为441公斤/人和613公斤/人，相当于世界平均水平的1/4左右。如果到20世纪末把我国的人均能耗消费水平提高到1000公斤，即提高60%左右，我国的能源消费总量将达到12亿吨标准煤。

根据预测，到20世纪末，我国能源的生产量达到12亿吨标准煤是比较有把握的，即用能源生产翻一番来保证工农业总产值翻两番，也就是说，解决实现既定发展目标的能源问题，必须一半靠增产新能源，一半靠节约能源。

如果说整个一次能源消费弹性系数随着技术的进步和经济结构的变化，出现了一种从上升到下降的变化趋势，那么，整个国民经济和工业生产的电力消费弹性系数，则基本上处于一种上升的趋势，即大于1。也就是说，电力生产的增长速度快于整个工业的增长速度，至少应当保持相同的速度。

二、能源的生产和消费结构及其对策

要完成实现既定经济发展目标的能源生产和节能任务，需要采取很多重大对策，其中关键的一条就是要有一个正确的能源结构对策，建立一个合理的能源生产和消费结构。

能源生产结构是指一定时期内各种一次性能源（如煤炭、石油、天然气、水电、核电及各种新型能源）的生产量及其比例关系，用以说明能源生产的类型和状况。能源生产结构主要取决于：①能源资源情况；②能源开发政策；③能源生产开发的技术装备和能力。能源消费结构是指整个社会和各个部门、地区、方面对各种能源的消费量及其比例关系。能源消费结构取决于能源生产结构，也同产业结构、技术政策和装备政策、能源转换和使用效率密切相关。

1. 坚持以煤炭为主的能源生产和消费结构

今后我国的能源结构对策必须坚定不移地走以煤炭为主的路子，这是解决我国能源问题最牢靠、最稳妥、最现实的办法。因为：①我国有丰富的煤炭资源；②我国的煤炭工业已经有了相当的基础和比较雄厚的建设力量；③煤炭在我国能源生产中占有很大的比重。今后，只要坚持统配煤矿、地方煤矿、社队煤矿同时开发，大中小矿协调发展，南煤北煤一齐发展，国家、集体共同投资的方针，那么使我国煤炭产量以年平均 3.4% 的速度增长，实现二十年翻一番，到 2000 年达到 12 亿吨是完全有可能的。

坚持以煤为主的能源生产和消费结构，必须大力发展煤炭的转化加工和综合利用。否则，能源结构的合理化是难以实现的。过去二十多年中，由于放松了煤炭的转化加工和综合利用，我国煤炭产量的 84% 直接用于燃烧，热效率低，浪费大，污染严重；煤的气化、液化没有发展，煤炭化工也只限于少量传统的炼焦化工和电石化工。再加上煤炭的分散使用，入洗原煤又只占 18.9%，造成了巨大的运输负担。如果把煤炭进行转化加工，变成气体燃料和原料、液体燃料和化工产品，不仅可以大大提高热效率和经济效益，而且可以解决污染和运输问题。在这方面，目前国外已经有了成熟的技术。只要我们下定决心，把煤炭的转化加工和综合利用摆在重要地位，制定正确的技术政策和装备政策，选准主攻方向和发展重点，把技术引进和组织攻关结合起来，就可以使我国煤炭的转化加工和综合利用工作有一个大的发展。这不仅可以为我国煤炭和整个能源的生产打开一个新的局面，而且对于整个产业结构和产品结构的合理化也具有重要的意义。

2. 确定优先发展水电的方针，提高水电在电力和一次能源中的比重

我国的水电相对落后，与我国水能资源丰富的状况很不相称。相反，火电的比重很大，占发电总装机的69.2%，占发电量的80.6%，年消耗煤炭1.2亿多吨，占全部煤炭消费量的20.3%。如果水火电的比例不变，那么，到2000年要使发电量达到13 600亿度左右，就需要消耗煤炭5亿吨左右，占全部煤炭产量的42%左右。这无论从煤炭运输还是能源平衡方面来看都是不可能的。因此，今后在能源开发以煤炭为主的同时，电力建设应当确立优先开发水电的方针，不断提高水电在电力生产中的比重。过去，阻碍水电开发的一个重要原因就是所谓水电与火电相比建设周期长，所需投资多，投资效果差。其实，如果不是孤立地直接地比较水电和火电，而是把相邻部门的发展考虑在内，综合考察水电和火电的投资和效益（包括相关投资和相关效益），那么水电的投资效果并不低于火电。只要我们不是把自己的眼光仅仅盯住几个特大的工程，而是把主攻方向放在较易开发的大中型水电站上，就可以使我们的水电产量有一个较大的发展。预计到20世纪末，如果水电装机和水力发电量分别按8%和9%的速度增加，那么，到2000年，我国的水电装机可以达到9500万千瓦左右（约占可开发储量的1/4，占理论藏量的1/7），水力发电量可达3200亿度，分别占全部发电装机和发电量的32%和23%左右。这是有可能做到的。

3. 把开发新型能源放在重要地位，积极发展热核电站

新型能源包括的范围很广，诸如太阳能、地热能、潮汐能、风能、生物能（沼气就是由生物能转变而来的二次能源）、核能

等。在这方面，我国不仅有着丰富的资源，而且在利用太阳能、地热能、生物能等方面也取得了一定的成绩。如农业上利用的地热能相当于300多万吨标准煤。今后只要充分重视，积极开发，合理利用，新型能源将会在我国能源生产中占据一个重要地位。

核能是重要的能源资源，缺能国家发展核电是一个趋势。根据外国的资料，几乎所有拥有核电站的国家，核电成本都比火电便宜30%~50%，最大的低70%。因此，核电在缺能地区，即使在能源充足的国家也具有相当大的竞争力。我国核燃料资源相当丰富，是一个潜在的富铀国家，现已探明可以提供的铀资源，只要很好地加以利用，可相当于几十亿吨标准煤。因此，在我国一些缺能的省区发展核电，具有重要的战略意义。今后，我国的核电要大起步，快发展。所谓大起步，就是不要从30万千瓦、60万千瓦的小型堆搞起，而是要充分利用国外成熟的技术，从百万千瓦级的大型堆搞起，而且起步阶段就要引进，并相应组织力量搞联合设计、合作生产。这样从现在的广东核电站开始到2000年，在华南、华东、东北几个地方就可建成1000多万千瓦的核电装机能力，可发电250亿度以上。

根据以上分析，到2000年，我国一次能源和电力工业的生产结构大致如表3-1、表3-2所示（其他新型能源暂未列入）。

表3-1

项目	年份	煤炭	石油	天然气	水电	核电
生产量	1980	62 015	10 565	142	582	0
	2000	120 000	15 000	150	3200	250
折标准煤	1980	44 285	15 139	1898	2404	0
	2000	85 700	21 500	1996	13 440	1050
比重	1980	69.4	23.8	3.0	3.8	0
	2000	69.3	17.4	1.6	10.9	0.8

表 3–2　2000 年我国电力工业生产结构

	装机（万千瓦）		发电量（亿度）		比重	
	1980 年	2000 年	1980 年	2000 年	1980 年	2000 年
火电	4555	19 000	2424	10 150	80.6	74.6
水电	2032	9500	582	3200	19.4	23.5
核电	0	1000	0	250	0	1.9

三、关于农村能源问题

在我国能源的生产和消费以及整个国民经济的发展中，农村能源问题是一个十分重要的问题。这不仅是由于农业是国民经济的基础，农村居民占我国人口的绝大多数，而且是因为目前我国农村能源短缺情况十分严重。据估计，全国农村以维持最低限度温饱计，缺能源三分之一左右，近一半农户缺烧 3~4 个月，40% 以上的生产队没有用上电。目前农村能源消费量约占全国能源消费总量的 30% 以上，而 1978 年分配给农村的生产用煤只有 1000 万吨，占全部煤炭消费量的 2%，农业用电 1980 年只占全部用电量的 12%，农村生活用燃料基本上是秸秆、柴草和牲畜粪便等。这样，秸秆不能还田，树木难于成林，降低了地力，造成了水土流失，破坏了生态平衡，直接影响到农业生产和危及人们的生存，也是我国农业生产和农村生活长期落后的原因之一。因此，改变农村能源严重缺乏的状况，阻止生态恶化，保护自然资源和人们的生活环境，使我国农业生产转上良性循环的轨道，是我国农业以及整个国民经济发展战略的重要内容，也是能源结构对策的重要方面。

解决农村能源的途径很多，主要是大力发展薪炭林，就地开发各种分散的矿物燃料资源，大力发展沼气和小水电。我国有可供开发利用的小水电资源 7000 万千瓦，1982 年底拥有装机容量

800 万千瓦，占 11.4%，我国的小水电技术已有较高水平，只要政策对头，就会以较快的速度发展。目前，福建、四川等地农村已经出现了办小水电的热潮，到 20 世纪末，开发利用 50% 以上是有可能的。

第六节 机械电子工业结构

要实现经济发展战略目标，必须逐步把我国的整个国民经济转到现代技术基础之上。这同机械工业和电子工业本身的现代化及其生产结构的合理化有着密切的联系。

一、机械工业必须超前发展

根据世界各国特别是经济发达国家的经验，机械工业的超前发展是全部工业和整个国民经济现代化的一个客观趋势。这是由机械工业在整个国民经济中的地位和作用决定的，同时，也同机械工业本身的生产技术特点密切相关。

首先，机械工业是整个国民经济的装备部，是生产劳动手段的主要部门，担负着对整个国民经济实行技术改造的重任，从而决定了机械工业必须超前发展。

其次，从机械工业本身的生产技术特点来看，任何一个比较复杂的机器设备的生产都有一个制造周期，从研究试制到批量生产，从引进技术、组织攻关到最后制成，大型的一般需要十年左右，中型的也需要四五年，这就需要提前安排，及早发展。

机械工业的超前发展表现在机械工业的增长速度快于全部工业和整个国民经济的增长速度上。尽管各个国家不同时期的具体情况差别很大，但从一个较长时期来看，都清楚地表现了这样的规律性。

今后，要实现工农业总产值翻两番和达到小康生活水平，我国的机械工业还必须遵循超前发展的规律，有一个较快的增长。

这是因为：

第一，我国将面临一个设备更新和技术改造的高潮。一方面，要加强重点建设和发展新兴工业部门，另一方面，要对现有几十万个企业分期分批地进行设备更新和技术改造。这就要求机械工业为之提供大量的技术设备。第二，为了对其他部门进行技术改造，机械工业的技术改造必须先走一步。目前，我国机械工业的技术水平还比较低。要提高我国机械工业的水平，使机械工业产品的质量不但要达到国家水平，而且要达到国际通用标准；使机械电子产品的品种不仅要有各种中小型的单机和设备，而且要突破和发展一大批重大的成套设备。要做到这一切，就需要机械工业的超前发展。第三，机械工业的超前发展不仅是我国工业现代化的必然要求，也同生活现代化密切相关。随着生产的发展和生活水平的提高，我国人民生活消费将转向多方面的发展，机械工业不仅要提供大量生产设备，而且要生产越来越多的生活用机械产品。

根据国内外的历史经验和我国经济发展的实际情况，预计今后二十年中，我国机械工业增长速度同全部工业增长速度的比例将为 1.1∶1 左右，与工农业总产值增长速度之比将为 1.2∶1 左右，也就是说，机械工业的年平均增长速度将为 8.5% 左右。按此计算，到 2000 年，我国机械工业的产值将达到 5700 亿元左右，比 1980 年增长 4 倍。

二、高速度发展电子工业

电子工业是一个新兴的产业，在社会生产和经济生活的现代化发展中，具有重要的地位和作用。电子产品有着非常广泛的服务领域，在生产自动化、管理现代化以及信息和生活消费的现代化方面得到了广泛的应用。如果说汽车、钢铁、造船等传统工业部门在一些发达国家出现衰落情况，那么，电子工业等新兴工业部门却呈现迅速扩大之势。据美国有人估计，电子工业将从目前世界第十大工业，到1990年上升为第四大工业，到20世纪末将上升为仅次于能源的第二大工业。

二十多年来，我国电子工业的发展也是比较迅速的。但与经济发达国家比较，我国电子工业规模小，技术水平低，大体相当于美国50年代和日本60年代的水平。由于电子工业有着明显的优势和非常广泛的服务领域，今后，随着技术的进步和生产自动化的发展，随着生活消费的提高，电子工业的发展将是相当迅速的。如果说到2000年工农业总产值翻两番，工业总产值增长3.5倍以上，机械工业增长4倍左右，那么电子工业产值有可能增长到10倍，达到1100亿元左右。这样，电子工业占工业总产值的比重就会提高到5%左右，占工农业总产值的比重就会提高到3.9%左右。也就是说，到20世纪末，我国电子工业无论就生产规模和生产水平，还是就技术水平，就可达到并超过美国日本等发达国家今天的水平。

三、机械电子工业内部结构的合理化

机械电子工业内部结构的合理化是确保机械电子工业迅速发展的重要条件，也是实现既定经济发展目标的产业结构对策的重要内容。

由于机械电子产品不仅是由许多（多者达到数万件）单个的零部件、元器件组装而成的，而且其品种规格繁多，结构性能各异，因而其生产的内部结构可以按照不同的标志分类，形成不同的结构类型。其中主要有产品用途结构、产品品质结构、生产部门（或行业）结构、生产基础和装配结构、生产活动领域结构、产品进出口结构等。这里，我们只就几个主要的方面做些分析。

1. 大力发展生活用机械电子产品，改善产品用途结构

机械电子产品在我国人民生活消费中的应用总的来说还刚刚开始，远远没有普及，因而有着生活用机械电子产品的广阔的国内市场。随着小康水平的实现，生活用机械电子产品将逐渐在我国城乡中得到普及，因而其生产的增长有可能保持比较高的速度，到2000年，如果设想生活用机械电子产品占机械电子工业产值的18%左右，那么，其产值就有可能达到1200亿元左右，年平均增长速度为10%左右。

2. 调整生产用机械电子产品用于新建和更新改造的比例，改善其服务方向结构

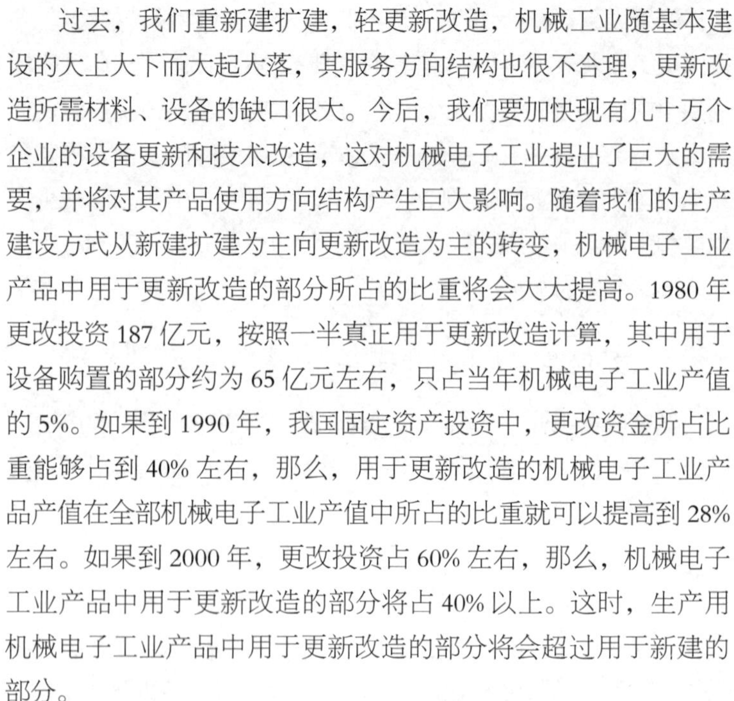

过去，我们重新建扩建，轻更新改造，机械工业随基本建设的大上大下而大起大落，其服务方向结构也很不合理，更新改造所需材料、设备的缺口很大。今后，我们要加快现有几十万个企业的设备更新和技术改造，这对机械电子工业提出了巨大的需要，并将对其产品使用方向结构产生巨大影响。随着我们的生产建设方式从新建扩建为主向更新改造为主的转变，机械电子工业产品中用于更新改造的部分所占的比重将会大大提高。1980年更改投资187亿元，按照一半真正用于更新改造计算，其中用于设备购置的部分约为65亿元左右，只占当年机械电子工业产值的5%。如果到1990年，我国固定资产投资中，更改资金所占比重能够占到40%左右，那么，用于更新改造的机械电子工业产品产值在全部机械电子工业产值中所占的比重就可以提高到28%左右。如果到2000年，更改投资占60%左右，那么，机械电子工业产品中用于更新改造的部分将占40%以上。这时，生产用机械电子工业产品中用于更新改造的部分将会超过用于新建的部分。

目前，有一种观点阻碍着这结构调整工作的开展，即认为我国技术水平太低，落后陈旧设备可以“逐级下放”和修旧利废。大企业用完给小企业，小企业用完再给社队企业，一修再修，或者只要仓库中有旧机器，新机器就存起来，先用旧机器。这些都是阻碍技术进步的办法，不仅降低了整个社会生产的技术水平，也阻碍了机械电子工业的发展。

3. 大力进行技术开发，不断完善机械电子产品的品质结构

我国机械电子工业的品种、性能、质量结构是比较落后的，这反映了我国机械电子工业的技术水平还比较低。今后，要改善机械电子工业结构，必须把主要精力放在机械电子工业的产品开发和技术开发上，放在改善机械电子产品的品种、性能、质量、结构上。要降低金属切削机床的比重，提高锻压设备的比重；要减少通用车床的数量，提高专用镗、磨、钻床的比重；要降低普通机床的比重，提高大型、精密、高效机床以及组合机床、数控机床的比重。预计到 2000 年，在我国的设备拥有量中，把锻压设备的比重提高到 40% 左右，把普通车床的比重降低到 25% 左右，把大型、精密、高效机床提高到 10% 以上，把数控机床提高到 3%~5%。这样，就可以使我国机械工业的技术水平普遍提高到发达国家 80 年代的水平。

与机械电子工业的产品品质结构密切相关的是它的基础和整机结构。没有高质量的基础件、基础材料和基础工艺，就不会有好的整机。没有高水平的配套能力和组装技术，再好的基础件也无法发挥作用。同样，没有先进的测试手段，也生产不出高质量的机械电子产品。在这方面，我国目前的水平都比较落后。今后，要大力发展我国的机械电子工业，提高其技术水平，必须抓好基础零部件、元器件、基础材料和基础工艺的生产，不断提高标准化、通用化、系列化水平，提高配套能力和组装技术，重视检测手段的现代化。

4. 扩大机械电子工业的服务领域

过去，我国机械电子工业的服务领域很小，阻碍了机械电子工业的发展及其水平的提高。其实，生产出一件机械电子产品，必须跟上各种服务，如咨询服务、销售服务、成套服务、修理服务等。做好了这些方面的服务工作，就能为机械电子工业的生产开辟出广阔的市场和新的活动领域。这是改善机械电子工业结构的重要方面。

5. 迅速而又合理地发展农业机械，改善机械工业的部门结构

目前，我国农业基本上还是手工劳动，农业机械化的任务还很繁重。今后要加快农业发展，提高农业的机械装备和改善农业的生产条件还是一个重要途径，因此，农机工业仍然有着广泛的发展前途，特别是党的农村政策进一步落实和放宽以后，农业生产有了迅速的发展，农村开始由穷变富，农民收入增加了，对购买农业机械有着强烈的愿望和浓厚的兴趣，出现了争购汽车、拖拉机和其他农机具的现象。只要我们农机生产结构和技术水平能够不断适应农业生产的要求，农机工业就会继续大发展，去年手扶拖拉机大幅度增长就是一个证明。预计今后农机工业的增长速度会快于整个机械工业的增长速度，有可能翻两番以上。这样，到 2000 年，农机工业产值可以达到 600 亿元左右，占机械工业产值的 10% 以上。

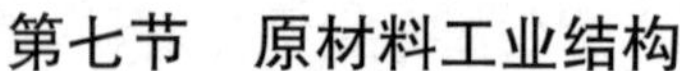

第七节　原材料工业结构

原材料工业包括各种矿物的开采，各种燃料、金属材料和非金属材料的生产，涉及煤炭、石油、冶金、建材、化工等很多行业，是提供劳动对象的主要部门，在全部工业以及整个国民经济的发展中有重要的地位和作用。原材料的分布、质量和性能，直接影响到工业的布局、产品的质量和工艺技术的提高，其规模和速度决定着加工工业的规模和速度。因此，原材料工业的结构是否合理，对于整个经济的发展以及产业结构的合理化有着重大影响。

三十多年来，我国的工业结构发生了很大的变化。但是，由于对原材料工业的发展注意不够，再加上原材料的发展本身也比较困难，造成了我们今天原材料工业的落后局面。一方面，加工工业发展过快，超过了原材料供应的可能，造成比例失调，设备利用率很低，很多企业停工待料；另一方面，工业原材料品种不全、质量不高、结构不合理，无法满足生产发展的需要，影响了整个工业和国民经济的发展，为我们实现既定的经济发展目标带来了很大的困难。按现有的生产基础、技术水平和其他条件来看，要实现翻两番，我们的很多重要原材料都有很大的缺口。因此，大力发展原材料工业，不断改善原材料工业结构是我们面临的一项重要任务。

一、坚持先采掘后加工的方针，加快采掘工业的发展，适当控制加工工业的规模，建立采掘工业和加工工业的合理比例和结构

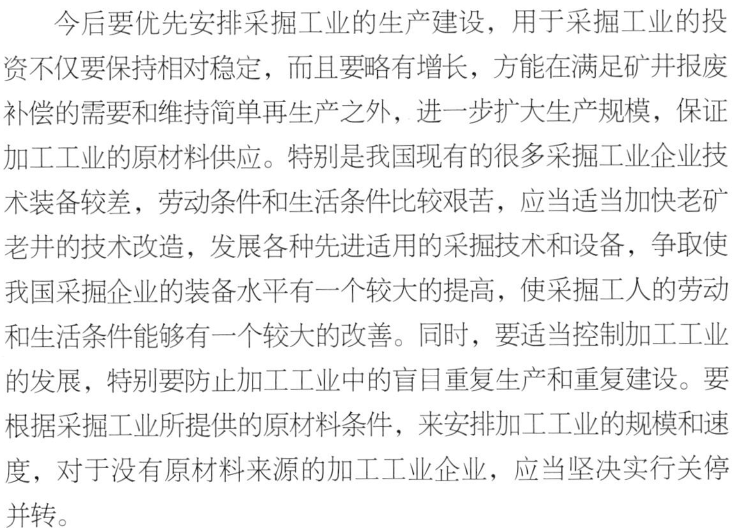

今后要优先安排采掘工业的生产建设，用于采掘工业的投资不仅要保持相对稳定，而且要略有增长，方能在满足矿井报废补偿的需要和维持简单再生产之外，进一步扩大生产规模，保证加工工业的原材料供应。特别是我国现有的很多采掘工业企业技术装备较差，劳动条件和生活条件比较艰苦，应当适当加快老矿老井的技术改造，发展各种先进适用的采掘技术和设备，争取使我国采掘企业的装备水平有一个较大的提高，使采掘工人的劳动和生活条件能够有一个较大的改善。同时，要适当控制加工工业的发展，特别要防止加工工业中的盲目重复生产和重复建设。要根据采掘工业所提供的原材料条件，来安排加工工业的规模和速度，对于没有原材料来源的加工工业企业，应当坚决实行关停并转。

二、充分而合理地使用原材料，扩大加工深度，提高原材料的利用效率

我国原材料工业以及整个产业结构不够合理的重要原因和重要表现之一就是原材料的使用不够充分，加工深度浅，损失浪费大，因此必须合理利用原材料。

首先要根据各种原材料的构造和性质，大力开展各种物质资

源的综合开发和综合利用，进行深度加工。这不仅会大大提高社会生产的经济效果，而且会扩大原材料的来源和范围，开辟新的生产领域和发展新的工业部门。如果现有1亿吨原油都能做到深度加工和综合利用，首先加工成气、煤、柴油等各种油品，然后再加工成各种化工化纤原料，进而生产成衣、食、住、用、行等各个方面的成品，就可以为国家增加100多亿元的收入。因此，今后要集中必要的科研力量，花费一定的投资，务求在技术上能够有新的突破，把我国各种原材料包括共生矿的综合利用技术和规模提高到一个新的水平。

其次，要广泛开展各种原材料的节约代用和废物利用。在各种原材料中，有很多具有相同的使用价值或经济效用，因而可以互相代替，如煤、油、电（水电、火电、核电）钢材、竹木、塑料等。由于各种资源的稀缺程度和生产条件不同，解决好各种原材料的互相代替问题，发挥某些资源的优势，弥补某些原材料的不足，这是调整原材料工业结构的重要方法。根据自然界物质循环和物质转化的规律，对工业上的各种废渣、废水、废气、废液，采取不同的方法加以净化、处理、回收和加工，可以变废为宝，为社会创造大量物质财富，也是解决原材料不足和保护生态环境的重要方法。

三、继续发展传统材料，大力开发新型材料

我国原材料工业相对落后，结构不够合理，不仅表现为原材料数量不足，而且表现为品种少、质量差，许多新型材料尚未开发，有的至今还是空白。以钢材为例，低合金钢、合金钢数量的多少和质量的高低是一个国家经济实力和科技水平的重要标志之一。我国1980年生产的2700多万吨钢材中，普碳钢占绝大多数，低合金钢、合金钢只有480万吨，占17.8%，而且质量不高，无法满足生产建设的需要，不得不花费大量外汇进口钢材。从1953—1981年，共进口钢材7000多万吨，花费的资金几乎等

于我国钢铁工业的全部投资。因此，根据国民经济发展的需要，积极采用炉外精炼、喷射冶金、连铸连轧、连续热处理等先进工艺，以工艺技术开发带动产品开发和质量提高，发展车辆耐大气腐蚀钢、海上钻采平台用钢、不锈钢、轴承钢、高速钢、工具钢等。根据有关部门的安排，到 1985 年我国低合金钢、合金钢的产量将达到 700 万吨左右，1990 年超过 1200 万吨，到 20 世纪末有一个更大的发展。这对于把国民经济转到新的技术基础之上，对于解决金属材料供求矛盾和改变大量进口钢材的状况，对于金属材料以及冶金工业结构的合理化，都具有重要的意义。

目前，世界上正面临着一场材料革命。一些新型材料，如新型陶瓷、导电性高分子材料、高效率分离膜、复合材料等，不仅比传统的金属和非金属材料具有更好的物理和化学性能，而且有些还可以根据需要设计材料的性能，从而可以大量节约原材料和改善原材料的结构，这些材料的应用将会使某些产业的面貌发生根本的变革。例如，日本研制全陶质发动机，耐高温由 900℃提高到 1200℃，热效率提高 45%，节油 30%，就是一个很好的证明。要使我国原材料工业结构合理化，必须大力发展材料科学和材料技术，一方面要继续发展传统材料，另一方面要大力研制和开发新型材料，建立一系列新兴材料工业部门，争取在 20 世纪内，使我国原材料工业的面貌有一个较大的改变。

第八节　建筑业结构

建筑业是一个非常重要的产业部门，建筑业的规模和结构对整个国民经济的发展及其结构的合理化有着深远的影响，这是由建筑活动及其产品本身的特殊性质和作用及其与其他产业部门的内在联系决定的。一方面，建筑业的生产周期一般较长，一个建设项目从筹划设计、破土施工到竣工投产或交付使用，往往需要占用大量资金、物资和劳动力，而不向社会提供有用产品。不仅需要地质勘探、工程设计部门为之进行必要的前期准备工作，而且需要建材、机械、燃料动力以及交通运输、城市公用事业等部门为之提供必要的物质条件和劳务服务。因此，建筑业的发展与国民经济各部门的发展是否协调，是建筑业本身以及整个国民经济的发展是否协调，结构是否合理的重要标志。另一方面，由于建筑业提供的产品是生产用固定资产和非生产用固定资产，它们将要在生产流通和消费领域长期使用，其质量好坏对整个经济的发展和产业结构的合理化起着很大作用。

三十年来，我国的建筑业有了巨大的发展，但是长期以来，在我国的计划、统计、财务制度和人们的传统观念中，并没有把建筑业当作一个完全独立的物质生产部门，而往往把它看作一个单纯的消费部门和花钱单位，建筑产品价格也只计算成本价格，而不包括建筑企业职工为社会创造的剩余产品价值，建筑企业的利润被看作“资金空转”。从 1959 年起，国家对建筑企业实行统收统支、实报实销制度，这就否定了建筑企业也必须实行经济核算原则，用投资计划代替了建筑业本身的发展计划，建筑业本身的人财物产供销没有纳入国民经济的综合平衡之中。这一切就造成了建筑业结构的不合理状态，影响了我国建筑业的健康发展。

要实现产值翻两番和到达小康生活水平的宏伟目标，我国的建筑业面临着巨大的任务，不仅要建设一大批现代化的生产企业和生产设施，而且要建设大量生活设施。这里，仅以住宅建设为例作一些分析和预测。

长期以来，由于我们重生产建设，轻生活消费，以生产建设挤生活消费，住宅建设投资少，建设速度相当缓慢，民用建筑业的发展也很落后。住宅问题成为城镇人民生活中头等重大问题，农村居民的住房条件也很差。近几年的经济调盘，由于我们转变了经济发展的指导方针，把满足人民消费需求放到了优先的位置，住宅建设有了迅速的发展。从 1979—1981 年的三年中，住宅建设投资达到 290 多亿元，几乎等于过去 26 年的总和，竣工的住宅面积达到 22 320 万平方米，也超过了“三五”“四五”时期建设的总和。扣除拆迁的部分（按 13% 的拆迁率计算），1980 年城镇人均住房面积达到 4.5 平方米，1981 年达到 5.0 平方米。农村也有 3000 多万农户盖了新房。但是，城乡住房问题仍然十分紧张。据有关部门统计，1981 年底，全国城镇缺房户仍有 775 万户，约 3100 万人，占城镇人口的 22.4%。因此，大力发展住宅建设，解决城乡人民的住房问题，既是一项重要的任务，又是建筑业和整个产业结构合理化的重要对策。

根据我国的国情国力，到 2000 年达到小康水平，城镇居民人均住宅面积不应低于 9 平方米，即达到人均一小间的水平，比 1980 年增加一倍左右。如果到那时城镇人口占总人口的比例不变，那么到 2000 年，我国城镇还需增加住宅 9 亿多平方米。但是，由于城镇人口占总人口比例不变的假设是不能成立的，因而这样设想显然是不恰当的。过去由于我们战略指导的失误，城市化的发展进程比较缓慢，城乡人口所占比例没有多大变化。今后，随着我国经济的发展和城乡关系的变化，我国城市化的进程将会适当加快，大量城镇和中小城市将会发展起来，一部分乡村人口将会变成城镇人口，城镇人口的增长速度将会加快。如果城镇人口由于自然增长和机械变动，到 20 世纪末占人口总数的比重由 1980 年的 13.65% 提高到 20% 左右，即达到 2.4 亿人，加上拆迁的因素，需要新建的住宅面积不应少于 15 亿平方米。如果再考虑到旧房更新重建（假定 1960 年以前建成的住宅陆续更新），那么需要建设的住宅面积将超过 17 亿平方米，每年平均需要新建 8500 万平方米。与住宅建设配套的公用设施的规模也会越来越大。与此同时，随着农业生产和农村建设的发展，广大农民的居住条件也必须有一个较大的改善，其余 1.8 亿农户也都盖上新房。如果按每户盖 3 间 50 平方米计算，将需要增加 90 亿平方米。城乡总计，共需增加住宅 107 亿平方米。这是一个极其

艰巨的任务，但又是一个有希望完成的任务，这就需要我们采取正确的对策。

一、要把建筑业作为一个带头产业，摆在我国经济发展的重要位置

在各个国家经济发展的不同时期，都会出现一些重点产业部门，抓住了这些产业部门，就能带动其他产业以及整个国民经济的发展。汽车工业、石油化工、电子工业等曾经或正在成为这样的部门。这些部门所以能在各个国家经济发展的不同时期成为带头产业，有以下几个共同特征。首先，该产业一般为生产最终产品的部门或新兴工业部门，在各该国家经济发展的某个时期中，社会对该部门的产品有巨大的需要，而现有生产状况又同需要的满足之间存在着巨大的差距。其次，该产业的发展影响着和制约着其他很多产业部门的发展。再次，该产业在各该国家又具有迅速发展的技术经济条件。目前，建筑业在我国经济发展中就处于这样的地位。仍以住宅建设为例，自从三中全会以来我国城乡出现了住宅建设的高潮，这种情况预计今后不会减弱。因为住宅是人民生活的最重要的消费品之一，在我国人民消费从温饱水平向小康水平转变的过程中，住宅状况的改善将是一个重要的内容和条件。抓住建筑业，特别是住宅建设，采用工业化施工，发展预制构件和采用新型材料，首先可以带动建筑材料和建筑机械工业的发展。同时，随着居住条件的改善，将会对室内装饰、各式家具、家用电器提出大量需求和创造发展的条件，促进生活用机械电子产品和轻纺工业的发展。由于建筑业是一个劳动密集产业，大力发展建筑业，也是解决我国劳动就业问题的重要途径。

二、实行建筑产品商品化，建筑单位企业化，把住宅支出作为职工消费支出的重要组成部分

我们已经打破了生产资料不是商品的传统观念，建筑产品商

品化的问题在理论上已经得到解决，但它的实践却步履蹒跚，在生产性建设和民用建筑产品（即住宅建设）中都还没有这样办。原因之一在于我们对过去长期实行的“福利住宅”政策的弊端认识不足，甚至把它看作社会主义制度优越性的体现。其实，把住宅当作一项福利事业来办，首先违背了客观经济规律，割裂了建筑业本身完整的再生产过程。因为，任何一个产业的社会再生产过程都包括生产、流通、消费的完整过程，都必须实现价值的补偿和实物的替换。建筑业也不能例外，实行福利住宅，房租低得连维修保养都不够，建筑业的劳动消耗无法得到补偿，住宅建设成了一个填不满的无底洞和背不起的沉重包袱，这也是我国建筑业特别是住宅建设发展缓慢的根本原因。其次，由于实行福利住宅政策，1980 年职工用于住宅方面的开支仅占其生活费支出的 2.4%（国外一般占百分之二三十），养成人们的依赖心理和造成住宅分配上的不合理现象。与此同时，居民储蓄和手存现金增加较快（1982 年达 1100 多亿元），无法实现，形成对市场的巨大压力。这就打乱各种资金循环的正常渠道和实现的合理途径，应当由消费基金支出的部分挤占了生产资金，而消费基金的一部分却转用于生产投资。因此，必须改变现行福利住宅政策，逐步实行建筑产品商品化，建筑单位企业化，建筑企业要有独立进行生产经营活动的资金和手段，成为独立进行核算的经济法人，有权向银行取得贷款，有权出售自己的产品，能够以收抵支，取得盈利，不断实现扩大再生产。同时，要使住宅支出成为职工消费支出的重要组成部分，并占一定比重（比如到 2000 年占职工消费支出的 15%），使购房成为职工储蓄重要目的。与此相应，要改进现行住房分配办法和提高租金标准，建立住宅建设基金和实行住宅建设储蓄，开展分期付款业务等。这样，不仅可以减轻国家的负担，而且可以为住宅建设打下坚实的物质基础。我国的住宅建设和整个建筑业就会繁荣起来。

三、改革建筑材料结构，提高建筑生产机械化、装配化和工厂化水平

我国的建筑材料生产不仅数量少，而且结构和技术落后。目前，仍以秦砖汉瓦为主，严重地影响着我国建筑业的发展。以占建筑材料60%~70%的墙体材料为例，发达国家的黏土砖墙体的比重很小，混凝土和硅酸盐制品墙体比重较大，石膏板、石棉水泥板、铝合金板等轻壁薄板复合墙体也有很大发展。而我国的墙体结构却与此相反。黏土砖墙体日本只占3%，美国占9.3%，苏联占38.7%，我国则占91%以上（不包括农村）。混凝土和硅酸盐制品墙体联邦德国占75.1%，苏联占54.6%，美国占49.8%，日本由于资源不足，占38.5%，我国却占不到9%（不包括农村）。轻板薄壁复合墙体日本占58.5%，美国占40.9%，我国只占0.03%。就是黏土制品，国外已很少生产像我国这样小块、低标号、实心黏土砖，而是生产大块、空心、高强度黏土制品。如南斯拉夫空心黏土制品已占80%，而我国只占0.005%。由于小块实心砖尺寸太小，重量太大，质量太差，生产方法落后，耗能高，毁田土，浪费运力，1981年生产1604亿块，居世界第一，仍不能满足需要。施工也只能手工操作，效率低，劳动强度大，阻碍了施工机械化、装配化和工厂化的发展。我国有着发展各种新型建筑材料的丰富资源，仅每年排出各种工业废渣就达3亿吨，约等于1981年所用（包括城乡）墙体材料的60%。只要我们重视建筑材料工业，在这方面花费一定数量的投资，一方面改革原有建筑材料生产，另一方面加快新型建筑材料的发展，使我国的建筑材料结构从小块向大块转化，由重型向轻型转化，由高能耗向低能耗转化，由毁田向造田和利废转化。争取到1990年使黏土制品降低到80%左右，混凝土和硅酸盐制品以及薄壁轻板材料占20%左右；到2000年，使黏土制品降至60%左右，混凝土和硅酸盐制品提高到30%，薄壁轻板材料提高到10%左右。这样，我

国建筑业机械化、装配化和工厂化的水平以及劳动生产率将会有一个较大的提高，建设工期也会大大缩短。预计到 20 世纪末，建筑业职工占全部职工总数的比重以及建筑业创造的净产值在国民收入中所占的比重将会提高到 10% 以上，成为我国最大的产业之一。

第九节　基础结构

我们所讲的基础结构或基础设施（infrastructure），即物质生产的基础结构，是相对于直接生产过程来说的，指的是为直接生产过程服务和直接生产过程在流通领域中继续进行的那样一些部门，包括交通运输、邮电信息、物资仓储以及城市公用事业，如供电、供水、供气等。这些部门一般所需投资较多，建设周期较长，其产品的生产和劳务的提供往往同它们的消费同时进行，它们的产品和劳动对直接生产部门的发展起着某种先行和保证的作用，是现代社会生产的基础和前提条件。因此，基础结构与直接生产过程的比例及其内部结构的合理化，是产业结构合理化对策的重要方面；电力超前、运输先行、信息畅达、水源保证等是现代经济发展的重要条件。

长期以来，我们忽视了基础设施的发展，造成了先行落后、基础薄弱的局面。这也是我国产业结构不合理的重要表现。从 1952—1980 年，我国的工农业生产增长了 8 倍多，其中工业增长了 17.9 倍，而客货运输量只增长了 14.7 倍和 6.35 倍，邮电业务量只增长了 7.1 倍。电力供应虽然快于工业的增长，但耗电多的部门和企业发展过快，电力供应仍很紧张。供水问题由于长期没有得到相应发展，目前已很严重，1980 年全国有 223 个城市缺水。物资仓储和供销一方面积压严重，周转不灵，另一方面设施不足，损坏严重。这就给我国的经济发展带来了很大的困难。限于篇幅，这里只考察一下交通运输和邮电信息的发展问题。

一、关于交通运输

三十年来，我国的交通运输事业得到了很大的发展，对于促进国民经济的发展起了重要作用。但是，“二五”时期以来，忽视了交通运输建设及其技术改造，国家用于交通运输建设的投资相对不足，运输设施的发展赶不上经济发展的需要；交通运输内部结构不合理，各种运输方式的优势没有充分发挥出来，运输设施和装备落后，效率低。因而交通运输一直处于紧张状态，已成为国民经济发展中的薄弱环节和突出问题。

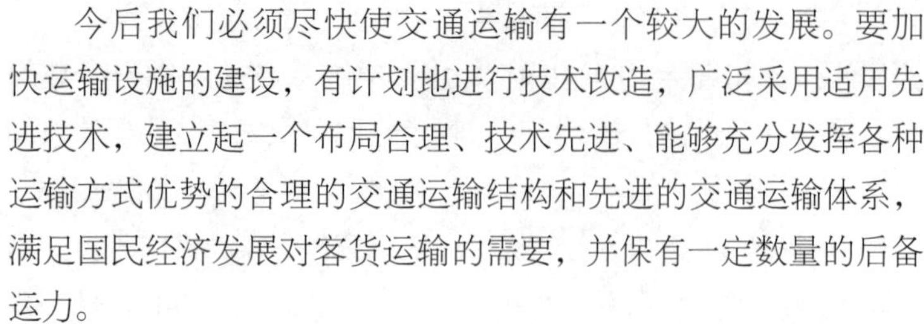

今后我们必须尽快使交通运输有一个较大的发展。要加快运输设施的建设，有计划地进行技术改造，广泛采用适用先进技术，建立起一个布局合理、技术先进、能够充分发挥各种运输方式优势的合理的交通运输结构和先进的交通运输体系，满足国民经济发展对客货运输的需要，并保有一定数量的后备运力。

为此，要正确预测实现翻两番和达到小康水平对客货运输的需要量。货运量增长和生产增长之间的对比关系，我们把它叫做货运增长系数，它在不同国家的不同时期是不一样的，但长期平均状况可以大体反映出一定的发展趋势。从1951—1970年，美国货运量年平均增长速度（2.6%）与国民生产总值年平均增长速度（3.6%）之比值为0.72，苏联为1.14（9.8%：8.6%）。我国1953—1980年，货运量增长速度（7.1%）与工农业总产值增长速度之比值为0.87。我国货运增长系数较低，并不是无货可运，而是由于运力不足，很多地方以运定产，以运限产，一些产品生产出来，运不出去，甚至霉烂损坏。今后，随着生产的发展，特别是农村商品经济的发展，各个地区之间经济交流的增加和对外贸易的扩大，预计今后我国的货运增长系数不会低于此数，若按0.9计算，到2000年货运量将达到85亿吨左右，比1980年增长2.5倍左右。至于客运，我国过去三十年中，除个别时期，其增长速度均快于货运量的增长和生产的增长。今后随着人民生活水平的提高，旅游业的发展，客运量的增长仍将呈现这种趋势。

恰当选择我国运输结构和运输体系的类型或模式，对发展交通运输也是极为重要的。目前，发达国家的货运体系和货运结构大致有二：一是日本西欧型。由于国土小，原材料和产品依赖进出口多，海运在货运中占主导地位，国内运距较短，汽车运输占较大比重。二是苏联美国型。由于国土辽阔，资源丰富，国内运输发达，苏联长途货运以铁路为主，美国铁路、内河、汽车运输都比较发达。国内客运体系除苏联外，所有发达国家的中短途客运都以汽车（小汽车）为主，长途客运主要由飞机承担。而且从近十年的趋势看，各种运输方式在竞相发展中，铁路运输已开始丧失现代化交通主要工具的地位。在国内运输中，公路运输越来越成为铁路运输的竞争者；在国际运输中，海运和航空运输都有很大的发展。我国国土辽阔，资源丰富，国内运输体系应根据我国国情和自己的特点来考虑。今后我国的长途客货运输仍将以铁路为主，同时充分发挥水运和航空运输以及其他运输方式的作用，而中短途运输则应以公路为主，形成一个以铁路为主，包括发达的水运、公路、航空、管道等运输在内的运输体系。

要完成上述运输任务和建立这样的运输体系，我们需要采取如下的结构对策。

（1）坚持铁路运输在我国国内运输结构和运输体系中的主导地位，实行扩大路网和提高技术水平相结合的方针，建设现代化的铁路运输网。

根据历史资料，从1953—1980年，我国铁路货运增长系数为0.95（7.8%：8.2%），大于全部货运增长系数。今后，考虑到水运和公路运输的发展比铁路运输为快，铁路货运增长系数将会降低，但以不低于0.7为宜，否则，难以改变交通运输的紧张状态。[1]按此计算，到2000年，铁路货运量和货物周转量将分别达到30亿吨和16 500亿吨/公里左右（平均运距按550公里计算，1980年为513公里），占全部货运量的35%左右。如果货运密度不变（1980年为1100万吨/公里），要完成这样的任务，就需要16万公里铁路，即需要新增路网长度10多万公里。这既没有必要，也没有可能。我们不能仅仅依靠增加网路长度的外延方式，还必须依靠改进技术装备水平，提高运输效率的内含方式，并把二者很好地结合起来。如果方针对头，措施有力，通过技术改造（如单线改复线、蒸汽牵引改为电力牵引，制造大型重载列车等），使铁路货运密度提高1倍，达到2200万吨/公里，那么到2000年还需增加网路长度就不是10万公里，而是2.3万公里左右。从有关的情况看，这两点都是可以做到的。

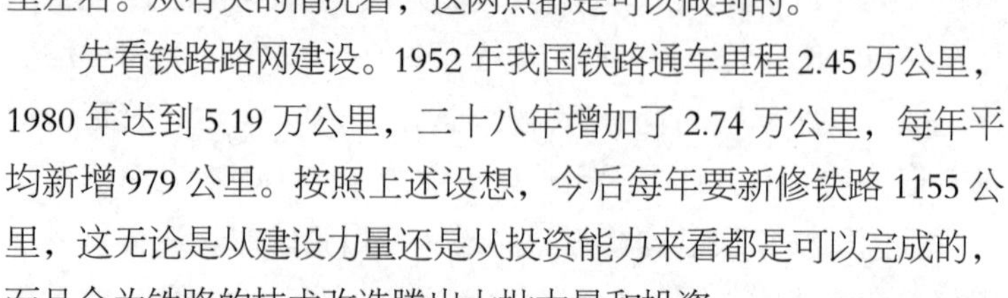

先看铁路路网建设。1952年我国铁路通车里程2.45万公里，1980年达到5.19万公里，二十八年增加了2.74万公里，每年平均新增979公里。按照上述设想，今后每年要新修铁路1155公里，这无论是从建设力量还是从投资能力来看都是可以完成的，而且会为铁路的技术改造腾出大批力量和投资。

再看技术改造。铁路技术改造包括两个方面：一是线路改造，二是牵引动力和车辆的改造。目前我国铁路线路中，复线率为16%，不到8500公里。建设复线的投资只有新线的70%左右，而运力可比单线增加2~3倍，因而花费同样投资进行旧线的复线改造，其投资效果可以提高3~4倍。我国铁路牵引动力77.8%是蒸汽机车，热效率8%，只有内燃机车和电力机车的四分之一到三分之一。预计今后通过技术改造，使我国铁路干线的80%实现复线，使复线率提高到30%左右，使已有线路的大部分实现电气化和内燃化，使大型重载列车占一定比重，就可以使我国铁路货

[1] “三五”“四五”“五五”时期，铁路货运增长系数分别为0.687，0.691，0.58，也说明交通运输的紧张状况。

运密度达到 2200 万吨 / 公里。

（2）大力发展水运，提高水运在国内运输和国际运输中的地位和比重，是我国交通运输结构对策的重要一环。

水运具有运量大、投资少、成本低、能耗少的经济优势，每千吨公里运输成本只有铁路的三分之一到三分之二。我们不仅应当充分利用水运的经济优势，而且也有发展水运的自然优势。充分利用我国的海岸和内河条件，大力发展水运事业，是我们的一项重要任务。

首先，根据有关部门的设想，要以长江、珠江、京杭运河、淮河等为重点，逐步搭起内河航运网的骨架，争取 1990 年，使内河中通航千吨级驳船的航道由现在的 6200 公里增加到 8000 公里以上。同时把沿海航运作为我国南北交通的一条大动脉。到 2000 年争取建成发达的水运网，使沿海、沿江、沿河省市和地区凡宜于水运的货物都由水运来承运，使我国水运（不包括远洋运输）在货物运输中的比重，由 1980 年的 16.10% 提高到 2000 年的 20%~23%，即达到 17 亿 ~20 亿吨。这样我国交通运输的状况将会得到根本的改观。其次要加快港口建设。如果说水运是我国交通运输的薄弱环节，那么，港口建设则是水运中的薄弱环节。今后我们要采取多种方式，多种途径，大力发展港口建设。争取到 2000 年把我国的万吨级深水泊位增加到 600 个以上，使中小泊位有一个更大的发展，同时使港口装卸仓储和疏运能力得到同步发展。除此以外，还要发挥我国造船工业的基础和能力，继续发展我国的远洋船队，提高我国远洋运输在国际海运中的地位和比重。

（3）进一步发展公路运输，使之成为中短途客货运输的主要手段。

今后，我国汽车运输也要有一个大的发展。要大力建设等级较高的沥青路面，要抓紧改进汽车车型和性能，要大力发展大型货车和大型专用客车，有重点地开始修建高速公路；同时要改善运营组织和运输体制，发展分流运输，除专用线路和特殊情况，使中短途客货运输基本上由公路承运。这是我国交通运输结构合理化的又一重要任务。

（4）解放思想，放开手脚，发展航空运输。

今后随着经济的发展，国际经济交往的扩大以及旅游事业的发展，航空运输迅速舒适的优势将会日益表现出来。我们一方面要解决机场、航行保证、地面服务设施和飞机维修等成套技术问题，把客运班机的利用率提高一倍，同时要解放思想、放开手脚，把航空运输办好，使之在长途客货运输，特别是鲜活贵重商品的运输中发挥更大的作用。

（5）充分发挥管道运输的作用，扩大管道运输的范围，提高管道运输技术效率。

管道运输在我国是从70年代发展起来的，现有管道1万公里，主要承担了一部分原油和天然气的运输任务，1980年货运量达到10 525万吨，占货运量的4.4%。但由于建设中有一定盲目性，利用率不高。在发达国家，管道运输占有重要地位。例如，美国1970年油管长度已达20万公里，货运量7亿多吨，占货运量的15.7%，原油和成品油的运输任务基本上都由管道承运，而且发展了煤和物料的管道运输等。今后，随着我国工业特别是石油工业和煤炭工业的发展，管道运输还要继续发展，不仅要发展石油天然气的管道运输，而且要解决成品油的管道运输问题，同时还要研究解决管道运煤的技术和经济问题。要适当提高管道运输在货物运输中的比重。

二、关于邮电通信

为了实现经济发展战略目标，我国的邮电通信、信息传输事业必须有一个大的发展，其技术装备和技术水平也必须有一个根本的改善和提高，争取到2000年在我国建立起一个技术比较先进、组织结构比较合理、效率比较高的包括收集、整理、储存、传输在内的发达的信息网络。为此，必须采取以下几项主要对策：

（1）充分认识信息传输在国民经济中的地位和作用及其未来的发展趋势，确立加快发展信息传输事业的指导思想。三十年来，我国邮电通信、信息传输事业发展缓慢，一个根本原因就是我们对其在现代经济发展中的地位和作用认识不足，对信息产业的出现和发展缺乏预见，甚至把它摆到了一个无足轻重、长期受挤的地位。其实，随着现代工业的发展，形成了包括物料传输、能量传输和信息传输在内的现代传输系统，成为整个社会生产和社会生产力系统的重要组成部分。交通运输解决的是各种物料和人员的空间位置转移问题，是现代经济发展的物料传输系统；供电设施等解决的是能量在空间上的传递问题，是现代经济发展的能量传输系统；邮电通信等解决的是物质生产和人民生活中各种信息在空间上的传送问题，是现代经济发展的信息传输系统。如果说从事物料传输和能量传输的交通运输、供电设施等好比人体的血液循环系统，那么从事信息传输的邮电通信等则好比人体的神经系统。在现代社会化生产条件下，没有信息，社会生产和经济生活就无法进行；信息不灵，也会陷于盲目性而招致失误和挫折。只有及时、准确地掌握和传递各个方面的信息，才能提高经济效益，在生产和经营中取胜。因此，信息传输的进步和发展，是推动社会经济发展，加快科技进步及其推广应用，促进管理方式变革的重要因素。各个经济发达国家都非常重视信息传输事业的发展，建立和发展了包括情报收集、数据处理、信息选择、加工、存储、交换和传递在内的巨大的信息产业。信息产业成为现代经济活动的重要基础。以美国为例，曾经作为其经济三大支柱的汽车、钢铁工业已经出现下降趋势，电子工业正在代替汽车工业成为 80 年代的最大工业，而且信息产业将成为最大的产业。从事信息的搜集、加工和传输的劳动者人数占全部劳动者人数的比重已从 50 年代初的 10% 左右，提高到现在的 50% 以上。也就

是说，从事服务事业的劳动者人数中约有三分之二是同信息有关的。其国民收入的 10% 以上也得益于通信信息事业的发展。虽然到 20 世纪末我国信息事业的发展还达不到今天美国的水平，但是，我们应该确立加快发展信息传输以及整个信息产业的方针，并且采取切实有效的措施，保证信息传输事业有一个不断的和迅速的发展。

（2）全面评价信息投资的经济效益，增加邮电通信和信息传输事业的投资，加快通信设施的建设。长期以来，我国信息传输事业发展缓慢，一个重要原因是投资不足，通信设施的建设大大落后于经济发展对信息传输的需要。据 41 个国家和地区的统计，电讯投资占国民生产总值的 6.5% 左右，而我国不到 1%。除了恢复时期，国家用于邮电通信的投资占全部基本建设投资的 3.5% 以外，以后逐年下降，一直徘徊在 0.8% 左右。从 1953—1980 年，国家用在邮电通信方面的投资不过 30 多亿元。投资过少，又同对投资效益缺乏正确认识有关。其实，信息通信事业的投资效果是十分显著的，它不能仅仅用通信部门的直接效益来衡量，而主要应通过提高其他部门以及整个国民经济的效益来考察。比如，加快信息传输有利于加快国民经济各部门资金和物资的周转速度，缩短周转时间，可以加快社会主义经济发展的节奏和步伐，节约劳动时间，可以加快科技成果转移传播的速度，使之迅速变成现实的生产力。因此在信息传输方面的投资的效益往往数倍数十倍于这方面的投资。根据我国的实际状况，今后应把邮电通信投资的比重逐渐提高到占整个国民经济总投资的 3% 以上，并且保证用好，充分发挥投资效益，这就可以使我国邮电通信事业的面貌有一个较大的改变。

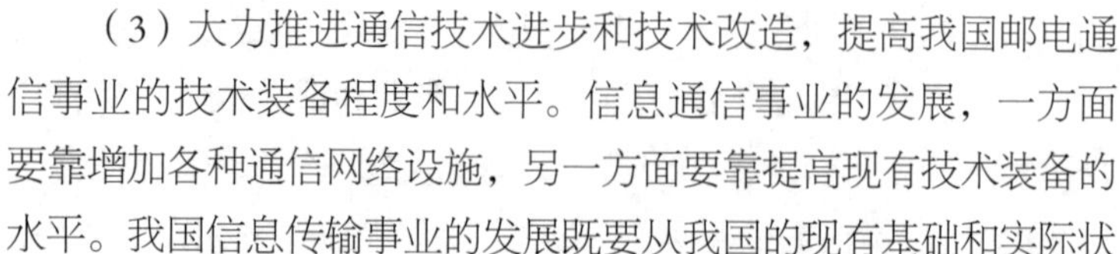

（3）大力推进通信技术进步和技术改造，提高我国邮电通信事业的技术装备程度和水平。信息通信事业的发展，一方面要靠增加各种通信网络设施，另一方面要靠提高现有技术装备的水平。我国信息传输事业的发展既要从我国的现有基础和实际状况出发，又要考虑信息技术的未来发展方向，大力采用各种适用先进技术。如在电信方面，要积极发展长途电缆通信，使之逐步代替架空明线成为主要通信手段。同时，要发展微波通信技术，推广应出 120 路和 480 路短波长光缆通信技术；要在改造提高纵横制交换机的同时，大力发展程控数字交换机，使之首先在我国信息密集的十几个大城市推广和普及，争取到 20 世纪末，使之占全部电话交换机的比重提高到 40% 左右。要采取各种措施，扩大电话装机，发展电话业务，争取到 20 世纪末，使我国的电话普及率从现在的 0.43% 提高到 2.5% 以上，使首都的电话普及率从现在的 4.2% 提高到 30% 左右。要发展数据通信技术，建立全国的数据处理中心、数据库和数据传输网络以及各种终端显示设备。

（4）改革信息通信网络的建设和管理，拟制全国信息发展的长远规划，建立全国统一的信息传输网络。作为基础设施，通信网络同电网、运输网一样，是为国民经济各部门、各方面服务的，它的建设和运行不仅需要大量的投资，而且有自己的规律和要求。在这里各自为政、各搞一套、互相干扰是不能容忍的。因此除某些必要的专用线路（如铁路指挥调度通信、军队在边防的军事通信等）的建设和管理以外，应当制定全国信息通信事业的全面发展规划，按照规划进行建设，实行统一管理，分散使用，建立全国统一的信息传输网络。这样有利于保证全路全程的信息畅通和通信手段的综合利用，提高其使用效率，有利于节省人力物力财力，使之成为全社会共同的工具，也有利于通信手段本身的完善和现代化。

（5）要把邮电通信、信息传输当作一个真正的生产企业办好。邮电通信企业应当建立健全全面严格和独立的经济核算。目前，我国邮电部门全行业亏损，这是不正常的。一方面由于邮电收费较低，一方面由于经营管理不善，服务领域和服务范围较小，服务项目较少。应当在改革邮电收费的同时，努力改善经营

管理，扩大服务范围，开辟新的服务领域，增加新的服务项目，提高服务质量。

第十节　商业服务业结构

要实现翻两番的目标，不仅需要大力发展各项生产事业，而且也需要组织好社会主义商品流通；不仅需要建立合理的生产结构，而且需要形成一个与生产发展和生活改善相适应的合理的流通结构。这是产业结构合理化的重要内容。

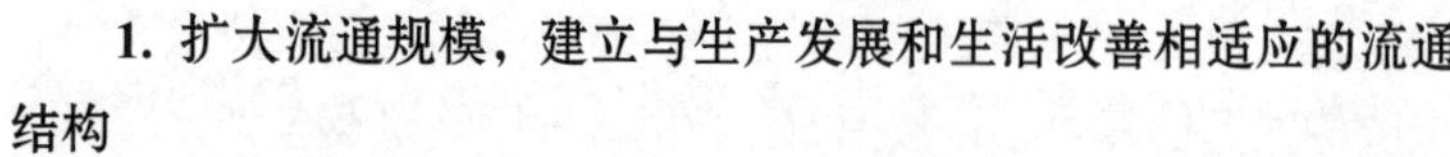

1. 扩大流通规模，建立与生产发展和生活改善相适应的流通结构

由于我们这里讨论的主要是生活资料商业，因此，建立与生产发展和生活改善相适应的流通结构，就是要使社会商品零售额的增长与农业和轻工业的增长保持大体相同的速度，同时与人民购买力的增加大体平衡。根据我们前面的分析，今后我国农业和轻工业的增长速度为年平均6.5%左右，按此计算的社会商品零售额为7300亿元左右，而根据人均收入成倍增加计算的社会商品购买力也为7300亿元左右，二者大体平衡。也就是说，到2000年，我国社会商品零售额大约增长2.5倍。与此相适应，我国商业服务业的规模也必须进一步扩大，争取使商业服务业的机构和网点从1980年的202万个增加到1000万个左右，即增加4倍。使商业服务业的从业人员从927万人增加到5000万人左右，增加4.4倍左右，从占社会劳动者人数的2.3%提高到10%以上。使商业服务业营业面积、仓库、冷库、冷藏车等设施也有一个较大的增长，基本上满足商业服务业经营活动的需要，建立起一个比较发达的布局合理的商业流通网。

2. 改善商品供求结构，改进商业经营思想，建立一个消费者占主导地位的社会主义的消费品市场

长期以来，由于商品供不应求，有的凭证凭票限量供应，有的长期脱销断档，有的来货一抢而空，再加上商业部门没有树立“以消费者为中心的市场观念”和“一切为消费者服务”的经营思想，我国的消费品市场基本上是一个由生产者占主导地位的市场。消费者对市场的发言权和影响力不大，他们对商品很少有挑选的余地，没有影响价格的能力，生产者不理睬消费者的呼声，也不根据消费者的需求组织生产。商业部门官商作风，对生产、消费都难以起到推动和指导的作用。这是我国商业服务业落后的关键所在。近几年来，由于贯彻大力发展消费品生产的方针，市场供求状况有了明显的改善，加上商业流通体制的改革，我国市场结构开始向合理化的方面转变，但离建立一个真正的消费者占主导地位的社会主义消费品市场还有很大距离。今后，我们应当在大力发展消费品生产的基础上，不断改善商品供求结构和商业经营方式，确立“以消费者为中心”的经营思想。商业服务业的经营活动，应以为消费者服务，满足消费者的需求，使人民生活得更加方便、更加舒适、更加美好为原则。要建立良好的售前、售中和售后服务，不断开拓服务领域，要经常进行市场调查，及时传递市场信息，认真研究市场（国际市场、国内城市市场和农村市场）的不同特点和变化规律，及时采取不同的市场对策。要通过自己的服务活动，一方面了解消费者的需求，迅速反馈给生产者，以指导和促进生产；另一方面，通过服务，向消费者普及商品知识，介绍产品性能和使用方法等，指导和推动消费。

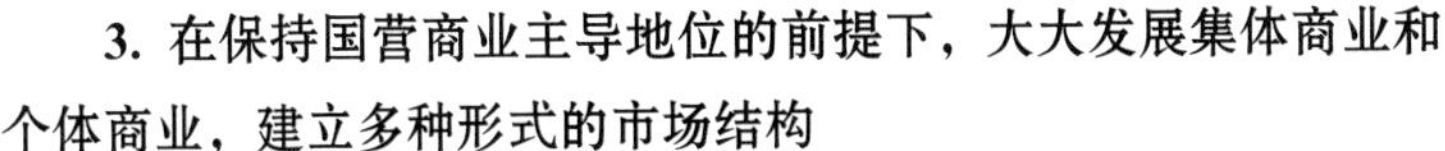

3. 在保持国营商业主导地位的前提下，大大发展集体商业和个体商业，建立多种形式的市场结构

各种经济形式的商业服务业各有其优点和缺点，各自发挥自己的作用。国营商业是商品流通的最大渠道，应当继续占据主导地位，也应当办得更好；集体商业具有网点多、服务好、经营灵活的特点；个体商业更是项目多、有特色、能够拾遗补缺。单靠国营商业也无法使网点和人员大幅度增加的，因为国营商业服务

业增加一个职工，国家要增加投资七八百元（不包括建房），要使职工增加到5000万人，就需要投资300多亿元，这是很难做到的。而依靠发展集体商业和个体商业，不需要国家投资，还可以解决数千万人就业。而且多种经济形式并存，互相竞争，对于改进经营管理，搞活流通也有积极作用。根据这种想法，预计到2000年，我国零售商业服务业的经济形式结构，按零售额计算，大体可以形成“五、三、二”的模式，即国营占50%，集体占30%，个体占20%；按从业人员计算，形成“三、四、三”的结构，即国营占30%，集体占40%，个体占30%。在城市中，国营和集体的比重可以大一些，在农村则基本上应以集体和个体经营为主。在网点规模上，应少发展大型商场和大型超级市场，多建立小型服务网点，特别要注意恢复和发展那些有经营特色的服务网点和服务项目，以便民利民。

应当指出，为了保证国营商业的主导地位，一方面，其在零售商业和服务业中的比重不宜过低；另一方面，批发商业应基本上由国营商业和供销社经营。有的同志混淆了零售商业和批发商业的界限，在大力发展集体和个体零售商业的同时，提出打破国营批发商业的垄断地位，使国营和供销社企业对工业品批发的比重占全部批发商业的60%，我们认为这是不恰当的。这会削弱国营商业的主导地位，不利于我们加强对社会主义市场的组织和管理。

4. 改革批零结构和流转方式，建立多渠道、少环节、周转快、灵活购销的商品流转结构

目前，我们按照行政区划设置批发商业，层次过多，有一、二、三级批发站，机构重叠，人为地割断了各个地区之间的经济联系，造成很多不合理现象。而经营的方式又是按照固定层次进行分配的办法，渠道少，环节多，周转慢，效率低，购非所售，造成积压，而企业又无经营自主权。这是我国商业结构不够合理的重要表现。今后，我们应当积极完成商业流通体制的改革，实现按经济区域合理组织批发商业和商品流转，减少批发层次，扩大基层批发和产销直接见面，改变按固定层次进行分配的办法，实行计划分配与灵活购销相结合，允许基层企业根据自己的经营需要灵活购销。

5. 在继续发展城市商业服务业的同时，大力开拓农村市场，建立合理的城乡市场结构

目前，我国国内市场的城乡结构也不合理。如果说我国商业服务业比较落后，那么，农村商业和服务业更加落后。我国国内市场的重点在农村。这一点，在今后将会越来越明显地表现出来。随着农村联产承包责任制的完善，专业户、重点户的发展，农业经济结构的完善，农村的商品经济必将有一个大的发展，农村商业就会出现一个新的局面和新的特点。广大农民不仅是一般日用工业品的最大消费者，也会对高档、耐用消费品提出大量需求；不仅会对各种农业生产资料提出更大更高的要求，而且也是农副产品及其加工品的消费者。由于农村商业落后，无法适应农业发展的需要，广大农民不仅存在着“买难”（购买农业生产资料和工业消费品难）的问题，而且很多农副土特产品也出现了“卖难”的问题。农村的服务业则更加落后，有的一个县才有一个照相馆，一个公社一个饭馆，广大农村几乎没有浴池。因此，大力发展农村商业服务业，开拓农村市场，既是我国商业服务业的光荣任务，也是其发展的出路所在。这是流通结构对策的重点之一。根据我们前面的设想和预测，今后，如果全部社会商品零售额以年平均 6.5% 的速度增长，那么农村社会商品零售额的增长不应低于 7%。这样到 2000 年，农产品的商品率将提高到 60% 以上，商品产值将达到 3600 亿元以上，农村的社会商品零售额将会达到 4500 亿元左右，占社会商品零售额的 60% 以上。要完成这样的任务，现有的网点设施根本无法适应。这就需要我们放宽政策，以集体和个体为主，放手发展农村的商业服务业。

6. 大力发展旅游事业，开拓新的服务领域，进一步完善我国的服务业结构

旅游业是一个新兴的服务产业，它的蓬勃发展是社会生产发展和生活提高的必然结果，反过来又能促进生产事业扩大，带动一系列商业服务事业的发展。由于它具有花费少、收入多又无污染的优点，受到很多国家的重视，成为其收入的重要来源之一。

我国有着辽阔的国土和优美秀丽的自然风景，有着灿烂的古代文化和大量的名胜古迹，有很多传统的精美手工艺品，这些都为发展旅游事业提供了良好的条件。过去我国的旅游业很不发达，近几年实行开放政策以后才有了发展。1978 年接待游客（包括边民往来）188 万人，收汇总额 2.6 亿美元，1981 年增加到 776.7 万人，收汇 7.85 亿美元，分别增长 3.1 倍和 2 倍。但同我国发展旅游事业的巨大潜力比较起来，则显得太小太小了。目前我们的旅游设施不足，缺乏良好周到的服务，缺乏专门人才，不善经营。今后我们不仅要建设一大批现代化的旅游设施，而且要大力发掘和充分利用我们有民族特色的服务设施和服务项目，同时要积极开办旅游专业学校，培养一大批善于经营旅游事业的专家，要不断扩大我们的服务范围和服务项目，提高服务质量。在发展国际旅游，吸引国外游客的同时，也要发展国内旅游，使人民群众在休息游览的同时，领略我们祖国的无限风光和认识中国民族的灿烂文化，增长民族自豪感。到 20 世纪末使我国旅游事业在接待游客的人数和收汇总额上比 1980 年翻三四番是完全可以做到的。

结　语

上面我们分别讨论了实现既定经济发展目标的各种产业结构对策，这里有必要综合起来作一简单的小结。

应当指出，我们前面对各个产业未来发展规模、速度和到20世纪末可以形成的结构状况作了一些设想和预测，目的不在于说明它们的确切数字，而是想指出一个发展的趋势和描绘一个大致的轮廓。这里，我们所遵循的指导思想可以概括为以下几点：

（1）产业结构的合理化是有规律可循的。计划经济的优越性就在于能够认识这种规律性，并依据这种认识，运用计划指导和市场调节，行政干预和经济杠杆，法律手段和物质力量，调整不合理的产业结构，形成合理的产业结构。因此，在产业结构合理化问题上，主张仅仅经过市场作用形成合理产业结构的自流论主张是有害的。这不符合计划经济的原则，也难以实现产业结构的合理化。

（2）产业结构合理化是一个关系经济发展全局的综合性问题，在这里，部门之见和各自为政是不行的。在实行集中与分散相结合的经济体制下，各个部门各个产业的发展，都必须考虑整个国民经济的需要和可能，以及与其他相邻部门的平衡衔接，正确选择发展的重点，恰当确定优先和超前的程度。片面地孤立地突出和发展某一个产业部门，或者不分轻重缓急的齐头并进，都只能阻碍产业结构的合理化。

（3）产业结构合理化对策是对产业结构未来发展的设想和预测，既要考虑现有的基础，又要明确未来的方向，还要对发展的可能和途径作出恰当的选择。这就需要深刻认识我国国情，全面掌握各种信息资料，作出科学的分析论证。

根据上述观点，对我们前面讨论的问题可得到以下两个结论：

（1）产业结构对策的中心就是要保证农轻重、生产资料工业和生活资料工业、能源原材料工业和加工制造业、直接生产过程和基础设施、生产过程和流通过程、重点部门和非重点部门的平衡协调和稳定发展，其中包括某些产业的重点发展和适当优先。

（2）到 20 世纪末我国产业结构合理化的总轮廓是：一些传统产业部门，如钢铁、汽车等，在我国还会继续发展，不会像某些发达国家那样出现下降的趋势，一些过去落后的产业，如能源、交通、基础设施、民用建筑以及原材料工业等将会有一个大的发展，其速度会快于发达国家；一些新兴产业，如电子工业、信息产业等，将会以较快的速度追赶发达国家，并迅速提高质量，缩短差距；一些与人民生活密切相关的产业，将会有一个较大的发展，达到相当的规模和较高的水平。

第四章　技术结构对策

薛永应

第一节　经济增长主要靠技术进步

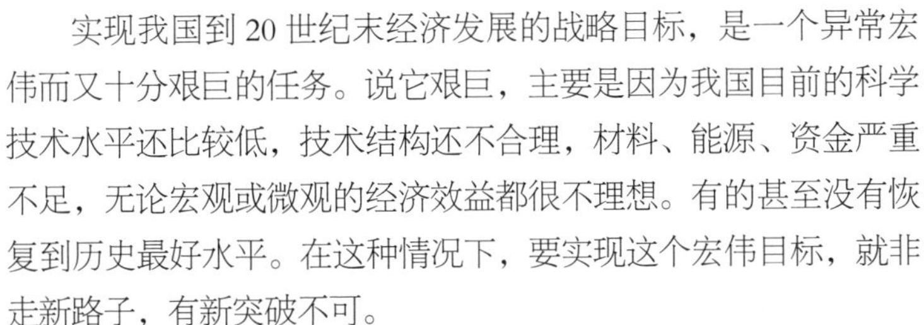

实现我国到20世纪末经济发展的战略目标，是一个异常宏伟而又十分艰巨的任务。说它艰巨，主要是因为我国目前的科学技术水平还比较低，技术结构还不合理，材料、能源、资金严重不足，无论宏观或微观的经济效益都很不理想。有的甚至没有恢复到历史最好水平。在这种情况下，要实现这个宏伟目标，就非走新路子，有新突破不可。

新中国成立三十年来，我国的工农业总产值的增长主要靠的是在建设新厂的基础上扩大生产能力，不重视技术革新。这种发展方式，投资大、消耗高、效率低、收益少，今后要在提高经济效益的前提下实现“翻两番”的战略目标，仍然依靠这种发展方式就不行了。努力推动科学技术发展，主要依靠科学技术进步来实现战略目标，这就是我们在发展方式上的新路子。如果我们在这方面取得了新的突破，发展出大量的新技术、新产品、新材料、新工艺，就可以使我国在20世纪内所拥有的资金条件、能源条件足以保证工农业年总产值翻两番，而且经济效益还比较好。

从全社会的角度看问题，技术进步包括两个内容，一是各个部门、各个行业、各种生产上所使用的各项技术本身的进步；一是整个国民经济中各种技术手段之间的比例和联系的改善。前一个过程可称为科学技术的现代化过程，后一个过程可称为技术结构的合理化过程，这两个过程是互相紧密联系着的。由于各个部门、各个行业、各种生产上所使用的各项技术的进步总是不平衡，于是引起整个国民经济中各种技术手段之间的比例和联系不断变动，而这种变动反过来又促进各项技术本身的发展。这就意味着，科学技术的现代化过程影响着技术结构的合理化过程，而技术结构的合理化过程又推动着并在一定程度上包含着科学技术的现代化过程。一般说来，每个行业、每个部门都有自己的技术结构合理化的问题，但是，整个社会的即宏观的技术结构合理化问题具有最重要的意义。它影响深远，关系重大。任何国家在制定自己的经济发展战略时都不能不首先考虑宏观技术结构的选择。但是，宏观技术结构的选择又必须服从经济发展战略目标的需要，二者是相辅相成的。今后二十年，我国在技术进步方面的基本任务，就是要向整个科学技术现代化和宏观技术结构的合理化迈进。

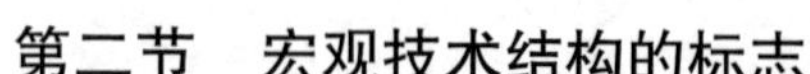

第二节　宏观技术结构的标志

对于我国经济理论界以及经济部门广大干部说来，“技术结构”是一个比较陌生的概念。即使在一些经济发达国家，它也是近二三十年才被作为专门的研究课题。国内外对技术结构至今还没有一个完整的和公认的解释。因此，为了准确地表达我国技术结构的现状和讨论我国技术结构今后发展的趋势，有必要首先确立一套大家可能同意的范畴概念和指标体系。

何谓技术？这是我们碰到的第一个问题。我认为所谓技术，从广义说就是人类在与自然之间进行物质变换和能量传递活动时，根据自然科学和社会科学原理（连同它们的经验形式）而创造的各种活动手段，包括生产工具、工艺流程以及它们的操作方法和操作技巧等。在这里，唯一值得注意的是，我们所讲的“生产工具”是广义的生产工具。人类获得的一切用来增强自己的肉体器官以便征服自然和改造自然的力量和东西，都属于生产工具的范畴。这些生产工具本质上都是人体器官的延长、放大和提高，是人类体力的扩大和强化。例如，机器、车辆是运动器官手和腿的延长，显微镜、望远镜是认识器官眼睛的延长，计算机是思维器官大脑的延长，能源是体力的扩大等。[1]总而言之，技术既有形态的多元性（实物形态、信息形态、智力形态等），又有功能的中介性（它是科学知识借以并入生产过程的媒介）。

由于自然科学的发展程度及其在生产活动中应用程度的不平衡，造成了各种技术手段的先进程度的差别。这些不同水平的技术手段在不同生产部门或不同企业的同时存在和相互联系，就表现为技术结构。因此所谓技术结构，就是不同先进程度的技术手段之间的相互关系和数量比例。

技术既然是人与自然之间进行物质变换和能量传递的活动手段或媒介，那么，“技术手段的先进性”就必然表现在四个方面：第一，进行物质变换和能量传递的效率，或者说生产的效率，它通常是以单位时间内提供的产品数量来衡量的；第二，产品的质量和性能，如自重、精度、使用价值、耐用程度等；第三，工艺的完善程度，如能够在多大程度上节约能源和原材料消耗，提高操作的安全系数，增进加工的连续性和简易性等；第四，劳动者的劳动熟练程度和科学技术知识水平。

“不同先进程度的技术手段之间的相互关系”指的是它们之间在技术属性上相互配合、相互制约和相互补充的那样一种联系，而它们之间的“数量比例”则指各部分技术手段在国民经济总体中所占的比重和它们之间的相对份额。

由于生产门类繁多，技术千姿百态，因此任何一种单一的指标都不可能表现出技术结构的全貌。在经济科学上，能够较全面地表现技术结构真实面貌的，是以一种指标为主而辅之以其他数

[1] 关于生产工具的定义，本文采用著名经济学家于光远的说法。

量指标和质量指标的指标体系。在现代条件下，这个指标体系至少可以分为下四个部分：

第一，劳动者技术装备程度指标。我们知道，自从18世纪发生产业革命，特别是20世纪发生第三次科学技术革命以来，物质生产过程已经不再是一个工种单一、工序稀少、在某种程度上各工种各工序可以互相分离的过程，而变成了一个多工种、多工序的，连贯而复杂的过程。在这个过程中，人们原先必须用自己的器官和体力来完成的劳动功能，逐步地并且在愈益增大的程度上转移到他们所创造的生产工具上，由它们代替自己去完成。这就是人类的劳动功能不断物质对象化和生产工具的物质属性不断劳动功能化的过程。这显然是技术上一种进步性的发展。为了标志劳动者技术装备的这种发展的程度，就必须使用“自动化”“半自动化”“机械化”“半机械化”和“手工工具”五个指标。

根据定义，技术是人类借以同自然进行物质变换和能量传递的手段或媒介，那么，在整个社会范围内表现不同先进程度的各层技术所占比重的，就应该是各层技术所装备的劳动者人数之比。假定某国有劳动者5000万人，其中使用自动化技术装备的250万人，使用半自动化技术装备的500万人，使用机械化技术装备的2250万人，使用半机械化技术装备的1250万人，使用手工工具的750万人，那么，它们的比重分别是5%、10%、45%、25%和15%，五层技术之间的相对份额是1∶2∶9∶5∶3，其统计示意图是一个上小下大中间粗的鼓形。

必须指出的是，这些指标毕竟只能标志出生产过程的一种性质或一个侧面，并不能概括技术进步的全部内容。例如，实际生活中往往有这样的情况，几种生产活动都可以被看成是属于“自动化”“半自动化”或其他技术等级的，但它们所依靠的技术手段在先进程度上却有显著的差别。例如，我国农村中用水力冲动车水灌田的水车，人们不能不承认它们是某种程度上的“自动化”生产工具，但比较起当今世界上那些使用电子计算机的自动控制装置来，简直不可同日而语。又例如，刀耕火种与雕刻刺绣，同属“手工工具”技术等级，但它们之间的悬殊差别不啻天壤。不仅如此，如果单单以这类指标表示技术水平，还可能给人一种错觉，似乎现代化只有提高机械化、自动化水平（即增加装备的数量）一个方向，从而忽视别的同样很重要的任务，如工具质量的改进，劳动对象的革命（各种化学材料的研制和推广之类），工艺的革新，生物工艺的发展，管理的改善，劳动熟练程度的提高等。为了消除概念中可能有的这种不确定性，准确而全面地表示出真正的技术进步，有必要引入另一些指标与之相配合。

第二，技术现代化程度指标。前已表明，技术是根据自然科学和社会科学原理发展而成的一种活动媒介，那么显然，在各种技术之间就有精密与粗陋的分别。因为，要创造先进的技术，没有系统的和高深的科学研究是绝对不行的。而创造简单的技术，只须有一点文化知识或相当的经验成规就足够了。与此相适应，较高的技术可以产生较高的生产效率和产品质量，提供较大的节约总额和安全系数；较低的各级技术则依次递减。技术随着自己所依靠的现代科学基础的发展而逐步提高的过程，就是技术的现代化过程。因此每个国家的整个国民经济的技术水平，都可以按当时世界上公认的标准，划分出“尖端技术”“先进技术”“中等技术”“初级技术”和“原始技术”五个级别。如果说技术装备程度指标着重表现劳动者所推动的生产资料的数量，即列宁所说的第一种技术进步的话，那么可以说，技术现代化程度指标则着重表现装备劳动者的生产资料本身的质量（性能和效率），即列宁所说的第二种技术进步。

有了技术现代化程度的这种划分，再加上劳动者技术装备程度的那种划分，基本上就可以表现出一个社会的技术的先进程度来了。事实上，人们也经常把这两类指标配合起来表现某种技术水平，例如所谓“自动化尖端技术”“机械化先进技术”“手工原始技术”等等。

在一般情况下，这两类指标有着相当一致的对应关系，例如尖端技术大多是自动化的，先进技术大多是半自动化的，如此等等。但是，这种对应关系并不普遍存在，相互之间也有发生交错的时候。例如，同机械化对应的就可能有先进技术和中等技术，甚至还可能有初级技术。这种不一致关系，随着生产力的发展，在一个长的历史时期中表现得更为明显。

技术现代化程度，除了可以用上述五个指标表现以外，还可以用“化学化程度”和“生物工程化程度”（或“生物工艺化程度”）等指标作辅助性表示。化学化是国民经济技术进步的基本方向之一，它表现在广泛采用化学材料和广泛应用化学加工方法这两个方面。生物工程化也是国民经济（特别是农业）技术进步的一个基本方向，它表现为在生产过程中日益提高采用生物技术的程度。60年代以来，一些发展中国家在农业中实行所谓“绿色革命”，就是以推广生物技术（主要是良种化）为核心，以提高化学化程度（主要是增施化肥）为重要内容的，其成果也比较显著。

第三，生产社会化程度指标。众所周知，生产力的社会化是历史进步的重要标志，而这种社会化从根本上说正是技术进步的结果（当然，它同时又是技术进步的条件）。列宁就曾经把劳动的社会化，把分工、协作的发展，称为技术进步的初级阶段。[1]因此，反过来也可以用生产社会化指标来表现技术进步的程度。生产社会化指标主要有三个：“专业化水平”“协作化水平”“商品率”。前两个指标主要适用于工业、农业和建筑业部门，后一个指标主要适用于农业部门。

第四，生产文明化程度指标。产业革命以来的历史表明，

[1] 《列宁全集》第1卷，第88页注。

生产的发展同生态平衡以及环境保护有一定的矛盾。人们为了保障并提高自己的生活环境的质量，为了生产力的长远和持续的发展，竭力发明那种能够减少环境污染和促进生态平衡的先进技术，以进行文明生产。因此“环境净化（污染）程度”和“生态平衡（破坏）程度”就成了生产文明化程度的两个基本指标。

第五，劳动熟练程度指标。前已叙及，技术有物质形态的和知识形态的两种。后者的一个重要部分，就是劳动者的劳动熟练程度（专业知识、生产经验、操作技巧和一般文化水平）。实际工作中，可以用“工人平均技术等级”“工作者受教育程度”等指标来表现。

综上所述可见，技术结构是一个相当复杂的事物，具有多种属性，人们可以从不同的侧面去认识和表现它们。如果要把握一个国家技术结构的全貌，就应该从上述这一整套指标去了解，而不宜以偏概全。但是，同任何事物都有自己的基本属性一样，技术结构也是可以从它的基本特征上去把握的。人们从研究和表述的需要出发，使用少数基本指标去说明问题，应该承认是适宜的。对于我们的论题（技术结构对策）来说，抓住“劳动者技术装备程度”和“技术现代化程度”这两类基本指标，就完全可以了。现在我们就根据这两类基本标志来考察我国技术结构的现状，探讨所应采取的对策，并预测今后二十年我国技术结构的发展趋势。

第三节　我国宏观技术结构的现状

经济和技术落后的国家，都迫切地要求最迅速地实现根本性的技术进步。但它们往往又遇到建设资金不足、原有技术基础薄弱、管理水平低、就业压力大、国内不同地区不同部门技术水平差距悬殊等困难。在这种矛盾情况下，如果一味追求最尖端技术，追求全盘机械化和全盘自动化，而不通盘考虑国家技术进步的可能性，正确地做出决策，从而对社会宏观的技术结构实行最优控制，那么，整个国民经济的技术进步就将日益缓慢甚至停滞下来。

所谓宏观技术结构的控制，就是在正确估计整个国民经济技术现状的基础上，确定技术发展的根本方向、战略重点和主要步骤，预测各种技术发展的大致程度，选择制约着整个技术进步的关键部门并推动其迅速发展，使整个社会的技术沿着预期的轨道稳步前进。宏观技术结构的控制主要有两项任务，一是正确估计技术现状，二是据此制定一整套技术政策。过去，我们在对技术进步的认识和掌握方面，局部考虑多，通盘考虑少，没有成套的技术政策，对技术现状的估计也不够全面和精确。今后，应该在这些方面大力改进，把宏观技术结构的控制提高到技术进步战略计划的首位，建立起能够充分发挥我国优势的国民经济技术结构。

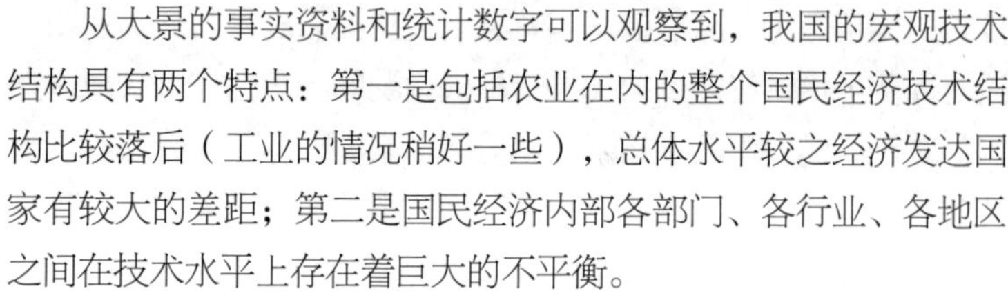

从大景的事实资料和统计数字可以观察到，我国的宏观技术结构具有两个特点：第一是包括农业在内的整个国民经济技术结构比较落后（工业的情况稍好一些），总体水平较之经济发达国家有较大的差距；第二是国民经济内部各部门、各行业、各地区之间在技术水平上存在着巨大的不平衡。

一、总体差距

科学技术发展史表明，古今中外无论哪一个国家，从来不存在也不可能存在科学技术绝对平衡地发展的现象。因为影响科学技术发展的因素是极其复杂、众多的。这就造成了科学技术的“生长点”和“突破点”的不断转移。当这种生长点和突破点转移以后，与之相联系的部门、行业和地区就会获得异乎寻常的技术进步。于是，超前发展部分和滞后发展部分以及介于二者之间的中等发展部分，就同时存在于相应的国家、地区、部门、行业或其他总体之中，从而就形成所谓“多重技术结构”的现象。按理说，同一国家同一时代的科学技术在先进程度上存在较大的差别，即存在多重技术结构现象，是不奇怪的和不可避免的。我国当然也不可能躲过这一客观规律的制约。但是，在不同国家和不同时代，这种多重技术结构现象各有自己的特点。当前，我国国民经济中既有一些比较先进的技术（甚至尖端技术），又有大量的初级技术和原始手工技术。而这些不同的技术手段在技术结构总体中所占的比重，相差甚为悬殊。原始手工技术和初级技术占着绝大比重。如果我们把占最大比重的那种技术称为“主体技术”的话，那么，我国目前工业中的主体技术就是机械化的中等技术，农业中的主体技术就是手工工具的原始技术。

从国民经济总体上看，我国现有工交企业的技术装备，三分之一是50年代到60年代形成的，将近一半是70年代形成的，其余是旧中国遗留的。前面的那三分之一，至今仍然是我国工业生产的骨干，但大体上是国际上50年代的技术水平。中间那一半，由于很多是在十年动乱中粗制滥造的，技术严重落后。旧中国遗留的那些古董，简直就不必说了。最近几年，我国虽然也引进了不少先进技术，但数量不大，未能成为我国技术结构的主体。

分部分看，我国的机械工业中，许多主要机床已经大修了两三次、十来次，60%以上服役了二十年，性能大大下降，难以达到加工精度的要求。我国钢铁工业的主要设备中，有许多还是30年代的产品。我国的电子工业技术，比国际先进水平落后15~20年。发达国家的电力工业普遍采用电子计算机控制，劳动生产率高出我国许多倍。我国的轻纺工业中，有不少建国以前的设备，棉纺设备大部分已使用了五六十年。建筑工业的机械化程度比较低，技术装备性能也比较差（如塔吊的悬臂许多地区的30米长自重达25吨，而香港地区的40米长自重仅8吨）。其他许多方面，我国也是远为落后的。农业方面，我国10亿人口中8亿是农民，3亿是农业劳动者，他们绝大部分仍然使用着镰刀和锄头，技术落后的程度可想而知。我国工业和农业还普遍缺乏健全的和精密的检验、测试手段，没有足够的研制试验基地。

从工业和农业这两个最基本的产业部门来判断，可以说我国整个国民经济的主体技术是落后的手工工具技术和比较落后的机械技术，技术结构的总体水平是相当低的。同那些主体技术已经现代化，基本进入电子自动控制阶段，大量采用尖端技术，所保存的一小部分手工工具初级技术也已同某些中等技术或先进技术配合起来，劳动者普遍具有较高熟练程度的发达国家比较起来，不能不说我国国民经济的主体技术是比较落后的。❶

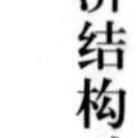

我国国民经济主体技术之落后，除了表现在物化形态的技术上以外，还表现在知识形态的技术及其人身承担者（劳动者）的总体上。我国的整个物质生产领域，劳动者的专业技术水平和一般文化水平都比较低，甚至存在着大量的科盲劳动者和文盲劳动者，例如，大连市职工只有初中以下文化程度的占84.3%，其中还有4.7%是文盲和半文盲，工人平均技术等级只有3级，大专以上的科技人员只占职工总数的3.2%（发达国家已达30%）。❷另据全国总工会对我国23个省、市、自治区的调查，在被调查的2076万名职工中，具有大学文化程度的仅占2.9%，具有高中、中专文化程度的占15.2%，具有初中文化程度的占39%，具有小学文化程度的占30.6%，而文盲和半文盲还占7.9%。❸1981年，

---

❶ 《经济学动态》1981年第3期第22页载有下列资料可供佐证，1975年美国制造业中平均每个工人拥有固定资产55 000美元，相应的数字日本为12 662美元，苏联为9091美元，分别为我国全民所有制工业职工1978年固定资产平均拥有量（2765美元）的19.9倍、4.6倍和3.3倍。农业方面的差距更为悬殊。我国每个农业劳动者1978年仅拥有生产资料240美元，而苏联是9900美元，等于我国的41.3倍。

❷ 《经济管理》1982年第11期，第13页。

❸ 《统计》1983年第1期，第24页。

我国全民所有制单位中共有自然科学技术人员 571.4 万人，其中工程技术人员 207.7 万人，占总数的 36.4%，农业技术人员 32.8 万人，占总数的 5.7%；全国平均每万人口中仅有自然科学技术人员 57.4 人，每万名职工中仅有此类人员 682.5 人；每万名农业劳动者中仅有农业科技人员 10 人；全民所有制工业企业职工中，工程技术人员仅占 3.1%。[1] 值得注意的是，在上述自然科学技术人员中，受过高等教育的只有 249.5 万人，占总数的 43.7%，[2] 这不能不说是一种总体水平很低的、很不完善的人才结构。而 1979 年美国拥有专业、技术及有关人员 1542.3 万人，[3] 平均每万人口中有 677.5 人，[4] 分别为我国类似数字的 2.7 倍和 11.8 倍。由于统计口径的不同，以上数字可能不甚精确，但用以表明两国劳动者总体在熟练程度和科技知识水平方面的悬殊差距，表明智力技术结构的类型，应该说是可以的。如果我们把考察的范围从劳动者总体扩展到全国人口，也能看到这种从知识形态上表现出来的我国技术水平的落后性。据 1982 年 7 月 1 日全国人口普查资料，全国总人口中，具有大学和相当于大学文化程度的仅占 0.6%；具有高中文化程度的占 6.6%；具有初中文化程度的占 17.8%；具有小学文化程度的占 35.4%；而文盲和半文盲竟占 23.5%。[5] 这同我们想要建立的先进的技术结构显然是很不适应的。

二、结构差距

同先进国家比，我国技术结构总体的水平相当低，这是外部差距或总体差距。在我国国民经济内部，各层技术之间，各部

❶ 《中国统计年鉴（1981）》，第118、452页。

❷ 同上书，第453页。

❸ 《1982年中国经济年鉴》，第Ⅷ—129页。

❹ 根据《1982年中国经济年鉴》，第Ⅶ—91页所载1980年美国总人口数和上述1979年美国专业技术人员数资料推算。

❺ 《统计》1983年第1期，第10页。

门、各行业、各地区的技术水平之间，又存在着异常悬殊的差距。这是内部差距或结构差距。这种结构差距的悬殊性，构成了我国技术结构现状的又一特点。

西欧、北美、日本等技术发达的地区和国家，虽然也有不同先进程度的各层技术（包括手工工具技术）存在，但最高水平的技术层同最低水平的技术层以及中间的各个层次之间，差距不算悬殊。例如，日本就有所谓“双重结构”，指那种用先进技术装备起来的大企业和用较落后技术装备起来的中小企业同时存在的状况。但事实上，这些国家的小企业，在技术水平上一般说同大企业的差距不像我国这样悬殊。同各自国家的先进技术比，是“落后的”，但同我国的同类企业比，有时却称得上“先进”。它们是“小而精”（技术精湛）、“小而专”（专业化水平高）、“小而特”（产品有特色）。我国的情况则不同，各个技术层次之间形成了很高的“台阶”。

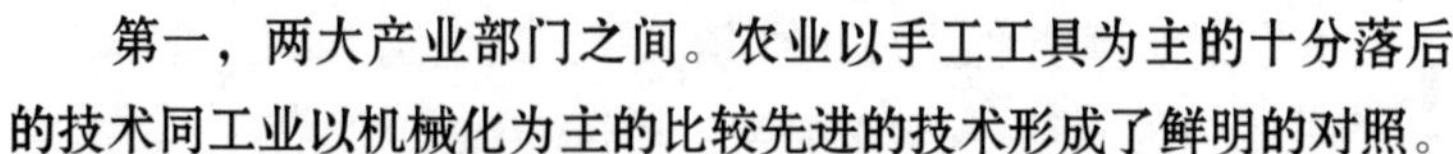
第一，两大产业部门之间。农业以手工工具为主的十分落后的技术同工业以机械化为主的比较先进的技术形成了鲜明的对照。

工业方面，由于国家投入了大量的资金和人力，所以技术水平虽然比一些发达国家落后一大截，但同农业相比，俨然似“羊群里的骆驼”。工业不仅有了大批的机械化设备，而且有了一批自动化设备。不仅较多地掌握了例如纺织、石油勘探和开采等先进技术，而且初步掌握了例如航天（洲际导弹、卫星发射和回收）、激光等尖端技术。大、中型工业企业的机械化程度一般也比较高，小企业虽然还保留着相当一部分手工工具和手工作业，但大、中型企业的产值占全部工业产值的43.12%[1]，如果加上小型企业中已经机械化的部分，那么我们完全有把握说，我国工业已经建成了以机械化为主体的中等水平的技术体系。

然而毋庸置疑的是，我国工农业之间技术水平的差距过大

[1] 《中国统计年鉴（1981）》，第208页。

了。解放以前，我国的农业几乎全部使用手工工具，许多边远地区甚至停留在刀耕火种的原始阶段。解放三十年来，我们虽然也采用了一些农业机械和其他新技术，但农业始终没有摆脱手工工具占优势，传统经验和古老成规起主导作用，“老天爷”左右收成丰歉的落后状态。我国农业中，1981 年底仅拥有大中型拖拉机 79.2 万混合台，小型及手扶拖拉机 203.7 万台，大中型机引农具 139 万台，联合收割机 3.1 万台，农用载重汽车 17.5 万辆。而当时全国共有公社劳动者 32 672.3 万人，全民所有制农业职工 668.8 万人，共计 33 341.1 万人。这就是说，平均每 421 个农业劳动者才拥有大中型拖拉机 1 台，每 164 个农业劳动者才拥有小型拖拉机 1 台，每 240 个农业劳动者才拥有机引农具 1 台。收割机和汽车的情况更加不妙。平均每台联合收割机和每辆农用载重汽车要分别装备农业劳动者 10 755 人和 1905 人。如果按生产队计算，则平均 7~8 个生产队才有 1 台大中型拖拉机，3 个生产队才有 1 台小型拖拉机，1 个生产队才有 2.3 台机引农具，193 个生产队才有 1 台联合收割机，34 个生产队才有 1 辆农用载重汽车。[1]这是多么微不足道的技术装备啊！全民所有制农场的情况稍好一些，因为国家像办工厂一样投入了大量的资金。1980 年底，全民所有制农业企业拥有固定资产原值 167.5 亿元，[2]农业职工 667.9 万人，[3]平均每人拥有固定资产 2508 元。与此相对照，1981 年底，全民所有制工业企业拥有固定资产原值 4032.28 亿元（其中

❶ 根据《中国统计年鉴（1981）》第131页“生产队总数”、第133页“全国公社劳动力总数”、第111页“全民所有制农业部门职工数”和第171页“农机拥有量”资料推算。必须说明的是，按生产队计算的数字在这里并不是很有代表性的，因为作为分子的拥有量既包括集体所有制部分，又包括全民所有制部分，而作为分母的生产队数仅包括集体所有制部分。如果分别考虑，则后者的技术装备水平还会更低。

❷ 《中国统计年鉴（1981）》，第398页。

❸ 同上书，第111页。

工业生产用固定资产 3323.02 亿元）[1]，工业职工 3407 万人，[2] 平均每人拥有固定资产原值 11 835 元（其中工业生产用固定资产原值 9753 元）。考虑到统计口径的差别，我们取中间的大约数 1 万元，那也相当于国营农场职工技术装备水平的 4 倍。如果把工业同包括广大农村集体经济在内的整个农业相比，数字就会更加令人惊叹。按前文所引资料计算。1978 年我国平均每个工业劳动者所拥有的固定资产额是农业劳动者拥有量的 11.5 倍，而 1975 年苏联农业劳动者的拥有量同工业劳动者的差距很小（1∶0.92）。

由于装备水平低，我国整个农业的机械化、电气化、水利化、化学化水平也都相当低。以 1981 年为例，实际机耕面积和灌溉面积分别只占耕地面积的 37% 和 45%。在灌溉面积中，机电灌溉面积又只占 56.6%。每公顷耕地仅用电 372°（合每亩 24.8°），施用化肥 134 公斤（合每亩 18 市斤）。[3] 换句话说，我国有将近三分之二的耕地是靠畜力和人力耕种的，有一半以上的耕地是靠"老天爷"灌溉的。这说明我国农业的基本部分还处于以人力、畜力和自然力作为主要动力的原始阶段，这同以电力作为基本能源、以机械化技术作为主体技术的工业比起来，差别实在悬殊。

在农业所拥有的自然科学技术人员总数和农民所具有的文化程度方面，也存在这种不平衡。按前文资料，农业劳动者人数三倍于工业，然而农业科技人员总数却不及工业科技人员总数的六分之一。全国青壮年农民（他们是农业生产的主力军），具有大学文化程度的占 0.1%（职工中为 2.9%），具有中学文化程度的占 30%（职工中为 54.2%），具有小学文化程度的占 40%（职工

[1] 《中国统计年鉴（1981）》，第260页。

[2] 同上书，第106页。

[3] 参见马洪主编：《现代中国经济事典》，中国社会科学出版社1982年版，第143页。

中为 30.6%），而文盲和半文盲占 30%（职工中为 7.9%）。[1]

总而言之，我国的工农业这两个基本的物质生产部门之间，存在着极不协调的技术差距。“银锄与卫星齐飞，耨火共激光一色。”用这两句话来形容工农业之间的悬殊差别，虽然不免有点艺术夸张，但不失为实际状态的生动写照。

第二，在各产业内部的各行业之间，技术水平的差距也是很悬殊的。例如农业内部，种植业同畜牧业之间就有这种悬殊差别。

由于历史和自然的原因，我们的种植业基地大部集中在东部季风区，特别是松嫩平原、渭河平原、成都平原、淮河平原、江汉平原、鄱阳湖平原、洞庭湖平原、长江三角洲、珠江三角洲等地区。这些地区主要为汉族聚居，农作已有几千年的历史，农民积累了丰富的精耕细作的经验和技巧，手工工具和其他农业器械有了一定程度的发展，水利化、园林化和良种化都有一定的基础。我国的畜牧业基地则主要集中在西北干旱区和青藏高寒区。这些地区是我国许多少数民族的聚居区。自从解放以来，畜牧业有了不小的进步，主要是牲畜量增长，推广和发展了一些良种畜禽，初步形成了兽疫防治网，草原建设有进展等。但总的说来，畜牧业仍然是我国农业中最薄弱的环节。主要问题是广大牧区仍然处于靠天养畜、自然放牧的落后状态，草原沙化、退化、碱化严重（“三化”面积已达草原总面积的五分之一以上），鼠虫害蔓延（受害面积约占草原总面积的三分之一），缺水草场所占比重较大（占草原总面积三分之一以上）。由于这些原因，天然草场产草量大幅度降低。据典型调查，有的天然草场产草量十年间减少了一半。草场单位面积产量比 50 年代下降 30%~50%。[2] 全国人工草场很少，其面积约为可利用草原面积的 1.8%（美国为

---

❶ 《统计》1983年第1期，第24页。

❷ 参见马洪主编：《现代中国经济事典》，中国社会科学出版社1982年版，第131页。

9.5%，苏联为16.6%，加拿大为24%，新西兰为66%）。草场载畜量很低，平均20亩草场养1只羊，100亩草场养1头牛（按平均每百亩草场的载畜量对比，苏联、美国、新西兰分别为我国的3.5倍、5.2倍和12.1倍）。每年提供的猪、牛、羊肉只占全国总量的4%。[1]畜牧业机械化水平低，设备品种少，配套不齐全，质量差，效果不显著，缺少不同规模的工厂化饲养场的成套标准设计。据1977年22个省、自治区统计，共有牧业拖拉机6470台，仅占全国拖拉机总数的1.6%。牧区机械剪毛作业量只占总作业量的1.5%。1981年内蒙古、西藏、青海、新疆四大牧区共拥有饲料粉碎机42 000部，牧草收割机12 090部，机动剪毛机1499部，机动挤奶器630部。按四大牧区公社劳动力平均，每218人才有1部粉碎机，每756人才有1部牧草收割机，每6096人才有1部机动剪毛机，每14 505人才有1部机动挤奶器。[2]如果说我国种植业的技术装备水平已经很低的话，那么我国畜牧业的情况比种植业又差了一大截。

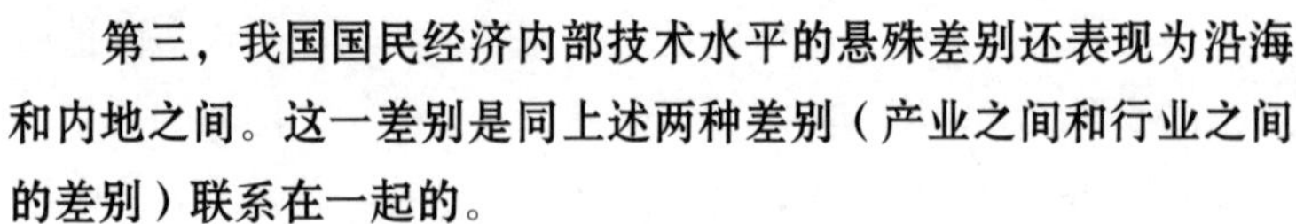

第三，我国国民经济内部技术水平的悬殊差别还表现为沿海和内地之间。这一差别是同上述两种差别（产业之间和行业之间的差别）联系在一起的。

我国东部沿海地区除了有长期经济发展的历史以外，自从鸦片战争以来还受过帝国主义的经济侵略。帝国主义势力勾结中国封建势力和官僚资本势力，把东部沿海地区作为他们的立足点，把广大的内地作为他们的原料和劳动力基地来压榨和掠夺。其结果之一是，使我国形成了差别悬殊的几个经济地区。如果粗分，可分为东部发达地区和西部不发达地区；如果细分，则可以分为沿海发达地区（包括上海、北京、天津、辽宁、吉林、黑龙江、

❶ 参见马洪主编：《现代中国经济事典》，中国社会科学出版社1982年版，第131页。

❷ 根据《中国统计年鉴（1981）》第181、131页资料推算。

河北、山东、江苏、浙江、福建、广东、台湾等省市）、中部较发达地区（包括山西、河南、湖北、湖南、江西、安徽等省）、西部不发达地区（包括内蒙古、新疆、西藏、青海、甘肃、宁夏、陕西、云南、四川、贵州、广西等省区）。

按照一般规律，技术水平高的地区，其劳动生产率必然高。因此，我们反过来以这三个地区的劳动生产率指标来表现它们之间的一般技术水平的差距，如表 4–1 所示。

从表 4–1 可以看出，三个经济地区在产品总量上和劳动生产率上都构成一个相当规则的和差距显著的阶梯。沿海地区贡献了工农业总产值的 60% 以上，中部贡献了五分之一略强，西部只贡献了大约六分之一。如果分别就工农业考察，可以看出沿海地区主要集中的是技术较先进的工业生产（其工业总产值占全国总额的三分之二），中部和西部主要集中的是技术较落后的农业生产（其农业总产值占全国总额的一半以上）。沿海地区的工农业合计的全员劳动生产率大大高于全国平均水平，为中部的 1.75 倍，为西部的 2.24 倍。即使是在农业方面，沿海地区的劳动生产率也比中部高，更比西部高。

从三个地区所集中的人才也可以看出这种差距。沿海地区的全民所有制单位共拥有自然科学技术人员约 285 万人，占全国总数的 49.9%；中部有 129 万人，占 22.6%；西部有 157 万人，占 27.5%。由于 60 年代进行“三线建设”，使西部的科技人员猛增，所占比重也相应提高。但由于种种原因，这些科技人员未能在西部造成像中部（更不用说沿海）那样高的劳动生产率。相反，由于某些措施跟不上，近年来大量科技人员纷纷离开西部向东部聚集，形成所谓“一江春水向东流”的局面。这也是三个地区之间，特别是西部与沿海之间技术水平差别悬殊状况至今未能根本改变的一个原因。

表 4–1　1981 年三个经济地区的劳动生产率

单位：亿元、万人，元 / 人

	工农业总产值		工业总产值		农业总产值		社会劳动者人数			全员劳动生产率		
	总额	%	总额	%	总额	%	工农业	工业	农业	工农业	工业	农业
全国总计	7490	100	5178	100	2312	100	43 612.9	10 939.9	32 672.3	1717.41	4733.2	707.6
沿海	4552	60.8	3434	66.3	1118	48.4	19 212.9	5958.2	13 254.7	2369.2	5763.5	843.5
中部	1621	21.6	967	18.7	654	28.3	11 946.9	2433.2	9513.7	1356.8	3974.2	687.4
西部	1317	17.6	777	15.0	540	23.3	12 452.2	2548.3	9903.9	1058.0	3049.1	545.2

资料来源：根据《中国统计年鉴（1981）》第 19 页（产值）、第 115 页（职工人数）和第 133 页（以公社劳动力数代表农业劳动者人数）资料分类加总而得。劳动生产率指标是劳动者人数除总产值所得之商。表中缺台湾省资料。

必须指出的是，尽管我们承认非平衡发展和多重技术结构是一种规律性和普遍性的现象，并且还要考虑到几百年来的深刻的历史原因，但是我们认为，我国的多重技术结构在20世纪的后半期还带有如此简陋和落后的色彩，产业之间、行业之间和地区之间又存在着如此巨大的不平衡，却是极不正常的，是同我国面临的经济建设宏伟任务极不协调的。严格说来，我国当前这种技术结构状态不是一种规律性的发展状态，而是一种畸形状态——半殖民地半封建技术结构状态的遗痕。谁都知道，半殖民地半封建的旧中国，就是以这样两个“悬殊差别”（被盘剥的极端落后的中国同相当发达的帝国主义列强之间的悬殊差别，原始落后的内地同发达先进的沿海之间的悬殊差别）而引人注目的。解放以后，党和政府花了很大的力气改变这种状态，特别是近几年更进行了有效的调整，终于使上述畸形状态有了非常显著的变化。但是由于积重难返，畸形状态没有能够完全消除。很明白，靠这种状态去提高经济效益并在此前提下使工农业年总产值翻两番，是不可思议的。

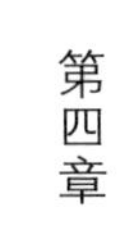

第四节　我国技术结构的合理化和现代化

要使我国的技术结构能够承担起为“翻两番”充当“顶梁柱”的重任，就必须使我国的技术结构本身再来一番根本性和进步性的变化。针对着我国技术结构的基本特征（一方面总体水平低，同发达国家比差距悬殊，另一方面内部结构不合理，国民经济各组成部分之间技术水平差距悬殊），我们必须着力消除这种畸形状态，实现总体水平高的和差距正常的多重技术结构。这一任务，具体说来有两个方面：实现主体技术从而整个技术体系向现代化迈进和实现宏观技术结构的合理化。

主体技术向现代化迈进，可以从两个角度去理解。一方面，可看成是“现任”主体技术（在我国就是农业中的手工工具技术和工业中的机械化技术）本身逐步提高自己的先进性的过程。另一方面，可看成是技术结构总体中初级技术、中等技术、先进技术（或手工技术、机械化技术、自动化技术）等不同先进程度的技术手段依次占据“主体技术”位置的过程（对原先占据主体位置的较落后技术来说，就是退出主体位置的过程）。前一方面是原有技术的改造和提高，后一方面是陈旧技术的淘汰和取代。两个过程既是兼容的，也是可以同时发生的。主体技术向现代化迈进是提高技术结构总体水平的基本途径。在主体技术向现代化迈进的前提下，如果能够同时提高非主体技术，缩小各层技术之间水平上和比重上的差距，则技术结构总体水平将有进一步的提高。

技术结构合理化是实现后一步骤的基本途径。它要求在提高主体技术水平的同时，相应提高非主体技术的水平，并尽可能填补总体中各个层次之间的巨大鸿沟，使所有各层技术之间，所有各经济组成部分之间能够互相补充和促进，而不互相脱节和掣肘。在我国目前条件下，实现宏观技术结构合理化就是要逐步提高半自动化和自动化的先进技术和尖端技术的比重，逐步相对缩小半机械化和机械化的初级技术和中等技术的份额，基本上淘汰原始技术。[1]此外，在进一步提高工业生产技术水平的同时，要更加迅速地提高农业生产技术水平；在进一步提高相对先进的行业（如种植业）的技术水平的同时，要更加迅速地提高特别落后的行业（如畜牧业）的技术水平；在进一步提高沿海地区的技术水平的同时，要更加迅速地提高西部和中部地区的技术水平。

技术体系向现代化迈进和技术结构的合理化，统称为技术进步。技术进步有不同的类型。就大范围和长时期来考察，可分为

[1] 这里应该注意的是，不要把手工工具技术与原始技术画等号。有些手工工具技术（如象牙雕刻技术）不能看成是原始技术。它们是不可能消失的。

飞跃式发展和连续式发展两种。

飞跃式技术进步，指的是从一种较低水平的技术体系向技术上有重大突破和根本变化因而有更高水平的另一种技术体系的过渡。例如，工业生产中从蒸汽技术体系到电气技术体系的过渡，以及由后者再到电子技术体系的过渡，农业生产中从传统农艺技术体系到现代生物工艺技术体系的过渡等。在飞跃式技术进步中，虽然必定有若干量变存在，但主要表现为质变，是在长期量变的基础上发生的全局性的质变，是整个技术体系规模上的质变。

连续式技术进步，指的是某一技术体系内部，依次继起的一系列进步发展。例如，在电气技术体系内部从半手工半机械化阶段向机械化阶段，以后又向半自动化阶段的进步发展。在这一发展中，虽然也有部分质变存在，但主要表现为量变，是没有根本性科学技术突破的量变。

飞跃式发展与连续式发展是技术进步过程中量变与质变的不同表现方式，二者是不能截然分开的。由于技术结构总体是一个多层次、多侧面和不平衡的复杂事物，所以在技术发展史上，这两种技术进步方式总是同时存在的。当然，它们作用的领域、程度和后果都不完全一样。一个国家，视其原有科学技术基础的厚薄、基本经济结构（所有制结构、产业结构、就业结构等）的状况和经济建设战略目标的需要，以及其他制约技术结构变化的因素的差异，可以在不同时期、不同地区、不同部门和不同行业中选择不同的技术进步方式或两种方式的不同比例组合，以求得技术结构总体的最迅速和最大幅度的进步。

在较小的范围和较短的时期内观察，同一技术体系内的技术进步还可以划分为两种。第一种技术进步，指的是在生产力发展过程中平均每一个劳动者所装备的生产资料（主要是生产工具）的数量的增长。这种技术进步使物化劳动以愈益扩大的规模代替活劳动，在单位产品中实现着活劳动的节约。这也就是马克思所说的“技术构成”的提高。在现实生活中，这种发展主要表现为机械化技术逐步代替手工技术的过程。第二种技术进步则主要指提高生产资料的质量和效率，改进工艺设计，完善管理技术，提高劳动者的智力水平，在单位产品中实现总劳动（特别是物化劳动）的节约这样一个过程。以活劳动所推动的生产资料的数量增加为主要内容的技术进步，即第一种技术进步，是技术进步的初级形式或粗放形式；以生产资料本身的性能和质量的改善为主要内容的技术进步，即第二种技术进步，是技术进步的高级形式或集约形式。前者，大多发生在工业化、现代化进程的初期，在这一时期内，生产资料生产优先增长规律有较为明显的影响；后者，大多发生在工业化、现代化进程的后期，在这一时期内，生产资料生产优先增长的趋势开始减弱。当然，这两种发展类型只有在理论中才能彻底划清界限，实际生活中它们总是互相交错在一起的。但这并不等于说划分这两种技术进步类型没有意义，更不等于说某一项技术进步不可能确定为某一类型。对于任何一个国家来说，这两种技术进步类型都是不可缺少的。在需要以机械化技术去取代手工技术，提高劳动者的装备水平的场合，第一种技术进步是必要的和不可避免的；在装备程度相对稳定的情况下，如果要取得更多和更好的产品，实现更高的经济效益，则第二种技术进步是更适宜和更有效的。

根据以上分析，我国技术体系向现代化迈进和技术结构合理化所应遵循的道路，亦即技术进步所应选择的方式或类型，就比较清晰地显现出它的轮廓来了。我国原有技术基础比较薄弱，目前还不能说已经临近必须由一种技术体系向另一种技术体系全面过渡，例如由电气技术体系向电子技术体系全面过渡，由传统农艺技术体系向现代生物工艺技术体系全面过渡的阶段。相反，主要任务倒是迅速提高原有技术体系中各部分、各层次的水平，逐步由手工工具技术发展为机械化技术和自动化技术。当然，飞跃式发展的某些因素是存在着的，例如某些生物工艺的采用，某

些电子自动控制技术的采用等。这些因素的存在和积累，为将来实现技术体系的飞跃准备着条件。但是在目前，这只是一些个别的因素，而不是完整的体系。因此在现阶段，在整个国民经济的范围内，我们应该以连续式发展方式为主，配合以某些带有飞跃因素的技术进步方式；在同一技术体系内部，在已经有了相当技术基础的场合，例如工业，应该以第二种技术进步方式为基本，同时不排斥必要的第一种技术进步，而在技术基础薄弱因而亟须用机器和其他新技术取代笨重的体力劳动和过时的经验成规的场合，如农业，则应是两种技术进步方式并重。这就是我国至少在20世纪内应该选择的技术进步的根本道路。

以上是着重从生产力状况进行的分析。除此以外，还应该看到，目前国家的财力状况也制约着我们，只有选择这样的发展方式才是同我国的财力相适应的。新中国成立三十多年来，我国固定资产投资共花了1万亿元，流动资金相当于固定资产投资的四分之一，两项共花投资1.25万亿元。如果我们停留在现有技术水平和经济效益水平上，并且仍然以铺新摊子为主，以搞第一种技术进步为主，那么到20世纪末，产值翻两番，投资也得翻两番。这就意味着二十年需要总投资近4万亿元。这是我国的财力承受不了的。按照比较乐观的匡算，从1981年起到20世纪末止的二十年间，我国生产性积累基金只有大约3万亿元。这同前面所估计的需要数相差甚远。可见，如果不从技术进步方式上找出路，实现战略目标是很困难的。技术进步方式（道路）选择适当了，以不到3万亿元的投资实现总产值翻两番的战略目标是有把握的。

道路确定以后，制定具体的促进科学技术进步的政策就有了方向。根据以上分析，我认为，我国的技术政策既不应该是抱残守缺、复制古董的保守政策，也不应该是脱离国情、盲目追求最新技术的冒失政策。我国的技术政策应该指导人们去选择、采用和创造这样的技术，这些技术既先进又适用，既能够迅速改变我国技术上的落后面貌，缩小外部和内部的两个“悬殊差别”，又

能够大幅度提高整个国民经济的经济效益。一言以蔽之，积极选择适用先进技术应该成为我国的一项基本国策。

这里，有必要首先讨论一下什么是“适用技术”。“适用技术”是一个相对性的概念。相对于我国的国情，相对于国内不同部门、不同行业、不同地区的具体情况，必须是适用的。“情”有多种，但只有同技术结构紧密相关的才有资格加入判断技术适用性的标准系列。对于我国来说，技术适用性主要表现在：能充分地和节约地利用我国的自然资源；能显著地节约能源和材料；能改善产品结构；能较大幅度地提高劳动生产率；能尽可能多地提供就业岗位；能相对地节约资金；能明显地减少和避免环境污染和生态破坏，促进环境净化和生态平衡。

从以上分析可以看到，“适用技术”不是一个纯技术的概念。其中，既包含技术上的先进性，又包含经济上的合理性。可以这样说：经济上的合理性加技术上的先进性，就等于技术选择上的适用性。因此，适用技术同整个技术范围都有关系，它既可以是先进技术，又可以是尖端技术，还可以是中等技术，在特殊条件下甚至可以是初级技术。有的技术，即使具有先进性，但不具备经济合理性，也是不能进入适用技术行列的，如图 4-1 所示。

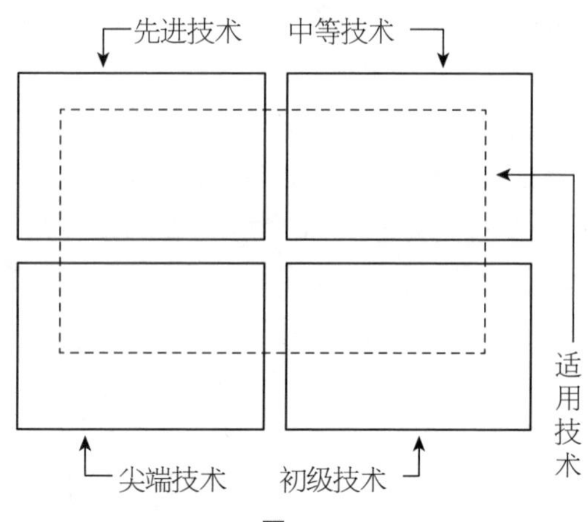

图 4-1

“先进技术”，严格说是一个世界性和时代性的概念。只有那些在当代世界范围内，在先进性等级表上居于高层次的技术，才能称为我们时代的先进技术。我们在确定技术的先进性时，一般应在完整的即世界性和时代性概念的意义上来确定。我们提的“适用先进技术”有两重含义，一是指所选择的先进技术应适合我国国情并具有经济合理性，二是指我国目前的适用技术的主体部分应是先进技术。如果不是这样，而像有的同志主张的那样，以“中间技术”作为我国的适用技术，那么我们何年何月才能实现现代化呢？强调适用先进技术，要着眼于逐步实现现代化。这一点对于整个国民经济，对于关系国家长远前途的部门和地区，对于引进外国技术，尤为重要。因为我国要在较短历史时期内实现经济发展战略的宏伟目标，要迅速缩小以至消灭我国同发达国家之间技术水平上的悬殊差别，不选择上述意义上的适用先进技术，是根本办不到的。当然，技术发展有其客观的连续性，“一步登天”如果不说根本不可能，至少也是极端困难的。因此，对于国内那些特别落后的部门、行业和地区来说，不强调“先进”概念，更不强调世界意义上的“先进性”，更多地选择一些适用的中等技术或初级技术，不仅完全必要，而且更加适宜。但即使在这些部门、行业和地区，只要条件允许，也应该在适用的前提下，选择尽可能先进的技术。

“适用先进技术”的选择受制于许多因素。既有不同的“先进等级”（世界性的先进，一国性的先进，两者中的“最高级”，“比较级”和“原级”），又有纷繁的“适用因素”（至少有前文论列的七条）。于是人们发现自己不得不面对一个运筹学的问题：必须在受众多变量影响的若干可能方案中，选择一种能使运行处于最佳状态并提供最佳效益的方案。这样看来，“适用先进技术”本质上不是一个一成不变、四海雷同的形而上学的概念，而是一个充满辩证法和控制论思想的概念。在这个意义上，可以认为，适用技术或适用先进技术就是“最佳技术”。

根据以上分析，可以给“适用先进技术”下这样一个简单扼要的定义：所谓“适用先进技术”，就是在一定社会经济条件下，为了达到一定的目的而可能采取的多种先进技术中经济效果最好的那种技术。

有的同志认为，适用技术并非一种具体技术，而是一种发展技术的指导思想。[1]这是非常精辟的见解。我们所说“选择适用先进技术是我国的基本国策”，也是在这个意义上立论的。我们之所以主张这样的基本国策或指导思想，有着深刻的经济背景、社会背景和国际背景。经济方面，我国面临艰巨的建设任务，然而资金、能源、材料严重不足，技术水平很低，经济结构（包括技术结构）不合理，不强调适用先进技术就根本不会有出路。社会方面，人口和就业压力大，环境和生态恶化，不强调适用先进技术就不能保持长治久安。国际方面，我国同发达国家技术差距不仅悬殊，而且还在扩大，不强调适用先进技术就只能永远处于落伍者的行列。

因此，我认为我们国家的技术政策应作这样的完整表述：我国的技术选择一般地应以先进技术为主，在关键性的某些部门、某些产品、某些技术领域还应该有重点地采用尖端技术，在原有技术基础过于薄弱的部门和地方，可以适当装备中等技术，在全国范围内必须尽可能缩小初级技术的比重，力争在20世纪内把一切现存原始技术转移到初级技术或更高水平的技术基础上去。

道路国策俱备，关键就在措施。截至1981年底，我国已经建立了40万个工交企业，[2]其中全民和集体所有制工业企业38万个（内有大中型企业5000个）；国营农场2000个；农村生产队600万个，队办各类企业100万个。[3]这些企业的技术状况一

[1] 郑关林：《适用技术》，载《百科知识》1981年第3期。

[2] 《1981中国经济年鉴》，第Ⅳ—30页。

[3] 《中国统计年鉴（1981）》，第185、131、189、203页。

如上述。此外，我们国家还必须新建适当数量的各类企业，以便使整个国民经济结构合理化。为了使我国的技术进步有一个牢靠的物质基础，我们必须优先和大力发展那些对技术进步起着主导作用和关键作用的产业部门或生产行业，例如电子工业（或更广泛地说信息工业）、化学工业、新型材料工业、有色金属工业、精密机械工业、仪器仪表工业、“文化工业”（指服务于提高文化的产品生产）、饲料工业以及生物制品和生物技术的供应和服务部门等“新兴产业”。此外，在提高常规能源工业（如煤炭工业、电力工业、石油工业）生产技术的同时，要着手发展新能源工业（如开发核动力、风能、沼气、地热的工业等）。对这些新老企业应该采取什么样的技术措施，才能使我国的技术结构朝着理想的方向发展呢？我认为，应该通过选择适用技术（主要是先进技术）的办法，对现有企业实行技术改造；选择适用的先进技术甚至尖端技术装备新建企业，在不同部门、不同行业、不同地区之间有计划有步骤地组织技术转移。这是实现我国技术结构合理化，把整个国民经济逐步转移到新的技术基础上，振兴我国经济的重要战略措施。

我认为，根据我国具体情况，按照制约技术适用性的几个基本因素的要求，我们在改造现有企业和装备新建企业时，在提高社会经济效益的总前提下，选择技术应该遵循下列原则：

第一，无论哪种企业，都应选择节能型技术，尽量避免能源密集型技术。我国是能源生产和能源消费的大国，目前单位能源所创造的国民收入远远低于许多国家，原因是工艺和装备都比较落后。如果将耗能高的技术设备和工艺流程都采用节能型技术加以改造，则以我国 20 世纪内所能拥有的能源条件去保证实现工农业年总产值翻两番的战略目标，是能够实现的。在新建企业时，更应把节能指标摆在技术方案的显要位置上。无论新老企业都要积极研究和推广节能新技术。在考虑产业结构、产品结构和企业规模结构时，也应该尽可能不选择那种能源密集的类型，例

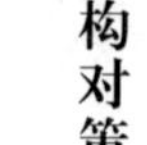

如电冶工业、电化工业和“五小工业”。在非建不可时，也应在若干可能的方案中选择相对节能的方案，绝对不准搞工艺十分落后、能耗过高的项目。

第二，无论哪种企业，都应选择资源材料节约型技术，尽量避免资源材料高耗型技术。这一点，对于发挥一个国家的经济优势，避开劣势，争取最佳经济效益，是至关紧要的。例如瑞士，能源和其他自然资源都较缺乏，但它选择能源、材料、资源节约型的技术，发展钟表工业和精密仪器仪表工业，使国家很快富裕起来，人均收入超过美国。我国自然资源人均量不高，材料严重短缺，必须把节约资源和材料当成选择技术的重要标准。事实上，从提高设备的性能和精度，革新工艺，运用系统工程原理和现代数学方法等方面着手，是能够造成大量节约的。例如，有一个造纸厂采用喷碱亚纳磨木新工艺，在保证质量的前提下降低了新闻纸的标准定量，使每吨新闻纸可以多出对开报纸两千多份。如果全国现有造纸企业都采用这一新工艺，则可在保持现有新闻纸产量的前提下，节约原料木材 7 万立方米，相当于 5 万亩速生林一年的木材产量。[1]

第三，在保证技术进步和劳动生产率提高的前提下，在花费同量资金的条件下，应该尽可能选择劳动密集型技术。我国人力资源丰富，劳动密集型技术是更能发挥人力优势的。那种认为搞现代化就只能像发达国家那样采用资本密集型技术的观点，是不符合我国国情的，也是不全面的。那些国家之所以热心于资本高度密集的技术，除了科学技术方面的原因之外，一个不容忽视的背景是，它们那里的劳动力不足，或者劳动力昂贵。我国则不同，劳动者是国家和生产的主人，不存在劳动与资本的对立。我国人口众多，如果过度采用资金密集型技术，那么由这种技术进步带来的经济效益将被由人力浪费造成的经济损失所抵销，甚至

[1] 《经济参考》1982年12月8日。

损失还更大。这里，还把经济因素以外的其他社会因素撇开了。

必须指出，劳动密集与人浮于事是两个概念，把重视劳动密集理解为主张牺牲劳动生产率以安排就业，是不对的。重视劳动密集同提高劳动生产率是相容的，一致的。我们应在保证不断提高技术水平从而不断提高劳动生产率的条件下去安排就业。只有这样，才能增加社会剩余产品，扩大生产规模，真正广开就业门路。如果忽视技术进步，忽略劳动生产率的提高，安排就业的路子可能会愈走愈窄。[1]当然，对于一些客观上要求资金密集的部门和行业，如冶金工业、电力工业、煤炭工业、石油工业等，则可以审慎地采用必要的资金密集技术。但是，即使是在这些部门和行业内部，在可以接受的若干个技术方案中，也有资金密集程度较高和较低以及劳动密集程度较低和较高的差别。在其他条件不变时，应该尽可能选择资金密集程度较低而劳动密集程度较高的技术。

劳动密集与资金密集，其实只是对象中所包含的劳动的状态有差别。前者是凝结的活劳动所占比重大，后者是转移的物化劳动所占比重大。而任何生产、任何技术，都离不开物化劳动和活劳动，所以这两种类型的技术是可以互相转化的，是能够有机地结合起来的。

劳动密集型技术，内部又有差别。由于活劳动可以分解为简单体力劳动和复杂脑力劳动两个部分，所以劳动密集又可分解为一般劳动密集和高度劳动密集两种。人们为了突出脑力劳动密集的特点，给后者另外取了一个名字，叫做“知识密集”。相对于资金密集而言，知识密集仍然是劳动密集，但它是劳动密集的一个特殊部分（脑力劳动密集）。从许多国家技术发展的历史来看，似乎存在着这样的规律性，即技术的发展，从而产业的发展

[1] 孙尚清：《关于生产力经济学的几个问题》，载《学术月刊》1982年第7期。

总是从一般劳动密集型到资金密集型再到知识密集型逐步发展、逐步过渡，由低级向高级螺旋式上升的。因此，切不可把三者截然隔离开来，而应该看到它们之间的联系，把三者有机地结合起来，在一个时期内使三者所占比重相对稳定，同时又创造条件，经过较长时期之后，使较低级的类型向较高级的类型过渡。

第四，所有技术都应力争成为“无废技术”或“低废技术”，并尽可能实现“废物资源化”，以避免和减少对环境的污染和对生态平衡的破坏，提高综合利用原材料的效益。

道路、国策、措施都有了，可是适用先进技术从哪里来呢？有两个来源，一是国外引进，二是国内转移。引进国外先进技术的必要性和可能性现今已是无须解释的了，许多人有疑问的是在国内组织技术转移的客观依据。

如前所述，我国的技术结构从总体上看是一个二元结构（相对先进的工业与极其落后的农业，农业中相对先进的种植业与极其落后的畜牧业）或三元结构（发达的东部、较发达的中部、不发达的西部），是一个多层次结构（自动化、机械化、手工工具以及介于两者之间的各层技术）。这种多元多重技术结构状况，就构成了在国内组织技术转移的足够的依据。相对先进的部门、行业、地区和企业的技术，在一般情况下可以成为相对落后的部门、行业、地区和企业应该选择的适用技术。因为，前者的技术对于后者不但具有技术上的先进性，而且具有经济上的合理性（不需外汇、所花资金少、见效快）和生产上的可行性（适合接受者的技术水平和管理水平）。事实上我国已经开始了全国范围的技术转移。例如，发达地区同不发达地区通过合作生产、技术转让、补偿贸易等形式进行的技术协作，人们称之为“东西部对话”。不过还应该扩大一些，要有步骤更大规模地组织“三部对话”“两业交流”以及军工技术向民用技术的转移等。总之，凡是技术上有优势的部门、行业、地区和企业，都应该成为较落后的部门、行业、地区和企业的技术源泉。这是在我国实现技术结构合理化的一条既经济实惠又切实可行的捷径。

我国技术结构向现代化迈进和实现合理化，还必须以合理的投资分配政策和投资使用方向以及正确的对外经济技术交流政策作为基本的保证。我国的技术结构之所以形成今天这个不合理的落后的局面，是同多年来投资分配、投资使用上的不合理以及技术引进工作中的偏差分不开的。过去的基本建设投资用于发展直接物质生产的多，用于发展科学技术的少，用于新建、扩建企业的多，用于改造已有企业的少，用于引进成套设备（硬件）的多，用于引进制造技术（软件）的少。适应于技术进步的新路子，我国的投资分配政策、投资使用方向和对外经济技术交流政策也必须作相应的调整。

第五节　我国技术结构分阶段改善的预想

任务是极其艰巨的，不分阶段难以完成。按照党的十二大关于我国整个经济建设发展战略的精神，我国技术结构合理化和向现代化迈进，在20世纪内也应该分两步走：80年代打基础，90年代大发展。80年代应该着重抓现有企业的技术改造（同时也新建一批必不可少的、采用先进技术的企业），其中“六五”期间，有重点地开展，“七五”期间，则广泛地进行。90年代将更大量采用适用先进技术装备原有的和新建的企业，整个国家也将进入一个新的经济振兴时期。

经过这两个十年的奋斗，我国的各种技术手段在总体中的比重将发生巨大的变化，相互之间的联系将大为改善，整个国民经济技术结构的总体水平将大幅度提高。似乎可以这样预测：我国工业将实现全盘机械化和开始半自动化（自动机和自动线大量增加，但自动化工厂仍然是少量的，更不是已经建成自动化技术体系，即使对于下一世纪来说，我国也没有必要追求那种省人的全盘自动化），整个工业部门以中等技术为主将变为以先进技术为主，尖端技术会明显增加，初级技术比重将大幅度下降，原始技术基本上淘汰干净，全部工业（特别是材料工业）的化学化程度有显著增长，“三废”（液、气、渣）将受到严格控制和被综合利用。总而言之，到20世纪末，我们要把经济发达国家在70年代内或80年代初已经普遍采用的、适合我国需要的、先进的生产技术，在我国厂矿企业中基本普及，并形成具有我国特色的技术体系。前面说过，目前我国骨干企业大体相当于发达国家50年代的技术水平，差距大约是30年。到20世纪末，经过我们的上述努力，差距可以缩至20年。如果在下个世纪内我们再把步子加快一些，那么，到21世纪30年代末，我们就有可能填平同发达国家之间在工业生产技术上的差距，毫无愧色地前进在世界民族的前列了。

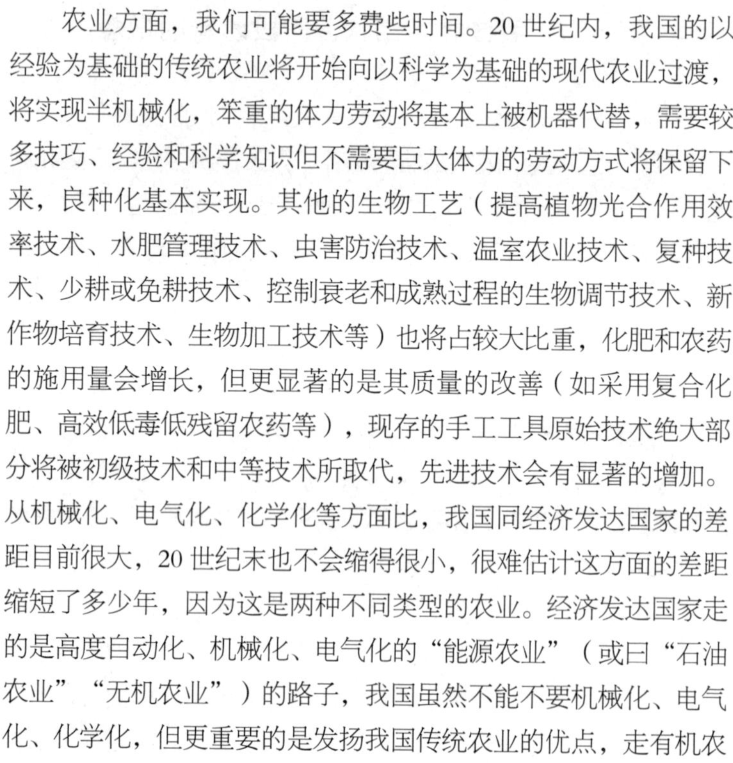

农业方面，我们可能要多费些时间。20世纪内，我国的以经验为基础的传统农业将开始向以科学为基础的现代农业过渡，将实现半机械化，笨重的体力劳动将基本上被机器代替，需要较多技巧、经验和科学知识但不需要巨大体力的劳动方式将保留下来，良种化基本实现。其他的生物工艺（提高植物光合作用效率技术、水肥管理技术、虫害防治技术、温室农业技术、复种技术、少耕或免耕技术、控制衰老和成熟过程的生物调节技术、新作物培育技术、生物加工技术等）也将占较大比重，化肥和农药的施用量会增长，但更显著的是其质量的改善（如采用复合化肥、高效低毒低残留农药等），现存的手工工具原始技术绝大部分将被初级技术和中等技术所取代，先进技术会有显著的增加。从机械化、电气化、化学化等方面比，我国同经济发达国家的差距目前很大，20世纪末也不会缩得很小，很难估计这方面的差距缩短了多少年，因为这是两种不同类型的农业。经济发达国家走的是高度自动化、机械化、电气化的“能源农业”（或曰“石油农业”“无机农业”）的路子，我国虽然不能不要机械化、电气化、化学化，但更重要的是发扬我国传统农业的优点，走有机农业与无机农业相结合、机械技术与生物技术相结合，建立集约农业和生态农业的新路子。因此到 20 世纪末，我国农业的园林化和生物工程化等同有机农业、生物技术相联系的指标，将会有更大的提高。经过我们从机械技术和生物技术这两个方向上的持续努力，估计在 21 世纪初叶，我国农业的机械技术水平将会逐步接近发达国家而在生物技术水平方面可能赶上甚至超过它们，从而使我国农业从传统经验成规的基础上逐步转移到现代化科学技术的基础上去。

国外有科学家说，21 世纪是生物技术的世纪。不管此论是否完全站得住脚，它至少对我国是有参考意义的。我国技术开拓的重点是农业，农业技术开拓的关键是生物技术，此外在 20 世纪突破电子技术、普通能源技术等重大技术的基础上，可否设想到下个世纪把航天技术、宇宙空间利用技术、遥测遥感技术、激光技术和新能源技术等有长远价值的技术的基础研究和应用研究摆到重要议程上来。与此相适应，我们在人才培养上也必须采取有效的措施，在提高全民族的科学技术和一般文化水平的同时，造就一支符合技术进步需要的科学、技术和管理几方面的专业人才队伍。在科学研究上，我们要针对着近期和远期的需要，对基础研究、应用研究和发展研究统筹安排。

第五章　教育科学结构对策

刘厚成　张泽厚

科学技术的发展靠人才，人才的培养靠教育，靠智力开发。所谓智力开发，就是通过教育与训练，用现代的科学技术知识，来提高全民族的文化科学水平，造就出宏大的专家队伍和庞大的高素质劳动大军，使我国生产力诸因素中的主体——劳动力的智力结构状况发生根本性的变化。智力开发涉及许多方面的工作，包括教育和科学，以及图书报刊、广播、电视等各种文化事业的发展，但根本环节是教育和科学。党的十二大把教育和科学作为我国从1981—2000年的三个经济发展战略重点之一，这是一个极其重要的决策。我们必须从战略重点的高度来进一步认识发展教育和科学的重要性和迫切性，选择正确的或合理的教育、科学结构对策。所谓教育和科学的结构，包括两个层次的含义，一是教育、科学同国民经济发展的需要是否相适应的问题；一是教育、科学的内部结构与经济结构整体是否相适应的问题。本章的重点就是围绕这两个层次的结构现状及其发展目标和主要对策进行初步探讨。

第一节　大力发展教育和科学是实现我国战略目标的基本条件

教育和科学属于不同的领域，但都与经济、社会的发展有极为密切的关系。同时，教育和科学之间也存在着相互促进、互为条件的紧密的联系，是经济社会发展的大系统中的两个有机组成部分。

教育的发展程度和水平取决于社会经济的发展状况，教育发展的水平、速度、规模和结构，又反过来对经济发展的速度、经济结构及社会制度等发生强大的反作用，促进或阻碍经济、社会的发展。教育对经济的促进作用，是由教育的职能所决定的。教育的根本任务，在于陶冶品德（因社会制度不同而性质各异），传授知识，开发人的智力（包括思维能力、工作能力、创造能力等），培养各类人才，以推动科学技术和生产力的发展，并满足社会发展的其他各种需要。教育的这种促进作用，在科学技术的重要性与日俱增的现代化大生产中表现得尤为突出，也可以说，科学技术愈进步，对知识的要求愈高，对教育的需求愈迫切。因为任何先进的劳动工具、设备都必须由人来使用，任何科学技术的发明、创造、应用和推广，都必须由人来开拓。在现代化大生产条件下，社会所需要的已不再是一般自然形态上的劳动力，而必须是经过教育掌握现代科学文化知识和生产技能的脑力劳动者和体力劳动者。而且随着科学技术的发展，脑力劳动在社会总劳动量中所占比重将愈来愈大，因而对教育的要求日益提高。马克思主义从来认为科学技术是生产力，是革命的推动力量。这种力量主要表现在劳动手段、生产工具、设备的革新，生产技术和工艺的改进，劳动对象的开发，资源的有效利用，新的生产领域的开拓等各个方面，而所有这一切都集中反映为劳动生产率的提高和经济效益的增长。据美国经济学家丹尼森统计，美国在1929—1957年间，每年的平均经济增长率为2.93%，而在这个增长率中起作用较大的主要有四个因素，其中就业人员的增长占27%，教育与训练占23%，科学技术占20%，资本投入占15%。教育与科学两项共占43%，这说明经济的增长在当时有将近一半归因于科学和教育的作用。[1] 又据日本学者康津在《日本科技革命的道路》

❶ E.F.丹尼森：《美国经济增长的源泉》，纽约，1962年。转引自〔英〕约翰·希思：《教育经济学》，教育科学出版社1980年版。

一书中估算：在1951—1970年日本工农业生产的增长中，约有45.4%是技术进步带来的，40.5%是固定资产数量扩大的结果，14.01%是就业量增加的结果。再据日本世界经济情报服务中心分析，在1951—1970年的经济增长中，技术作用占50%~63%。科学技术进步对经济增长贡献的定量分析计算问题，国外尚有不少争论。因计算方法不同，所得结果差别不小，同时也存在一些难以精确计算的因素，使计算结果不一定很准确。但可以肯定，它的作用是很大的，而且愈来愈大。我国在这方面的工作还较薄弱，还缺乏全面、准确的资料。但仅就一些典型材料来看，其经济效果也是相当巨大的。赵紫阳总理在全国科学技术奖励大会上所作的《经济振兴的一个战略问题》报告中曾经提到，我国近几年的13项重大发明，每年创造的价值共达30亿元，每项的年经济效益均在1000万元以上，其中有鲁棉一号等6项成果，每年所获得的经济效益都在一亿元以上，有的高达七八亿元。[1]又据上海市科委对该市1981年部分重点科研项目的经济效益所作的调查，其中数据比较完整的23项科技成果的分析资料表明，每元科技经费投资，在科技成果鉴定后一年内所上缴的利润和税金为一般生产投资所实现利润和税金的2.69倍，在实现工业化生产后一年内上缴的利润和税金则为4.87倍，翻两番还多。[2]光明日报社也曾对荣获国家发明奖的245个项目的使用情况进行了调查，其中有75项在应用推广中所创造的农业产值、工业利润或节约利废产生的价值累计达107.4亿元，而当初完成这些发明的科研投资总共只有0.45亿元，两者的比率为219：1。[3]

我们还要看到，科学技术对经济、社会的促进作用，绝不仅限于某些单个技术项目在生产上的应用。现代科学技术的飞速发

---

❶ 《人民日报》1982年11月7日。

❷ 《人民日报》1982年11月18日。

❸ 《光明日报》1983年4月25日。

展，已经越来越深入地渗透到经济和社会生活的各个领域，正在对国家的经济决策、社会决策起着重要的影响。诸如经济发展目标的确定，经济结构的调整，生产力的合理布局，资源的合理开发和利用，技术经济政策的选择，企业技术改造方向的确定，重大建设项目的论证，以至人口、就业问题的解决，生态环境的改善等，都必须十分重视科学技术的因素，才能真正做到符合客观规律，收到良好的效果。

正因为科学、技术和教育，对经济的加速增长有如此重大的影响，所以世界各国都在竞相发展科学技术，发展教育。人们常把经济的竞争，看作科学技术的竞争，教育的竞争，把智力投资看作经济增长的重要源泉。因此，要振兴我国经济，实现党的十二大所提出的战略目标，非走大力发展教育和科学事业的路子不可。对于我们这样一个人口多而经济、文化、科学技术又比较落后的大国来说，更是当务之急。十二大提出的宏伟任务是十分艰巨的，它要求我们迅速赶上世界先进的科学技术水平，用先进的科学技术和科学管理来武装和改造我国工农业生产和国民经济各个部门。在农业方面，要广泛实行科学经营，大幅度地提高劳动生产率和商品率；在工业方面要走以内含为主的扩大再生产的道路，大规模地进行技术改造，采用新技术、新工艺、新材料，以增加生产，提高质量，降低原材料和能源消耗，大大提高经济效益；要积极开发和节约能源，尽快地加强交通运输和邮电通信的基本建设……。所有这一切都离不开科学技术的大发展。中央领导同志多次指出，实现翻两番的战略目标，有一半要靠科学技术，而发展科学技术的基础在教育，充分表明了科学和教育在经济社会发展中的极端重要性。

我国的科学技术在若干领域内达到了世界先进水平，但从总体来看还比较落后，在应用科学技术方面，更是如此。其重要原因之一，就是人才缺乏。在我国国民经济各个部门，无论是科学技术人员，还是熟练工人都严重不足。各级各类的专门人才，

同发达国家的拥有量相比，同我国现代化建设的需要量相比，都相差甚远。因此，从我国国情出发，大力发展教育，加速培养人才，推动科学技术的发展，至关重要。由于教育部门具有不同于物质生产的特征，它生产周期长，出成果慢，培养一个中等人才需要十二年左右，培养一个大学毕业生需要十六年左右，培养一个高级专门人才所需时间则更长。从这个重要意义上说，为了适应经济、社会的发展，教育更需要先行，需要早抓。为此，在指导思想上应该进一步解决以下几个问题。

第一，在全党、全社会中特别是各级领导干部中进一步树立重视教育、依靠科学的思想。三十多年来，在相当长的时期内，存在一种缺乏科学知识，而又轻视知识，歧视知识分子的倾向，这是造成教育和科学落后又不重视教育和科学的根本原因。党的十一届三中全会以来，这种状况已大有改变，教育和科学在经济发展中的地位和作用，已日益被更多的干部和群众所理解，受到社会各方面的关注。但忽视教育和科学的种种倾向仍在不少地区和单位不同程度地存在，必须继续加强这方面的教育和宣传，特别是结合近几年来工农业战线上一些重视智力开发、培养人才、采用先进科学技术大大提高经济效益的成功经验进行宣传，使更多的干部和群众进一步从战略重点的高度来认识发展教育和科学事业的重要性和紧迫性，为开创教育和科学的新局面创造良好的条件。

第二，要进一步明确，对科学范围（含义）的认识。科学是人类在认识自然、改造自然，认识社会、改造社会的长期斗争中形成的知识体系，它包括自然科学和社会科学两大领域。社会科学尽管有不同于自然科学的特性，但它仍然是科学的重要组成部分。长期以来，我们简单地把科学等同于自然科学，似乎社会科学不包括在科学体系之内。还有这样一种观点，认为社会科学不过是对党的现行政策进行一些解释，“造造舆论”而已。这些看法都是片面的，不符合科学发展的客观规律。我们知道，科学各门学科的分化，是在一定历史阶段产生的，有其历史的原因，它对于促进各门学科的发展和深化，发生了积极的影响，但有一定的局限性。任何自然或社会的过程及其规律性总是纵横交错复杂的有机整体。孤立地研究某一事物不利于人们深入把握事物的规律性，也妨碍科学本身的发展。随着现代社会化大生产和科学技术的发展，社会科学和自然科学两大领域中许多学科间的交叉、渗透、融合的趋势正日益加强，一些边缘学科的产生和发展，就是最明显的例证。实际上当今经济、社会发展中许多复杂问题的解决，不论是宏观还是微观的问题，都已不是单个学科或几个学科所能胜任的，往往需要跨领域的多学科的协同配合才能奏效。在社会主义现代化建设中，既有非常复杂的自然科学、工程技术方面的问题，又有十分复杂的社会科学方面的问题。

实践已经证明，并将进一步证明：社会主义现代化建设中许多重大问题，只有自然科学和社会科学工作者的共同努力，亲密合作才能解决。例如经济发展战略决策的选择，经济社会发展规划的制订，生产力的合理布局，生态环境的保护以及技术经济政策的研究和制定，重大建设项目的可行性研究等，都必须有自然科学和社会科学的多学科协同作战。在现代化的大生产条件下，要使先进的科学技术充分发挥作用，还必须有先进的科学管理，而科学管理就涉及一系列的学科和专业知识。以经济管理而论，就涉及多种部门经济管理学、国民经济管理学、企业管理学以及数量经济学、系统工程学、投入产出法、电子计算机在管理中的应用等广泛的学科。社会科学作为整个科学事业的一个重要方面军，绝不是可有可无的。现在的问题是，自然科学工作者与社会科学工作者应进一步加强协作，互相学习，取长补短，共同探讨和解决四化建设向我们提出的许多重大理论问题和实践问题，为全面开创社会主义现代化建设的新局面作出自己的贡献，这是新时期赋予我们的历史使命。十二大的文件已明确地将社会科学包括在科学之内，这是完全正确的。今后要在实际工作中进一步贯彻这个指导思想，充分发挥社会科学的作用，为此在教育方面也要相应地加强社会科学中一些短线学科人才的培养。

第三，正确认识和处理智力资源和物力资源的关系。在社会主义建设中，我们过去偏重于物的生产，物力资源的开发和利用，但对智力资源的开发，人才的培养，智能的利用，重视不够，其结果是科学技术进步不够快，物质的生产虽有很大的发展，但产品质量不高，品种不丰富，原材料、能源消耗大，劳动生产率提高不快。一句话，经济效益不理想，人民得到的实惠不多。今后要实现十二大制订的战略目标，就必须走集约化生产的新路子，向科学技术、向智力要劳动生产率，要经济效益。外国的一个经济机构曾经对“智力”的效益进行测定，所得的数据是：企业增加一个劳动力，可以取得 1∶1.5 的经济效益；增加一个技术人员，可以取得 1∶2.5 的经济效益；而增加一个有效的管理者，可以取得 1∶6 的经济效益[1]。这个测定可能有局限性，不一定很准确，但它说明了科学管理同先进技术一样，能产生很大的经济效益，在一定条件下，甚至可能超过技术带来的效益，这是确定无疑的。科学管理不只是企业、经济部门需要，各行各业都有管理的问题。因此，我们应当在战略思想上实行这样的转变，即由偏重物力资源的开发利用，转变到把物力资源同人的智力资源的开发利用结合起来，使两者并重，并进而转变到以智力的开发利用为主。实行这样的转变，将有可能以尽量少的投入，取得尽可能多的产出，为实现翻两番的战略目标提供更可靠的保证。

第二节　教育结构的调整及其主要对策

一、教育结构的现状

我国的教育事业自建国以来得到了较快的发展，取得了很大

[1] 参见《经济参考》1982年7月30日。

的成就。但从总体看，还比较落后。一是落后于经济的发展，不能适应经济、社会发展的需要，二是落后于世界发达国家的教育水平。同发达国家相比，我国至今尚未实行初等义务教育制度，更不用说中等义务教育了。高等教育差距更大，我国每万人口中的在校大学生数不仅远远低于发达国家，相差十几倍、几十倍，甚至低于一些发展中国家。关于这方面的材料，近两年来国内已有许多论著进行了对比分析，不再赘述。我们将着重讨论教育同经济、社会发展不相适应的方面。这主要表现为教育的发展速度落后于国民经济发展的速度，教育内部结构的状况同经济结构的变化严重地不相协调。

1. 教育的发展速度较慢

根据世界各发达国家的经验，在现代科学技术对经济发展的重要作用日益增强的条件下，教育必须超前发展，教育发展的速度必须高于国民经济发展的速度。而我国的情况则恰恰相反，教育常常低于国民经济的发展速度，这种状况从高校学生数与工农业总产值的年平均增长速度的比较中可以明显看到（见表 5–1）。

表 5–1　我国高等学校学生与工农业总产值年平均增长速度的比较

单位：%

	1953—1957 年	1958—1965 年	1966—1978 年	1979—1981 年	1953—1981 年
工农业总产值	10.9	6.0	8.5	6.7	8.1
高校学生数	18.2	0.3	4.0	12.0	6.6

资料来源：据《中国统计年鉴（1981）》资料整理。

这说明，在 1953 年至 1981 年的 28 年间，只有 1953—1957 年和 1979—1981 年的 8 年，高校在校学生数的年平均增长速度超过了工农业总产值的增长速度，其余20年，前者都较后者为低。整个28年的年平均增长速度也是前者低于后者，这是教育落后的重要标志。

2. 教育内部结构不合理

教育的内部结构主要是指各级教育及其各种教育形式、系科专业设置、课程教材安排等各种要素之间的比例关系及组合情况所形成的不同的结构关系。教育的各种结构关系，直接影响着人才结构，对经济结构、就业结构等发生重要影响。随着科学技术的日益发展和飞速进步，各行各业对劳动者科学文化知识的要求越来越高。我们应当根据经济结构的变化对教育的各种结构关系适时地进行调整，使教育更好地适应经济发展的需要，发挥它的重要作用。

第一，教育的纵向结构。

教育的纵向结构，是指各级教育即初等教育、中等教育和高等教育之间的结构关系。初等教育是发展中等教育和高等教育的基础，没有优良的初等教育，就没有高质量的中等、高等教育。小学教育的数量和质量制约着中高等教育的发展，对提高全民族的文化科学水平至关重要。我国小学教育有较大发展，但至今尚未普及。小学适龄儿童入学率现已达到94%，这个比例在发展中国家中是很高的，但仍低于发达国家，许多发达国家已实行小学义务教育制度。我国人口多，适龄儿童数量大，未入学的6%的绝对量并不小。而且，农村小学的巩固率一般只有60%~70%，有的地区未入学和辍学的适龄儿童达30%以上，新的文盲、半文盲仍在不断产生。同时农村教学质量低于城市，教学设施更差。据全国二十五个省市的不完全统计，只有600多个县（包括市和区）基本做到了普及小学教育，仅占全国县的27%。近几年来，农村普遍实行农业生产责任制以后，有的地区具体措施未跟上，使农村适龄儿童的入学率有所下降。根据全国第三次人口普查的资料，在全国十亿人口中，不识字或识字很少的文盲半文盲竟有两亿多人（婴幼儿除外）占总人口的 23.5%。这对实现农业现代化极为不利。因此，在农村普及小学教育和扫除文盲，仍然是一个大问题。

我国中学教育的数量和规模，小于小学教育。中学入学率目前已达 51%，虽高于 70 年代所有发展中国家的平均水平 26%，但同发达国家的平均 68% 相比，还是落后的。[1] 如果同一些发达国家已实行中等义务教育制度（年限不等）相比，差距更大。

高等教育的发展，同中小学比较相对地说更为薄弱，更不能适应现代化建设的需要，其突出表现是招生数量少。1981 年高中毕业生升学率只有 5.7%。三十多年来培养的大学毕业生，平均每年不过十多万人。由于数量不足，供不应求的矛盾十分突出。以 1981 年为例，全国各地区、各部门要求分配高校毕业生约 52 万人，但应届毕业生只有 27.6 万人，缺额将近 50%。培养高级专门人才的研究生教育发展很慢，1965 年以前，毕业的研究生不到两万人。1978 年以后发展较快，到 1982 年已毕业 1.8 万人，总计不到 4 万人。

上述情况说明，我国初、中、高等教育之间比例失调，形成三角形形状，越往上数量越少。反映在人才结构上，就是职工中受过中等、高等教育的职工比重很小，职工中“三低一少”，即文化水平低，技术水平低，管理水平低，专门人才少的现象相当严重。例如，生产部门中科技人员占总劳动力的比例很低，即使在机械制造行业、化学工业、药品工业等知识较密集的部门中，科技人员的比例也只有 4.5%，其他轻工业部门就更低了。据一些单位调查，在工人中，技术工人不到 10%，技术工人的平均技术等级只有三级。三级以下的占 50% 左右，青年工人中有 70%~80% 的文化程度在初中以下，有一部分初、高中毕业生，虽有文凭，

[1] 据《中国社会主义经济的发展（世界银行经济考察团报告）》，中国财经出版社1982年版。

没有水平。在管理干部中，据一机部对249个重点企业2400多个工厂厂级领导干部文化水平的调查，大学毕业的只占14.3%，高中、中专的占31.4%，小学和初中程度的占64.3%。像鞍钢这样的重点企业，厂、处级以上管理干部中，大学水平的也只有14.2%，中专的占17.2%。其他系统的文化水平更低，如财经系统干部中，大专毕业的只占2.9%，银行系统业务人员中大专毕业生只占3.1%。在农业战线上，科技人员尤为缺乏。据有的材料估计，目前平均每十个公社才有一名大专毕业生，两个公社只有一名中专毕业生，每万亩耕地不到两名农业科技人员，每万名农业人口只有3.7名科技人员。据对2448名省、地、县三级农业领导干部调查，高、中等农业院校毕业的只占3.6%。在经济、文化较发达的四川省温江专区，在全区五百万人口中，无一名高级农业技术人才。中级科技人才，平均每县不到14名，其中直接为农业服务的农艺师平均仅7.3名，加上中专以上科技人员，全区也不过1600人，平均每个公社5.4人，每万名农业人口3.4人，每万亩土地3人。真可谓微乎其微。因此，改变劳动力的学历结构的任务是极为艰巨的，需要相当长的时期，但是必须有计划地积极促进这种转化。按照长远与目前、重点与一般、普及与提高相结合的原则，加快中等专业技术教育、高等教育和业余教育的发展，坚持不懈地抓下去，促进这种转化的早日实现。

第二，教育的横向结构。

横向结构主要是指教育的体制结构，它包括教育的中等、高等教育体制的单一化和多样化问题；正规教育与非正规（业余）教育的结构关系问题；系科、专业和教材结构问题。

我国的中等、高等教育都存在结构单一化问题，与经济结构不相协调。中等教育体制结构的单一化，主要是普通高中过多，中等专业技术教育、职业教育的比重太小。中等教育具有双重职能，一是为高等院校输送合格的高中毕业生，一是为社会培养各行各业的有一技之长的中、初级技术人员和熟练劳动力。从现代化建设的需要来看，我们不仅需要大量的工程师、设计师、专家、学者等高级专业人才，而且需要更大量的受过中等技术教育的工艺员，技术员等中级专业人才，以及受过初级教育的熟练工人。因为先进的科学技术成果如新产品、新工艺的研制和设计，固然主要依靠高级专业人员，而把设计方案变为产品，以及产品质量的优劣，工艺水平和劳动生产率的高低等，则主要依靠广大中、初级技术人员和熟练技术工人。在生产过程中，中等专业人员是高级专业人员与广大技术工人之间的桥梁和纽带，是生产第一线的技术骨干，因此在高、中级技术人员之间必须保持合理的结构。这种必要性还表现在以下几个方面：

（1）从技术结构方面来看，根据我国的国情，在今后较长时期内，我国的技术结构将是自动化、半自动化、机械化、半机械化和手工劳动并存的，即知识密集型和劳力密集型并存的多层次的结构。因此，必须培养比高级技术人员的数量更大得多的中、初级技术人员。

（2）从就业问题来看，我国目前高中的升学率很低，每年有大批不能升入高等院校的普通高中毕业生急需就业，但因没有专门的生产知识、技能，造成就业上的困难。生产企业大量吸收这样的劳动力后，还需花很大力量进行业务技术培训，如不予培训，则会影响生产的正常进行，降低劳动生产率。

（3）在目前我国人口多，底子薄，教育经费有限，短期内高等教育还不能增长太快而生产又急需的情况下，多办和办好中等专业技术学校和各种职业学校，也是符合我国国情、国力和经济发展的要求的。

三十多年来，我国中等教育中中专与普通中学比例失调，同上述经济、社会发展各方面的要求不相适应的情况十分严重。从1949 年到 1981 年，中专在校学生数只增长了 3.7 倍，而普通中学增长了 4.2 倍。中专在校生数（不包括技工学校）1960 年曾达到 221.6 万人，十年动乱期间严重下降，近几年经过恢复、调整，

开始上升，1980 年达到 124.3 万人，仍未恢复到历史最高水平。1981 年、1982 年又有所下降，1981 年的中专在校生数，仅相当于普通高中的 14.9%。其他农业、职业中学，技工学校的变化情况，同中专类似，1981 年共有在校生 116 万人，也未恢复到历史最高水平，比重仍然很小。[1]

高等教育的横向结构，对经济结构的变化具有更重要的影响。横向结构是指高等教育体制或形式的结构关系。从第二次世界大战以来，世界各国的高等教育体制处于深刻的变革之中，变化的趋势是由单一的传统大学，向多样化、大众化迅速发展，这种变化是伴随科学技术的飞速进步和经济、社会发展对高等教育日益提出多样化的要求发生的。社会的多样化的需要，要求高等教育体制具有更多的灵活性，于是在传统的大学之外，建立了许多新形式的高等教育机构，如短期大学、广播电视大学、函授大学、自学考试、暑期班，或其他进修班、夜大学等各种形式的教育机构蓬勃兴起。即使在经济发达的西方国家，这种趋势也不例外。比如美国，立案的近三千所高等学校，大致可以分为三类。第一类是设研究院，授博士学位的，其任务是培养高级专门人才，这类学校占高校学校总数的百分之十几。第二类是以本科教育为主的四年制大学，主要是培养开发与设计人才，也培养工艺人才，这类学校占高等学校总数的半数左右。第三类是二年制的专科学校，主要是培养中级科技人才，约占学校总数的三分之一，此外，还有各种各样的“服务学院”“早期学院”“晨读学院”“周末学院”“进修班”和“研究班”等高等教育组织。同时教育的观念也发生着深刻变化，联合国教科文组织的一位官员纳伊曼曾指出：那种“认为教育的积累知识是受时间限制的，并且应在一个人的青年时期进行”的观点，已经变得“陈旧”，应该加以放弃。“因为，再没有人能使年轻时期所积累的知识可以

[1] 本段各项数据均据《中国统计年鉴（1981）》整理。

供他一辈子的需要。”[1]这些话是有道理的，它清楚说明了各国“成人教育”或“终生教育”得以迅速发展的一个重要原因。我国向来有“活到老、学到老”的说法，也就是终身学习、受教育的思想。

我国高等教育体制多年来结构单一，形式多样化的进展十分缓慢。高等院校绝大多数是四年、五年制的本科，短期的高等院校很少，业余高等院校更少。近几年来，经过调整，高等成人教育，包括广播电视大学，职工、农民业余或脱产半脱产大学，普通高等院校的函授部、夜大学，以及中学教师进修班等有较大的发展。1980 年和 1981 年这类学校的在校生数已分别达到 155.4 万人和 134.6 万人，[2]1982 年，成人教育比上年又有所增长。高等教育自学考试制度也已开始实施。所有这些，都为我国高等教育形式的多样化、多渠道、多途径地培养人才开辟了广阔的前景。但无论从数量上、质量上来说都还远不能满足实现经济、社会发展战略目标的需要，应当进一步发展和提高。另外，在业余中等教育和业余高等教育之间的纵向衔接上，也存在一些问题。目前业余教育中偏重于大专的培养，而中等专业技术的业余教育较少，发展较慢，没有做到平衡协调地发展，这对于提高现有职工的技术水平和提高业余高等教育的质量是不利的。

第三，系科、专业结构和教材结构。

系科、专业结构及教材结构既影响到教育质量，又制约着所培养的人才的规格是否符合经济、社会发展多样化的需要。系科结构是否合理的标志，主要决定于科学技术的变化同经济结构包括产业结构、技术结构、就业结构等是否相适应。

---

[1] 参阅〔南斯拉夫〕德拉高尔朱布·纳伊曼：《世界高等教育的探讨》，教育科学出版社1982年版。

[2] 参见国家统计局编：《中国统计年鉴（1981）》，中国统计出版社1982年版。

现代科学技术的发展史表明，科学的高度分化和高度综合，是现代科学技术发展的重要特征。19 世纪以来，科学技术的发展发生了革命性的变化，许多学科日益互相渗透，趋向融合，在高度分化的同时出现了高度综合的一体化趋势。40 年代开始，系统论、控制论、信息论等边缘性学科的产生，标志着科学的综合化的趋势进入了一个新的阶段。这种趋势还在继续发展之中，不仅存在于自然科学各学科之间，即使在自然科学与社会科学之间的许多领域内也产生了相互渗透和合流的趋向。现在一些重大科学问题的解决，已不是某些单个学科所能胜任，而必须多学科“立体作战”。适应于这种发展趋势，许多国家在人才培养上，已开始向培养通才的方向迈进，以改变受教育者的知识结构，即扩大其知识领域。为此，一些高等专科院校日益向综合大学发展。在专业设置上，文科学生要选学一些自然科学课程如数学、电子计算机等，而理工科学生也要学一些社会科学课程，如经济学、历史学、社会学、法律学等。

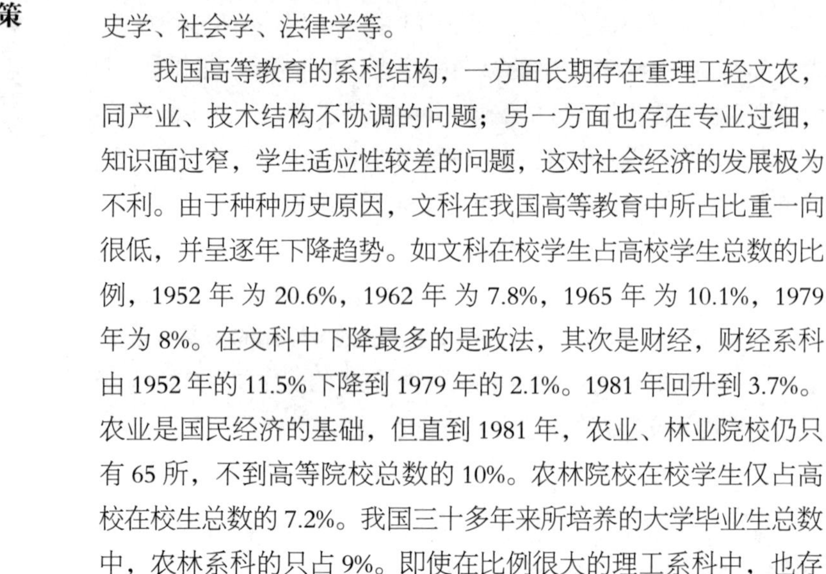

我国高等教育的系科结构，一方面长期存在重理工轻文农，同产业、技术结构不协调的问题；另一方面也存在专业过细，知识面过窄，学生适应性较差的问题，这对社会经济的发展极为不利。由于种种历史原因，文科在我国高等教育中所占比重一向很低，并呈逐年下降趋势。如文科在校学生占高校学生总数的比例，1952 年为 20.6%，1962 年为 7.8%，1965 年为 10.1%，1979 年为 8%。在文科中下降最多的是政法，其次是财经，财经系科由 1952 年的 11.5% 下降到 1979 年的 2.1%。1981 年回升到 3.7%。农业是国民经济的基础，但直到 1981 年，农业、林业院校仍只有 65 所，不到高等院校总数的 10%。农林院校在校学生仅占高校在校生总数的 7.2%。我国三十多年来所培养的大学毕业生总数中，农林系科的只占 9%。即使在比例很大的理工系科中，也存在结构不合理的情况，如工科中对地质、勘探、水利、轻工重视不够，理科中重理论，轻应用。

系科结构不合理在中等教育中表现也很明显，在普通中学和中等专业技术学校总的比例失调的情况下，中等专业教育内部各种专业之间也存在比例失调情况。例如，1949—1981年培养的640万中专毕业生中，工科约占21%，而农林专业只占10%，比农轻重的产业结构失调的情况更加严重。财经专业更少，仅占6%。近几年经过调整，专业结构已开始发生变化，在1981年的63.2万中等技术学校在校生中，农林专业的已增至14.9%，财经专业的已增至10.7%。[1]

中、高等教育中上述系科横向结构比例失调的情况，是过去经济结构不合理造成的，需要在近几年经济结构与教育结构都进行初步调整的基础上，继续进行调整。根据十二大确定的战略目标和战略重点，应当加强薄弱系科专业的发展，扩大农业、消费品工业、能源、交通运输等方面各种专门人才及经济管理人才的培养，以适应产业结构的变化。在技术结构方面，我国将是自动化、半自动化、机械化、半机械化与手工操作长期共存。与此相适应，在人才培养上既要培养高级专门人才，更要大量培养中级技术人才和素质较高的工农业劳动大军；既要培养基础理论人才，更要培养大量的应用技术人才，只有这样才能适应国民经济进行大规模技术改造，把经济工作转到以提高经济效益为中心的轨道上来的需要。

专业结构所应遵循的原则同系科结构是一致的。专业结构同系科结构紧密联系。我国高等教育的专业结构，受苏联50年代的影响较深，文理分家，理工分家，专业划分过细、专业知识领域过窄的情况较为突出。例如过去学经济专业的不学数学，学工程技术专业的不懂经济，在解决现代化建设中的一些实际问题时，往往遇到很多困难。这样培养出来的专才，由于不能很好适应现代科学综合化趋势的要求和社会化大生产的需要，在分配、

[1] 据《中国统计年鉴（1981）》数字计算。

使用上也受到影响，不能充分发挥作用。

教材结构合理化的原则，是要使科学技术在劳动力上物化的认识进程与科学技术的发展史相一致，以便高质量地开发智力，实质上是提高教学质量，使所培养的人才更加符合社会需要。教材结构的调整，不仅涉及各单项学科（如数学、物理学等）的教材结构，也涉及各项学科之间的教材结构。人类对自然、社会的真理的认识是不断深化的历史过程，自然、社会和人类思维处于普遍联系和转化之中，三者形成了一个不可分割的整体，而每个单独的学科（无论是自然科学还是社会科学）只不过是整体中的一个部分或一个环节。因此，要求单项学科的教材结构次序不一定完全按照该学科的发展史来安排，允许有限度地跳跃和精简，以经过压缩的精练易懂的形式，有规律性地反映各门学科的历史进程。各门学科的教材结构则应该体现自然、社会和思维三者的内在联系和统一，这是衡量多项学科教材结构是否合理的标志。按照这个原则，各个系统的教材都应包括辩证唯物主义哲学、综合科学（或边缘科学）和专业科学三大组成部分。辩证唯物主义哲学是世界观和方法论。专业科学是前者的运用、推广和具体化，综合科学是连接哲学与专业科学的中间环节。

目前我国高等专科教育系科的教材结构，存在着较严重的缺陷。以理工科而论，现行教材结构大体上分为马克思主义哲学、政治经济学、专业学科三个部分，但三者之间内在的因果联系很脆弱，边缘科学几乎是空白，没有体现上述辩证唯物主义哲学、边缘科学和专业学科三大结构的要求。同时，在整个学习期限中，教材结构呈金字塔形。低年级还可以看到哲学、政治经济学、专业课这种多元结构，进入高年级以后，却只剩下专业课的一元化结构。而根据客观事物的内在联系的整体性，随着专业课程的深化，更需要从哲学的高度加以概括，并认识同其他学科的联系，因而需要配合以自然辩证法和边缘学科课程，使前述教材的三大结构相互促进，以提高教学质量，加速现代化人才的培养。上述教材结构的两个方面的调整，是相互联系的，而教材结构的纵向调整，则带有基础性和先行性。教材结构在初等、中等教育方面，同样需要调整，我国大部分的普通中学和小学，只有文化课，没有职业、技术课，对学生就业和工农业生产不利。根据这种情况，在普通中学以及农村小学中，都要适当开设或增加职业、技术课程，达到文化、职业技术课之间比例的合理化，以扩大学生知识面，提高就业能力，满足生产需要。另外初、中级学校和大部分高等院校中，科学实验设备差，实验实习课程少，使学生普遍地呈现思维能力较强，而实验能力或动手能力差的状况，这对培养现代科学技术人才来说，是一个重要缺陷。因此，保持理论课程与实验课程之间的合理比例关系，也是不可忽视的一个问题。

第四，教育的地区结构。

教育的地区结构即教育的地理分布。教育的地理分布受各地区经济、文化发展水平的制约，同时又反过来促进各地区经济、文化、科学技术的发展。教育地区分布的合理化，有助于改善地区经济结构的不平衡状态，缩小先进地区和落后地区的差别，从而推动整个国民经济的发展。我国教育的地区分布是不平衡的，先进地区同落后地区之间差别很大，这在高等教育方面表现得最为明显。由于历史的原因，高等教育机构大部分集中在经济、文化、科学技术较发达的东部地区，西部地区尤其是边远省、区相当薄弱。以 1981 年 15 个重点城市拥有的高等院校数及其在校学生数来分析，北京、天津、上海、沈阳、长春、哈尔滨、大连、南京、广州、太原、武汉、西安、兰州、重庆、成都等 15 个城市，共有高等院校 359 所，在校学生 636 736 人，分别占全国高等院校（704 所）及其在校学生总数（127.9 万人）的 50.9% 和 49.7%。这 15 个重点城市，有 9 个在东部地区，2 个在中部，4 个在西部。东部地区仅京津沪三大城市就有高等院校 166 所，占全国的 23.6%，在校生 222 961 人，占全国的 17.4%。

东部其他 6 个城市有高等院校 101 所，在校生 199 886 人，分别占全国的 14.3% 和 15.6%。中部 2 个城市有高校 34 所，在校生 83 445 人，分别占全国的 4.8% 和 6.5%，西部广大地区，只有 4 个重点城市，有高校 58 所，在校生 130 444 人，分别占全国的 8.2% 和 10.2%。这就是说，有一半左右的高等院校及其在校生，集中于 15 个重点城市，其中又大部分集中在东部地带。[1] 再按省、区计算，则西北、西南 9 个省、区的高等院校在校生人数共有 23.8 万人，占全国的 18.6%，即有 81.4% 的在校生集中在东部和中部地带 [2]。这种分布状态是我国当前沿海省、市和内地之间经济发展不平衡的反映。落后地区科技人才短缺，生产技术水平落后，在很大程度上与教育不发达有关，它不利于地区经济结构的改善，应当积极进行调整，逐步加以改变。在当前条件下，充分发挥东部地区教育力量较强的优势是正确的，但必须同时有计划地为改善西部地区教育落后面貌努力创造条件，使之得到较快的提高，才能适应经济发展战略目标的需要。

二、教育结构合理化的主要对策

为了实现“十二大”提出的建设两个文明的纲领和经济发展的战略目标，必须对教育结构进行调整，逐步形成合理化的结构关系，以下就一些主要对策，提出一些看法。

1. 要进一步解放思想，大胆改革，突破一些束缚手足的不合理的旧框框

比如在发展教育的途径上，就应当改变过去一切由国家兴办，投资完全由国家财政负担的办法，调动各方面的积极性，走多途径、多渠道培养人才的道路。在教育的概念上也应当扩大，不能只重视正规教育，不重视非正规教育。例如，高等教育的发

❶ 根据《中国统计年鉴（1981）》资料整理。

❷ 同上。

展，不能都搞“四年、五年制”本科，要两条腿走路，也设各种专科。凡是受过一定年限的中等教育，通过各种形式继续学习高等教育范围内的文化、科学知识，只要达到一定的水准，符合国家的质量要求，都应承认其受过高等教育的学历。国家在有关制度上要承认和鼓励自学成才之路。又如目前限制一些高等学校扩大招生的一个因素是校舍不足，基本建设跟不上，可以通过办夜大，提高教室的利用率；学生不一定全部住校，本市学生可以部分走读。再如随着人民生活水平的提高，可减少助学金，增设奖学金，有的学校也可酌收学费，以节省国家教育经费的支出等等。这样，才能把教育搞活，使路子越走越宽，多出人才，快出人才。

2. 要为发展教育、开发智力创造良好的环境和条件，在实际工作中真正把教育摆在战略重点的地位

各级政府、各地区、各部门都要把发展教育纳入经济、社会的发展计划，并尽快制订与经济、社会发展相协调的远、近期教育发展规划，逐步制订和颁布符合我国国情的各种教育法令。例如制订和颁布义务教育法，各类型教育机构的管理法，对任意侵吞挪用教育经费以及随意侵占学校校舍、场地，殴打学校教师等都应根据有关法令，予以法律制裁。对各级地方政府财政支出中教育经费的比重，以及企事业单位、农村社队福利基金、公益金中用于教育的比例，都可根据不同情况规定不同的最低限额，用法律形式加以固定。

当前，要大大增加国家的教育投资，这是发展教育的主要条件。在国民经济和国家财政收入不断增长的基础上，要逐步使教育经费有较多的增加。多年来我国教育经费一直偏低。1952—1978年，我国工农业总产值增长了6.8倍（其中工业总产值增长了15倍），财政支出增长了9.93倍，经济建设投资增长了9.56倍，而教育经费支出只增长了6.3倍。近几年增长较快，科技、文教、卫生三项合计在财政支出中的比重，1979年为10.4%，

1980年为12.9%，1981年为15.6%。如只计算教育一项，增长速度仍是较低的。目前发达国家教育费支出增长的速度均高于国民经济总产值增长的速度，教育费占财政支出的比重均大大高于我国。以1976年一些国家教育费占财政支出的比重为例，美国15.6%，英国17.3%，联邦德国14.5%，日本21.7%，苏联14.9%，印度（1975年）20.7%。因此，应当在今后增加教育投资，使教育经费在财政支出中的比重有更快的增长。1980年，我国教育经费占国家财政支出的7.9%，如果教育经费在二十年中年平均增长3%，到20世纪末教育经费占当时的财政支出的比重将增加到14%左右，使教育经费增加5倍以上，高于工农业总产值翻两番的速度，这是必要的，也是可能的。

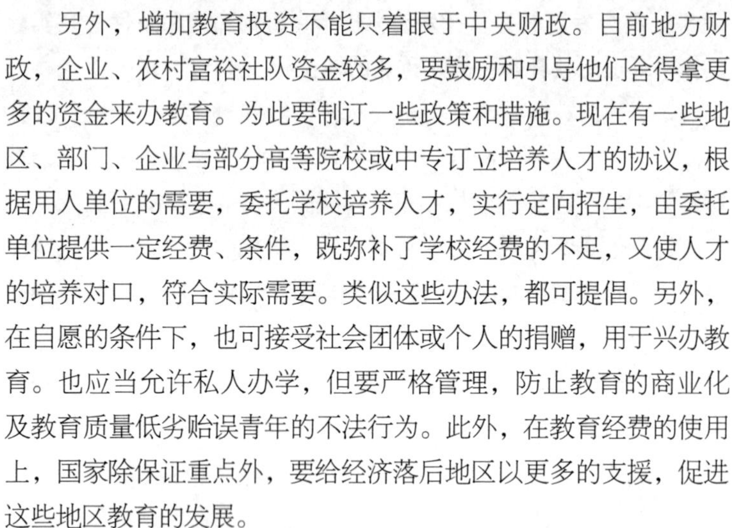

另外，增加教育投资不能只着眼于中央财政。目前地方财政，企业、农村富裕社队资金较多，要鼓励和引导他们舍得拿更多的资金来办教育。为此要制订一些政策和措施。现在有一些地区、部门、企业与部分高等院校或中专订立培养人才的协议，根据用人单位的需要，委托学校培养人才，实行定向招生，由委托单位提供一定经费、条件，既弥补了学校经费的不足，又使人才的培养对口，符合实际需要。类似这些办法，都可提倡。另外，在自愿的条件下，也可接受社会团体或个人的捐赠，用于兴办教育。也应当允许私人办学，但要严格管理，防止教育的商业化及教育质量低劣贻误青年的不法行为。此外，在教育经费的使用上，国家除保证重点外，要给经济落后地区以更多的支援，促进这些地区教育的发展。

3. 调整教育的纵向结构

调整纵向结构，使高、中等教育之间保持合理的比例关系，逐步实现由三角形向鼓形的转化。在当前要继续加强中、小学教育，特别在农村要进一步普及小学教育，提高入学率，巩固在校人数。农村中等教育要面向农业现代化建设，以农业技术教育为重点，在指导思想上克服片面追求大学升学率的倾向。同时要加强扫除文盲的工作，重点是扫除农村青壮年中的文盲。城市中等教育要大力发展职业、技术教育，使中等专业学校有更大的发展，普通高中要适当压缩，但不宜压缩过快、过多，以免发生部分初中生既不能就业又不能升学的情况。

在整个纵向结构的调整中，当前突出的问题是迅速发展高等教育，既要发展正规高等教育，更要努力发展多种形式、多种规格的成人高等教育、业余高等教育。不仅使普通高中毕业生，而且使受过中等技术、职业教育的学生以及受过中等教育参加生产劳动有一定实践经验的职工、农民都能进一步接受正规的或非正规的高等教育，即形成一个多层次、多渠道、各级教育之间能相互衔接的纵向结构，以利于多出人才，快出人才。

4. 调整教育的横向结构

“四化”建设需要大批具有各种专长的人才，它必须有一个合理的人才结构。学校是培养造就人才最主要的场所。因此，合理的教育结构是人才结构合理化的基础。根据前述关于横向结构现状的分析，首先要解决中、高等教育结构的单一化问题，要较快地发展中等技术、职工教育和多形式、多规格的成人高等教育。在中等教育中，除专业、技术学校外，普通高中也可根据社会需要开设职业、技术班或增设职业、技术课程，以增加学生生产技术知识，培养劳动观念，提高就业能力。高等教育更要面向社会，采取本科、专科、广播电视、函授、夜大、干部培训班、教师进修班等多种形式、多种学制，培养不同规格的建设人才。各种非正规的高等教育机构，既可由国家各级政府办，又可由社会团体、部门、企业、农村社队等办，或联合兴办，这样就可以达到结构的多样化，适应经济、社会发展的多样化要求。其次要根据科学技术发展趋势和建设需要，及时调整中、高等教育的系科、专业结构，当前要着重发展新兴学科、薄弱学科（如农林、轻工、财经、政法、管理等）的系科、专业，以满足社会需要，并减少人才培养上的浪费。

另外，也要依据20世纪末科学技术发展规划和经济社会发展规划，加强人才预测工作，使系科、专业结构的调整，教材结构的调整，更加科学化。

5. 逐步调整教育的地区结构

目前我国教育在地区分布上的严重不平衡状态，对改善地区经济结构十分不利，要采取措施有计划地、稳步地进行调整。由于客观条件的限制，要在短期内使西部尤其是边远地区迅速改变教育和科学技术落后的面貌有较大困难，但必须采取积极的态度，既不能急于求成，也不能消极等待，应积极创造条件，争取到20世纪末以前有比较显著的变化。在近期内边远地区要以大力发展中小学为主，在高等教育方面要充分发展先进地区的优势，并尽可能地照顾和支持西部落后地区。通过多种方式，如为落后地区定向培养专门人才，在招生中给予一定照顾，增加大学生研究生的分配，实行优惠政策鼓励师资向边远地区流动，以及招聘、定期借调、先进地区同落后地区联合办高等院校等方式，使这些地区的教育条件，逐步得到改善。待条件较完备后，这些地区的高等教育就可能得到较快的发展，建立起本地区的高等教育体系。这样做对促进这些地区科学技术和经济、社会的发展，以及加强各民族政治上的团结，都是十分必要的。国家在人力、物力、财力上的支持，先进地区的帮助、协作，是促进落后地区教育事业向先进转化的重要条件，要充分发挥社会主义制度的优越性，力求缩短这个转化过程。

教育结构的合理化，涉及问题较多，各个要素之间联系十分复杂，各项对策必须相互协调。这里，还有为教育结构的合理化创造必要的外部条件，例如提高师资水平，改进干部制度，加强教育经济学的研究等，同样是不可缺少的。

三、教育发展目标的设想

关于教育发展目标，应当根据下列几种因素来确定。第一，

到20世纪末我国经济结构的变化和经济、社会发展的需要；第二，教育制度和各级学校为适应经济发展的需要培养人才的能力，以及经过调整改革这种能力可能扩大的程度；第三，国家可能提供的财力、物力以及社会各方面可能提供的条件。按照党的十二大提出的战略目标和战略步骤，教育的发展也可把至20世纪末分为两个阶段，即80年代和90年代，分别提出这两个阶段可能达到的目标。总的设想是，教育投资结构的多元化，教育结构的多样化，数量与质量并重，使我国教育有一个较大的发展，以适应经济、社会发展的需要。

1. 80年代的目标

这一阶段总的目标是：大力抓好基础教育，加速中等教育和高等教育的结构改革，积极发展职工教育，努力改善教学条件，提高教学质量，初步形成一个有我国特色的、比较完整的社会主义教育体系，为90年代的经济振兴培养更多人才，并为下一阶段教育的进一步发展打下基础。

（1）逐步普及小学教育。1990年以前要在全国范围内普及小学教育，重点放在农村。部分经济、文化比较发达的省、市、县在提前普及小学教育以后，还可以逐步实行义务小学教育。同时在广大农村地区以多种形式开展扫盲教育、基本扫除农村青壮年中的文盲和半文盲。

（2）中等教育要以教育结构的改革为主，并进一步提高教育质量。大力发展各种中等专业技术学校特别是各种农业中学、职业中学，使中专、职业学校的在校生人数在中学学生人数中的比重有大幅度的增长，学生人数翻两番以上。近两三年来中等技术、职业教育发展较快，中等职业学校在校生三年来增加两倍，[1]受到社会各方面包括用人单位、学生和家长的欢迎。因此要达到比高等学校发展速度更快的目标，是完全有可能的。1981年中等

[1] 见六届人大第一次会议《政府工作报告》。

专业学校在校生总数占整个高中生总数的15%，六届人大一次会议的《政府工作报告》确定，今后“五年内使职业高中在校学生数占到整个高中学生总数的40%以上”。这个目标是不低的，而达到这一目标，就可以获得多方面的成果。第一，可在不太长的时间内，培养出几百万以上的中、初级技术人员和素质较高的工农劳动大军，大大有利于加强工农业生产第一线的技术力量，并加快其他各项事业的发展。第二，可大大减轻高等教育的压力。第三，便于中学毕业生就业，促进社会的安定团结。

（3）积极稳步地加快高等教育的发展，调整、改革高等教育结构。积极稳步地发展高等教育，应是发展教育的战略重点或主攻方向。高等教育应当以怎样的速度发展，可供选择的有下列几种方案。

第一方案：在两个阶段中均按年平均10%的速度增长。依据本方案，1990年的在校大学生人数可由1980年的114.4万人增至296.7万人，比1980年增加1.6倍。到2000年可增至769.6万人，比1980年增加5.7倍，每万人中拥有大学生数可由1980年的11.6人，增至64人。到2000年，20年累计高校毕业生可达7207.5万人（扣除了1.2%的自然减员，下同）。这个方案的增长速度，高于工农业总产值的发展速度，也高于1949—1978年三十年间高等学校学生数年平均增长7.1%的速度，而低于1978—1981年高等在校生年平均增长14.4%的速度，比较稳妥可靠，但同需要相比，显然是偏低的。

第二方案：按15%的年平均增长率增长。依据本方案，高校在校生数到1990年将增至462.8万人，比1980年增加3倍，到2000年将增至1872.3万人，比1980年增加15.4倍，每万人中拥有大学生数将增至156人。到2000年20年累计高校毕业生人数可达13 477.5万人。

这个方案增长幅度大，但国家财力物力可能有困难，而且高等院校本身师资、设备、校舍等都较紧张，实现的把握不大。

第三方案：在两个十年中以不同的速度增长，80 年代按 15% 的年平均增长率增长，为 90 年代的经济振兴准备人才；而在 90 年代将速度放慢，按年平均 10% 的增长率增长。依据本方案，高校在校生数将由 1990 年的 462.8 万人增至 2000 年的 1200 万人，比 1980 年增加 9.5 倍，每万人中拥有的大学生可达 100 人。二十年的年平均增长率为 12.5%。到 2000 年二十年累计高校毕业生人数可达 10 784.5 万人。加上目前具有大学毕业以上文化水平的 600 多万知识分子，总计达 11 400 万人左右。届时，每万人中具有大学文化程度的人数，将由目前的 60 人增加到 950 人，增长 15.8 倍。这个增长速度同六届人大一次会议的《政府工作报告》关于高等学校在 1983—1987 年招生数的增长速度大体接近（由 1982 年的 31.5 万人，增加到 1987 年的 55 万人，增长 75%，招生人数年平均增长 11.8%）。第三方案介于第一、二方案之间，虽然前十年可能比较紧张，但自六五计划开始，国家已较多地增加投资，实现的可能性较大，也符合教育先行的原则。后十年稍微放慢增长速度，有利于巩固发展成果，可以更好地提高教育质量。因此，这个方案，是积极而又稳妥的。虽有许多困难，经过努力是可以达到的。

招收研究生是培养高级专门人才特别是科研人才的重要途径，应当更快地发展。1981 年全国培养研究生的单位近 600 个，有在校生 18 000 多人，平均每个单位 30 余人，发展潜力还很大，应以不低于 15% 的年平均增长率，即比普通高等教育的增长速度稍高的速度增长。按这个比率，研究生在校人数到 1990 年可达到 66 000 多人，到 2000 年可达到 26 万多人。如条件具备，还可超过这个目标。

（4）积极开展职工业余教育，加强在职职工的培训。1985 年以前，首先对现有在职青年工人中初中文化程度以下的，用业余学习或半脱产学习方式，分别进行初中文化和初级技术教育，然后再进一步进行高中和中等专业教育。对已受过中等教育的职

工，进行高级技术教育，从中培养一批技术人才。

对现有在职中青年科技人员和经济管理人员，也要普遍制订培训规划，使他们的知识不断更新，业务技术水平不断提高。

2. 90 年代的目标

根据我国经济、社会发展规划总的战略步骤，在 90 年代，国民经济将以比 80 年代更高的速度向前发展，国家的经济力量将比 80 年代更加强大。在这样的基础上，尽管高等教育的发展速度放慢，但全国整个教育事业仍然会比 80 年代发展得更快。因此，我们设想这一阶段教育发展的总目标是，全面实行小学义务教育制度，进一步普及初中教育，在有条件的地区基本实现义务初中教育，部分地区开始普及高中教育。充实和加强中等、高等教育，继续进行中等、高等教育结构的改革，进一步发展边远地区的教育，改善教育的地理分布状况，使社会主义教育得到全面的繁荣和发展。同时，各级都要改善教学条件，较多地增加科学实验设备和现代化教育手段，以提高教学质量。

实现上述目标之后，我国教育事业的面貌将大为改观，虽然在某些方面如每万人中拥有的大学生数还不可能赶上发达国家，但差距可大为缩小，可以跻于发展中国家的前列。

第三节　科学结构的调整及其主要对策

科学是实现我国经济发展战略目标的关键。科学是精神生产的一种特殊形式，它的发展也有其自身的规律性。从对自然和社会的规律性的不断探索，到在生产实践中应用，转化为直接的社会生产力，是一个十分复杂的过程。我们在考虑如何加速我国科学技术事业的发展时，不仅要从我们的国情出发，从人力、物力、财力等方面加强对发展科学技术的支持，还必须充分考虑科学结构的合理化问题，从而制订正确的科技发展战略，采取合理的结构对策，才能达到预期的目的。

科学结构包括几个层次的含义，第一是科学和生产的紧密联系，科学结构和经济结构之间的相互适应和协调的问题；第二是科学本身的纵向结构，即基础研究、应用研究与发展研究之间的关系问题；第三是科学的横向结构，即各部门科技活动、科技机构之间的专业分工和相互协调的问题，以及科技活动在各地区合理分布的问题；第四是科技工作中的自力更生与引进国外先进科技成果的关系问题。

科学结构合理化的标志是什么呢？我们认为主要有两条。第一是科技工作的生产效率或经济效益高。科技活动同物质生产的重要区别之一，是在科学实验和总结实践经验的基础上探索自然、社会的新生事物、新规律。有许多科技项目，同生产和经济建设并无直接的联系，而且在探索中有成功、有失败，甚至需要经历漫长的过程，不能急于求成。但是就整个科技工作而言，不是从单个的科技项目、课题来看，仍然应当讲求经济效益，力求节约科学生产中的人力、物力、财力的耗费，以尽可能少的投入，尽可能快的速度，求得最大的产出。换句话说，就是尽可能快地多出成果，多出人才。在我国当前经济还不发达，国力有限，科技人才缺乏的条件下，这个原则尤其应当重视。第二是科学技术的成果能迅速转化为直接生产力，促进经济、社会的发展，产生巨大的经济效益和社会效益。这两个标志实际上就是构想合理的科学结构对策所必须遵循的指导思想。

一、科学和经济、社会发展的相互协调和统一

三十多年来，我国的科学技术事业在极其落后的基础上取得了较大的进展。但整个说来，还是比较落后的，发展速度还不够快，同经济、社会发展的需要很不适应，主要有以下几个问题。

1. 科学技术与经济建设的结合、联系不够紧密

我国大部分生产技术还处于经济发达国家 50 年代或 60 年代初的水平，落后二十多年。不协调的现象在科学技术同产业结构之间表现得尤为突出。农业是我国国民经济的基础，而农业科研最为薄弱。在工业内部，轻工业的科学技术水平和科技力量也大大落后于重工业，就整个来说，民用科技又落后于军用科技。这种科技结构状况，显然同农、轻、重的产业结构的要求很不适应。另外，某些科学技术部门的计划、项目，对经济、社会发展的需要研究不够，特别是对一些重大课题的综合研究考虑较少，科研成果不配套，有不少科研成果不能及时应用和推广，不能转化为直接生产力，经济效益大为降低，有的成果甚至因延误时机而失效。

2. 科研经费偏低

科技投资就是生产性投资，世界许多经济发达国家都把科技投资放在相当重要的地位。尽管各国的条件、情况不同，发展不平衡，科研经费的增长随着经济状况的变化而常有波动，但多数国家的共同趋势是：科学研究的发展速度超过国民经济其他部分的增长速度，科研经费增长的速度超过国民生产总值增长的速度，科研发展的相对指标逐步提高。一些主要国家的科学经费在国民生产总值中的比重占 1%~3%（见表 5–2）。在资本主义国家中，科学经费来自国家和私人企业两个方面，国家支出的科学经费占国家预算的 2.5%~7.5%。[1]因为他们从实践中看到，只有高水平的科学技术，才能在经济竞争中取胜。

表 5–2　一些国家科学研究经费占国民生产总值的比重

单位：%

	1963—1964 年	1967 年	1971 年	1975 年
美国	2.7	3.1	2.5	
苏联	1.94（1965）		2.23（1970）	2.4
联邦德国	1.4	1.7	2.1	

❶〔苏联〕M.E.波洛维卡娅：《美国科学研究的地理学》，科学出版社1983年版。

续表

	1963—1964 年	1967 年	1971 年	1975 年
日本	1.3	1.3	1.6	1.9
英国	2.3	2.4	2.3	2.3
法国	1.7	2.2	1.8	1.8
加拿大	1.0	1.3	1.2	

资料来源：①《世界经济统计手册》，中国社会科学出版社 1981 年版。

②〔苏联〕M.E. 波洛维卡娅：《美国科学研究的地理学》，科学出版社 1983 年版。

我国的科技经费在绝对量上是逐步增长的，但增长的速度还不够快，例如 1965—1977 年间，我国国民收入增长了 90%，而科学研究经费加上基建投资只增长了 54%，[1]1979 年的民用科技经费只占当年财政支出的 2.8%。近几年来虽有较多的增长，但在国民生产总值和国家财政支出中的比重仍然较低。如科学、教育、卫生事业费三项合计，在 1980 年、1981 年国民生产总值中所占比重分别为 2.1% 和 2.2%，而在这两年的国家财政支出中所占比重分别为 12% 和 15.7%。[2] 就科技经费单项来说，其比重显然更低，与上述世界上一些主要国家的科学经费相比，差距很大，这种状况对科学技术的发展十分不利。

3. 科技人才数量短缺，结构不合理

我国科技人才不仅在数量上严重不足，而且在人才结构上同经济、社会的发展很不适应。首先，科技人员的专业结构不合理，同产业结构不相适应。最突出的是农业科技人员短缺，全国只有农业科技人员 30 余万人，占 1980 年全国自然科学技术人员

---

❶ 据刘洪等：《我国国情与经济社会发展战略》，红旗出版社 1982年版。

❷ 据《中国统计年鉴（1981）》的资料计算。

总数的 5.9%，1981 年占 5.7%。[1] 在工程技术人员中轻工业的科技人员较重工业的科技人员占的比重低很多，例如食品工业的科技人员只占 0.8%。科学管理人员和新兴学科的科技人员更少。其次，在科技人员的专业技术水平构成方面，以 1980 年的情况为例，从文化程度看，留学生、研究生约占 0.3%，高校毕业生约占 42%，中专毕业生约占 36%，其他约占 22%。从技术职称分类看，高级科技人员约占 0.8%，中级科技人员约占 12%，初级科技人员约占 87%。[2] 由于各地评定技术职称工作进展不平衡以及考核晋升制度不健全，这个职称分类的比例，不一定能完全反映我国科技队伍的实际技术水平，但整体来说科技队伍的质量是不够高的。再次，在科技人员的年龄构成方面，老化的趋势逐步加剧。高级科技人员大部分平均年龄在六十岁以上，青年科技人员急待培养，后继乏人。

根据以上粗略分析，为了实现我国经济、社会发展的战略目标，我们的科技发展对策应当是，首先把科学技术和经济、社会的协调发展，作为长期的指导方针，并在中、长期计划中和年度计划中，在国民经济各部门的实际工作中，加以认真贯彻落实。如何达到科学技术和经济、社会发展的结合和统一，在我国还是一个较新的问题，涉及的面也较广，如科技与经济计划的衔接、结合，科技政策的调整，科研管理体制的改革，以及经济政策的改革、调整等等，都需要从我国国情出发进一步深入研究解决，不断总结经验，走出一条具有我国特色的新路子。其次要进一步提高对科技投资的重要性的认识，明确科技投资就是生产性的投资，是比对物的投资效益高得多的投资。在国民经济不断发展的基础上，尽可能地逐步增加科技事业经费，广开科技经费的渠道，逐步提高它在国民生产总值

[1] 据《中国统计年鉴（1981）》。

[2] 《我国科技队伍近期预测》，载《未来与发展》1982年第2期。

中的比重。尤其要在大力发展教育事业的基础上，加速科技人才的培养，一方面要多层次、多途径地大量培养青年科技人员；另一方面要加强中年科技人员的培养提高，帮助他们更新知识。同时，继续落实知识分子政策，进一步调动科技人员特别是中年科技人员的积极性。总之，要采取各种政策、措施，努力改善科技人才结构状况，使之适应社会主义现代化建设的需要。

二、科学技术的纵向结构

科学技术的纵向结构，是指基础研究、应用研究与发展研究（或开发研究）之间的关系问题。三者之间重点不同，但它们彼此是相互联系、相互促进的。三者的结构状况，对经济和社会的发展具有重要的影响。国外科技发展的历史经验表明，在基础研究的基础上，以应用研究与发展研究为重点，是经济高速度发展的重要条件。美国一向重视基础研究的发展，在世界科学中常常居于领先地位，但在资金的分配上，还是应用研究与发展研究大于基础研究。基础、应用、发展研究三者的资金分配比例，1953年为1∶3∶6，1977年为1∶2∶6。[1]日本研究费用的结构是，基础理论研究占26.6%，应用科学占28.5%，试验设计占44.9%。[2]其他国家如联邦德国、法国等，也有类似情况。我们还可以看到，日本经济之所以能够由战后的极低水平，在不太长的时期内一跃而为资本主义世界的第二经济大国，很重要的一个原因是善于吸收和消化国外的先进技术和科研成果。这正是同它重视应用与发展研究分不开的。日本的应用研究大部集中在私营公司，60

---

❶ 潘来星等编：《美国科技管理》，中国学术出版社1982年版，第15页。

❷ 〔苏联〕维·阿·符拉索夫：《日本的科技革命》，辽宁人民出版社1979年版，第5页。

年代中期，约有 60% 的从事应用与发展研究的科技人员集中在这些大公司内。[1]

我国科学技术的发展同上述纵向结构的一般趋势存在着相当的差距，主要的问题是偏重于基础研究，而对于生产技术的应用与发展研究重视不够，投入力量不多。就科技工作的总体而论，虽然对社会主义经济建设和国防建设发挥了积极的作用，但与工农业生产紧密联系不够，优秀的科技人才和科技经费，大部分集中在国防研究机构，科学院和高等院校，而处于工农业生产第一线从事生产技术的应用、开发研究的力量比较薄弱，人才短缺，经费不足，设备条件差，这是我国生产技术落后的面貌不能迅速改变的重要原因之一。例如，我国工交系统的科技人员在职工总数中的比重，由 1965 年的 5.7%，下降到 1979 年的 3.9%。一些中小城市的工矿企业科技人员的比重更低。不少集体企业的工程技术人员只有全民所有制企业的十分之一。农业科技人员每万人口中只有 3.3 人。这种结构状况严重影响了生产技术的进步，不仅使工艺，技术不能日新月异，即使有了科技成果，也很难得到应用和推广。

为了实现经济发展的战略目标，我国科学技术的上述纵向结构状况显然应当大力进行调整。要把以基础研究为中心的科技发展战略转变到以应用、发展研究为中心的轨道上来。只有这样，才能迅速改变技术结构状况，大大提高经济效益。当然基础与应用、发展研究不可偏废，不应当削弱基础研究，要使基础研究在稳定的基础上逐步有所发展，而且在各科技部门之间，侧重点可以有所不同，不能“一刀切”。但是，从总的结构上，在今后应当把重点放在应用和发展研究上面，以加速经济的发展。待经过一定的时期，经济实力有较大的增长、科技水平有较大提高以

---

[1] 〔苏联〕维·阿·符拉索夫：《日本的科技革命》，辽宁人民出版社1979年版，第5页。

后，再逐步提高基础研究的比重。我国当前科技人才不足，在近期内科技投资还不可能有太多的增长，而生产技术的开发研究又迫切需要加强，从这样的实际情况出发，采取以应用、开发研究为主的发展对策，是比较妥当的。

三、科学技术的横向结构

横向结构主要是指科学部门的结构关系，以及科学部门同生产部门、经济管理部门、教育等部门之间的联系。横向结构的优化或合理化，关系到科学技术的经济、社会效益和科学技术本身的发展，其重要意义不可忽视。现代科学技术在其发展过程中一方面分工日益精细，另一方面各门学科、各个研究课题及项目之间又相互渗透、交叉，联系纵横交错，日趋广泛复杂，客观上要求实现科技部门之间的网络化。这种网络，不是各个科技部门简单的相加，而是在专业分工的基础上，加强统一协作，形成有机的整体。合理的横向结构能够避免科技部门间研究课题、项目的脱节和重复，减少人力、物力、财力的浪费，提高科学研究的效率和效益，使科学技术更好地为经济建设服务。因此处理好科技部门的横向结构，是十分必要的。

我国的科技研究机构，目前大体包括：中国科学院及所属地方分院系统；国务院各部门和各地方所属的研究与设计机构；高等院校；厂矿企业和农村的科学技术组织或机构；国防科技研究机构。这几个方面的分工重点是明确的，但多年来在实际工作中，由于科技管理体制方面的问题，主要是部门所有制或地区所有制，往往产生相互脱节，各搞一套，各搞“大而全”“小而全”，除了少数大型综合性项目以外，一般都缺乏横向的联系和协调，以致力量分散，课题大量重复，浪费严重、延误时间等情况相当普遍。这种状况对于科学技术的发展和科技同经济建设的协调都十分不利。

为了改善我国科学技术的横向结构，应当采取以下一些对策。

（1）加强科技机构的宏观统一管理，协调各部门的研究计划。科研管理体制的改革，要有利于加强横向联系，积极发展科技活动情报、信息的交流，相互沟通，打破封锁。

（2）跨部门、跨学科的重大攻关项目，由国家统一组织协作。军民通用的科学技术，也要相互合作，促进军用向民用转移。民用科技要打破部门所有的界限，以行业为中心，围绕工农业生产技术改造的项目、课题，从基础研究、应用研究到设计试验推广，统一组织，分工协作，成龙配套。地方科研要以解决本地区经济建设中的科技问题为重点，根据本地区的条件和特点组织协作，特别是农业科技的安排，更要因地制宜。

（3）要加强企业的科技工作。同时采取具体措施鼓励科研机构同生产部门的结合。结合形式可以多种多样，不拘一格。如科研生产联合体、科技咨询服务、技术承包等等。农村中有大量有实践经验的“土专家”和“能手”，要通过科普协会、技术推广站等组织，加强同他们的联系，并进行技术培训和提高，使他们在农业新技术的应用推广工作中，发挥重要的骨干作用。总之，要在不断总结实践经验的基础上，逐步改进和完善科研管理体制，使全国的科研机构实现网络化。

四、科学技术的地区结构

科学技术作为生产力的一个重要组成部分，也像生产力布局一样，产生了科学技术活动的布局问题，这是现代科学技术日益对经济、社会生活各个方面发生深刻影响，科学技术同生产的联系日趋紧密的必然结果。同现代工业及高等教育机构大多集中在东部地区和一些大城市相联系，我国的科技研究机构和科技人才，也大部分集中在先进地区和一些大城市（见表 5–3），而目前还比较落后的边远地区和许多中小城市科技人才严重缺乏，科技机构力量薄弱，生产技术落后。这是这些地区经济落后的重要原因之一。

表 5-3　1981 年全民所有制单位自然科学技术人员的地区分布

	科技人员数（人）	百分比
全国总计	5 713 933	100
北京、天津、上海	705 003	12.3
辽宁、吉林、黑龙江	852 325	14.9
山东、江苏、浙江、福建、广东	1 036 576	18.1
山西、河南、安徽、湖北、湖南	1 143 017	20.0
宁夏、陕西、甘肃、新疆、青海	527 564	9.2
四川、云南、贵州、广西、西藏	913 076	15.9

资料来源：据《中国统计年鉴（1981）》整理。

上表说明，三大城市和东北三省、东部沿海五省、中部地带五省共十六个省市的科技人员占全国科技人员总数的 65.3%，将近三分之二，西北五省拥有的科技人员不及京、津、沪三大城市，四川等五省共占 15.9%，但主要是四川省科技人员较多（46 万余人，占 8.1%），其他四省只占 7.7%。这些数据充分表明，我国科技人员的地区分布很不平衡。要使落后地区的科技力量有较大的增长，治本之策是大力发展这些地区的文化教育，但费时较长，远水解不了近渴。因此，在近期内还应采取如下一些对策和措施。第一，通过各种形式促进人才向落后地区流动，如招聘、借调、委托培训等；同时努力改善科技人员的工作生活条件，力求减少落后地区科技人员向先进地区或大城市流动。第二，伴随生产布局的调整，相应地调整科技机构的地区分布。第三，对落后地区教育、科技的发展，国家应给予特殊的照顾和支持。第四，通过同先进地区的经济技术协作，加强这些地区科技力量的培养和提高。

五、科学技术发展中自力更生与引进的关系

为了加速我国科学技术的发展，应当把积极引进先进科研成果，放在重要的地位。并采取以下对策，这就是在坚持自力更生的同时，要积极引进国外的先进技术工艺，把它作为加速发展我国科学技术，缩小同发达国家先进技术的差距的重要途径。同时在如何引进的问题上，要把过去以引进成套设备为主转变到引进先进科技成果为主。

六、关于社会科学的结构

以上所论述的几个结构关系，主要是发展自然科学技术需要正确处理的一些关系及其对策。社会科学同自然科学虽然都是科学，但各有不同的特点。因而社会科学的发展及其如何与经济、社会的发展相协调，又有其特殊的规律性。但是前述自然科学的结构关系及其对策的基本原则，毫无疑义，对社会科学同样是适用的。社会科学要担负起新时期的历史任务，必须在马列主义毛泽东思想的指导下，进一步贯彻理论联系实际的方针，它的发展也必须与经济、社会发展相协调，为实现翻两番的战略目标服务。特别是在社会主义精神文明建设中，社会科学肩负着巨大的历史使命。在纵向结构方面，社会科学也应当处理好基础研究、应用研究与发展研究的结构关系，把现代化建设中的重大理论问题和实际问题，摆在重要的地位。

多年来由于各种原因，社会科学方面的应用学科的建设和发展不快，诸如经济管理、生产力经济学、技术经济学、数量经济学、生态经济学、人口学、法学、政治学、民族学、社会学、社会心理学、人文地理学、国际问题研究等，研究力量还相当薄弱。这种状况显然与实现战略目标的要求差距很大，应当努力加以改变。其他如哲学、历史学、文学、语言学等，尽管各有特点，同国家建设的直接联系有程度上的差异，但也都应当面向社会主义现代化建设，为社会风气的根本好转，为解决实际生活中的思想理论问题，为在青少年中进行爱国主义教育，为建设社会主义精神文明服务，这方面有大量的工作可做。在横向结构方面，也要加强统一协调工作，在中国社会科学院及各省、市、自治区社会科学研究机构，高等院校，党校干校，业务部门的研究机构之间建立合理的分工协作关系，统一组织重大课题的攻关，克服研究课题的严重分散和盲目重复等现象。在学习、借鉴外国社会科学知识和经验方面，则要坚持社会主义的方向，坚持批判资产阶级各种错误理论和思潮。学习和批判地吸收国外社会科学理论中对我国建设和学科发展有用的东西。在坚持解放思想的同时，要继续反对各种“左”的倾向，和右的资产阶级自由化的倾向。

1981 年，党中央和国务院进一步提出了我国科学技术发展的新方针，这是中国科学技术事业发展中的一个转折点。新方针的基本内容是：①科学技术与经济、社会应当协调发展，并把促进经济发展作为首要任务；②着重加强生产技术的研究，正确选择技术，形成合理的技术结构；③加强工农业生产第一线的技术开发和科研成果推广工作；④保证基础研究在稳定的基础上进一步发展；⑤把学习、消化和吸收国外科技成就作为发展我国科技成就的重要途径。积极而稳妥地调整科学结构，使之合理化，将使中央上述的新方针得到更好的贯彻，并使党的十二大把科学作为战略重点之一的部署得到进一步落实，为实现工农业总产值翻两番的战略任务，提供可靠的保证。

要实现我国经济、社会发展的战略目标，不仅要有高度发达的自然科学，同时要有高度发达的社会科学。根据人大六届一次会议上赵紫阳总理的《政府工作报告》的要求，哲学社会科学在今后的发展目标应当是：

（1）积极培养和发展研究力量，使研究队伍有较大的增长。在各地继续增设一些研究机构并整顿和充实现有的机构，薄弱的学科要优先予以发展，对社会科学现有的几支重要力量即专门研究机构、高等院校、实际部门、党校及其他社会力量，要加强协调工作，到20世纪末在全国范围内初步形成一个学科门类比较齐全、布局合理、各有特点、相互协调的具有现代手段的社会科学的研究体系。

（2）围绕社会主义现代化建设中提出的重大思想理论问题和实际问题，包括国内和国际的重大经济问题、社会问题、文化问题、政治问题等，进行创造性的研究，取得一批质量较高的科学成果。科学活动不应局限于撰写各种论文和专著，还应当包括参与各级政府经济社会决策工作，参加重大经济建设项目的可行性研究和技术经济论证，以及调查研究工作。

（3）科学地分析和批判地吸取人类文明的一切成果，总结、研究我国人民悠久的历史和成就，要对新中国成立以来各方面的成就和经验教训进行深入的总结，并在普及社会科学知识，提高全民族的文化科学水平，发展教育事业等方面获得丰硕的成果。

（4）对国际上各方面各流派的思潮、理论进行较系统的研究和评论，吸收其中有益的合理的东西，为我国社会主义建设服务。总之，要通过马克思列宁主义同我国具体实践的进一步结合，通过总结我国的历史经验和吸取国外的有益成果，在若干年内逐步建立起马克思主义的有我国特色的社会科学各门学科的知识体系。

第六章　就业结构对策

陈玉光

第一节　就业结构的三个层次

要建立一个科学的、可行的劳动就业结构，最关键的问题是如何正确处理就业率与经济效益的关系，并依据人口和经济发展的具体情况，及时把握好二者之间在不同时点上的重点转换。一国总人口就业率的高低，既受经济发展水平、经济结构和技术结构等因素的制约，又在很大程度上受整个人口群年龄结构的影响；一国经济机体运行的经济效益在劳动就业结构的领域内，既要受就业人口的科学文化素质和技术水平的制约，又要受劳动者与生产资料在国民经济各部门的组合（即就业人口的职业结构）的牵制。可见，要实现劳动就业结构的合理化，要确定一个科学的劳动就业结构，就必须从人口再生产和经济发展的实际情况出发，在以下相互衔接的三个层次上进行考察。

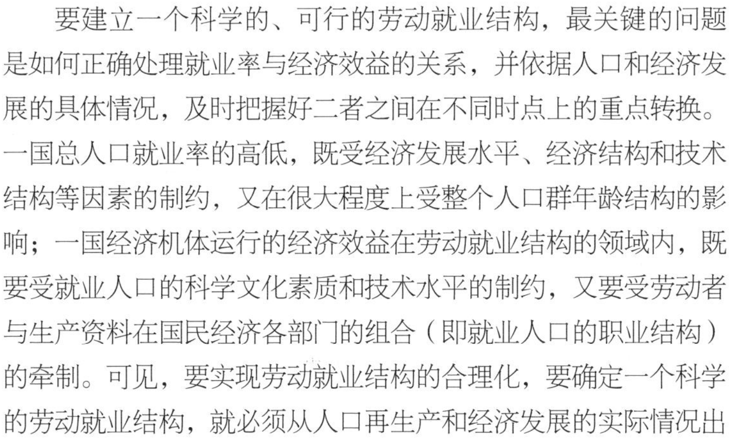

第一个层次是全部就业人口占总人口的比例，即全部人口的就业率能够与人口年龄结构的变化相互适应，协调发展。下面会看到，这个层次对以下两个层次具有决定性作用，它是劳动就业结构体系中的主体结构。

就业人口是创造物质财富和精神财富的承担者，他们是总人口中最积极、最重要的部分，其发展变化对物质再生产起着决定性作用。就业人口占总人口的比例，大体上反映出一个国家劳动力资源的利用程度。因此，分析和研究就业人口，弄清总人口就业率发展变化的一般趋势，对于合理确定劳动就业结构，有着重要意义。

一国就业人口的多少，总人口就业率的高低，主要取决于两个因素：人口的年龄结构和经济发展水平。人口总数相等的两个国家或地区，如果经济发展水平大体相同，那么人口增长速度慢、劳动适龄人口比重高的国家或地区，总人口的就业率一般较高；反之，总人口的就业率往往较低。如果人口年龄结构相同，那么劳动力培训、教育期较长，人口的科学文化素质和劳动生产率较高的国家或地区，总人口的就业率一般偏低，反之就高。这就是总人口的就业率同人口和经济的一般联系，但是在现实生活中这种联系还要复杂得多。为了进一步说明这种复杂性以及它们之间的内在因果关系，下面对某些经济发达国家和发展中国家总人口就业率变化的一般趋势，作个简要考察（见表 6–1、表 6–2）。

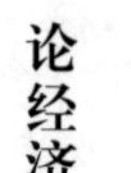

表 6–1　几个经济发达国家就业人口构成的基本情况

国家	年份	就业人口占总人口的百分比	男女人口中就业人口所占的百分比	
			男	女
加拿大	1951	37.9	58.4	16.9
	1961	35.7	51.3	19.7
美国	1950	39.8	58.2	21.7
	1960	39.0	53.8	24.6
	1970	40.8	52.7	29.6
法国	1954	45.6	62.6	29.9
	1962	42.4	58.1	27.6
	1968	41.4	54.9	27.9
意大利	1951	41.2	63.0	20.3
	1961	39.7	60.6	19.6
	1971	34.7		

续表

国家	年份	就业人口占总人口的百分比	男女人口中就业人口所占的百分比	
			男	女
瑞典	1950	44.1	65.2	23.2
	1960	43.3	60.9	25.7
	1970	42.3	54.7	29.9
英国	1951	46.2	66.6	27.4
	1961	42.3	59.8	25.6
	1971	44.2	59.1	30

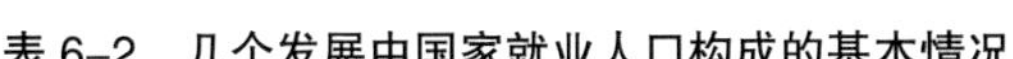

表 6–2 几个发展中国家就业人口构成的基本情况

国家	年份	就业人口占总人口的百分比	男女人口中就业人口所占的百分比	
			男	女
巴基斯坦	1951	30.7	54.6	3.8
	1961	33.5	55.7	3.8
科威特	1961	29.7	47.4	0.4
	1965	39.4	61.3	4.8
	1970	32.8	53.7	5.2
南非（阿扎尼亚）	1960	35.6	54.6	16.4
	1970	37.3	50.9	24.1
阿根廷	1960	38.0	58.9	17.2
	1970	38.5	57.9	19.4
新西兰	1956	37.6	57.0	18.0
	1966	38.3	55.5	21.0
	1971	39.1	54.9	23.3

把表 6-1 和表 6-2 加以比较可以看出：第一，经济发达国家与发展中国家总人口就业率相差比较悬殊。在上述期间，一些主要经济发达国家就业人口占总人口的比例，一般在 40%~45% 之间；而发展中国家大体在 30%~40% 之间。二者的总人口就业率之所以相差悬殊，是因为人口增长速度不同而带来的年龄结构差异的结果。例如，从 1950 年到 1970 年，法国、意大利、瑞典、美国的人口年平均自然增长率分别为 1%、0.7%、0.65%、0.5%，而同期的巴基斯坦、南非、新西兰、阿根廷的人口自然增长率，分别高达 3.6%、3%、1.95%、1.6%。一慢一快，劳动适龄人口占总人口的比例，及总人口的就业率，一般要呈现一高一低的差别。第二，妇女参加经济活动的比例，经济发达国家显著高于发展中国家。妇女就业机会的增加，归根结底是由经济发展水平和人口再生产类型决定的。育龄妇女生育率很低，经济和文化教育事业比较发达的国家，广大妇女不存在因抚育孩子而影响受教育和参加社会劳动的机会，这势必使就业人口增长，从而使总人口的就业率上升；反之，就会降低总人口的就业率。由此看来，控制人口增长，逐步降低少年人口的比重，是提高总人口就业率的重要途径。如果不从控制人口增长、改变人口的年龄结构入手，仅仅靠增加少年人口和老年人口就业的办法来提高总人口就业率，只会进一步降低就业人口的技术水平和劳动生产率，从而不利于国民经济的发展。

根据以上分析可以看出，一个国家就业人口规模有多大，总人口的就业率维持在什么样水准，大体上是有一定的数量界限的，它是受现有人口再生产类型和经济发展水平所制约的。就一般而论，在经济上比较落后、人口的年龄结构尚属年轻型的发展中国家，总人口的就业率维持在 35% 左右为宜。在第一个五年计划时期，我国总人口的就业率为 36%，实践证明这个比例是比较合理的。目前，我国总人口的就业率高达 43%，其恶果是每个人都看得很清楚的。至于经济上比较发达、人口再生产进入稳定型的国家，总人口的就业率保持在 40%~45% 的范围内看来比较合理。当然，上述的数量界限还是个经验数据，有待实践的进一步检验。纵观近代经济发展史，无论哪个国家在这个问题上从不敢掉以轻心，决策上的丝毫失误都会影响劳动就业结构体系的全局，从而严重阻碍社会经济的发展。例如，十月革命以后，苏联的经济发展战略一直立足于优先发展重工业，采取的手段是把各种有限的人力资源和物质资源最大限度地用于发展重工业。此外，由于苏联的理论界又乐观地宣布社会主义社会不存在失业问题，因而苏联在劳动就业上一直实行充分就业的方针，这就使总人口的就业率达到非常高的程度（1980 年总人口就业率高达 47.3%），结果造成了劳动力资源的枯竭，整个国民经济机体长期以来在低效益的情况下运转，严重影响了后来经济的发展速度。1976 年，苏共二十五大提出了新的经济战略方针，强调提高效率是全部经济战略的重要组成部分。按照上述战略方针的要求，苏联劳动就业战略的一个重要目标是实现合理就业，这是与发展经济的战略重点转向以提高效率为中心的方针密切相关的。

下面让我们转入劳动就业结构体系中第二个层次的考察。第二个层次是在第一个层次存在的条件下，全部就业人口与劳动适龄人口的比例，即劳动适龄人口的就业率，能够与现代化大生产对劳动力再生产的需求规律（由数量到质量、由劳动力的自然再生产到通过现代教育而实现的劳动力再生产）相适应。这个层次在劳动就业结构体系中占有极其重要的地位，它是衡量就业人口能否以较高的劳动生产率促进国民经济发展的重要标志。

一个国家就业人口与劳动适龄人口的比例，即劳动适龄人口的就业率，与其说是取决于人口再生产类型，不如说主要取决于该国的经济发展水平和教育事业的发达程度。制约总人口就业率和劳动适龄人口就业率的因素是有很大差别的，这可以从经济发达国家和发展中国家的实际情况中得到充分说明。

从表 6-3 可以看出，经济上发达的国家，劳动适龄人口的就业率一般偏低，大体上介于70%~80%之间；而在发展中国家，劳动适龄人口就业率高达90%，某些国家甚至超过100%。例如，60年代泰国劳动适龄人口（15~60岁）的就业率达100.3%。

表6-3　就业率的比较[1]

经济发达国家就业人口占劳动适龄人口（15~60岁）的比例（%）				发展中国家男性就业人口占15岁以上人口的比例（%）			
国别＼年份	1950	1960	1970	国别＼年份	1950	1960	1970
西德	65	78	76.8	泰国	98.1	96	87.6
瑞典	71.3	74	71	印度	74.1	96.6	85.5
英国	72.7	79.6	76.6	埃及		91.7	90.8
美国	65	69.4	67.4	阿尔及利亚	92.6	90.4	84.4
法国	80.6	75.5	74.9	巴西	80.8	93.7	83.7

表6-4　经济发达国家22~24岁年龄组的高等学校入学率

单位：%

国别＼入学率＼年份	1960	1965	1970	1975
加拿大	16.4	26.35	34.59	34.69
美国	32.07	40.13	49.43	53.61
法国	7.45	14.21	16.09	18.04
意大利	6.61	10.71	16.69	23.96
瑞典	9.06	13.11	21.36	21.31
英国	8.50	11.95	14.37	16.22

[1] 这几个发展中国家60岁以上人口占总人口的比例，一般在4%~6%。如果扣除这部分人口，那么，上述就业率还要升高。此外，鉴于发展中国家妇女的就业面极不平衡，所以我们只考虑男性就业人口对上述就业率的影响。

上述二类国家在劳动适龄人口就业率上的差别，可从表 6-3 的资料得到说明。

上述几个经济发达国家按学龄（22~24 岁）划分的高等学校入学率的演变情况是：

从 20 世纪 60 年代到 70 年代中期，由于国民经济的发展对劳动力再生产提出了更高的要求，所以劳动适龄人口的受高等教育的比重迅速上升，在上述国家中竟有 20%~50% 的 20~24 岁的劳动适龄人口在接受高等教育，从而使就业人口大大减少。这是劳动适龄人口就业率较低且呈现下降趋势的重要因素。

与经济发达国家的情况不同，由于发展中国家的教育事业比较落后，各级高校的入学率普遍较低，这就使得大量青少年人口过早就业，从而大大提高了劳动适龄人口的就业率。

以上分析表明，对于发展中国家来说，要在国民经济发展的基础上，采取多种形式和各种途径，大力进行人口的智力开发，逐步降低劳动适龄人口的就业率，实现劳动力再生产现代化。这样做有助于加速经济的有效运转，有利于体现就业率与经济效益原则的最优结合。

劳动就业结构体系中的第三个层次是就业人口的职业结构能够体现就业率（全部人口就业率、劳动适龄人口就业率）与经济效益之间最优结合的原则。这个原则既要有利于经济结构的合理化，又要方便人民的生活，从而以较高的经济效益并能促进社会经济的发展，迅速提高人民的生活水平。这个层次（职业结构）不仅是前两个层次（全部人口的就业率、劳动适龄人口的就业率）的展开和具体化，而且也是社会主义经济效益原则的体现，因为提高社会主义经济效益的一个基本原则是生产诸要素的最优组合，而劳动者与生产资料的优化组合，就是其中最主要的组合关系，其他要素的组合最终也要落实到这个组合关系上。

综观一切经济发达国家，随着生产力的发展和经济结构的变化，就业人口的职业结构也相应发生了重大变化。从历史上看，

在职业结构的变化中，总是有一组或一个职业为先导走在前面，从而对整个职业结构发生重要影响。这一变化总趋势是：

第一，农业人口向非农业人口转移，特别是向工业人口的转移，是第一组带头职业，历时百余年。在这一转移过程中，农业部门的就业人数及其所占比重减少，非农业部门就业人数及其所占比重显著提高。对于这一转移过程的历史及其现状，人们是比较清楚的，这里无须赘述。现在需要指出的是，就发展中国家而言，所谓农业劳动力的转移问题，关键是处理好农业现代化的技术结构与工业现代化对农业劳动力吸收能力的相互关系问题。例如，在日本的农业现代化过程中，针对本国人多地少的特点，选择了一个以中小农业机械为主的技术结构，这是日本的农业劳动力在总就业人口中的比重，明显高于主要资本主义国家的重要因素。这也使农业劳动力转移的规模和速度，大体上与二、三次产业的吸收能力相适应：既保证了二、三次产业对农业劳动力的追加需要又没有产生严重的农业人口过剩问题。如果按照美国的农业技术结构及其机械化水准推算，日本在高速成长时期（1955—1970 年），农业劳动力的转移量还要增加 750 万人，这样就会发生严重的就业问题。因此，一个适合本国国情的农业现代化技术结构，是促进农业迅速发展、避免农业劳动力转移而带来种种社会问题的首要一环。

第二，自 70 年代开始，世界主要资本主义国家物质生产领域的就业人数，先后呈现绝对减少的趋势。开始了资本主义经济史上的第二次劳动力大转移。以日本来看，在大转移的初期，由于各产业部门技术高度集约化、生产的社会化和专业化，一、二次产业的流向主要是直接为生产服务的三次产业部门；在大转移的后期，随着消费结构的变化，大转移的归宿主要是为消费服务的三次产业部门。

第三，与第二次劳动力大转移同时，在物质生产部门中，非直接生产人员（主要是经济管理和科研人员）相对增加，直接生产者相对下降。就业人员的职业结构这种变化趋势，是科学技术进步的必然结果，它必将对人类社会经济的发展产生革命性影响。从长远来看，一切发展中国家职业结构的变化，也不会背离经济发达国家已经发生变化的趋势。

以上我们分别考察了总人口就业率、劳动适龄人口就业率、就业人口的职业结构问题。实质上，这三个问题是从递进性角度表述就业结构体系中固有联系的三个层次。三者相互联系，相互制约，在任何一个层次上决策的失误，都会影响就业结构体系的有效运转。可见，一个合理的总人口就业率、劳动适龄人口就业率和就业人口的职业结构，实际上是经济效益原则在就业结构体系中不同层次上的表现形式。然而，从一定意义上可以把第一层次看作就业结构体系中的基础性层次。如果一个国家总人口就业率很高并与人口年龄结构很不相适应，那么，不仅难于确定一个合理的劳动适龄人口的就业率，而且，即使在经济结构合理的情况下，也难于实现就业人口职业结构的合理化。因此，确定一个合理的总人口就业率，对劳动就业结构的合理化是非常重要的。

第二节　我国就业率的历史回顾和未来的发展

新中国成立以来，我国就业人口的规模及其占总人口比率的演变情况如表 6–5 所示。

表 6–5　我国总人口就业率的演变情况

年份	总人口（万人）	从事经济活动人口	
		数量（万人）	占全国人口的百分比
1952	57 482	20 729	36.3
1957	64 653	23 771	36.8

续表

年份	总人口（万人）	从事经济活动人口	
		数量（万人）	占全国人口的百分比
1958	65 994	26 600	40.3
1962	67 295	25 910	38.5
1971	84 779	35 620	42.0
1972	86 727	35 854	41.3
1975	91 970	38 168	41.5
1980	98 255	41 896	42.6
1981	99 622	43 280	43.4

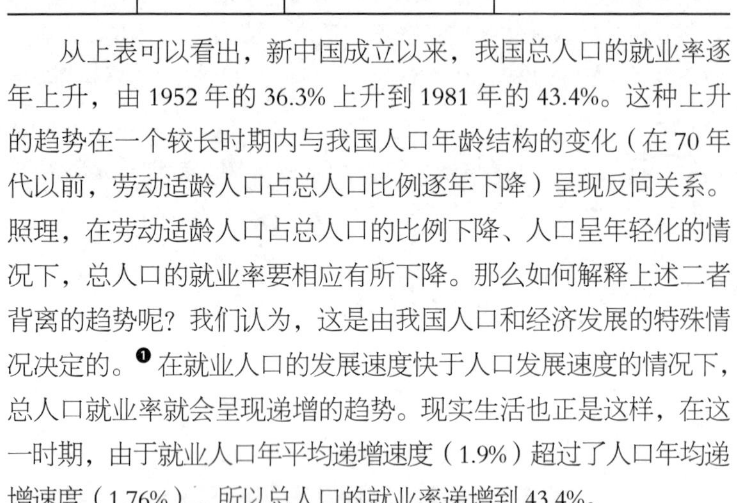

从上表可以看出，新中国成立以来，我国总人口的就业率逐年上升，由 1952 年的 36.3% 上升到 1981 年的 43.4%。这种上升的趋势在一个较长时期内与我国人口年龄结构的变化（在 70 年代以前，劳动适龄人口占总人口比例逐年下降）呈现反向关系。照理，在劳动适龄人口占总人口的比例下降、人口呈年轻化的情况下，总人口的就业率要相应有所下降。那么如何解释上述二者背离的趋势呢？我们认为，这是由我国人口和经济发展的特殊情况决定的。[1] 在就业人口的发展速度快于人口发展速度的情况下，总人口就业率就会呈现递增的趋势。现实生活也正是这样，在这一时期，由于就业人口年平均递增速度（1.9%）超过了人口年均递增速度（1.76%），所以总人口的就业率递增到 43.4%。

可以预见，只要我国人口增长速度递减、前期劳动适龄人口继续增长，在今后的一段时期内，我国总人口的就业率不会低于 40% 的水平。

---

[1] 关于这个问题的详细分析，参见我与张泽厚合写的《我国经济活动人口的分析》一文，载《经济研究》1983年第5期。

目前，我国已有四亿劳动者从事各项生产劳动，我国人口中有劳动能力人口的利用率是相当高的。但是，我们应该清醒地看到，在这种高利用率背后却隐藏着种种不合理的因素：大量的青少年过早地从事社会劳动，阻碍着劳动力质量的提高，使我国一些厂矿企业变成了“救济”机构，广大农村成为“自然就业”的蓄水池，这对现代化建设是不利的。

当前，我国就业人口的规模过大、总人口就业率过高所造成的危害，应该逐步地有计划地加以调整。在一般情况下，就业人口的增长速度不应超过人口的增长速度。从长远的战略观点看，这个调整可分两步走：第一步，在近期内适当降低总人口就业率。对于现有就业人口多余的情况，我们决不应听之任之，使人浮于事的状况加剧。第二步，从长远看，要有计划控制人口增长，改变我国年轻型人口结构，提高总人口的就业率。当前，我国总人口就业率虽然很高，但如果扣除前述一些不合理因素，那么可以肯定地说，在世界上尚属于低水平之列，与经济发达国家仍存在较大差距。例如，60 年代初西德总人口的就业率 48%，1970 年苏联和美国分别为 47.7%。显然，只有控制人口增长、改变人口的年龄结构，才能从根本上解决这个问题。

我们设想，随着我国人口增长速度逐步降低和老化系数逐步提高，在 20 世纪末总人口能控制在 12 亿的前提下，届时总人口就业率基本上可以提高到 45% 左右，总就业人口为 5.4 亿。

下面让我们转入劳动适龄人口就业率的分析。如前所述，随着经济现代化的推进，科学技术的进步和文化教育事业的迅速发展，就业人口占劳动适龄人口的比例，即劳动适龄人口的就业率，一般呈现缓慢下降的趋势。这种下降趋势，是培训和教育劳动力、提高劳动力质量从而实现劳动力再生产现代化的客观要求，是一个合乎规律的发展过程。但是，我国的情况却与此相反。

从表 6-6 可以看出，新中国成立三十年来，我国劳动适龄人口的就业率，不仅高于经济发达国家，而且还呈现较大幅度的上升趋势。这说明我国的劳动力再生产基本上还停留在自然再生产阶段，劳动适龄人口就业率的变化与劳动力再生产现代化的趋势背道而驰。因此，这里有必要分析一下造成这一既成事实的原因、后果，并从战略的高度找到解决问题的正确途径。

表 6–6　我国劳动适龄人口就业率的变化

单位：万人

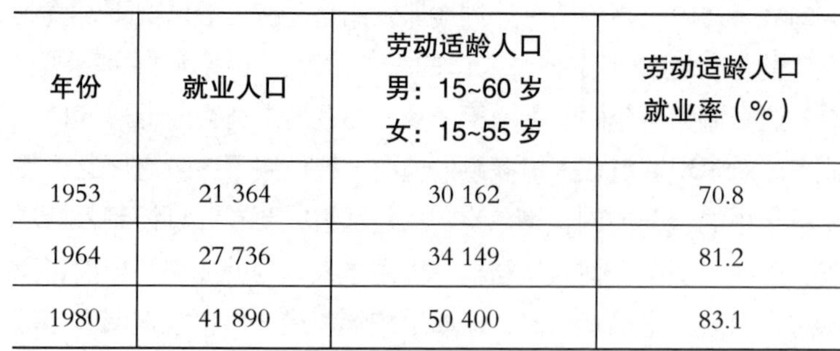

年份	就业人口	劳动适龄人口 男：15~60 岁 女：15~55 岁	劳动适龄人口 就业率（%）
1953	21 364	30 162	70.8
1964	27 736	34 149	81.2
1980	41 890	50 400	83.1

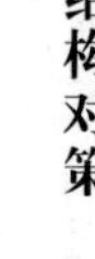

我国劳动适龄人口就业率过高且呈现日益上升的趋势，除总人口就业率过高这个最直接原因外，还有就业指导思想和经济发展方面的因素。

第一，就业指导思想上的根源。长期以来，在劳动就业问题上有两种错误就业观有着十分重要的影响。一种是“自然就业观”，一种是“统包统配就业观”。这两种就业观虽属于两个极端，但在我国国民经济发展的不同时期，往往又相互转化，使我国的劳动就业工作陷入极为被动局面。

“自然就业观”是自然经济中的一种对待和处理就业问题的观点。它以既定的生产资料来吸收数量相差悬殊的劳动力。因此，对劳动力需求弹性大，不顾及经济效益原则，这是自然经济就业中的基本特征。新中国成立以来，在我们的就业决策中在不同的程度上受到了这种就业观的左右。每当我们的经济发生失调、就业压力大时，就把困难转移到生产力结合弹性较大的农村去。例如，在“文化大革命”期间三千万左右城镇知识青年上山下乡，这种做法显然受到自然就业观的影响。

统包统配就业观是由于误解了社会主义计划经济而产生的一种对待就业问题的观点。它教条主义地搬用马克思、恩格斯关于共产主义第一阶段中劳动力与生产资料直接结合的思想，认为可以把一切社会劳动力纳入国民经济计划之中，排斥多元的就业途径，就是这种就业观的具体表现。每当我们的国民经济发展顺利时期，这种就业观在就业决策中往往占据上风，其后果同自然就业观一样，造成劳动力资源的极大浪费、就业率不正常上升、经济效益显著下降等严重恶果。

第二，教育事业不发达，青少年过早就业，不仅是我国总人口就业率过高的原因，也是劳动适龄人口就业率过高的重要原因之一。例如 15~19 岁年龄组中就业的比重，1980 年日本为 19.4%，法国为 20.4%，荷兰为 26.5%，西德为 45.1%，美国（16~19 岁）为 47%，而我国的无锡市为 66.1%。至于在我国农村中，该年龄组的青少年人口从事农业劳动的比重，目前尚无确切的统计资料，但可以有把握地说，要远远高于无锡市的水平。

城乡的青少年人口过早就业，是与我国文化教育事业的落后状况分不开的。目前我国还有许多城市和乡村，学制是小学五年，高中二年，有近 50% 的初中生不能升入高中，高中毕业生的升学率只有 6%，这就使绝大多数青少年过早进入就业阶段。如果我们恢复小学六年、初中三年、高中（或职业中学）三年的学制，则在近期内不仅可以缓解 500 万人以上的就业压力，而且长此下去，会显著降低劳动适龄人口的就业率，加速劳动力再生产现代化的进程。

第三，我国劳动适龄人口就业率过高，其中的一个重要原因是就业妇女的比重（占总就业人口）过大。

从世界各国来看，妇女走出家庭，从事经济活动，是现代化大生产的产物，是伴随着服务业的迅速发展、从而实现家务劳动

社会化的必然结果。新中国成立以后，由于社会制度的根本性变革，广大妇女在政治上获得了解放，因而为她们走出家门提供了前提条件。但是，妇女就业规模的大小及其增长速度的快慢，必须与生产力的发展水平、劳务社会化的程度相适应。三十年的实践表明，我国妇女就业比重之高、增长速度之快，远远超过了经济发达国家。在解放初期，我国城镇妇女就业比重只有 7.5%，到 1980 年，上升到 40.5%，在某些城市，24~25 岁妇女的就业比重高达 95% 以上。这大大高于经济发达国家妇女的就业率。1980 年这些国家妇女就业率分别是：美国 38.5%，西德 32.6%，法国 32.7%，日本 36.2%，意大利 40%。

为缓解就业压力，协调社会生活，在保证社会安定团结的条件下，有计划地不再安排那些由于各种条件不适宜就业的妇女就业，适当缩小妇女就业率，看来是比较适宜的。

总之，由于我国劳动适龄人口就业率过高，因而我们的经济生活多年来处于一种“低工资、多就业、低效率”的不良循环之中。这突出表现在投资与就业的失调及由此而引起的经济效益下降等方面。下面，让我们与经济发达国家做个比较，来说明这个问题。

表 6–7　经济发达国家和我国制造业固定资本投资增长率与就业增长率的比较（苏、中是工业部门）

	年份	美国	日本	法国	苏联	中国①
制造业固定资本投资年增长率（%）	1965—1976	1	6	3.9	6.35	6.9
制造业就业人数年增长率（%）	1965—1976	1.15	1.4	0.25	2.2	7.95

注：①为 1966—1979 年的数字。

从表 6–7 可以看出，经济发达国家制造业固定资本的投资增长率在一般情况下要远远超过就业人数的增长率，这是大幅度提高劳动生产率、加速经济发展的唯一捷径。与此相反，我国的工业就业人数的年增长率反而超过了工业基建投资的年增长率，更有甚者，1979—1981 年，基建投资增长率出现负值，而同期工业就业人数年增长率为 4.2%。这种不正常的情况必然造成投资与就业的严重失调，使劳动生产率难以提高。例如，国营工业全员劳动生产率（产值 / 人），1978 年 11 085 元，1979 年 11 790 元，1980 年 12 031 元，1981 年 11 815 元，比 1965 年的 8943 元只提高 32%，每年平均增长不到 2%。

那么如何摆脱上述被动局面呢？如果说，在总人口就业率问题上，我们提出了从控制人口增长、改变人口年龄结构入手，提高总人口就业率的要求，那么，在劳动适龄人口就业率问题上，我们认为正确的方针是：大力发展教育事业、调整教育结构、降低劳动适龄人口的就业率，逐步实现劳动力再生产的现代化。

为实现这项战略任务，就必须大力发展劳动适龄人口就业前的普通教育、专业教育和就业人口的在职培训教育，这是提高劳动力质量、开发智力资源、大幅度提高就业人口劳动生产率的必由之路。就业前的教育是属于劳动后备力量的教育，是现代科学知识物化在劳动力上的重要途径。在职培训教育是属于就业后的职业技术教育，它是防止专业技术知识陈旧老化、掌握新兴的科学技术和工艺的必不可少的有效手段。诚然，劳动适龄人口就业前、就业后培训教育的普及和提高，在一定程度上会降低劳动适龄人口的就业率，但是这种降低是必要的，合理的，正像经济发达国家所经历过的那样，是科学技术进步和劳动力再生产现代化的根本标志。

应该看到，逐步降低我国劳动适龄人口就业率、实现劳动力再生产现代化，标志着我国劳动就业发展战略的重大转变：从就业率的原则到经济效益原则的战略性转变。多年来，由于我们没有及时把握好这一转变关系，因而在劳动就业决策中造成了许多失误。

这里需要指出的是，在这一节中我们提出了提高总人口就业率和降低劳动适龄人口就业率的两个要求。一个是提高，一个是降低，看起来似乎是矛盾的，其实是相辅相成的，是在更高的层次上实现就业率和经济效益原则的协调和统一。因此，它从根本上体现了就业率与经济效益最优结合的原则。

第三节　职业结构的演变及其存在的主要问题

就业人口的职业结构，是劳动就业结构体系中的一个重要组成部分。与人口过程和经济发展相适应的合理就业率（总人口就业率、劳动适龄人口就业率）确定以后，在劳动就业结构中的一个重大决策就是职业结构合理化。所谓合理化的职业结构，就是要在宏观上和微观上合理分配劳动力资源，实现与经济资源的最优结合。

那么，是否一个科学的、符合人口和经济发展实际情况的就业率确定以后，就业人口的职业结构就一定合理呢？不一定，我们知道，就业人口的职业结构，既受人口过程、就业率高低的影响，又在很大程度上受现有的经济结构、技术结构等方面的制约。因此，我们不能离开经济结构、技术结构来谈职业结构。

近几年来，经济理论工作者在研究我国的劳动就业结构时，不仅只限于就业人口的职业结构问题，而且在考察后者时，往往又局限在产业部门（农、工、建、交通、服务等）的划分上来研究这个问题。其实，就业人口的职业结构，可以从不同的角度来研究。它不仅可以从产业部门的划分上来研究，也可以从所有制结构上来研究。还可以从就业部门的性质——直接生产部门与非直接生产部门来考察。

新中国成立以后，随着国民经济的发展和就业人数的增加，就业人口的职业结构发生了很大变化。关于职业结构的演变情况，现列表概述如下（见表 6-8、表 6-9、表 6-10、表 6-11）。

表 6-8　农、轻、重部门的就业人数及其比重

年份	社会劳动者合计（万人）	其中：工农业劳动者人数（万人）					工农业劳动者占社会劳动者合计的百分比			轻重工业劳动者占工业劳动者合计的百分比		农轻重劳动者占工农业劳动者的百分比		
		合计	农业	工业										
				合计	轻工业	重工业	合计	农业	工业	轻工业	重工业	农业	轻工业	重工业
1952	20 729	18 561	17 317	1244	872	372	89.5	83.5	6.0	70.1	29.9	93.3	4.7	2.0
1957	23 771	20 711	19 310	1401	844	557	87.1	81.2	5.9	60.2	39.8	93.2	4.1	2.7
1958	26 600	19 908	15 492	4416	866	3550	74.8	58.2	16.6	19.6	80.4	77.8	4.4	17.8
1965	28 670	25 226	23 398	1828	866	962	88.0	81.6	6.4	47.4	52.6	92.8	3.4	3.8
1976	38 834	34 200	29 448	4752	1852	2900	88.0	75.8	12.2	39.0	61.0	86.1	5.4	8.5
1981	43 280	37 113.7	32 272	4841.7①	2006.7	2835	85.9	74.6	11.3	40.9	59.1	86.8	5.4	7.8

①如果包括农村的 883 万工业职工，1981 年工业职工为 5724 万。

表 6-9　全民所有制主要部门职工人数占职工总数的比重

年份	主要部门职工人数占职工总数的百分比								轻重工业职工人数之比	
	工业	其中		基本建设	交通运输、邮电	商业、饮食服务业	城市公用事业	教学文教卫生	重工业职工占轻重工业的百分比	重工业：轻工业
		轻工业	重工业							
1949	38.3			2.5	8.0	15.7	0.4	14.7		
1952	32.3	14.7	17.6	6.6	7.2	18.5	0.3	15.4	54.5	1：0.83
1957	30.5	12.1	18.4	11.1	6.8	19.0	0.9	13.4	61.2	1：0.65
1958	51.1	12.5	38.6	14.1	5.6	10.0	0.6	8.3	75.6	1：0.32
1965	33.1	11.6	21.5	10.3	6.6	14.7	1.2	14.3	64.9	1：0.54
1976	41.8	10.9	30.9	8.7	6.3	13.0	1.2	11.7	73.9	1：0.35
1978	40.8	10.9	29.9	8.9	6.0	13.0	1.3	12.6	73.4	1：0.36
1981	40.7	12.6	28.1	8.0	6.0	13.7	1.6	13.5	73.3	1：0.36

表 6-10 全民、集体所有制职工和城镇个体劳动者的人数及其比重

年份	合计		全民所有制职工		集体所有制职工		城镇个体劳动者	
	人数（万）	%	人数（万）	%	人数（万）	%	人数（万）	%
1952	2486	100	1580	63.6	23	0.9	883	35.5
1957	3205	100	2451	76.5	650	20.3	104	3.2
1958	5300	100	4532	85.5	662	12.5	106	2.0
1965	5136	100	3738	72.8	1227	23.9	171	3.3
1976	8692	100	6860	78.9	1813	20.9	19	0.2
1978	9514	100	7451	78.3	2043	21.5	15	0.16
1981	11 053	100	8372	75.7	2568	23.2	113	1.0

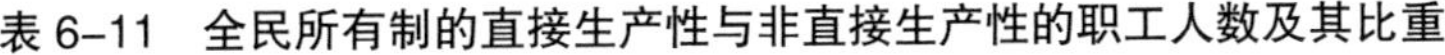

表 6-11 全民所有制的直接生产性与非直接生产性的职工人数及其比重

年份	直接生产性职工（万）	非直接生产性职工（万）	直接生产性职工所占比重（%）	非直接生产性职工所占比重（%）
1952	751.6	828.5	47.6	52.4
1957	1298.2	1152.9	53.0	47.0
1965	2288.0	1450.0	61.2	38.8
1975	4372.3	2053.5	68.0	32.0
1978	4986.5	2465.3	66.9	33.1
1979	5054.6	2638.2	65.7	34.3
1980	5204.7	2814.6	64.9	35.1
1981	5387.7	2984.5	64.4	35.6

表 6–8、表 6–9、表 6–10、表 6–11，从不同角度反映出三十年来我国就业结构演变的基本情况。从上述演变中可以看出存在的主要问题是：

第一，从表 6–8 中可以看出，以农业劳动者为主体的就业结构基本上没有显著变化。一个国家 80% 左右的劳动力搞饭吃，充分反映出农业经济的落后面貌。1981 年占社会劳动者 74.6%、占工农业劳动者 86.8% 的农业劳动者所创造的国民收入，只占整个国民收入的 42%。长此下去，其结果只能是"捆在田里一道穷"。

形成以农业劳动者为主体，非农业人口比例显著偏低的一个重要原因，就是农业经济结构不合理。在 1981 年的农业总产值中（按 1980 年不变价格计算），粮食作物占 64.4%，林业占 4.1%，牧业占 15.4%，渔业占 1.8%，副业占 14.3%。大量的劳动力投放在有限的耕地上，不仅严重影响农林牧副渔的全面发展，而且也不利于农业人口向非农业人口的转化。

第二，表 6–8 和表 6–9 的资料表明，随着社会主义工业化的推进，工业部门内部就业结构变化的显著特点是：重工业职工迅猛增长，轻工业职工增长比较缓慢。这就引起了工业内部就业结构的重大变化，在工业劳动者中，轻重工业劳动者的比重由 1952 年 70：30 变为 1981 年的 40.9：59.1；在全民所有制工业企业中，在同期二者的比重由 45.5：54.5 变为 31：69。当然，在工业化的初期阶段，重工业劳动者有较快的增长，这是完全必要的。但是必须保证劳动生产率的不断提高，要逐步转到以内涵式发展重工业为主的道路。我们的实际情况却与此相反。例如，我国全民所有制的工业企业的劳动生产率，从 1950 年到 1978 年平均每年增长 4.6%，其中有十年是下降的。煤炭、冶金等重工业部门的劳动生产率，多年来一直停滞不前，甚至有所下降。重工业是耗费大量资金、物力和人力的部门，如果劳动生产率长期不能提高，就会造成国民经济的严重失调，这是我国工业部门就业结构的致命弱点。

工业部门内部就业结构的长期失调，是与我国不合理的经济结构密切相关的。多年来，由于我们片面理解和执行了优先发展重工业的方针，因而造成了重工业过重、轻工业过轻，农业基础异常薄弱的畸形结构。特别是从“二五”时期以后，重工业职工从 1957 年的 557 万陡增到 3550 万，增加 5.4 倍，而轻工业职工仅仅增加 22 万人，增加 2.6%，工业中的劳动力有 80% 集中在重工业部门，轻工业只占 20%。粉碎“四人帮”以后，情况虽有所改变，但是目前重工业部门仍然集中 60% 的工业劳动力。这种不合理的就业结构，不仅不能提高劳动生产率，也严重脱离了轻工业和农业发展的需要，今后必须有计划地进行调整。

第三，表 6-9 的资料表明，在国民经济的各部门中，商业、饮食等服务性行业的就业人数相对减少，与人口增长和人民生活的实际需要的差距很大，这是整个就业结构中的一条短腿。从 1957 年到 1981 年，在全民所有制的职工人数中，商业、服务性行业职工人数所占比重由 19% 下降到 13.7%，平均每个商业人员服务的人口数，增加 45%。这种趋势既违背服务性行业就业人数随着经济的发展绝对增加、相对增加的规律，又同我国的实际情况不相适应；既不能进一步扩大就业，又很难满足人民日益增长的物质文化生活的需要。

第四，表 6-10 的资料清楚说明，由于企图过早地实现向单一的全民所有制过渡，因而堵塞了向其他经济成分就业的渠道。

新中国成立以后，随着社会主义改造的完成，由于急于从多种经济成分逐步向单一的全民所有制的过渡，因而就业的门路越来越窄；就业的渠道越来越少。进入 70 年代以后，就业的门路基本上只剩下全民和集体两条路子。

第五，由表 6-11 可以看出，直接生产性劳动者无论是绝对数还是相对数都有显著增加，而非直接生产性劳动者的绝对数虽有一定程度的增加，但相对数却减少了，从而使得整个社会生产的“基础结构”异常薄弱，不能适应社会化大生产的需要。

严格说来，在科学技术日新月异，并在现代化大生产中日益起着重大作用的情况下，直接物质生产部门与非直接物质生产部门并没有绝对分明的界限。即使有一个大致的界限，各个国家的划分标准也不完全相同。就我国来看，在国民经济各部门中，一般把商业、饮食业、服务业、城市公用事业、科教文卫、金融和国家机关等列为非直接物质生产部门，其余为直接物质生产部门。20 世纪以来，在经济发达国家中，大量劳动和资本不断流入非直接物质生产领域（主要是第三产业），就业人口的职业结构发生了重大变化。以日本为例，1960 年与 1976 年相比，第一产业的就业人数由占总就业人数的 26.9% 下降为 12.2%；第二产业由 28% 上升为 35.2%，第三产业由 45.1% 上升为 52.6%。同一时期的美国，第一产业由 8.6% 下降为 3.8%；第二产业由 30.6% 下降为 26.7%；第三产业由 60.8% 上升为 69.6%。就业人口职业结构的这一变化趋势，是国民经济现代化的一个重要标志。

新中国成立三十年来，随着我国国民经济的发展和经济结构的变化，直接生产领域与非直接生产领域的就业构成也发生了很大变化，绝对量都有了显著增加，但是从二者比例的变化来看，后者就业人数所占比例不是日益增长的趋势，而是曲折多、起伏大，与经济发达国家相比，在相当长的时期内朝着相反的方向发展。

上述职业结构变化的不合理趋势，不仅表现在国民经济各部门之间的生产性与非生产性的构成上，而且在生产性部门内部也很突出。

表 6–12 全民所有制工业企业按职业性质划分的职工构成

年份	合计	工人	学徒工	工程技术人员	管理人员	服务人员	其他
1952	100	71.7	4.3	1.1	12.5	7.4	3.0
1957	100	71.6	3.9	2.2	13.2	7.3	1.8
1965	100	71.5	3.3	4.1	8.5	7.5	5.1

续表

年份	合计	工人	学徒工	工程技术人员	管理人员	服务人员	其他
1975	100	75.3	3.1	2.7	8.0	8.6	2.3
1978	100	71.9	3.9	2.8	9.3	9.0	3.1
1979	100	70.4	5.2	2.8	9.7	9.2	2.7
1980	100	68.5	6.8	3.0	9.7	9.2	2.8
1981	100	68.0	6.4	3.1	9.9	9.5	3.1

宏观上职业结构的不合理状况，必然要在微观上反映出来，工业企业内部的职工构成，实际上是社会上生产性与非生产性构成的缩影。在经济发达国家，随着科学技术的进步和劳动生产率的提高，在一个现代化企业内部，直接在物质生产第一线的工人所占比重日益缩小，工程技术人员和管理人员所占比重大幅度上升，这是企业管理科学化、现代化的一个重要标志，是一个合乎规律的发展过程。然而，从表 6-12 的资料可以看出，三十年来企业内部职工构成（按职业性质划分的）的变化很小，截止到 80 年代，直接生产工人所占比重仍然在 75% 以上（包括学徒工），与 1952 年、1957 年大体相当，而工程技术人员和管理人员所占比重还低于 1957 年的水平。这种不合理变化趋势，是我们的企业缺乏活力、经济效益不高的一个重要因素。

造成上述职业结构不合理（宏观和微观）的原因是多方面的，但是，经济结构的畸形发展（重工业过重，轻工业过轻，农业基础异常薄弱）不适应职业结构变化的客观需要，为生产和人民生活服务的非直接物质生产部门，在“先生产、后生活”的口号下长期被排挤，不能不是其中的重要因素。

马克思曾经指出：“在产品量相同的情况下，同非生产人口相比，一个国家的生产人口愈少，国家就愈富。因为生产人口相对的少，不过是劳动生产率相对提高的另一种现象。”[1]多年来我国生产人口过分膨胀、非生产人口相对缩小的情况，固然有历史的原因，但仍可以说是劳动生产率停滞或下降的一种表现。这种表现犹如使我们的经济机体吞服了大量的“镇静剂”，长期处于缺乏活力的状态，甚至出现了一些反常现象：一方面，物质生产部门的劳动生产率出现停滞或下降的趋势，另一方面，国民收入和人均国民收入却在缓慢增长。例如，我国全民所有制工业企业的全员劳动生产率，1966 年为 10 115 元，1977 年下降到 9873 元。每个农业劳动力生产的粮食，自 1956 年以来，一直停留在 2080 市斤的水平上。而在同一时期，国民收入和人均国民收入分别由 1966 年的 1586 亿元和 213 元增长到 1977 年的 2695 亿元和 281 元。这种不正常现象，在一定时期是允许存在的，但是不应成为我们发展国民经济的长远之计。

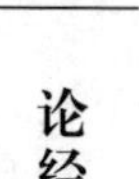

第四节　职业结构的演变趋势和若干对策性意见

我国就业人口变化的速度和规模、就业结构变化的幅度总是受人口再生产和国民经济发展的实际情况所制约的。多年来，由于我国人口的迅速增长和经济建设中的失误，就业问题已成为紧迫的、突出的社会问题。三中全会以来，党和政府采取多种措施，先后安排 2600 多万人就业，使就业问题有一定程度缓和。但是我们应该清醒看到，前几年安置就业的人数远远超出国民经济的实际吸收能力，已经影响国民经济的正常运转。这种安置就业的办法在一定程度上是不得已而为之的，使得工资制度、劳动制度、价格体制等方面的改革难以起步。在现代化的建设中，这种应急措施绝非长远之计。

因此，把就业问题与 20 世纪末我国的经济发展战略目标有

[1] 《马克思恩格斯全集》第26卷第1册，第229页。

机地结合起来，在提高经济效益的前提下，进行科学的就业预测，据此提出切实可行的就业对策，是摆在我们面前的一项紧迫任务。

在下面进行的就业趋势的预测和提出的若干对策性意见是按以下几个步骤进行的：

第一步，依据我国人口再生产的现状和发展趋势，测算出1982年至2000年城乡劳动力资源的变动情况，即各个时期需要安置的劳动力数量。

第二步，以1981年的工农业总产值和劳动生产率为基准，为了在20世纪末实现工农业总产值翻两番的宏伟目标和工农业劳动生产率可能提高的速度，测算出各个时期国民经济各部门可以容纳的新增劳动力数量。

第三步，以上各个时期需要安置的劳动力数量和可以容纳的新增劳动力数量之差，就是各相应时期劳动力过剩和缺少数量。在测算过程中，我们还充分考虑到现有企业和农村的过剩人口。

最后，根据以上测算的结果，提出若干对策性意见。

（1）从现在起到20世纪末需要安置的城乡劳动力数量。

各时期新成长起来的劳动力数量减去国民经济各部门自然减员人数，即为需要安置的劳动力数量。

根据国家统计局公布的数字和有关部门提供的资料，1982年至2000年全国城乡进入劳动年龄的人数预测如表6–13所示。

表6–13　1982—2000年进入劳动年龄人数预测

单位：万人

年份	进入劳动年龄人数[1]	城镇	乡村
1982	2417	324	2093
1983	2409	325	2084
1984	2592	337	2255

续表

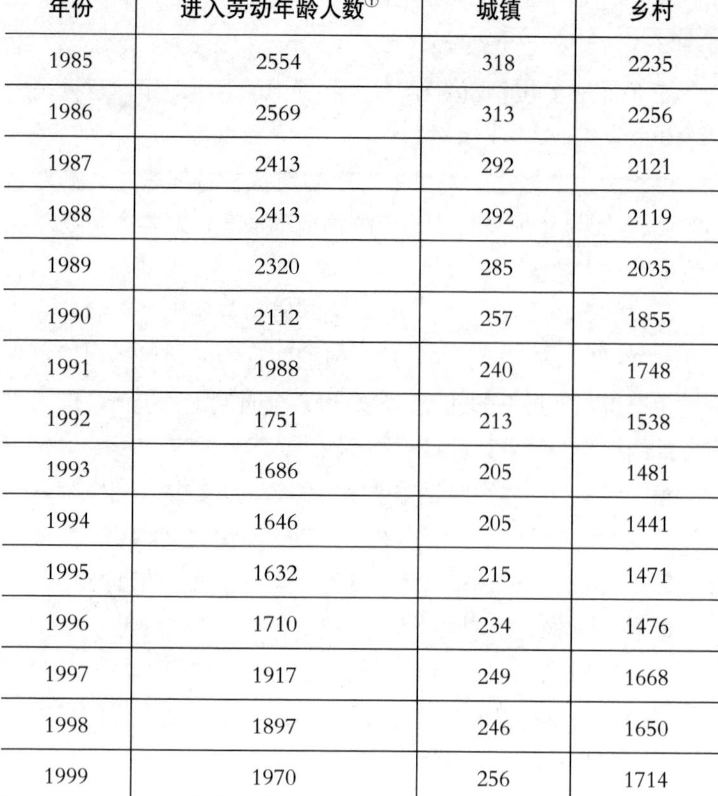

年份	进入劳动年龄人数①	城镇	乡村
1985	2554	318	2235
1986	2569	313	2256
1987	2413	292	2121
1988	2413	292	2119
1989	2320	285	2035
1990	2112	257	1855
1991	1988	240	1748
1992	1751	213	1538
1993	1686	205	1481
1994	1646	205	1441
1995	1632	215	1471
1996	1710	234	1476
1997	1917	249	1668
1998	1897	246	1650
1999	1970	256	1714
2000	1803	234	1569

①每年进入劳动年龄人数 = 该年度倒溯 16 年前的出生人数 × 存活率（95.21%）。

由表 6-13 计算得知，1982—2000 年，城镇新成长起来的劳动力合计为 5031 万人，其中“六五”时期为 1305 万人，“七五”“八五”“九五”时期分别为 1439 万人，1068 万人和 1219 万人。此外，国家每年统一分配的人员有 200 万人左右，1982—2000 年合计为 3800 万人，如果再考虑到历年积累下来的 440 万城镇待业人口，以上三项合计为 9271 万人

（5031+3800+440）。需要指出的是，这里有重复计算的人员，即大中专毕业生和复员军人，每年约 80 万人，今后合计为 1520 万人。扣除这部分重复计算后，到 20 世纪末新成长起来的劳动力为 7751 万人（9271−1520）。

1982 年至 2000 年国民经济各部门职工的自然减员预测如表 6−14 所示。[1]

表 6−14　各部门职工的自然减员情况

单位：万人

性别＼年份	1982—1985	1986—1990	1991—1995	1996—2000	合计
男性	209	316	434	433	1392
女性	251	329	399	360	1339
合计	460	645	833	793	2731

1982—2000 年城镇新成长起来的劳动力（7751 万）减去同期自然减员人数，即为需要国家安排就业的劳动力数量。各时期的分布情况如表 6−15 所示。

表 6−15　就业人数时间分布的预测

单位：万人

年份	1982—1985	1986—1990	1991—1995	1996—2000	合计
就业人数	1765	1394	835	1026	5020

从表 6−15 可以看出，到 20 世纪末的各个五年计划时期，劳动就业的压力还是相当大的。有人认为，既然我们能在过去一年中安排 2000 多万人就业，那么，在 2000 年以前将新成长起来的和积累的待业人员全部安排就业也是不成问题的。我们认为，这

[1] 自然减员数量，系指达到退休年龄的人数，男性为60岁，女性为55岁。

是过于乐观并缺乏科学论证的。

关于农村需要安排的劳动力，用上述方法测算。如表 6-16 所示。

表 6-16　1982—2000 年我国农业劳动力资源预测

单位：万人

年份	1981	1985	1990	1995	2000
农业劳动力①	32 277	37 357	44 204	47 796	51 558

注：①本表没有考虑农业劳动力可能的转移部分。

（2）从现在起到 20 世纪末可以容纳的新增劳动力数量。

按照 20 世纪末我国经济发展战略总目标的要求，我们测算了 1982—2000 年的就业规模及其结构的变化趋势。在测算中我们设计了两个方案：

方案 A：

如果工农业总产值翻两番，其中工业总产值增加 4 倍，农业总产值增加 2 倍，那么，工业总产值的年增长率在“六五”“七五”“八五”“九五”时期应分别达到 6%、8%、10%、10%。根据不断提高经济效益的原则，假定全民所有制工业企业劳动生产率在相应时期分别递增 4%、6%、7%、8%，集体所有制工业企业劳动生产率分别递增 1%、3%、5%、6%，则 1982 年至 2000 年的工业部门就业趋势如表 6-17 所示。

表 6-17　工业部门的就业趋势预测（A 方案）

单位：万人

年份	1981	1985	1990	1995	2000
全民所有制工业企业人数	3407	3956	4344	4988	5467
集体所有制工业企业人数	1495	1976	2273	2873	3458
合计	4902	5752	6619	7861	8925

1981 年，工业部门职工人数占国民经济各部门职工总数的 44.8%。如果这一比例今后大体不变，则今后各时期职工总数如表 6-18 所示。

表 6-18　就业职工总数预测（A 方案）

单位：万人

年份	1981	1985	1990	1995	2000
国民经济各部门职工总数	10 940	12 839	14 774	17 546	19 921

表 6-18 中各度年比上一个各度年增加的职工人数，就是这一时期可以容纳的新增劳动就业人数，如表 6-19 所示。

表 6-19　可容纳的新增就业人数预测

单位：万人

年份	1985	1990	1995	2000
可容纳的新增劳动人数	1899	1935	2772	2375

把表 6-19 中的资料和前述各时期需要安排的城镇劳动力数量加以比较，似乎出现劳动力短缺的情况。其实不然，根据调查，现有企业中的职工有相当一部分是潜伏的待业人口。

以上我们预测了 1981—2000 年城镇劳动就业的变化趋势，下面展望一下农村劳动力的合理容量。

如前所述，在工业总产值增加 4 倍的条件下，要在 20 世纪末实现工农业总产值翻两番，农业总产值就应增加 2 倍，其总产值的年增长率在前十年应为 5%，后十年为 7%。假定扣除多余农业劳动力后（目前有一亿剩余劳动力），农业劳动生产率前 10 年年平均递增 3%，后 10 年递增 4%，则 1981—2000 年农业劳动力的合理容量如表 6-20 所示。

表 6-20　可容纳的农业劳动力数量预测

单位：万人

年份	1981	1985	1990	1995	2000
合理的农业劳动力数量	22 277	24 058	26 484	30 534	35 195

与前述农业劳动力资源发展趋势相比较，农业劳动力的就业问题更为严峻，对此我们决不能掉以轻心。

方案 B：

如果工业总产值翻两番以上，农业总产值翻一番以上，即大约分别增加 3.5 倍、2.5 倍，那么，工业总产值的年增长率在“六五”“七五”“八五”“九五”时期应分别达到 5%、7%、9%、10%。农业总产值的年增长率在上述时期应不低于 5%、6%、8%、8%。又假定全民工业企业劳动生产率在相应时期分别递增 3%、5%、7%、7%，集体工业劳动生产率分别递增 1%、2%、3%、5%，农业劳动生产率仍按方案 A 增长，则 1981—2000 年城镇劳动力和农村劳动力的就业趋势如表 6-21、表 6-22、表 6-23、表 6-24 所示。

表 6-21　工业部门就业趋势预测（B 方案）

单位：万人

项目 \ 年份	1981	1985	1990	1995	2000
全民所有制工业企业人数	3407	3875	4258	4671	5364
集体所有制工业企业人数	1495	1679	2132	2696	3402
合计	4902	5554	6390	7367	8766

表 6-22　就业职工总数预测（B 方案）

单位：万人

年份	1981	1985	1990	1995	2000
职工总数	10 940	12 397	14 263	16 444	19 567

表 6-23　国民经济各部门可以容纳的新增就业人数预测（B 方案）

单位：万人

年份	1985	1990	1995	2000
职工总数	1457	1866	2181	3122

表 6-24　可容纳的农业劳动力数量预测

单位：万人

年份	1981	1985	1990	1995	2000
职工总数	22 272	24 058	27 828	33 612	40 588

（3）从现在起到 20 世纪末实际和潜在的过剩劳动力数量。

若从简单的数量关系上来考虑，上述各时期需要安置的劳动力数最减去相应时期可以容纳的新增劳动力数量，就可以测算出各时期的过剩（或缺少）劳动力数量。但是我们必须看到，如前所述，在现有的国民经济各部门中存在着大量的过剩劳动力。这部分过剩人员实际上是潜在待业人员。据有关部门推算，1981 年末，在国民经济各部门中，有四分之一是过剩人员，大约 2700 万，加上实际待业的 400 万，企业过剩人员在 3000 万左右。在 1985 年以前，由于劳动生产率增长速度还没有达到合理水平，企业中的过剩劳动力不会减少；1985 年以后，企业劳动生产率有较快速度增长，企业过剩劳动力将会逐渐减少。如以 1981 年的 3000 万过剩劳动力为基准按上述方案 A、方案 B 推算，1985—2000 年实际和潜在的过剩劳动力发展趋势如表 6-25、表 6-26

所示。

表 6–25　实际和潜在的城镇过剩劳动力预测（A 方案）

单位：万人

项目＼年份	1985	1990	1995	2000
各时期需要安置的城镇劳动力	1760	1395	848	1028
各时期可以容纳的新增劳动力	1899	1935	2772	2375
实际和潜在的过剩劳动力❶	2866	2320	396	−951

表 6–26　实际和潜在的城镇过剩劳动力预测（B 方案）

单位：万人

项目＼年份	1985	1990	1995	2000
各时期需要安置的城镇劳动力	1760	1395	818	1028
各时期可以容纳的新增劳动力	1457	1395	2181	3122
实际和潜在的过剩劳动力	3301	2831	1498	−596

从方案 A 和方案 B 可以看出，从现在起到 20 世纪末，我国将面临长期的就业压力，在“七五”时期城镇人口的就业压力最沉重到 2000 年将会有一定程度的缓和。

农村的情况怎样呢？可从表 6–27、表 6–28 的两个方案预测看出：

❶　各年度实际和潜在的过剩劳动力=上一年度的过剩劳动力+（该年度需要安置的劳动力–该年度可以容纳的新增劳动力）。例如，1995 年的过剩劳动力=2320+（848–2772）。

表 6–27　农业多余劳动力预测（A 方案）

单位：万人

项目＼年份	1981	1985	1990	1995	2000
农业劳动力数量	32 277	37 357	44 204	27 796	51 558
合理农业劳动力数量	22 277	24 058	27 828	35 203	46 592
多余农业劳动力数量	10 000	13 299	16 376	12 594	4966

表 6–28　农业多余劳动力预测（B 方案）

单位：万人

项目＼年份	1981	1985	1990	1995	2000
农业劳动力数量	32 277	37 357	44 204	47 796	51 558
合理农业劳动力数量	22 277	24 058	27 828	33 612	40 588
多余农业劳动力数量	10 000	13 299	16 376	14 184	10 970

综合考察以上两个方案可以看出，从现在起到 20 世纪末，我国的城镇和农村都存在着一个数量可观的过剩的劳动力资源。如何利用好这个巨大的资源，加速现代化的建设，这是关系到四个现代化全局的重大战略问题。

为了打破目前的僵局，减缓面临的就业压力，从而加速整个国民经济的有效运转，我们提出下面一些初步想法：

（1）继续调整国民经济结构，使其适应扩大就业和职业变化趋势的需要。一个有利于社会再生产协调发展的国民经济部门结构，是扩大就业及其结构合理化的物质基础。多年来，由于我们片面发展重工业，造成部门结构畸形发展，不仅使就业结构很不合理，而且也难以容纳更多的就业人口。这就要求我们在安排基本建设时，在物质生产部门一定要按照农轻重的顺序；在物质生产部门与非物质生产部门之间要充分体现生产和生活并重的原则，并在上述非物质生产部门占用劳动力“上限”许可的范围内，发展各种基础性设施，特别是各种服务性行业，以适应国民经济的发展和提高人民生活水平的需要。

在调整经济结构中，特别要注意调整我国的农业结构。应该看到，把我国农业的单一性粮食生产结构逐步调整为一个农、林、牧、副、渔全面发展的农业经济结构，是解决农业劳动力过剩的一项根本性措施。

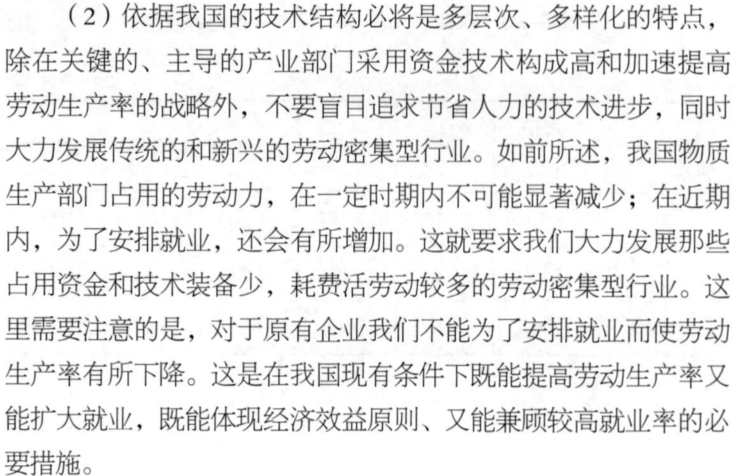

（2）依据我国的技术结构必将是多层次、多样化的特点，除在关键的、主导的产业部门采用资金技术构成高和加速提高劳动生产率的战略外，不要盲目追求节省人力的技术进步，同时大力发展传统的和新兴的劳动密集型行业。如前所述，我国物质生产部门占用的劳动力，在一定时期内不可能显著减少；在近期内，为了安排就业，还会有所增加。这就要求我们大力发展那些占用资金和技术装备少，耗费活劳动较多的劳动密集型行业。这里需要注意的是，对于原有企业我们不能为了安排就业而使劳动生产率有所下降。这是在我国现有条件下既能提高劳动生产率又能扩大就业，既能体现经济效益原则、又能兼顾较高就业率的必要措施。

（3）广开就业渠道，大力发展集体所有制经济，适当发展个体经济。

在社会主义的初期阶段，生产力水平还不高，商品经济还不发达，劳动生产率还比较低，存在着不同层次不同水平的生产力。与这种状况相适应，还要求存在多种经济成分的生产资料所有制结构。国家和集体所有制是社会主义的经济基础，个体经济是公有制的必要补充。从目前我国城镇人口就业和农村剩余劳动力的实际情况出发，在当前和今后相当长的一段时间里，集体经济和个体经济是安置城乡剩余劳动力的主要途径。例如，1979—1980 年间，国家先后安置了 2000 多万人就业，其中有相当大部分是由集体经济和个体经济容纳的。在1980年新增的就业人员中，集体经济吸收的占43%，个体经济占6%，合计约50%。可见，发展多种经济形式的生产，是扩大就业，减缓就业压力的有效措施。

（4）调整教育结构，采取多种形式发展教育事业，为职业结构的调整、变换和缓解就业压力创造有利条件。

长期以来，我国的教育结构存在着两个问题：其一，是普通中学中等技术教育失调，前者过分膨胀，后者绝对、相对萎缩。二者的失调不仅和国民经济发展不相适应，也和劳动就业制度严重脱节。比如，一方面社会上有大量的中学毕业生待业，另一方面国民经济建设所需要的技术人才却又严重不足；一方面在农村和城市大量发展普通高中，另一方面工矿企业的大量青年工人的技术水平与现代化生产的要求不相适应，又需要进行文化技术知识的补课，等等。上述不合理现象，一定要逐步改变。在今后调整经济结构的同时，必须调整教育结构，积极发展各种类型的中等专业学校、职业技工学校，减轻就业压力，提高劳动者的技术水平。

其二，中等、高等教育的专业划分过细，与现代化生产对职业结构的调整、交换和扩大就业的需要不相适应。新中国成立以来，我国的中等、高等专业教育和职工函授大学，是按苏联模式设置的，文理、理工分家，专业划分过细。这种结构基本上还处于19世纪那种专才教育阶段。培养出来的专才，不但不适应现代科学综合化发展趋势的需要，而且走上工作岗位也难以“对号入座”用其所学。据1978年统计，我国科技人员学非所用的有120万人，用非所长的有80万人。当然，这种浪费人才的现象主要是分配工作个不当造成的，但系科结构偏窄和划分过细，也是一个重要原因。应该看到，随着科学技术的进步和非物质生产部门就业人数的增加，上述现象会越来越普遍，从而矛盾也会更加尖锐。

因此，为适应当代科学发展趋势的需要，要对现有的中等、

高等专业院校进行必要的系科结构调整，并在广泛开展在职专业培训的同时，加强综合技术教育，以便为职业结构的调整、变换和扩大就业创造有利条件。

（5）改革现行的劳动管理制度，实行正确的就业政策，是逐步减缓我国的就业压力，实现职业结构合理化不可缺少的重要条件。

多年来，我国的劳动管理制度存在两大弊病，一个是“统包统配”，一个是“能进不能出”。近几年来，由于待业人口的压力很大，上述制度已难以为继，但是“归口包干”“退休顶替”的安置办法仍然风行全国，坐等国家分配的就业思想在群众中仍然根深蒂固。因此，从根本上改革我国的劳动制度，使之适应扩大就业和经济发展的需要，已经紧迫地提到我们的议事日程上来了。改革的基本内容应当是取消现行劳动制度中“统包统配”“归口包干”“子女顶替”的办法。实行择优录取与一定范围内的自由选择职业相结合的新办法。

劳动制度改革中的一个重要内容是建立和健全职工的退休制度。此外，我们还可以根据某些行业的特点适当降低职工退休年龄，如男的 55 岁，女的 45~50 岁退休，仅这一措施，每年就能减少几十万就业人口。

在改革中，还应当依据农村集体经济发展的具体情况，逐步建立老年人口的社会保险制度。目前我国的农村，68~75 岁的老人继续从事生产活动的现象是普遍存在的，这不仅影响了农业劳动生产率的提高，而且也使农业劳动力过剩问题更加严重。为此，在当前普遍推行多种形式责任制的情况下，在有条件的地方可以考虑不分给老年人口的责任田或不签订各种承包合同，其生活来源逐步由集体经济的养老金解决。

综合以上几种办法，我们至少可减少 2000 万就业人口，这样就可以大大缓和在“六五”和“七五”期间的就业压力。

第七章　企业规模结构与企业组织结构对策

陈胜昌

企业是我国经济活动的基层单位，就像人体的细胞、化合物的原子。企业的组织构成和规模结构不同，社会经济效益也不同。企业的规模结构和组织状况，不仅制约着当前的经济效益，而且影响将来的经济发展。

所谓“企业规模”，是指企业的经济规模，也就是企业生产或经营的规模。企业规模的大小是企业内生产力诸要素，即劳动力、固定资产和劳动资源的集中程度的综合反映。所谓“企业组织”，不是指企业内部的组织状况，而是指以企业为单位的社会经济组织网络的组成情况。企业规模结构则是指那些大、中、小企业构成的量的比例和它们之间的联系；企业组织结构则是指不同的企业间的结合方式和组织状况。

我们知道，经济结构既可以从经济运动所经历的生产、交换、分配、消费四个阶段来分析，也可以从生产力要素（劳动力、劳动工具、劳动对象）角度来划分，还可以从企业作为经济细胞的角度来划分，更可以从生产关系的角度来分析。深入研究我国当前企业规模结构与企业组织结构的状况，分析其有利条件和不利因素，提出相应的比较科学的发展对策，对于实现我国20世纪末的经济发展目标，是十分重要的。

第一节　实现经济发展目标要求企业规模结构与企业组织结构的合理化

实现我国经济发展目标的基本社会、经济条件是什么呢？它们对企业规模结构和企业组织结构，会产生什么样的影响呢？

首先，实现经济发展目标，必须有一个能源消耗逐步趋于降低的企业规模和企业组织结构。按我国目前万元产值能耗计算，工农业总产值达到 28 000 亿元，需要消耗 24 亿吨标准燃料。

但据有关部门测算，我国到 2000 年将只能生产约 12 亿吨标准燃料，这意味着要么逐步将我国万元产值能耗降低一半，要么大量进口能源。大量进口能源显然是不现实的。因此，我国必须对国民经济进行技术改造，并采取相应的企业规模和企业组织结构对策，以便能够大大降低能耗水平。

其次，实现经济发展目标，必须有一个能保证更高经济效益的企业规模与企业组织结构。

在我国近三十年的社会主义建设中，经济增长主要依靠外延的扩大再生产，实行了高积累，挤了群众的消费，经济增长速度呈现递减的趋势[1]。要改变这种局面，经济增长必须采取从以外延为主转变到以内涵为主的办法。依靠技术进步，是内涵性扩大再生产的一个重要特征。

关于发达国家技术进步对经济增长的影响，有各种计算方法和估计，其中估计数从 50% 至 90% 的都有。在认为技术进步对经济增长的影响占 90% 的估计中，包括了规模经济的作用。美国经济学家丹尼逊估计，规模经济的影响约占 15%。我国的经济发

[1] 我国工农业总产值年平均增长速度是：1953—1957年10.9%，1958—1965年6%，1966—1978年8.5%。资料来源：《中国统计年鉴（1981）》。

展要走以内涵扩大再生产为主，讲求经济效益的路子，就必须充分发挥规模经济的效益，为此，也必须有相应的对策。

最后，实现经济发展目标，还必须有一个与人口状况相适应的企业规模与企业组织结构。

到 2000 年，我国人口将达到 12 亿，平均每年将有 1000 万新增劳动力要求就业。显然，这对经济发展战略和各类结构对策，包括企业规模和企业组织结构对策的选择，也不能不产生极大影响。

由上可见，选择企业规模结构与企业组织结构对策时，主要应根据能源、经济效益、人口三方面因素，确定切实可行的方案，才能形成比较合理的企业结构格局，实现低能耗、高效益、多就业，以促进经济发展目标的实现。

为了实现经济发展目标，并适应上述的能源、经济效益和人口三方面情况，今后我国不仅需要依靠现有的一大批老企业，还需要建立一批新企业；这些企业不能仅仅是大企业，也不能仅仅是中、小企业，而是需要一批分布合理的有机结合的大、中、小企业。就工业企业来说，大型企业多是关系国计民生的重点企业，是国家经济实力的主要体现。如果没有一批先进的大企业，我国的经济和政治的独立就难以保证。从这个意义上说，经济建设必须重点抓住大企业。事实上，我国“一五”时期以来，由于重视重点大企业的建设，形成了较为完整的工业体系。但是，大企业也有短处，那就是投资多，建设周期长，对机器设备的水平、原材料的质地、劳动力的熟练程度要求比较高，容纳的就业人数有限。与此相比，小企业虽然不具备大企业的上述优越性，却有自己的优点：投资少，建设周期短，收效快，适应市场变化能力强，容纳就业人数多。但是，仅仅有一个合理的企业规模结构还不够，还必须有一个合理的企业组织结构，以充分发挥专业化协作和联合化中所能获得的经济效益。

必须指出，合理的企业规模结构和企业组织结构对策，是建立在对企业规模和组织程度的科学分类基础上的。因此，在探讨这种对策之前，有必要对这种分类方法和我国的具体情况作些分析。对企业规模，国际上一般是多种分类方法并用。例如，西方国家统计普遍用企业的人数划分企业规模，有的分为1~10人，11~50人，51~100人，101~500人，501~5000人，5000人以上，等等；它们同时还采用以营业收入、固定资产净值为标准来划分企业规模的方法。另外，国际上也普遍使用划分大、中、小三类企业的粗分类法。例如，美国将年营业收入为50万美元以下的企业称为小企业。划分大、中、小企业是以人员、营业收入、固定资产的多种分类为综合标准，因此，往往视不同需要（学者研究或政府管理、征税、保险等）对企业的分类作不同的划分和归并。例如，日本《中小企业基本法》规定，在制造业、矿业、运输业、建筑业中，资本在1亿日元以下、雇用人员100人以下的为中小企业，把20人以下的制造业和5人以下的商业服务业称为小规模企业；《中小企业团体组织法》则把雇用1000人以下的矿产企业称为中小企业。

我们知道，经济指标如产品产量、产值、营业额（销售额）、固定资产净值、劳动力数量，都是企业营业规模的指标。这些指标可以分为两类，第一类是直接指标，如表示生产能力的产品产量；第二类是间接指标，如劳动力数量。用第一类指标，在生产同一产品的企业，特别是一些工业企业中，它能够比较准确地表示规模，能够避免用劳动力指标衡量企业规模所产生的弊病。不过其缺点也是明显的：由于用使用价值作标准，不仅不同行业根本无法比较，即使同一行业，如钢铁工业，产品同样千差万别，实际也是不可比的。这样，在我国以生产能力作标准，就只好制定十分庞杂的按产品划分企业规模的细则。采用第二类指标可以跨行业进行比较，但劳动密集型企业与资本密集型企业之间仍存在不可比因素。为了弥补这两类标准的偏颇，于是在有些情况下，同时使用两个以上标准。但用两个以上标准衡量企业规模，很可能产生对立的结论。例如，同是一个钢铁企业，用生产能力衡量，很可能是大型企业：用企业人数来衡量，则可能是中型企业。因此，划分同行业企业的规模，以生产能力为标准看来是适宜的；如在不同行业的企业间进行比较，采用净产值指标，从理论上看同样是可行的。当然，在价格不合理的条件下，净产值指标则有不可比的因素。我国虽然在 1958 年就提出了大、中、小企业并举的方针，但划分大、中、小企业的标准却是 1971 年提出的。划分大、中、小企业的标准是产品产量，包括农垦、水利、钢铁、煤炭、电力等 17 大项，55 类。在此前的一些零星资料，是按人数划分的[1]。从“一五”计划开始，为了满足基本建设工作的需要，曾提出一个划分基本建设项目的“限额”标准，把新建、改建企业划分为限额以上和限额以下两类：限额以下相当于 1971 年标准的小企业，限额以上相当于大、中型企业。后来，根据计划工作和基本建设工作的需要，在 1957 年、1958 年、1960 年、1961 年、1962 年又对“限额”标准作了五次修改，但仍然是以投资额作标准，对不同行业规定了不同的投资限额。如 1952 年规定造纸厂的投资限额是 150 万元，纺织工业是 300 万元，钢铁工业是 500 万元，等等。从 1961 年起，部分行业又改为以实物指标（产品产量），作为划分企业规模的标准，如钢铁企业的限额为年产钢 5 万吨以上，汽车制造厂的限额为年产汽车 1 万辆以上等，但大部分行业（包括大项、小类）仍用投资额指标，作为划分基建项目限额的标准。1971 年发生了重大转变，把“限额以上”基建项目再细分为大型和中型，除少数行业或小类外，大多数项目和小类都改用生产能力指标，这就为按大、中、小规模统计全部企业提供了可能性。这样，也就有了按大、中、小规模统计的工业企业数。此后在 1978 年又对有关标准作了新

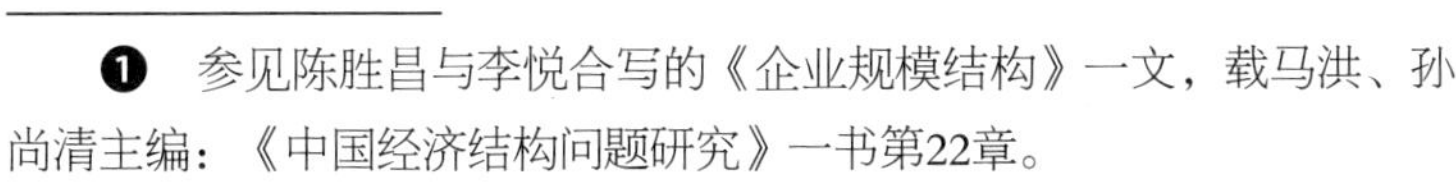

[1] 参见陈胜昌与李悦合写的《企业规模结构》一文，载马洪、孙尚清主编：《中国经济结构问题研究》一书第22章。

的修改（见表 7–7）。

以上事实说明，我国用企业生产能力作为衡量企业规模的标准，尽管是在提出“大、中、小企业并举”方针之后，但划分基本建设项目的限额标准，却是较早提出来的。它反映了我国计划和基本建设工作向数量化、标准化方向发展的良好趋势，确实是我们经济工作科学水平的一个写照。至于衡量经济组织程度的标准，至今还未能数量化，虽然开展专业化协作生产的口号提出较早，1965 年也曾进行过兴办托拉斯的试点，1975 年又组织过一批行政性专业公司，而真正实行专业化协作和联合化的组织工作，不过是近几年的事情。显然，为了制定科学的企业组织结构对策，也应该积极制定有科学根据的衡量企业组织化水平的标准，并开展相应的统计工作。

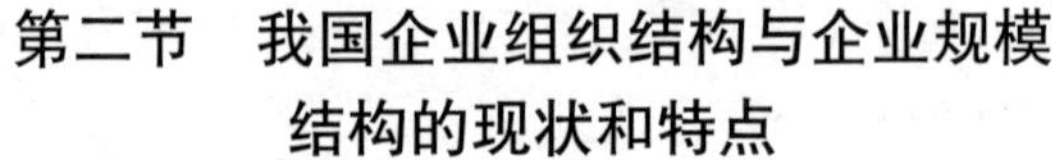

第二节　我国企业组织结构与企业规模结构的现状和特点

一、研究企业组织结构与企业规模结构需要以规模经济理论为指导

为了分析企业组织结构与企业规模结构的现状，需引进一个近十几年来才应用较多的概念：“规模经济”。规模经济是指在某一生产（或经营）规模的基础上扩大规模，所获得的递增的经济效益；或者是生产（或经营）达到某一规模水平之后，所获得的递增的经济效益。从广义上说，规模经济研究的是表示生产（或经营）规模演变与经济效果之间的函数关系。

马克思最先描述了工厂规模扩大与资本主义经济发展的关系。他在《资本论》第一卷中写道：“工业企业规模的扩大，对于更广泛地组织许多人的总体劳动，对于更广泛地发展这种劳动的物质动力，也就是说，对于使分散的、按习惯进行的生产过程不断地变成社会结合的、用科学处理的生产过程来说，到处都成为起点。”[1]20 世纪 30 年代资本主义世界经济危机以后，资产阶级学者开始注意研究产业结构问题，并对规模经济问题给予高度的重视。美国经济学者萨缪尔逊也承认，马克思在一个世纪以前就阐释了规模的经济效益的重要性，在解释“分工”和“专业化”的形式方面，它起着重要作用。[2]但是，关于规模经济的来源，西方经济学者比较一致的看法却是：规模经济效益来源于“生产要素的不可分性”，其表现是：第一，批量生产的产品总有一个“固定成本”，例如，生产一本书，需要做纸型，这纸型的费用是固定的，因此，生产愈多，每件产品分担的固定成本愈少。第二，机器是不可分割的，机器利用得愈充分，单位产品的成本就愈低。这个观点虽然不错，描绘的却仅是表面现象。我们知道，社会分工的发展和技术进步大大提高了劳动效率，它们才是规模经济效益产生的真正源泉。

首先，规模经济效益是社会分工的发展和深化的结果。作为反证，在社会分工不发达的自然经济形态下，则得不到规模经济的效益。当然，有些社会分工的深化直接导致规模经济效益的提高，有些则先导致专业化协作的深化，从而获得规模经济效益。

在手工劳动或经济不发达的状态下，初步的社会分工，就会获得最简单意义上的规模经济效益。例如，资本主义工场手工业的发展，使专业化生产得到较大的发展，它把同类手工业者联合起来，分工的初步发展就大大推动了早期资本主义生产的发展。这不是靠机器生产，而是靠分工创造出了新的生产力。社会分工的发展导致专业化协作的深入发展，由此获得的经济效益，是规模经济效益的主要形式。

生产专业化达到新的深度和高度，是在机器出现以后，这是

[1] 《马克思恩格斯全集》第23卷，第688页。

[2] 〔美〕萨缪尔逊：《经济学》上册，商务印书馆1979年版，第42页。

因为在使用手工工具的情况下，分工的形式不是由于技术上的必要，即不是产生于劳动手段自身运转规律的需要，而是凭经验决定的，因此，建立在手工工具基础上的分工和专业化生产，不可能得到迅速的发展。而机器的使用使专业分工成为生产的必需条件，它迫使人们按照机器体系的正常运转的需要进行分工，从事专业化的生产劳动，并由于此种分工和专业化生产，而得到了大规模生产所具有的经济效益。

其次，规模经济的效益与科学技术进步也是分不开的。我们知道，科技进步推动了生产力高速发展的主要表现就是，科技进步促使专业化和协作的深化，而专业化协作的深化又使规模经济的效益提到新的高度。这就是说，科技进步对经济发展的促进作用，其重要表现形式是规模经济效益的提高，而规模经济效益提高是以科技进步为主要源泉的。

工业发展史有力地证实了上述情况。科学技术每发展一步，专业化生产就前进一步，企业规模结构和组织结构也随之发生变动，规模经济效益也大大提高一步。萨缪尔逊称之为收益递增规律。发达国家正是借此使国民经济得到了高度的发展。资本主义商品经济出现以前，人类只有几大科学发明，资本主义在头二百年中使这种发明增长了十几倍，而近三十年，世界全部科技成果又超过此前科技成果的总和。与此相适应，经济发展和专业化生产也发生了重大的变化。18 世纪七八十年代，由于蒸汽机的发明和使用，机器制造、冶金和煤炭等工业成为独立的工业部门，并且有了很大的发展；19 世纪七八十年代，由于电力的发明和使用，出现了大型、高效能的设备，以及电解、电热、电镀等新工艺，使生产要素的集中程度和规模经济效益都达到了新的高度：近三十年来，现代科学技术的发展出现了加速现象，以电子计算机为中心，相继出现了原子能、高分子合成、半导体、激光、宇航等新兴工业部门。作为上述变化的结果，资本主义的头二百年，创造的财富超过了人类几千年的总和，而近三十年的经济发展又大大超过了资本主义头二百年的水平。由此说明，研究企业结构和规模经济问题，对工业部门的意义特别重大。

至此，对规模经济运动过程和产生的源泉，就可以用图 7-1 来描绘了：

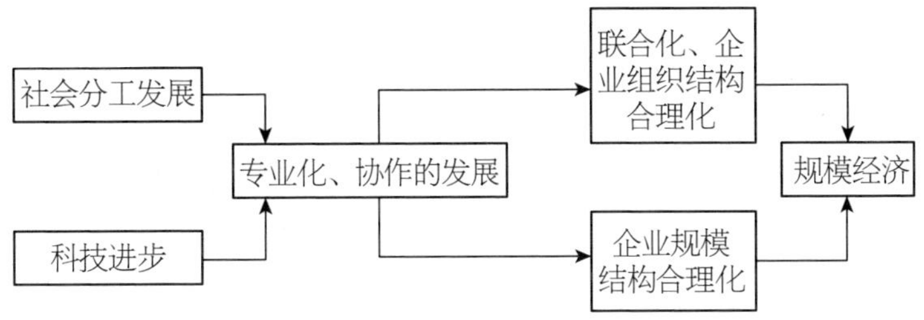

图 7-1　规模经济运动的过程

由于规模经济的产生与现代科学技术密切相关，而经济的发达程度又与科技进步同步发展，这就使得规模经济的效益在经济高度发达的条件下，才具有重要的意义，这正像电子计算机把数学运算推进到一个新的高度以后，才可能产生真正的航天活动一样。这也说明了，为什么只是在近一二十年，系统的规模经济的理论才得以产生和发展。

规模经济问题涉及的领域很宽，它包括三大层次：全局规模、地区规模、联合规模和企业规模。规模经济问题的研究者一般都没有赋予其包罗万象的含义。例如，整个国民经济的规模问题是作为国民经济综合平衡问题来研究的；具体车间规模则属于技术经济学的范畴。国外一些经济学者，把规模经济的研究局限在工厂、公司和部门这三个层次上。早在 20 世纪 60 年代初，波兰经济学家明兹，就根据马克思的经济学说，把社会主义建设从经济规模上获得的好处，称为“大规模生产的优越性”。他把研究的重点放在企业规模上。理论分析和国外情况都说明，规模经济的研究重点应该放在工厂和公司这个层次上。

应用规模经济的理论来观察，我国三十多年社会主义建设所以发生投资多、生产消耗大、经济效益差的问题，在很大的程度

上可以说，是由于片面追求产值的发展速度，从而牺牲了规模经济效益的结果。规模经济效益水平低下是我国企业规模和经济组织结构的基本特点，也是当前我国经济的主要问题之一。

二、我国的规模经济水平低下

研究我国规模经济水平的变动，难以找到直接的统计数字。这里拟用固定资产产出率，即单位固定资产投资所获得的净产值来表示[1]。这是因为，规模经济所表示的是经济效益的水平，而不是规模大小本身。因此，如果用平均规模，大、中、小企业产值所占比例来表示，就会出现企业规模虽大，大企业也很多，但是规模经济水平并不高的情况。因此，把规模经济解释为“大规模生产的经济”，只在许多限定条件下才是正确的。现在，随着生产社会化水平的提高，生产（或经营）规模向大批量方向发展（这也是大规模生产），不仅可以采取生产要素适当集中的方式，而且也需要采取生产要素分散的方式。瑞士的手表工业，有很多家庭“作坊”——某一零件的自动流水生产线，看起来是分散生产，但也是大批量生产；现代美、日的大汽车制造厂，产量很大，为其生产零件的工厂数目也多得惊人。显然，仅仅从大、中、小企业的比例，或企业平均规模是不能准确衡量整个国民经济的规模经济水平的。而固定资产产出率，虽然不仅仅决定于规模经济，却能基本反映出规模经济水平。例如，一个现代化的大企业，如果是个“大而全”的企业，或者整个生产与外协企业不协调，其固定资产产出率就不会高，理应享受的“大规模生产的经济”就不会得到。因此，规模经济，准确地说，不是规模愈大愈经济，而是适当规模的经济。限定合理规模的条件，不仅包括生产的批量，还有市场条件、协作条件、资源条件，甚至人口

[1] 由于统计资料有限，全部企业的固定资产产出率还无法计算。本章仅根据若干统计资料推算出了全民所有制企业的固定资产产出率。

条件。

片面理解马克思主义关于大生产优越性的分析，导致了许多社会主义国家（包括我国在内），曾经出现过“好大狂”的倾向。我国有时在发生“好大狂”的同时，还出现“好小狂”，有时二者又交替出现（这一点后面还要分析）。这主要不是由于不可避免的客观趋势，而是由于企业结构对策选择上的错误和规模经济战略方面的盲目性，使我国规模经济水平一直呈下降的趋势。当然，影响固定资产产出率的因素还有技术进步，以及资源、生产配置、运输和经济结构等。至于另一重要生产要素——劳动力，这里没有提到，如果考虑这一因素，规模经济水平则更低。

表 7-1、表 7-2 是根据我国非农业全民所有制企业固定资产原值计算的固定资产产出率和工业企业固定资产产出率变化情况。

表 7-1　非农业全民所有制企业产出率（净产值 / 固定资产原值）[1]

单位：%

年份	1952	1957	1962	1965	1970	1975	1979	1980	1981
产出率	46.8	57.7	35.8	46.5	48.0	38.1	34.7	33.7	31.8

资料来源：《中国统计年鉴（1981）》。

表 7-2　工业企业的固定资产原值产出率（按工业总产值计算）

单位：%

年份	全民所有制企业的产出率	其中		集体所有制企业的产出率	其中农村人民公社工业
		轻工业	重工业		
1952	134				
1957	138				

[1] 本表推算过程见表7-4。

续表

年份	全民所有制企业的产出率	其中		集体所有制企业的产出率	其中农村人民公社工业
		轻工业	重工业		
1965	98	321.3	61.6		
1970	117				
1971	123				
1972	115				
1973	110				
1974	101				
1975	105	277.0	75.4	340.5	221.3
1976	96	256.8	68.0		
1977	99	266.7	70.0	302.8	215.5
1978	103	265.0	74.0	273.2	193.1
1979	103	271.2	73.7	249.0	173.0
1980	101				
1981	96	270.8	61.1		

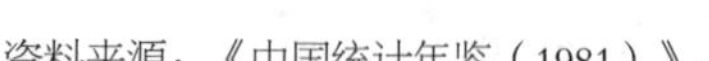
资料来源：《中国统计年鉴（1981）》。

说明：按 1970 年不变价格计算。

根据表中数字绘制的曲线图（见图 7–2）表明，无论是非农业全民所有制企业固定资产产出率的估算数字，还是工业企业固定资产产出率，近三十年来都是下降的。由于工业产值中重工业比重的提高（重工业产值占工业产值的比重，1952 年、1957 年、1975 年、1979 年分别为 35.5%、45%、55.9%、56.3%），重工业产值重复计算部分大，所以，如按工业净产值计算产出率，则下降趋势会更突出。

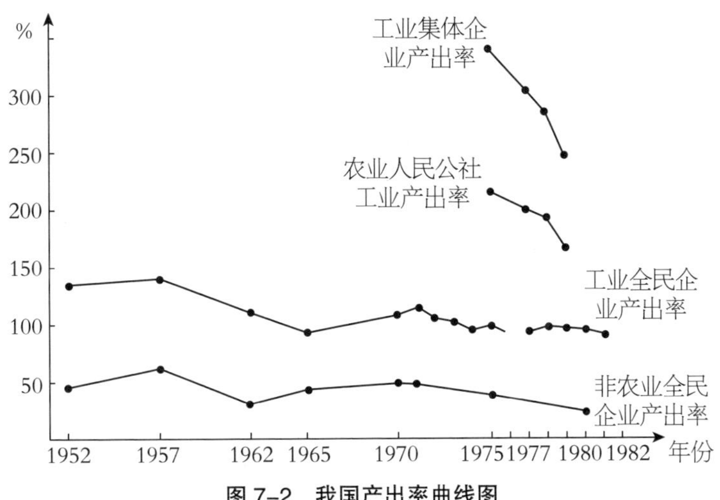

图 7-2 我国产出率曲线图

上述数字还表明，1957 年比 1952 年规模经济水平提高了。但在此后的二十五年间，尽管机械化水平和技术水平都在提高，规模经济水平还是下降了。规模经济水平下降，就成了我国近三十年来经济演变的一大特点。这样，投资的增加也只能依靠提高积累率，压缩人民的消费。与此相联系，1976 年以前的一个长时期内，人民生活水平停滞不前。

规模经济水平的下降，是同企业规模结构和经济组织结构的状况相联系的。因此有必要进一步研究这两种结构的现况和特点。

三、企业组织结构的状况和特点

多年来，我国企业组织结构的主要特点是“大而全”“小而全”，并成为我国规模经济水平低的直接原因之一。

据我国 1976 年统计，一机系统县以上全民所有制企业 6157 个中，主机厂 1400 个，有 1100 个是全能企业，约占 80%；4000 多个副机、配套、配件厂，大多数也是“中而全”“小而全”工厂。

1978 年以来，经过调整，情况有所变化，但变化不大。

我国一些专门生产零部件的企业，往往也是“小而全”的企业。这些企业往往都有自己的铸锻、热处理、电镀等车间，再加上一个庞大的设备修理、工具和模具制造单位，俨然是以“大而全”的形式实现了零部件生产的专业化。这表明，工艺专业化和技术后方专业化更为落后。在这种情况下，企业的绝对规模很大，但有效规模缩小，很多人力、设备实际上长期闲置。例如，我国现有机床中大约有三分之一是在专门修理厂或修理车间，这一部分机床利用率有人估计仅在 10%~30% 之间，可见浪费之大。

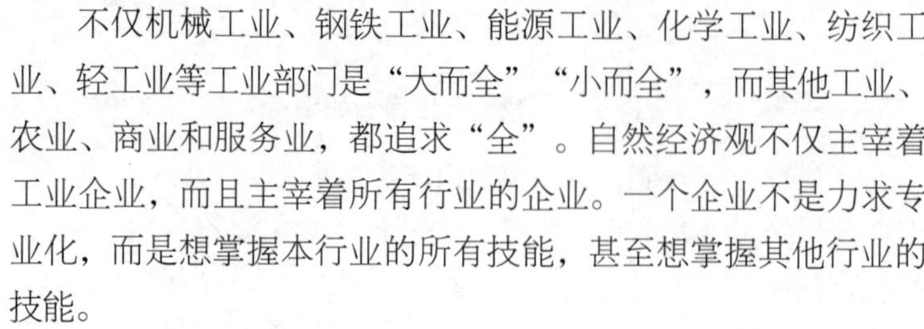

不仅机械工业、钢铁工业、能源工业、化学工业、纺织工业、轻工业等工业部门是“大而全”“小而全”，而其他工业、农业、商业和服务业，都追求“全”。自然经济观不仅主宰着工业企业，而且主宰着所有行业的企业。一个企业不是力求专业化，而是想掌握本行业的所有技能，甚至想掌握其他行业的技能。

这种“大而全”“小而全”的自我膨胀运动，从理论上说，是对规模经济效益不理解的结果，也是对马克思关于大生产理论采取了教条主义态度的结果。因此，在相当长的一个时期内，把生产规模的扩大等同于规模经济水平的提高，这就不可避免地把企业大型化作为经济发展的战略。较早实行计划经济的苏联，由于奉行这样的战略，至今受到困扰。苏联经济学者库拉金最近指出[1]，在生产集中化水平方面，苏联工业超过了所有发达国家的水平，大部分工业企业的设备也并不比那些国家逊色，然而，许多工业部门的劳动生产率却比那些国家低得多。他认为，这里的根源是苏联的规模经济战略是建设大型多专业工厂，即我们所说的“大而全”企业。这种现象在马克思和列宁的时代，曾经是世界工业的一个特点。而今天这种生产集中的方式已经过时。目前

[1] 苏联《真理报》1982年12月8日。

的趋势是许多工业部门正在建立规模不大、专业化程度高、自动化程度高的企业。同后一种类型比较，前一种类型实际仍然没有完全摆脱自然经济的痕迹。

应该指出，我国的情况略有不同。解放前我国经济十分落后，新中国成立后经济的发展不可能越过专业化生产的早期阶段——产品专业化阶段，某种程度上的“大而全”实际上是难免的。例如，第一汽车制造厂建厂时，我国的汽车工业还是空白点，不搞“大而全”就无法投产。问题是我们的思想一直停留在这个水平上，对世界各国专业化生产的发展趋势没有科学的认识，致使我国的工业生产，乃至其他部门的生产，在此后的二十多年中基本上停留在产品专业化的阶段而裹足不前，甚至发生前面述及的盲目建设标准件厂、轴承厂等，“大而全”“小而全”和分散生产、重复建设，被当成“自力更生”而愈演愈烈，从而被世界经济发展的潮流甩在了后面。这样，尽管我们在20世纪50年代末期就提出了“大中小企业并举”的口号，实际上并未突破“自然经济观”的视野，在组织结构上执行行政性集中管理，在规模结构上盲目实行大型化和小企业的周期性膨胀。规模经济战略的选择错误，一直是我国企业组织结构不合理的根本原因。

另外，经济体制不合理也是企业组织结构不合理的重要原因。

我国解放后长期实行的经济管理体制，是行政性的集中管理，人为地割断了企业之间的经济联系，按行政系统管理经济，组织行政性公司，企业难以合理地组织起来。而现代企业在生产中的联系和协作由于障碍重重，也迫使他们搞“大而全”“小而全”。基建管理的供给制办法，造成了争投资、争设备。

最典型的是机械工业。全国有七大系统各自经营机械工业，而各个系统之间又很少联系，经济组织网络的核心是行政性的指挥系统，这就直接阻碍了专业化协作水平的提高。

现行的物资调拨体制，难以充分及时满足各企业的物资需求。这一方面使物资积压，另一方面又促使各企业对所需物资尽量做到“自力更生”，这也是造成“大而全”“小而全”的一个原因。

四、企业规模结构的状况和特点

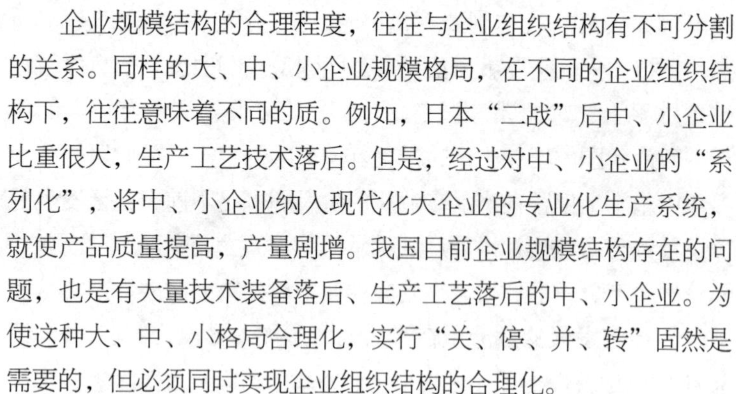

企业规模结构的合理程度，往往与企业组织结构有不可分割的关系。同样的大、中、小企业规模格局，在不同的企业组织结构下，往往意味着不同的质。例如，日本“二战”后中、小企业比重很大，生产工艺技术落后。但是，经过对中、小企业的“系列化”，将中、小企业纳入现代化大企业的专业化生产系统，就使产品质量提高，产量剧增。我国目前企业规模结构存在的问题，也是有大量技术装备落后、生产工艺落后的中、小企业。为使这种大、中、小格局合理化，实行“关、停、并、转”固然是需要的，但必须同时实现企业组织结构的合理化。

我国企业规模结构的现状，反映了它的欠发达性质。如果从历史发展来观察，我国企业规模结构还有另外一些特点。

1. 不稳定性

我国历史上曾交替出现“大洋狂”“小土群”等冲击企业规模结构的合理化发展的情况。这个过程从20世纪50年代末期就开始了。随着1958年“大跃进”的展开，工业小企业盲目增加，而商业小企业盲目减少。后来虽经国民经济调整，工业企业数量一度不断减少，但从1970年起，工业小企业盲目发展的过程又重新开始。1979年、1980年虽然又曾进行新的调整，但仍未完全控制住这个趋势。这从本章所列我国工业小企业的数量变动曲线（见图7-3）和商业、饮食业、服务业机构数量变动曲线（见图7-4），就可以清楚地看到这一问题。[1]

[1] 图中涉及的数字详见表7-5、表7-6。

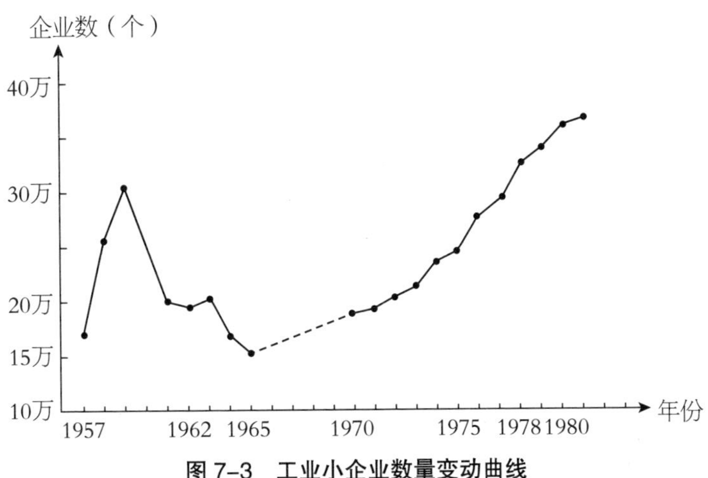

图 7–3　工业小企业数量变动曲线

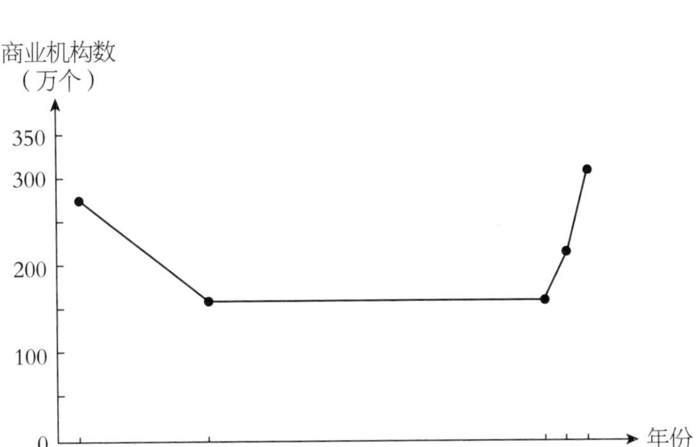

图 7–4　商业、饮食业、服务业机构数量变动曲线

最近几年，对企业规模结构的最大冲击因素是社队企业的大发展。据统计，公社、大队两级企业数，1979 年已达 148 万个，1980 年稍有下降，为 143 万个，其中工业企业产值占全国工业总产值的比重分别为 9.3% 和 10.6%。这些企业大多是与大企业争原料、争能源，而产品质量差、能耗高、原材料消耗高，使我国企业规模结构的不合理状况更加严重。

2. 经济不合理性

三十年来，几次发生“五小工业”，即小钢铁、小化肥、小水泥、小煤窑、小水电的盲目发展。其中小钢铁、小化肥、小水泥的产品是划一的，在通常情况下，企业规模大，经济效益要高得多。因此，解决“五小工业”问题成了两次经济调整的目标。搞“小土群”在经济上不合理，搞“大洋狂”同样发生经济不合理的问题。例如，有的钢铁业的大型引进项目，由于该企业前道工序（钢坯）不配套，后道工序（钢材产品）也未配套，长期不能充分发挥经济效益，同时，还对所在地区电力供应发生极大冲击，经济损失十分明显。

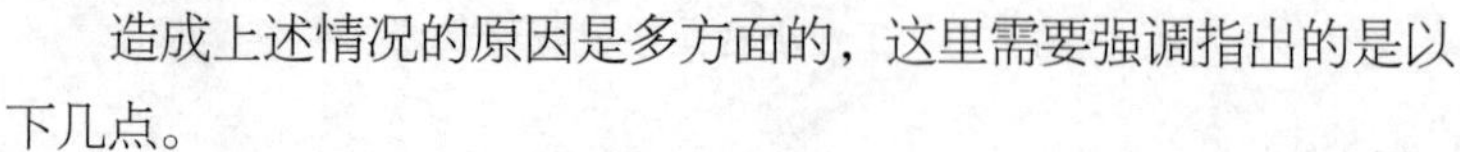

造成上述情况的原因是多方面的，这里需要强调指出的是以下几点。

第一，商品经济不发达，流通渠道不畅，是现阶段不合理的企业规模结构存在的客观原因。它既是“大而全”“小而全”企业产生的原因之一，也是大量经济上不合理的小企业存在的原因。

我国既有生产很落后的地区，也有不亚于中等发达国家的上海等先进工业地区，在二者之间的是辽阔的中间地带。这就使我国一批能耗高、材料消耗高、效率低的小企业有了存在的可能性。交通运输业落后、商品交换关系不发达又把这些小企业存在的可能性变成了现实性。大型的陕西铜川水泥厂，水泥出厂价每吨 50 元，而延安自办的小水泥厂生产的水泥，能耗高、成本高，吨成本 100 多元。但由于这个地区运输落后，一吨铜川水泥运到延安已达 150 元上下，于是昂贵的运输，使那些像延安水泥厂的高成本、高能耗的小水泥厂的生产似乎成为经济上合理的了。

第二，由于整个经济发展战略上的失误，基本建设规模控制不住，这也是不合理企业规模结构形成的原因。

我们知道，在投资规模控制不住的时候，保证基本建设需要的物资，是不可能神话般地生产出来的。这样，基本建设所需的物资，主要是钢材、水泥、木材的供应就会产生缺口。例如，1978 年基本建设投资总额比 1977 年增长 32%，但木材和水泥的生产只分别增长了 5.4% 和 13.3%；钢材虽然增长 35%，但规格、品种不对路。这样，1978 年“三材”供应缺口很大，出现了所谓“三八”制，即订货指标占分配指标的 80%，实际拿到的材料占订货的 80%，规格合用的材料占拿到材料的 80%，就是说，基建计划所需的“三材”只能保证 50% 左右。这种情况近几年虽有改善，但依然很严重。1982 年上半年，基建投资比上年同期增长 29.4%，但“三材”的增长幅度不过 6.5%~13.8%。

“投资饥饿症”对企业结构和规模经济效益产生了十分不利的影响。由于钢材、木材、水泥等供不应求，因而高能耗、高价的建筑材料就必然会有市场，结果，生产这些产品的“五小”工业就调整不下去，不合理的企业结构就难以改善。比如，平板玻璃生产，大、中、小型企业经济效益相差悬殊，1981 年小型厂同大型厂比较，小企业比大企业用于单位产品的原材料、燃料、动力消耗高得多，其中煤耗高出 1.3 倍、纯碱消耗高出 5%、电耗高出 50%，单位成本高 1.2 倍，单位利润低 45%。但由于到 1985 年玻璃生产仍只能满足需要的六分之五，致使高成本、高能耗、低利润的小玻璃厂仍将继续存在。

第三，现行的经济体制也不利于企业规模结构的合理化。这表现在：

其一是“吃大锅饭”。在这种体制下，产品有无销路，是否亏损，企业都不会倒闭。因此，对一些经济上不合理的企业实行“关、停、并、转”困难重重。这种“吃大锅饭”的体制也是“五小”工业在历史上的两次大发展的原因之一。

其二是不合理的价格体系。不合理的价格体系的畸形产儿正是某些经济上不合理的小企业。例如，我国石油和煤炭比价未调整前，油价是煤价的 4~5 倍，因此煤炭全行业亏损，石油企业平均利润率高达 70%。这样，一些地方的小型炼油厂虽然不能综合利用原油，浪费资源严重，但所得利润仍然可观，因而当然要继续办下去。又如，据1979年调查，蚕茧收购价每吨274.5元，抽丝后出厂价507元，利润率达30%~40%。因此，一些社队大办小缫丝厂，尽管这些厂抽丝率和产品质量比现代化大厂低得多，但利润仍不少，与大厂争原料的矛盾十分尖锐。类似情况还存在于酿酒、卷烟等轻工行业。可见，价格不合理也是某些经济不合理的小企业得以生存的重要原因。

第三节　企业组织结构与企业规模结构对策的选择

在我国的社会主义计划经济的条件下，国家直接管理大批重点企业，使得经济组织网络的排列组合和企业规模分布，具有很大的可塑性。这样，企业组织结构与企业规模结构对策的选择是否得当，关系十分重大。近几年来，一些同志提出了实现经济联合、提高企业平均规模、整顿小企业等对策。但是，我们知道，一个好的对策必须包括实现的目标、方向和措施三个方面的正确选择。这样看来，上述建议虽然是正确的，却不是完整的，它们的目标还不明确，方向还不清楚，所列措施也就难免无力。

一、企业规模与企业组织结构合理化的条件和目标

在本章的一、二部分已经分析了实现经济组织结构与企业规模结构合理化的基本条件和制约因素，这就是：要形成一个适合目前生产力状况的经济体制，要有一个商品经济关系逐渐发达的环境，以及实现20世纪末经济发展目标的能源、经济效益、人口三大制约因素。但这些条件都不是一个个孤立存在的，因此，必须首先弄清它们之间的关系。

单从技术条件来考察，最优规模唯一的限制似乎是现有的技术水平。例如，钢铁工业自从高炉容积从一百多立方米，发展到今天的五千多立方米，钢铁联合企业的规模，也随之由年产几千

吨发展到今天年产一千万吨钢的巨型钢铁联合企业。但是，最优企业规模从来都不是技术规模的极限，而是由市场条件、基础设施条件、专业化协作条件，乃至社会条件综合作用下所选择的最适宜技术规模。因此，企业结构合理化决不是把一个个企业单独衡量一下，看它们是否符合“最优规模”，而是取决于企业之间采取什么样的结合方式。这就是说，技术条件是重要的，它是规模经济效益产生的主要源泉，但一个合理的技术经济规模，必须纳入整个经济发展中才能成立。以美国化肥工业为例，它们的三大肥料都是大批量生产的，但在其高度发达的商品经济和专业化生产的条件下，各地区又有大批专门生产复合化肥的小化肥厂。这些厂以三大肥料为原料，根据各地土壤特点生产施用的复合肥料，实际是向农民提供了带实验室的专业化服务。农民要“自力更生”科学种田，就要建实验室，化验土壤，自己搞化肥复合。而这些小化肥厂的出现恰好节省了农民的费用，本身也因向多个农场提供复合肥料，又获得了规模经济的好处。

前几年，我国东北搞的一个高度现代化农场的实验，其指导思想恰好是只考虑农业生产的最优技术规模，而忽视了经济条件和社会条件。外国有人主张，中国应大力发展小化肥厂，理由是可以多就业，这种主张既未考虑技术条件，也忽略了经济条件。他们不知道，小氮肥厂的产品成本高，质量差，污染严重，之所以能销售出去，一靠行政分配，二靠市场供应不足。随着商品经济的发展，这些小化肥厂确实可以转向生产适合当地土壤情况的复合肥料。同样的，商业的集中经营，更便于现代化和节省管理费用，但是，分散的消费者却使“夫妻店”、摊贩在经济最发达的国家也能存在。显然，合理的企业结构取决于技术、经济、社会因素的综合作用，而技术决不是唯一的条件，甚至在许多情况下，它不是最重要的条件。

还必须指出，总的经济发展战略对规模经济效益的影响几乎是决定性的，如果总的经济发展战略与实现规模经济效益的目标冲突，规模经济的目标就不可能实现，即便正确的企业结构对策也不可能实行。前文已指出，我国规模经济效益差的重要原因就是以追求产值增长速度为发展目标，导致“投资饥饿症”，而“投资饥饿症”牺牲的恰好是规模经济效益。这可以从我国三十年来的新增固定资产产出率数字看出（见表 7–3）。

根据此表绘制的曲线图（见图 7–5）中，每次较多的投资增长，不是伴随较高的国民收入增长，而是新增国民收入的急剧减少，甚至为负数；随后，在投资下降，新增固定资产下降以后，新增国民收入反而急剧上升。由此可以得出两点看法：一是投资过度、新增固定资产过多，引起产业结构的急变，从而会导致产出率下降，收益减少；二是波幅较大的新增固定资产，把因技术进步可能导致的规模经济效益丧失殆尽，而新技术对经济发展的直接作用，尚可在收缩投资后发挥出一部分，从而在投资收缩期后导致固定资产产出率较大幅度的上升。这说明，基本建设投资过猛，片面追求速度，就不会有规模经济效益的提高。

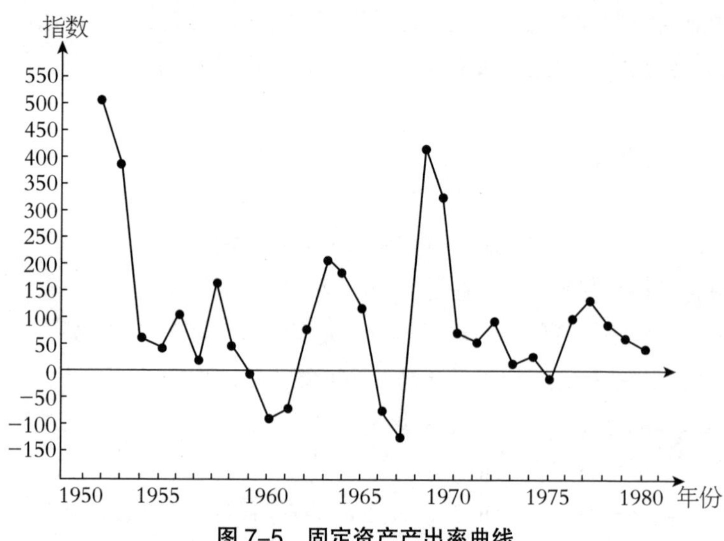

图 7–5　固定资产产出率曲线

表 7-3 新增固定资产产出率（下年新增国民收入 / 当年新增固定资产）

单位：亿元；%

年份	当年新增固定资产	下年新增国民收入	边际产出率	年份	当年新增固定资产	下年新增国民收入	边际产出率	年份	当年新增固定资产	下年新增国民收入	边际产出率
1950	10.09	71	704	1961	91.86	−72	−78	1972	174.11	182	105
1951	17.79	92	517	1962	53.44	76	142	1973	220.69	30	14
1952	31.14	120	385	1963	77.15	166	215	1974	210.99	55	26
1953	65.59	39	59	1964	114.77	221	193	1975	250.53	−76	−30
1954	73.67	40	54	1965	159.93	199	124	1976	211.83	217	102
1955	80.14	94	117	1966	140.39	−99	−71	1977	260.31	366	141
1956	111.64	24	21	1967	66.04	−72	−109	1978	356.37	340	95
1957	129.22	210	163	1968	47.80	202	423	1979	418.27	317	76
1958	199.62	104	52	1969	97.84	309	316	1980	426.64	220	52
1959	238.54	−2	−0.3	1970	192.57	151	78	1981	371.17		
1960	264.17	−224	−85	1971	174.96	59	34	1982			

资料来源：《中国统计年鉴（1981）》等。

说明：新增固定资产为全民所有制单位统计数字，新增国民收入则为全国数字，口径不完全一致。但因投资主要集中在全民所有制企业，水利、交通、能源投资又是为全国服务的，因此，此资料仍有价值。

由以上分析可看出，实现企业组织与企业规模结构的合理化，必须以获得规模经济效益为具体目标，以此为目标的企业结构对策，必须以最优技术规模为参照条件，并需要考虑经济条件和经济发展战略。

二、实现企业组织结构合理化的方向和措施

以获取规模经济效益为目标，并考虑到我国的具体条件，迅速实现生产（经营）专业化和经济过程协作化，是我国企业组织结构合理化的方向。

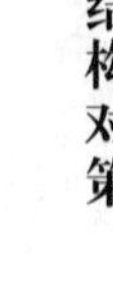

1. 实行专业化生产（和经营）的对策

实行专业化生产（和经营），一些发达国家的做法对我们很有启发，从中可以吸收一些符合社会化大生产运动规律的经验。

美国的专业化生产和经营范围广、程度很高。以农业为例，美国农业人口目前只占全国总人口的 4%，有很高的劳动生产率。农业的高度生产率是建立在广泛专业化分工和生产社会化的基础上的，实际上许多农业劳动业已变成了工业劳动。美国为农业服务的企业有种子公司，专门根据某一地区或农场的土壤情况生产复合肥料的小化肥厂，承包农田施肥、洒农药的服务公司，以及农机修理服务公司，等等。因此，所谓经营上千公顷农田的家庭农场，正是这样赖以生存并创造了很高生产率的。

美国专业化生产在制造业最为突出。例如，20 世纪 60 年代以来，四厂集中率（即某一产品总销售额中，最大四家企业生产的产品所占的比重）达 60% 以上的销售额，已占制造业总销售额的近 20%，其中小汽车 99%，铝材 96%，平板玻璃 94%，电灯泡 92%，香烟 80%，钢材 78%，打字机 76%，肥皂和洗涤剂 72%，轮胎 70%，飞机和零件 59%，电视机 58%，玻璃器皿 55%，普通钢 50%。[1]

[1] 〔美〕劳埃德·雷诺兹：《微观经济学：分析和政策》，商务印书馆1982年版，第242页。

高度集中的专业化生产，是以更深的专业分工为基础的。就以小汽车生产来说，大汽车公司生产的只是主要部件，60%~70%的部件，是依靠成千上万的中小企业生产的。有些标准件小厂的专业化水平更高，几乎生产了各行各业需要的某些标准件的大部分。如美国两家100~200人的小企业，专门生产供内燃机配套的皮带轮，年产量可满足1100万~1200万辆汽车的使用需要，超过了美国的汽车产量。近几年世界汽车产量也不过3500万辆上下，这两家小企业的产品即可满足世界汽车皮带轮需要量的三分之一。

我国也有专业化生产水平高的例子，如江苏省沙洲县橡胶厂，1982年生产了我国的自行车脚蹬橡胶块需要量的三分之一，国家出口量的二分之一，因而经营十分兴旺。但总的来说，我国专业化生产水平很低。当然，提高我国专业化生产的水平，必须采取逐步发展的方针。同时要采取有远见的措施，以促进专业化生产的发展。这就是：

第一，加速商品经济发展的进程。目前，我国虽然从理论上承认了生产资料是商品，但生产资料市场尚未形成，这就势必影响生产专业化的发展。因为现在专业化生产只能依靠大厂向小厂扩散，只能采用合同的形式，这样不仅大厂控制不住价格，小厂甚至反过来要高价，加上在目前体制下，严格执行经济合同难免遇到障碍，仍然会迫使大企业走“大而全”的回头路。即便装配厂和零件厂执行合同很好，由于生产资料市场尚未形成，专业化的深度和广度也会受到地域和行业的限制。如果形成了生产资料市场，情况则会完全不同，标准件可以摆到货架上，装配厂则可以得到充分、方便、廉价的供应，装配厂将“自动地”提高专业化生产的水平。

第二，运用经济杠杆，促进生产专业化。一是改变征税的方法。目前，全国正在进行“利改税”，这有促进专业化生产发展的作用。但是，如果不改变重复征税的办法，即计税的工厂法，则仍不利于专业化生产的发展。可以设想，征税以本企业净产值为计算基础，装配厂使用外加工零件就可以凭“完税证”只计入成本，不再重复征税。还可以进一步规定，中间产品的税率略低于最终产品的税率。这样，我国目前税收办法就可以由妨碍专业化生产，转化为有利于专业化生产。二是在确定投资项目、对企业贷款等方面，采取有利于专业化生产的措施。例如，控制盲目投资，放宽对实行专业化生产的改造项目的投资，对“小而全”企业的贷款进行控制，对流动资金进行限制等。三是实行专业化生产的企业，要分享规模经济的利益，否则专业化生产就难以推开。

第三，必须适当加强专业化生产的行政技术管理。在社会主义条件下，完全靠自发的商品经济发展的需要实现专业化生产的高度化、普遍化是不可能的，还必须发挥社会主义计划经济的优越性，采用必要的行政技术手段，以加速实现生产和经营的专业化。其中可供选择的行政技术措施包括：①以国家产品生产计划为中心，组织专业化生产；②由经济领导机关制定设厂和生产的专业化水平标准，监督生产和经营的批量和其他专业化生产指标，低于标准的严加管理；③对因商品经济不发达、物价不合理等而引起的不利于专业化生产发展状况，采取行政补救措施。

2. 实行经济过程协作化的对策

要克服我国经济生活中的“大而全”“小而全”，实现专业化生产，就要加强经济过程的协作化，这是实现企业组织结构合理化的另一方面。

生产越是社会化和专业化就越需要加强协作。在商品经济发达起来以后，一部分纵向协作的企业（如冶金工业的矿山—冶炼—轧钢），组织联合企业是需要的；但另一部分协作企业，如某钢铁企业的大型机械的维修、汽车制造厂的某些汽车零件的生产，就不一定要联合起来，至于把间接协作企业硬性联合起来，则只会妨碍它同别的企业协作。显然，协作化的更经常、更普遍的方式是商品交换。

基于上述认识，实现企业组织结构合理化不仅需要实现企业的联合，还需要发展商品交换，因此，用经济过程的协作化来代替联合化的口号，作为企业组织结构合理化的对策，是值得认真考虑的。

我们知道，商品经济的发展，企业间协作的加强，还要求形成企业在经济中心的集群化。近代新兴城市不断涌现，它们的共同特点是成为某些地区的经济中心、企业的群落。如果说厂内规模经济效益来源于生产要素的不可分性，那么企业群的形成，即经济中心的形成，则由于生产要素的相对集中而减少运输费用，增加了智慧的聚集，因而取得了规模经济的效益。因此，中心城市的发展，既是经济过程协作化水平提高的标志，也是规模经济水平提高的重要方面。

目前，我国除了已经成立的造船总公司、汽车总公司、石油化工总公司外，在较小的行业也都准备实现联合化，如成立全国照相机总公司等。但是，很难说这些联合符合经济过程协作化的要求。

我国事实上存在“部门所有制”“地区所有制”，这种企业组织结构已经影响到了规模经济效益。现在企业组织结构合理化所面临的新的危险，即在条件不成熟的时候，用行政办法建立公司。这虽然是力图实现企业化经营，却并不能达到提高企业规模经济水平的预期目的。产生这种情况的原因是：企业之间横向联系和纵向联系十分复杂，例如，电焊条的生产，就几乎与整个制造业有联系。跨行业生产也不是奇怪的现象。在这种情况下，围绕主产品而实现的紧密的联合化生产，就不应也不可能囊括全部相关企业，对那些供应标准件、提供服务的协作企业来说，还是松散化的联合更为符合生产协作化的要求。

提高经济过程协作化的水平，另一重要的措施是要使工业部门的大企业形成某些产品的生产中心。以其主产品厂为核心组织联合企业或联合公司，再以此联合企业或联合公司为中心，组织松散的协作网络。网络中的中小企业，为了扩大生产批量，提高规模经济水平，可以“一女二嫁”，甚至“一女多嫁”，与若干中心企业形成第二层、第三层乃至第四层协作关系。

我国目前对工业企业和其他企业的管理办法，是行政归口领导。这个办法同地方所有制一样，割断了企业间的最优化经济联系，被迫按行政系统结合。加上管理机关的官僚主义，严重妨碍了企业间的专业化和协作的发展，迫使许多行业按“自然经济观”行事，搞“自给自足”的“大而全”“小而全”的体系。因此，为了提高规模经济水平，实现企业组织结构和规模结构的合理化，必须逐步减少各级机关的具体生产指挥机能，最终只进行政策性指导和整体计划的编制，同时加强监督职能，以保证经济中心、联合中心的形成和专业化生产的发展。

三、实行企业规模结构合理化的方向和对策

如果仅从大、中、小三种规模来考察，世界上大多数国家的企业规模结构都是近似的：大企业占的比例很小（1% 左右），但在国民经济中占有举足轻重的地位；中、小企业数量巨大，就业人数也很多。但是，各国“类似”的结构却产生了差别悬殊的经济效果。这就说明，合理的企业规模结构不是与某一个大、中、小构成比例紧密相连的，小企业多，只要组织适当并不一定意味着经济效益差。

我国目前的情况则是：有一批经济上不合理的小企业，需要实行“关、停、并、转”。但是，这也不能简单地认为我国企业规模结构不合理的根源是小企业占的比重过大。前已指出，从企业组织结构来看，我国小企业的问题在于“小而全”，没有纳入专业化生产的系列；从企业规模结构角度来观察，这种现象只能看成是整个经济不发达的标志。显然，合理的企业规模结构所要求的是以规模经济效益为目标，是企业规模分布对策与实行专业化生产相一致，是大、中、小企业的协调发展。

鉴于国内外的经验和我国的具体情况，合理而有效的企业规模结构对策似应包括以下主要内容。

（1）建立长期、稳定的以获得规模经济效益为目标的企业规模对策。

稳定的、长期的企业规模结构对策的中心在于坚持以获得规模经济效益为目标。只有坚持这样的政策才能去掉盲目性，才能避免“大洋狂”“小土群”的交替出现。与这个中心相联系，企业规模结构对策还要求大企业和中、小企业都能在最适合自己发展的部门和地区，得到相应的发展。

（2）加强对中、小企业的技术改造。我国中、小企业大部分设备陈旧、落后，必须在纳入专业化生产和协作的前提下，进行技术改造。近两年来，国务院狠抓了各类企业的技术改造，其中包括引进外资和引进技术。这是一项有战略眼光的措施，今后还要继续下去。

（3）以行政手段为实现企业规模结构合理化的保证措施。我国一些企业从小单位的利益出发，往往不考虑规模经济效益。为了保证实现规模经济的效益，需要有关部门采用必要的行政手段。

首先，我国三十年来，小型企业曾经发生三次盲目的大发展[1]，每次都经过经济调整，用行政手段进行“关、停、并、转”，收到了较好的效果。最近四年来，我国“关、停”了两万多个中小企业，但仍存在不少问题。特别是一些小企业与效益好的企业争原材料，产品无销路，质量无保障，对这些企业需要继续实行“关、停、并、转”。如果靠市场规律自发淘汰，必然旷

[1] 参见陈胜昌：《我国三十年来企业规模结构的演变》，载《论生产力经济学》一书。

日持久，造成更大的损失。

其次，用行政手段调整企业规模结构，需要与调整经济组织结构结合起来，注意在调整中建立起生产或经营的专业化协作系统。为此不仅应重视“关、停”，更应重视“并、转”，在调整中围绕产品生产有目的地建立起合理的生产系列。

（4）对社队企业的建立和发展，实行有效的监督和指导。目前，急需科学指导的是大量社队企业。据1979年统计，全国有社队企业148万个[1]，人员近3000万人，总营业收入达504.7亿元，其中社队工业企业总产值424.5亿元，占1979年全国工业总产值的9.3%。[2]据浙江省计委调查，社队工业直接间接纳入国家的产品产值，约占其产值的一半，另一半有些起了拾遗补缺的作用，有些则变成冲击生产资料市场、高耗能源、高耗材料的因素，它们经济信息不灵，经营方向不明。对这些社队企业不进行科学指导就会一害农民，二害国家。目前，就连以所谓“自由企业制度”自居的美国、日本以及西欧国家，都在用政府法令、经济杠杆对小企业进行扶持和指导，我国更不能只“放”不管。当然，加强对社队企业管理，不仅要有总的指导原则，而且要有实施的细则和执行机构。

（5）加强对企业规模和组织状况进行科学分析的基础工作。过去，我国在企业规模结构对策上的盲目性，也与我们有关的基础工作水平有关系。首先，有关企业结构变动状况的一些基础工作尚未进行。例如，对中、小企业的统计仅限于工业，而且数量极少，无法研究大、中、小企业规模的各种细节；关于大、中、小企业的不同效益，只有少数行业的资料可供参考。此外，我们的统计完全抛弃了按生产要素（劳动者人数、固定资产）划分企

---

[1] 国家统计局社办工业企业1979年为17.1万个，只统计了公社工业企业，故总数与此不同。

[2] 《中国农业年鉴（1980）》，农业出版社1981年版，第150页。

表 7–4　非农业全民所有制企业固定资产（原值）产出率推算过程

单位：亿元；%

	年底固定资产原值			净产值				非农业全民所有制企业净产值（推算法）（6×7=8）	固定资产产出率（8/3=9）
	全部固定资产原值	农业固定资产原值	非农业固定资产原值（1–2=3）	全部国民收入	农业国民收入	非农业国民收入（4–5=6）	推算率		
栏目	1	2	3	4	5	6	7	8	9
1952 年	240.6		240.6	589	340		19.1③	112.5	46.8
1957 年	522.9		522.9	908	425		33.2③	301.5	57.7
1962 年	1209.3		1209.3	924	444	480	〔90.1〕	〔432.5〕	〔35.8〕
1965 年	1445.8		1445.8	1387	641	746	90.1	672.1	46.5
1970 年	1967.7		1967.7	1926	795	1131	〔83.5〕	〔944.4〕	〔48.0〕
1975 年	3414.3	90.8	3323.5	2503	985	1518	83.5	1267.5	38.1
1979 年	4892.5	146.8	4745.7	3350	1318	2032	81	1645.9	34.7

续表

	年底固定资产原值			净产值				非农业全民所有制企业净产值（推算法）（6×7=8）	固定资产产出率（8/3=9）
	全部固定资产原值	农业固定资产原值	非农业固定资产原值（1-2=3）	全部国民收入	农业国民收入	非农业国民收入（4-5=6）	推算率		
1980 年	5311.1	167.5	5143.6	3667	1466	2201	78.7	1732.2	33.7
1981 年	5682.27	190.63	5491.64	3887	1634	2253	77.5	1746.1	31.8

编制说明：

①资料来源：《1949—1979 中国国民经济统计提要》32 页、38 页、48 页、46 页表。

②所列数字都是当年价格。

③ 1970 年以前，统计表中农业固定资产原值栏空着，而 48 页表提供了全民所有业全民所有制企业净产值数。1965 年、1975 年、1979 年、1980 年、1981 年的推算率为实际数字，因此，据此计算的产出率也高于实际水平；由于统计表上缺少的数字代替，由此计算出的数值都用括号注明。

说明：

《中国统计年鉴（1981）》398 页、20 页。

制企业 1952 年、1957 年国民收入比例，因此，由此推算的净产值数，可视为准确的非农全民所有制工业企业产值占工业总产值的比例，按此计算的非农业净产值数字应高于 1962 年、1970 年全民所有制工业企业产值占工业总产值的比例，故分别用 1965 年、1975 年。

业规模的方法，按生产能力的划分标准也变了二次，给研究工作带来了困难。其次，重要性不亚于这项基础工作的，还有对现有工业、商业、建筑业、服务业最小允许规模（起始规模）和最优企业规模的技术论证工作。但目前的情况是：仅有少数新建大企业搞过最优规模论证。如果要对全国四十万个工业企业，一百多万个商业企业进行任何有成效的调整，那么，就需要对这些企业进行整体性经济一技术论证，否则，有科学根据的、有成效的调整就无从谈起。因此，改革和完善企业规模统计工作，论证和制定企业起始规模和最优规模，并在此基础上制定对中、小企业的调整、改造政策，已势在必行。

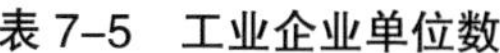

表 7–5　工业企业单位数

单位：万个

年份	总计	其中大中型企业	年份	总计	其中大中型企业
1957	17.0		1972	22.0	0.47
1958	26.3		1973	23.1	0.50
1959	31.8		1974	24.1	0.53
1960	25.4		1975	26.3	0.57
1961	21.7		1976	29.4	0.60
1962	19.7		1977	32.3	0.66
1963	17.0		1978	34.8	0.44
1964	16.1		1979	35.5	0.45
1965	15.8		1980	37.7	0.48
1970	19.5	0.40	1981	38.2	0.50
1971	21.0	0.45	1982	38.9	0.54

资料来源：《中国统计年鉴（1983）》。

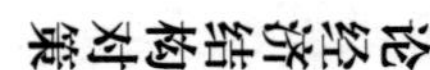

表 7-6　商业、饮食业、服务业机构及平均规模

年份	1957	1963	1979	1980	1981
机构[1]合计（万个）	280	159	166.4	228.5	321.1
商业（万个）	205	111.4	138.3	172.6	229.6
饮食业（万个）	47	25.6	14.5	29.9	47.7
服务业（万个）	28	22	13.6	26	43.8
总平均规模[2]	3.1	4.1	6.4	5.4	4.5
商业平均规模	3.3	4.2	6	5.4	4.7
饮食业平均规模	2.5	4.1	9.6	5.9	4.4
服务业平均规模	2.8	3.4	6.5	4.3	3.4

资料来源：《中国统计年鉴（1981）》。

说明：①商业机构数剔除了管理机构。

②平均规模 $=\frac{\text{职工数}}{\text{机构数}}$，单位：人／个。

表 7–7　大、中、小型工业企业划分标准[1]

部门、项目	计算单位		大型	中型	小型
一、钢铁工业：					
钢铁联合企业	年产钢	万吨	100 及以上	10~100 以下（不包括 100 万吨，下同）	10 以下（不包括 10 万吨，下同）
特殊钢厂	年产钢	万吨	50 及以上	10~50 以下	10 以下
独立炼铁厂	年产生铁	万吨	100 及以上	20~100 以下	20 以下
独立铁矿山	年产铁矿石	万吨	200 及以上	60~200 以下	60 以下
其他黑色金属工业企业[2]	固定资产原值	万元	5000 及以上	2000~5000 以下	2000 以下
二、有色金属工业[3]					
有色联合企业					
镍联合企业	年产金属镍	万吨	3 及以上	0.5~3 以下	0.5 以下
其他重金属联合企业	年产金属	万吨	2 及以上	0.8~2 以下	0.8 以下
采选矿					
砂矿	年采选矿石	万吨	200 及以上	100~200 以下	100 以下

续表

部门、项目	计算单位		大型	中型	小型
脉矿	年采选矿石	万吨	100 及以上	20~100 以下	20 以下
氧化铝厂	年产氧化铝	万吨	20 及以上	5~20 以下	5 以下
常用金属冶炼、电解厂	年产金属	万吨	3 及以上	1~3 以下	1 以下
常用金属加工厂					
重金属	年产加工材	万吨	3 及以上	0.5~3 以下	0.5 以下
轻金属	年产加工材	万吨	2 及以上	0.3~2 以下	0.3 以下
其他有色金属工业企业	固定资产原值	万元	5000 及以上	1000~5000 以下	1000 以下
三、煤炭工业：					
煤炭矿务局（或独立的煤炭开采企业）	年产原煤	万吨	500 及以上	200~500 以下	200 以下
独立洗煤厂	年产洗精煤	万吨	120 及以上	30~120 以下	30 以下
其他煤炭工业企业	固定资产原值	万元	2000 及以上	800~2000 以下	800 以下
四、石油工业：					
天然油（气）田			（根据具体情况确定）		
炼油厂	年加工原油	万吨	250 及以上	50~250 以下	50 以下

续表

部门、项目	计算单位	大型	中型	小型
五、化学工业[4]				
合成氨厂	年产合成氨 万吨	15 及以上	4.5~15 以下	4.5 以下
硫酸厂	年产硫酸 万吨	16 及以上	8~16 以下	8 以下
烧碱厂	年产烧碱 万吨	3 及以上	0.75~3 以下	0.75 以下
纯碱厂	年产纯碱 万吨	40 及以上	4~40 以下	4 以下
磷肥厂	年产磷肥（折合标准产量）万吨	50 及以上	20~50 以下	20 以下
乙烯厂	年产能力 万吨	4 及以上	2~4 以下	2 以下
化学纤维单体厂	年产单体 万吨	4 及以上	0.5~4 以下	0.5 以下
合成橡胶厂	年产能力 万吨	3 及以上	0.5~3 以下	0.5 以下
塑料厂	年产能力 万吨	3 及以上	1~3 以下	1 以下
橡胶轮胎加工厂	年产能力 万套	100 及以上	20~100 以下	20 以下
农药厂	年产能力 万吨	3 及以上	0.3~3 以下	0.3 以下
磷矿	年产磷矿石 万吨	100 及以上	30~100 以下	30 以下

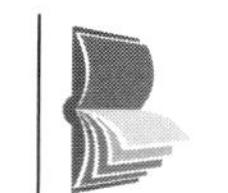

续表

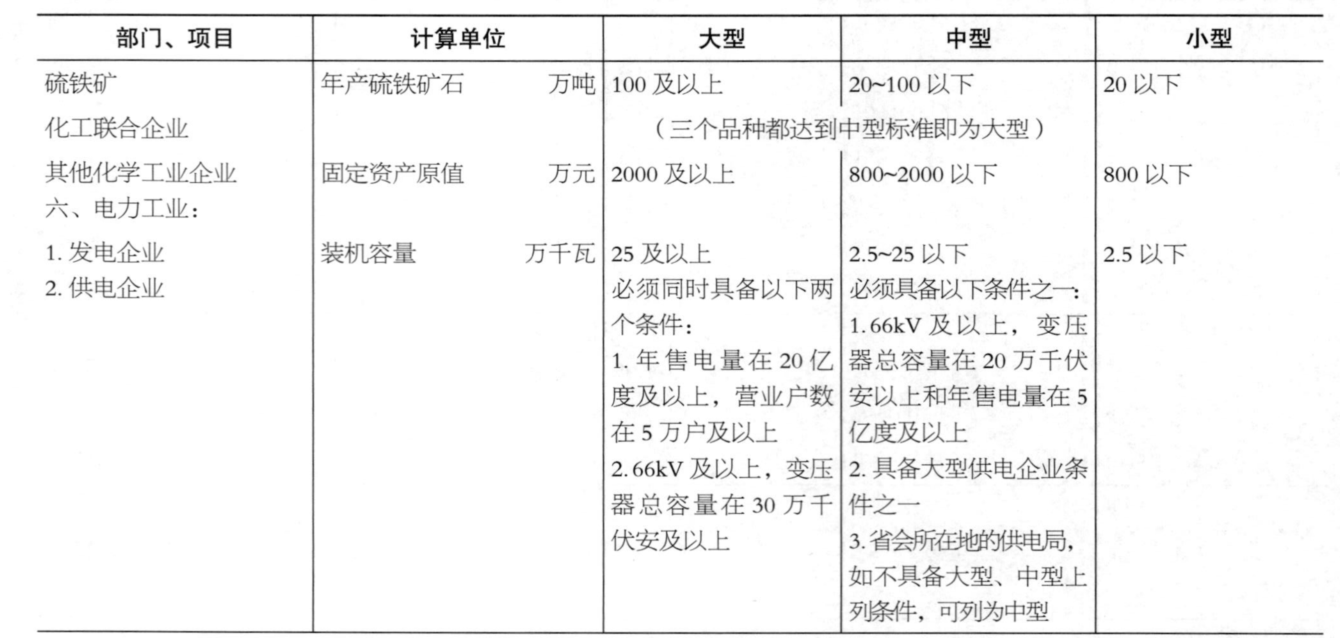

部门、项目	计算单位	大型	中型	小型
硫铁矿	年产硫铁矿石 万吨	100 及以上	20~100 以下	20 以下
化工联合企业		（三个品种都达到中型标准即为大型）		
其他化学工业企业	固定资产原值 万元	2000 及以上	800~2000 以下	800 以下
六、电力工业：				
1. 发电企业	装机容量 万千瓦	25 及以上	2.5~25 以下	2.5 以下
2. 供电企业		必须同时具备以下两个条件： 1. 年售电量在 20 亿度及以上，营业户数在 5 万户及以上 2. 66kV 及以上，变压器总容量在 30 万千伏安及以上	必须具备以下条件之一： 1. 66kV 及以上，变压器总容量在 20 万千伏安以上和年售电量在 5 亿度及以上 2. 具备大型供电企业条件之一 3. 省会所在地的供电局，如不具备大型、中型上列条件，可列为中型	

续表

部门、项目	计算单位		大型	中型	小型
七、机械工业[5]					
冶金矿山设备厂	年产能力	万吨	2 及以上	0.5~2 以下	0.5 以下
石油化工设备厂	年产能力	万吨	2 及以上	0.5~2 以下	0.5 以下
工程机械厂	年产能力	万吨	2 及以上	0.5~2 以下	0.5 以下
发电设备、大电机厂	年产能力	万千瓦	100 及以上	30~100 以下	30 以下
通用设备厂	固定资产原值	万元	3000 及以上	800~3000 以下	800 以下
汽车厂[6]	年产能力	万辆	一般汽车在 5 及以上	0.5~5 以下	0.5 以下
			重型汽车 0.3 及以上	0.1~0.3 以下	0.1 以下
拖拉机厂[7]	年产能力	万台	轮胎式 2 及以上	0.5~2 以下	0.5 以下
			履带式 1 及以上	0.1~1 以下	0.1 以下
柴油机厂	年产能力	万马力	100 及以上	30~100 以下	30 以下
船舶修造厂	固定资产原值	万元	3000 及以上	800~3000 以下	800 以下
其他机械工业企业	固定资产原值	万元	2000 及以上	800~2000 以下	800 以下

续表

部门、项目	计算单位	大型	中型	小型
八、森林工业				
独立森工局	年产木材 万立方米	30 及以上	15~30 以下	15 以下
其他森林工业企业	固定资产原值 万元	1500 及以上	800~1500 以下	800 以下
九、建材工业[9]				
水泥厂	年产能力 万吨	100 及以上	20~100 以下 （特种水泥 5 及以上）	20 以下 （特种水泥 5 以下）
平板玻璃厂	年产能力 万箱	100 及以上	50~100 以下	50 以下
玻璃纤维厂	年产能力 吨	5000 及以上	1000~5000 以下	1000 以下
石灰石矿	年产能力 万吨	100 及以上	50~100 以下	50 以下
石棉矿	年产能力 万吨	1 及以上	0.1~1 以下	0.1 以下
石墨矿	年产能力 万吨	1 及以上	0.3~1 以下	0.3 以下
石膏矿	年产能力 万吨	30 及以上	10~30 以下	10 以下
其他建材工业企业	固定资产原值 万元	2000 及以上	800~2000 以下	800 以下

续表

部门、项目	计算单位	大型	中型	小型
十、轻工业[10]				
化学纤维	年产能力 万吨	单体 4 及以上	0.5~4 以下	0.5 以下
		长丝 0.8 及以上	0.3~0.8 以下	0.3 以下
		短丝 4 及以上	0.6~4 以下	0.6 以下
棉纺织厂	棉纺锭 万枚	10 及以上	5~10 以下	5 以下
印染厂	年产能力 亿米	1 及以上	0.5~1 以下	0.5 以下
造纸厂	年产能力 万吨	3 及以上	1~3 以下	1 以下
制糖厂	日处理原料 吨	1000 及以上	500~1000 以下	500 以下
盐场	年产能力 万吨	海盐 100 及以上	20~100 以下	20 以下
		井、矿盐 30 及以上	10~30 以下	10 以下
毛纺、麻纺、绢纺厂	纺锭 万枚	1 及以上	0.5~1 以下	0.5 以下
合成脂肪酸厂	年产能力 万吨	2 及以上	0.5~2 以下	0.5 以下
合成洗涤剂厂	年产能力 万吨	2 及以上	1~2 以下	1 以下
手表厂	年产能力 万只	100 及以上	40~100 以下	40 以下

续表

部门、项目	计算单位		大型	中型	小型
缝纫机厂	年产能力	万架	50 及以上	15~50 以下	15 以下
自行车厂	年产能力	万辆	100 及以上	30~100 以下	30 以下
塑料制品厂	年产能力	万吨	1 及以上	0.5~1 以下	0.5 以下
其他纺织、轻工企业	固定资产原值	万元	2000 及以上	800~2000 以下	800 以下

说明：①本标准摘自国家计划委员会 1978 年 4 月 22 日计（1978）234 号“关于试行加强基本建设管理几个规定的通知”中附件三“关于基本建设项目和大中型划分标准的规定”中工业企业部分（对电力工业企业和轻工业企业大中型划分标准，根据水电、纺织、轻工部意见，做了必要补充规定）。原规定中的投资总额是指建设单位情况，工业生产企业改按全部固定资产原值来划分。

②凡标准中规定按产品生产能力划分的，都应按产品生产能力标准划分，不按固定资产标准划分；凡没有规定产品生产能力划分标准的，则按固定资产标准划分。有特殊规定的例外。

③有色金属工业企业按生产不同种类的金属分别规定划分标准。

有色联合企业是指兼事采矿、选矿、冶炼的有色金属工业企业。

轻有色金属一般指比重在 4.5 以下的有色金属，其中有铝、镁、钠、钾等。钛也列为轻有色金属。

重有色金属一般指比重在 4.5 以上的有色金属，其中有铜、镍、铅、锌、钴、锡、锑、汞、镉、铋等。

常用有色金属一般指以下 10 种常用金属：铜、铝、镍、铅、锌、钨、钼、锡、锑、汞。

④表中所列磷肥厂的划分标准，原均按折合标准磷肥（即折合五氧化二磷 18%）计算：如折合为含五氧化二磷 100% 计算，应乘以 18%。

⑤除轻工业系统的机械企业按轻工业的标准划分外，表中未列明的其他工业系统的机械企业都按其他机械工业企业的标准划分。

重型汽车是指 8 吨及以上的载重汽车，7 吨及以上的倾卸车和 15 吨及以上的公路牵引车。

⑥表中所列汽车厂的大、中、小型标准仅适用汽车制造厂；汽车改装厂，全年改装汽车能力在 1000 辆以上的划为中型，1000 辆以下的划为小型；汽车修理厂，固定资产原值在 800 万元及以上的划为中型，800 万元以下的划为小型。有些工厂同时从事汽车制造与汽车修理，应按其主要生产活动性质来划分大、中、小型。

⑦手扶拖拉机厂不按拖拉机厂的标准划分，而按其他机械工业企业的标准划分。

⑧ 1 马力 =735.499 瓦。

⑨水泥企业按回转窑生产能力划分大、中、小型。用立窑生产的企业一律划为小型。既有回转窑又有立窑的企业，亦按回转窑能力划分。特种水泥是指特殊用途的水泥，包括油井水泥、白水泥、大坝水泥、快硬水泥、抗硫酸盐水泥、膨胀水泥、堵塞水泥、彩色水泥等，不包括普通水泥、矿渣水泥、混合水泥。

⑩纺织工业大、中、小型划分标准做如下补充：

a. 棉印染企业规定按年产能力划分，但单一的漂白企业及简单染色厂应同时考虑固定资产原值，未达到 800 万元的不能划为中型企业。

缫丝企业按设备规模划分，标准与绢纺织企业相同，即缫丝机 5000 绪及以上为中型厂，10 000 绪及以上为大型厂。

b. 化学纤维企业规定按长丝或短丝的年产能力划分。有的企业既生产长丝，又生产短丝，则可将长丝能力折合为短丝能力，然后以短丝能力作为划分标准。一吨长丝能力可折合为两吨短丝能力。（不能把短丝能力折合为长丝能力计算）

c. 纺织染联合企业及跨行业生产多品种的企业（如从事棉纺织，同时又生产化纤或针织等产品的联合企业），其主要设备或年产能力虽达不到规定的大、中型企业标准，但固定资产原值已达到 1500 万元及以上（相当于 5 万棉纺锭的规模）的可划为大型企业。

d. 单独织布、针织、织绸、纺织器材、化纤浆粕、毛条等企业，按其他纺织企业标准划分，即固定资产原值在 800 万元及以上的划为中型企业；2000 万元及以上的，划为大型企业。

第八章　地区经济结构对策

陈吉元

地区经济结构是国民经济结构的一个重要组成部分。它是指生产力的空间分布状况，以及各地区经济之间的相互制约关系。地区经济结构的合理化，是现代化建设顺畅进行的一个必要条件；同时，现代化建设的开展，又将为地区经济结构的合理化创造条件。因此，为了实现我国社会主义现代化建设的宏伟目标，需要从我国实际出发，认真总结我国和其他国家在地区经济结构方面的经验教训，预见和分析现代化建设中地区经济结构可能出现的问题和变化，探索和制定符合经济发展规律的地区经济结构对策。

我国国情是确定地区经济结构对策的基本出发点。国情的内容是多方面的，包括地理环境、自然条件、历史发展、民族传统、社会性质和经济状况，等等。概括地说，我国国情的主要特点是：第一，社会主义政治和经济制度已经建立和日益巩固，但还不完善，第二，社会主义经济建设取得了很大成就，初步改变了经济技术落后、畸形发展的状况，建立了门类比较齐全的工业体系和国民经济体系，但经济底子仍很薄弱，经济布局问题还很多；第三，经济发展极不平衡，现代化大城市日益增多，但仍有80% 的人口在农村；第四，人口众多，劳动力资源丰富，但社会经济负担很重；第五，国土辽阔，资源丰富，但可利用土地少，自然条件千差万别。

在确定地区经济结构对策中，还需要认真研究总结我国过去在地区经济结构配置方面的经验教训。我国过去对地区经济结构的安排，不是从各地自然和经济特点出发，采取区别对待的政策，在一个相当长的时期里是要求各地一律建立门类齐全的独立完整的经济体系。在地区农业结构上，不管各地土壤、气候、季节、温度、雨量等自然条件的差别，也不管各地农业生产的历史传统，要求都要“以粮为纲”，做到粮食自给。在地区工业结构上，不管各地矿藏资源、技术力量、生产传统以及交通运输等条件的差别，要求一律“以钢为纲”，夺煤保钢，建立独立的完整的工业体系。这一建立地区经济结构的指导方针，造成了人力、物力、财力的巨大浪费，延误了社会主义现代化建设的进程。在今后确定地区经济结构对策时，绝不能再走这样的路子。

确定地区经济结构对策，还需要研究解决好当前地区经济结构配置中新出现的问题。党的十一届三中全会之后，我国农村广泛实行了多种形式的生产责任制，大力发展多种经营，同时国家较大幅度地提高了农副产品的收购价格，并且每年进口一定数量的粮食，这对于调整农作物布局，因地制宜地发展多种经营，起了重要的作用。在工业中以调整内部比例关系为主，辅之以必要的改革。经过调整和初步改革，轻重工业的比例比较协调了，增加了企业的活力，调动了企业和职工的积极性，工业内部的结构以及地区工业结构开始趋于合理。此外，“保护竞争、促进联合”，“发挥优势、扬长避短”方针的提出，有助于按照经济规律沟通横向联系，打破地区封锁，发挥地区优势，把各地的人力、物力、财力吸引到国家建设的急需方面来，从而有力地促进了地区经济结构的合理化。然而，在执行新方针、改变过去不合理的地区经济结构的过程中，也不可避免地出现了一些新问题，需要研究和解决。

确定地区经济结构合理化对策，要以提高经济效益为中心，在地区之间恰当地分配生产基金、劳动资源和产品。判断地区经济结构是否合理，不仅要看能否提高各个地区的经济效益，而且

要看能否提高整个社会的经济效益。

在社会主义现代化建设中，地区经济结构对策应遵循以下原则：第一，按照社会劳动地域分工的客观经济规律的要求，扬长避短，发挥优势；第二，根据各部门、企业和产品在生产、流通与消费方面的不同特点，使各部门和企业尽可能接近原料、燃料、动力产地，产品消费地或交通枢纽；第三，按照有利生产、方便生活和保护环境的要求，确定工业基地与城镇的适当规模，防止工业的过分集中与过度分散。此外，考虑到地区经济结构合理化，不单纯是个经济问题，而且是个政治问题，因此，除了上述经济方面的原则，还需要考虑政治与国防安全的要求，处理好各民族间的关系，从全局出发处理好政治与经济的关系。

为实现地区经济结构合理化，我们将在以下各节就需要采取的对策提出一些初步设想。

第一节　编制经济区划，处理好经济区域与整个国民经济发展的关系

研究和编制地区经济发展规划，不仅是地区经济健全发展的需要，而且是整个国民经济有计划、按比例发展的需要。社会主义国民经济是由各部门和各地区构成的有机整体，既包括部门与企业之间的纵向经济联系，也包括地区之间的横向经济联系。因此，要保证国民经济有计划按比例地发展，在提高经济效益的前提下实现工农业总产值翻两番的战略目标，编制有科学根据的经济区划，是完全必要的。

经济区划是以一定区域的经济发展作为规划对象。这里说的一定区域，是指在社会劳动地域分工基础上形成和发展起来的经济综合体范围，即所谓经济区。按经济区进行规划，有利于合理开发利用资源，加强区内国民经济各个组成部分之间的有机联系，发挥地区优势，提高整个区域的经济效益；同时在地区经

济健全发展的基础上，也有利于各个地区之间经济发展的协调配合，相互支援，相互促进，加速整个国民经济的发展。

地区经济发展规划如同部门经济发展规划一样，也是国民经济发展规划的一个重要组成部分。任何一个经济部门的发展都不能脱离具体的地区，而各个地区经济的发展又都面临着组成一个什么样式的部门经济结构问题。这就是说，作为国民经济结构基础的社会分工，既包括社会劳动的部门分工，也包括社会劳动的地域分工。只有把部门规划与地区规划结合协调起来，才能实现国民经济的综合平衡。可是我国在过去一个时期里，特别是“文化大革命”期间，否定了地区规划，新建的工业企业，各自选厂定点，又各搞一套厂外配套工程和生活设施。可以综合利用的资源被遗弃，可以共用的公共设施重复建设，商业、服务行业和环境保护也无法统一规划，造成了人力、物力、财力的大量浪费。

粉碎“四人帮”之后，随着工作重点转移到经济建设，经济区划又重新提上了议事日程。1978年，党中央和国务院作出了《关于开展区域规划工作的决定》，并指出：“为了搞好工业的合理布局，落实国民经济的长远规划，使城市规划有充分的依据，必须积极开展区域规划工作。区域规划可以先从重点建设地区和重要工业基地做起。要根据各省区发展国民经济任务，在一定区域范围内搞好生产力的合理配置，安排好各部门之间的协作关系。”

划分经济区，编制经济区划是立足现在、面向未来的工作，具有鲜明的远景性。经济区划方案总是和国民经济长期计划相结合的，前者是后者的一个组成部分，但是经济区划需要比国民经济长期计划考虑得更长远一些。这是因为，一般来说，制订国民经济发展计划，当计划与实际情况不相符合时，可以根据客观形势变化，及时对有关经济、社会发展指标，作必要的调整；而以规划建设布局为主要内容的经济区划则有其特点，生产布局一经形成，即使发现失误，要改也十分困难，这就会对社会经济的发展长期产生不利影响。因此，经济区划所规划的时期不能只限于

5~10 年，至少应预测和规划 15~20 年。国外有的经济区划，还有预测到 30~50 年的。

经济区是一个多因素、多部门、多层次交互作用、相互结合的社会经济综合体，这就要求编制经济区划要有全面观点，处理好各方面的关系，包括国民经济综合发展与发挥地区优势的关系；地区生产专业化与地区经济综合发展的关系；地区经济目前的合理性与远景发展需要的关系；本地区与相邻地区之间的经济关系；地区生产的发展与充分利用当地自然条件和社会经济条件的关系；发展地区经济与有效利用资源和保护环境的关系等。

用经济区划取代行政区划管理和组织社会主义经济的运行，是经济管理体制的一次深刻变革。按照经济运动的客观规律，通过若干个经济中心，包括历史上形成的经济中心和现代化经济建设中新出现的经济中心，把社会主义地区经济在全国范围内组织起来，有利于搞活国民经济，发挥地区优势，加强地区经济协作。但是，这里有大量的实际问题和理论问题需要认真研究和解决。正确解决了有关问题，才能编制出有科学根据的经济区划，为建立我国新的经济管理体制提供科学依据。

编制经济区划的根据在于各个地区自然条件和社会经济条件的差异性。第一，我国幅员辽阔，自然条件复杂多样，存在着明显的地域差异。从热量条件看，沿纬度方向从寒温带到赤道带，我国共跨越了八个温度带。从水分条件看，由东南往西北有湿润区、半湿润区、半干旱区和干旱区。从地势条件看，我国山地面积远大于平地，海拔 1000 米以上的山地和高原占全国总面积的 58%。在不同地域，有极大差异的气候、地貌、水文、土壤、植被等各种自然要素错综复杂地结合在一起，构成了对农业生产有直接影响的千差万别的自然环境。第二，我国自然资源丰富，但在分布上具有明显的不均匀性和区域性。我国目前（截至 1983 年）已探明的矿藏储量有 134 种，是世界上已知矿种比较齐全的国家之一。其中煤炭、铁矿石以及钨、锡、钼、锑、锌、铅等矿产资源均居世界前列。油气资源前景良好。可供开采的水能资源蕴藏量，占世界首位。但各种资源在各个地区的分布极不均匀。在煤炭储量中，山西省与内蒙古自治区共占 61.3%，而江南缺煤的九省仅占 1.4%。在已探明的油田可采储量中黑龙江大庆油田占 54.8%，天然气储量 70% 集中于四川盆地。水能资源集中在西南地区，占全国 70%。虽然全国铁矿石的地区分布比较广泛，但储量在几十亿吨以上的大矿区，则主要集中于辽宁、四川、河北等地。自然资源这种分布状况，必然会对各地工业发展和经济结构产生巨大影响。第三，我国人口众多，地区分布很不平衡。东南部沿海地区人口异常密集，如长江三角洲和珠江三角洲平均每平方公里在 600 人以上，而西北地区的人口分布则极为稀疏，如青海省的人口平均密度只有 5 人。我国 50 多个少数民族，虽然人口仅占全国人口的 5%，但分布地域广泛，占全国面积 60% 以上。人口分布状况和各民族的社会文化特点，也直接关系着各地经济发展的具体状况。第四，由于在上述自然条件、自然资源以及人口等方面条件差异的影响下，历史地形成了各个地区在经济文化发展水平、工农业物质生产基础、交通运输条件、居民文化技术水平以及消费与生活水平等方面的重大地域差异。这种社会经济发展方面的地域差异，虽然是历史发展的结果，但在开展现代化建设中，又成了编制经济区划的新的出发点。

经济区不同于自然区和行政区，但是它们之间又有一定的联系。经济区划分的主要根据是产、供、销等方面的经济活动的联系范围。但是，由地形、河流、湖泊等所形成的自然区的界线往往对地区经济联系产生影响。因此也可以把自然区划界作为经济区划界的参考。至于经济区的界限与行政区的界限，显然也是不完全一致的。现行的行政区划是历史的产物，作为行政区划的根据当然包括经济联系方面的状况，但是通常也包括政治等方面的非经济因素。因此，不能把现行的行政区划单纯地搬过来，作为划分经济区的根据。例如，内蒙古自治区主要是根据民族区域自治原则划分区界的，事实上，自治区东部和西部之间经济联系较差，相反，自治区东部三盟与东北地区联系密切，自治区西部地区则主要与华北地区相联系。再如，目前按照经济联系范围确定的以上海市为中心的经济区，不仅将把江苏南部的一些地区划入，而且还将把浙江杭嘉湖地区的一部分划入。但是在目前的行政建制下，为了便于管理和引用必要的统计资料，行政区界限，特别是基层行政区界限还需要保留。

经济区有大有小，存在着不同的层次，这是由客观存在的经济联系的范围大小和紧密程度不同所决定的。按经济区划的范围，经济区可以大致分为以下三级：第一，相当于省以下一级的基层经济区，面积大约几千至几万平方公里。包括县与县之间的经济区划，拥有若干郊区县的城市经济区划，以及县级经济区划，等等。第二，相当于省一级的经济区划，面积大约几万至几十万平方公里，主要目的是要从较大的地域范围来解决一些重大的战略性布局问题，如山西能源基地建设综合规划就属于这一层次的经济区划。第三，相当于大区一级的经济区划，面积大约几十万至一二百万平方公里。这类经济区是为了解决超出一省范围的重大经济问题而设立的，如我国早在 20 世纪 50 年代所划分的东北、华北、西北、中南、西南、华东等各大协作区。今后将根据现代化建设的需要和有关条件的成熟，逐步编制和实施长江中下游地区经济规划、黄淮海平原综合治理规划，等等。

考虑到由于社会经济条件和自然条件的差别，全国各个地区在国民经济中所起的主要作用各有不同，因而按地区的功能特点，经济区划可以分为以下几大类：

（1）城市地区规划，包括城市地区规划，城市群[1]地区规

---

❶ 城市群系指由大中小城市集聚而成的地区。如辽宁中部沈阳、抚顺、鞍山、本溪、辽阳地区，湖南东部的长沙、湘潭、株洲地区，江苏南部的苏州、无锡、常州地区，都是城市群地区。

划，以及以中心城市为依托包括周围若干中小城镇和郊区县的地区规划。城市地区规划重点是要解决城市市区的建设与规模的控制；卫星城镇在内的中小城镇的发展和建设；交通运输、水源与动力供应等基础设施的加强；区域性的环境治理与保护；副食品供应的安排；城市之间的合理分工与协作；工业布局的调整与改善；城市与周围地区经济的协调发展等。

（2）工矿地区规划，主要指在开发利用当地自然资源的基础上发展起来的以采掘工业与原材料工业为主的地区。如煤矿、油田、石油化学工业、黑色和有色冶金工业以及以开发多种矿产资源为基础的综合性工矿地区，均需制定工矿地区规划。规划重点是要解决好合理开发利用当地的自然资源，妥善处理矿区开发、工业建设与发展农业生产的矛盾，采取必要措施减少“三废”污染，与资源开发的规模、流向相适应，发展与改善矿区内外的交通建设布局，安排好既有利生产又方便生活的居民点布局，等等。

（3）农业地区规划，首先要研究、制定农牧业基础较好，发展潜力较大，工业以农产品加工为主的农业地区规划，如重要的商品粮基地，棉花等经济作物的集中产地。同时，要逐步研究和掌握全国错综复杂的农业地域差异，按照区别差异性和归纳共同性的方法，把全国划分为一个由大到小的分级的农业区划系统，明确不同农业区域的生产条件、特点、关键问题和潜力，以及进一步发展农业生产的方向和途径，为合理开发利用农业自然资源，搞好农业生产规划与布局，因地制宜指导农业生产提供依据。

（4）风景旅游地区规划，国内外闻名的一些旅游地区，如桂林、苏州、杭州等地的经济区划，重点应放在对山水自然风景、名胜古迹的保护与建设方面，要改善内外交通联系条件，建设必要的生活娱乐设施，增辟新的休息与游览地，特别要着力调整好工农业生产的布局，改善和防止对环境的污染。

编制地区经济发展规划，是经济、社会发展的长远之计，是

实现战略目标的一项重要措施，这是一件十分重要，又十分复杂的工作，需要对各地自然、经济和社会情况做详尽的调查，掌握系统的全面的资料，研究一系列的重要课题。从我国目前掌握的有关地区资料来看，还存在不全面、不系统、不准确的问题，而且有些材料已经陈旧。因此，目前还不具备在全国范围内全面铺开经济区划工作的条件，而只能先抓重点，逐步开展这项工作。《中华人民共和国国民经济和社会发展第六个五年计划（1981—1985）》规定，“编制部分地区国土开发整治规划，首先是编制以上海为中心的长江三角洲的经济区划，以山西为中心包括内蒙古西南、陕北、宁夏、豫西的煤炭、重化工基地的经济区规划”。现在，以上海为中心和以山西为中心的地区经济规划，正在积极编制之中。上海经济区地处长江三角洲，以上海市为中心，跨越江苏、浙江两省，包括十个大中城市和五十七个县。这是一个包括工业、农业、交通运输、城乡建设、内外贸易、旅游等行业在内的综合经济区。如何综合发展各个行业，合理安排经济布局，使中心城市与周围地区经济发展结合得更加紧密，有一系列理论和实际问题需要研究、解决。制订上海经济区的发展规划，既要考虑全国对上海经济区的要求，也要从上海经济区的自然条件、工业现有基础、农牧渔业现状、工业原材料来源、能源与运输条件、劳动力与科学技术条件等实际情况出发，确定上海经济区发展的战略方向。从 1982 年 4 月开始，全面展开了对山西能源基地建设综合经济规划的研究，深入分析了山西能源基地的有利条件和限制因素，根据国家对能源的要求和整体的生产布局，反复比较了山西省内晋北区、晋中区、晋南区、晋东南区的异同点，根据资源地域组合的特殊性，经济发展条件的类似性，经济发展方向的一致性和区内区际联系的合理性等原则，初步规划了省内各地区经济发展的主要方向和各个地区的经济特征。要使山西省的经济区划，既能突出其煤炭能源的地位，又要显示围绕煤炭的综合利用的能源重化工基地的特色。

照国家计划统一安排两大部类产品调出、调入的范围内，保证本地区内农轻重部门的协调发展，既要为国家作出积极贡献，又要满足当地人民物质和文化生活的有效需要。这就是说，一个地区建立什么样的经济结构，要从当地的实际出发，兼顾国家和当地的需要。一个地区既要建立和发展主要面向整个社会需要的经济部门，又要建立和发展主要用于满足当地需要的经济部门。按照西方地理学家关于工业地理配置的分类方法，各个工业部门及其所属行业（包括建筑业和交通运输业）可划分为三种类型：一种是“偏在部门”，另一种是“散在部门”，还有一种是“偏在”与“散在”相结合的部门。所谓“偏在部门”，是指许多地区根本没有，而在少数地区起着重要作用甚至主导作用的工业部门。这类工业的特点，大都以接近原材料、燃料产地作为选点的主要依据。例如，采矿业、农产品初步加工业、黑色冶金工业等一般主要建在接近原材料、燃料的产地。所谓“散在部门”，是指全国所有地区几乎都有的工业部门。这类工业的特点，是以接近市场（人口与购买力）作为选点的主要依据，是属于适合就地生产、就地销售的工业部门。如建筑业、公用事业、食品工业、印刷业、日用机械制造工业等就是散在全国各地的部门。所谓“偏在”与“散在”相结合的部门，是指在同一工业部门内部，既有“偏在”的构成部分，又有“散在”的构成部分。这类工业的特点，是既以接近原材料产地，又以接近市场作为选点的主要依据。例如，造纸工业的纸浆厂建在水源充足的林区附近，而纸张厂则散建在全国各地区；木材工业的锯木工业的分布与森林的分布相近似，而一般家具工业则分散在全国各地。我们可以借鉴上述工业部门的分类方法，根据各地的自然条件和经济条件，考虑到工业配置的有关原则，在不同地区建立不同的“偏在部门”“散在部门”以及“偏在”与“散在”相结合的部门，使各个地区的经济结构各有特色，既能适应全国对该地区的特殊需要，又能满足该地区的一般需要。

加强计划指导，实行综合平衡，改变盲目建设、盲目建厂的情况，需要采用必要的行政手段和经济手段。国家可以通过有关立法，通过区域规划和其他指令性计划，指导地区经济结构的建设。但是，行政手段必须同经济手段相结合，才能事半功倍。国家可以通过价格、信贷、税收等经济杠杆，鼓励或者抑制某些地区的某些部门的发展，达到调整不合理的地区经济结构、建立起合理的地区经济结构的目标，使各个地区既能发挥自己的优势，又能实现全国范围的综合平衡。

第三节　发挥大中城市在组织经济方面的作用，处理好城市经济中心和与之相联系的经济区域的横向经济关系

充分发挥中心城市在国民经济中的枢纽作用，是加速我国社会主义现代化建设的重要途径之一，这里的关键就是要处理好中心城市和与之相联系的经济区域的横向经济关系，以中心城市为依托，形成各类经济中心，在一定地域内，组成合理的经济网络。解决好这个问题是我国进行国民经济调整和经济体制改革的需要，同时也是为实现 20 世纪末的战略目标，规定合理的地区经济结构对策的一个重要方面。

中心城市是随着社会分工和商品经济的发展而逐步形成和发展起来的。马克思主义经典作家对城市在国民经济中的地位和作用，历来十分重视，并作了多方面的阐述。马克思和恩格斯在《共产党宣言》中，把“创立了巨大的城市”，列为资产阶级在历史上曾起过的非常革命的作用之一。他们还指出，“商业依赖于城市的发展，而城市的发展也要以商业为条件”[1]；“城市的繁荣也把农业从中世纪的简陋状态中解脱出来了”[2]；“在德国

---

[1] 《马克思恩格斯全集》第25卷，第371页。

[2] 同上书，第7卷，第387页。

境内，只是在几个工商业中心及其附近地区才有文明可言”[1]；“这种大规模的集中，250 万人这样聚集在一个地方，使这 250 万人的力量增加了 100 倍”[2]。列宁也充分估计到中心城市的形成对经济结构的深远影响，及其对社会生产发展的巨大推动作用，“工业中心的形成、其数目的增加，以及它们对人口的吸引，不能不对整个农村结构产生极深远的影响，不能不引起商业性农业和资本主义农业的发展”[3]；“在现代各个国家甚至在俄国，城市的发展要比乡村迅速得多，城市是经济、政治和人民的精神生活的中心，是前进的主要动力”[4]。斯大林指出，社会主义制度下，城乡对立必定消失，但城乡差别依然存在，大城市不仅不会消亡，而且会继续发展，在国民经济中继续发挥重要作用。他说：“不仅大城市不会毁灭，并且还要出现新的大城市，它们是文化最发达的中心，它们不仅是大工业的中心，而且是农产品加工和一切食品工业部门强大发展的中心。这种情况将促进全国文化的繁荣，将使城市和乡村有同等的生活条件。”[5]

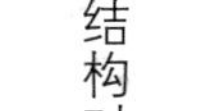

如同社会生产力是一种既得的力量、以往活动的产物一样，我国的中心城市也是在一定历史条件下逐步形成和发展起来的。像上海、天津、广州等一些中心城市，早已在我国发挥着经济中心的重要作用。全国解放以后，开始了由乡村到城市并由城市领导乡村的时期，党的工作重心转移到了城市。在国民经济三年恢复时期和第一个五年计划时期，都首先抓住了中心城市的恢复和建设，并充分注意发挥其经济中心的作用，大力开展城乡交流。后来，中心城市的建设和发展虽然受到了“左”的指导思想的干

---

1. 《马克思恩格斯全集》，第7卷，第387页。
2. 同上书，第2卷，第303页。
3. 《列宁选集》第1卷，第164页。
4. 《列宁全集》第19卷，第264页。
5. 《斯大林选集》下卷，第558页。

扰和现行经济管理体制的某些束缚，但是总的说来，中心城市的建设和发展还是在曲折中取得了很大的成就。1979 年，全国共有城镇 3444 个，城镇人口 1.28 亿，比 1953 年的城镇人口增长了 66%；城市人口占全国人口的比重也从 7.1% 增加到 13.3%，50 万至 100 万人口的大城市已达 27 个，100 万人口以上的特大城市已达 16 个。在经济比较发达的沿海地区，还形成了京津唐、沪宁、辽沈三个工业集中、城市和人口也比较集中的城市群地区。

中心城市，特别是一些特大城市，在我国经济中占有举足轻重的地位。1980 年，上海、北京、天津、沈阳、武汉、广州、大连、重庆、杭州、青岛、哈尔滨、无锡、西安、兰州、长春等 15 个中心城市的经济占全国比重的材料（见表 8-1），可以清楚地说明这一点。

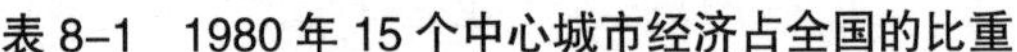

表 8-1　1980 年 15 个中心城市经济占全国的比重

单位：%

项目	比重	项目	比重	项目	比重
国土面积	1.5	企业利润、税金		商品零售额	18.7
人口	7.8	其中：全民	42.6	商业网点	8.3
工业总产值	37.1	集体	34.3	饮食业网点	10.6
轻工业	38.7	地方财政收入	36.0	服务业网点	13.5
重工业	35.7	职工人数	25.3		
企业单位数	11.6	职工工资总额	26.5		

在我国经济中，中心城市具有重要作用，而且在社会主义现代化建设的进程中将发挥越来越大的作用。这些作用具体来说，主要有以下几个方面：

第一，中心城市是重要的工业生产基地，拥有雄厚的物质技术基础和强大的生产能力，可以为经济建设和人民生活提供大量的生产资料和生活资料，推动国民经济的发展。

第二，中心城市是商业中心，交通发达，经济联系广泛；是生产资料和生活资料的重要集散地，商品流量很大，购销活动频繁；是决定整个国民经济能否正常运行的重要环节。

第三，中心城市是金融活动中心，是全国金融机构最集中、资金最集中、资金运动最频繁最活跃的地方，是为社会主义经济建设提供资金积累的重要基地。

第四，中心城市是科学技术、文化教育的中心，是培养人才，开发智力资源，交流和传播先进科学技术和管理经验的重要基地，担负着输出知识、输出技术和输出人才的重要任务。

第五，中心城市是国民经济的运转轴心和调节枢纽，是加强计划经济和发挥市场调节辅助作用，既搞好纵向经济联系，又搞好横向经济联系的主要环节。

中心城市的上述作用就是为什么能够以中心城市为依托，组织合理的经济网络的根据。以中心城市为依托的经济网络是长期逐步地形成的，无论在资本主义条件下，还是在社会主义条件下都是如此。不过，在社会主义社会，这种经济网络是在国家计划指导下建立的。但这也来不得半点主观随意性，不能单纯依靠行政手段，凭借行政区划来分疆划界；而必须按照经济运行的客观规律，考虑到中心城市和周围地区的传统经济联系，来完成这项任务。以中心城市为依托所构成的经济网络，是由地理、交通、经济发展等因素决定的，有其客观依据。譬如，以上海为中心包括长江三角洲地区，以至包括江苏、浙江、安徽、江苏、福建、山东等省的经济网络，就是凭借上海水陆交通之便长期自然形成的。上海是长江的出海口，连接着华东、中原广大地区，是南京的门户。在历史上，上海生产的纺织、五金、百货等类商品流向上述地区，而这些地区生产的米、麦、桐油、猪鬃、茶、丝、棉、花生、烟叶、药材等又以上海为集散地。再如，天津地处南北运河、潮白、龙凤、永定、子牙、滹沱、滏阳、大清九河的下游，有华北、西北、东北广阔腹地，又是北京的门户，因而逐步发展为北方地区的经济中心。再如，武汉是全国水陆交通的重要枢纽，素有“九省通衢”之称，历史上就以商业繁荣著称，随着近代工商业的发展，武汉逐渐成为中南地区的经济中心。又如，广州市地处南海之滨、珠江之畔，是珠江与广东其他 108 条河道联结成的蛛网式内河航运系统的总汇，沿珠江三大支流上溯可分别到达广东的东部、西部、北部以至广西壮族自治区，由于广州利兼水陆，便于通商，自古以来就是我国对外贸易的重要口岸，二千年来外贸始终不衰，并逐步成为华南经济中心。

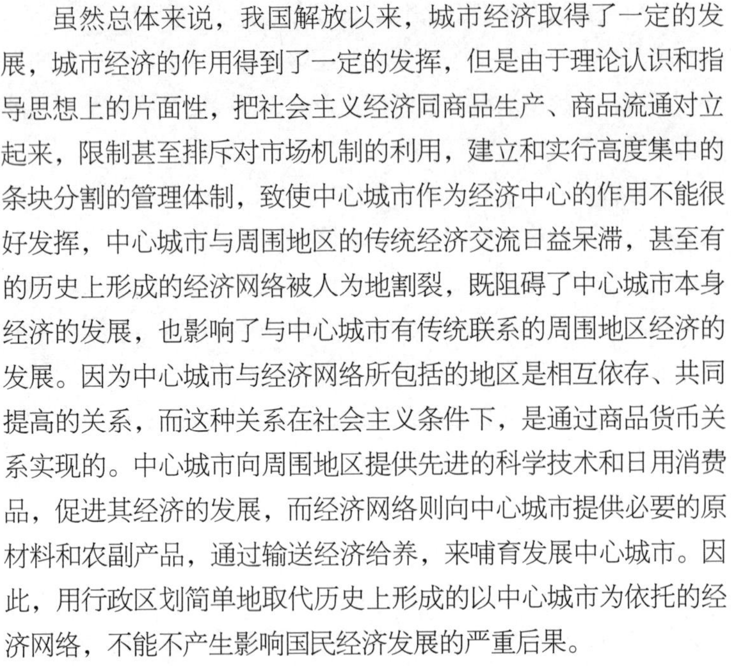

虽然总体来说，我国解放以来，城市经济取得了一定的发展，城市经济的作用得到了一定的发挥，但是由于理论认识和指导思想上的片面性，把社会主义经济同商品生产、商品流通对立起来，限制甚至排斥对市场机制的利用，建立和实行高度集中的条块分割的管理体制，致使中心城市作为经济中心的作用不能很好发挥，中心城市与周围地区的传统经济交流日益呆滞，甚至有的历史上形成的经济网络被人为地割裂，既阻碍了中心城市本身经济的发展，也影响了与中心城市有传统联系的周围地区经济的发展。因为中心城市与经济网络所包括的地区是相互依存、共同提高的关系，而这种关系在社会主义条件下，是通过商品货币关系实现的。中心城市向周围地区提供先进的科学技术和日用消费品，促进其经济的发展，而经济网络则向中心城市提供必要的原材料和农副产品，通过输送经济给养，来哺育发展中心城市。因此，用行政区划简单地取代历史上形成的以中心城市为依托的经济网络，不能不产生影响国民经济发展的严重后果。

以上海为例，由于以行政区划为界，对经济联系实行条条块块的过死管理，取代了上海过去同长江三角洲、长江上游以至全国各地自然形成的经济联系，历史上形成的以上海为中心的经济网络解体了。上海过去与长江三角洲地区血肉相连，它所需原料、粮食、农副产品在很大程度上依赖这一地区提供，而这一地区所需工业品又由它供给，但后来这种依存关系却被行政区划所割断。如上海东南附近的平湖地区由于行政建制归属浙江，历来以上海为销售市场的著名平湖西瓜不能再运往上海，而只能远道运往杭州销售；同时，平湖向来都依赖上海就近供应的工业品又只能远道由外地调拨。由于自然形成的经济网络的解体，上海作为全国经济中心的地位和出口地位也明显降低，1958 年上海的出口额还比香港多 20%，现在却只有香港的几分之一。上海经济地位的下降，固然有多种原因，但人为地割裂以中心城市为依托的经济网络，终归是重要原因之一。

再以天津为例。1958 年以后，天津作为我国北方经济中心的地位和作用，也有衰退的趋势。由于各地区都要建立自给自足的经济体系，使天津作为老工业基地的优势无从发挥。由于按行政区划和部门管理经济、组织流通，使天津失去了按经济网络组织商品流通的有利流向。特别是 1958—1965 年，天津划归河北省后，强调三类工业品留省内 65%，大大削弱了天津与其他地区的传统经济联系。所有这些降低了天津这一北方经济中心的作用，阻碍了天津和与其有联系的地区经济的发展。

再以广州为例。三十年来，广州的经济管理体制经过了三次大变化，从中央直辖市改为省辖市，再改为国家计划单列的省辖市，后来又改为由省统管，但是改来改去，都没有改变条块分割的行政管理办法。由于把具有横向有机联系的经济网络分割为不同的行政区域，使广州与其他地区历史形成的商品流通渠道多次被割断，严重影响了广州及其周围地区经济的发展。然而历史上形成的经济网络是不能随意割断、合并或取消的，20 世纪 50 年代成立的以武汉为中心的大行政区，虽然统辖南至广东、北至河南五个省，但是在组织经济交流上，实际上它对受大庾岭阻隔的广东、广西有鞭长莫及之感，以广州为中心的经济网络，显然不是武汉这个中心随意能够取代的。

为了实现 20 世纪末的战略目标，今后要注意发挥中心城市的作用，逐步建立以中心城市为依托的经济网络。如何发挥中心城市的作用，在什么范围内，建立何种格局的经济网络，要从国民经济全局和当地实际出发，按照经济规律办事，加强计划指导，同时发挥市场调节的辅助作用。

中心城市是社会综合体，受自然、经济、历史、社会等多种因素的制约，有其自身产生和发展的规律。因此，不能要求所有中心城市都按一个样式发展，都发挥完全一样的作用。要从每个城市的实际出发，根据其特点和优势，明确各中心城市的性质（是综合经济中心，还是某一经济部门比较突出的单项经济中心），确定其发展方向，制定出中心城市的发展规划。在经济区域计划统一指导下，充分发挥中心城市的优势，在中心城市同周围地区之间合理分工，密切协作，建立各有特色的地区经济网络。

发挥中心城市的作用，主要是发挥它作为物质技术生产基地、商品物资集散地以及科学教育阵地的作用，通过多种形式的商品交换搞活经济，通过专门人才、科学技术以及物质产品的支援和协作，促进周围地区经济的发展。要使这种经济协作关系长期有效地持续下去，统筹安排处理好中心城市与周围地区的经济利益关系是十分必要的。中心城市与周围地区在经济利益上的差别不能过大，产品、利润的分配比例要适当，产品价格的规定要合理。不然的话，就会产生或者损害中心城市经济，影响中心城市经济发展的后果；或者导致周围地区生产盲目发展，与中心城市争原料、争市场。同时，加强组织领导对于建立以中心城市为依托的经济网络也是十分必要的。有的同志建议，从国民经济全局来说，应成立专门的独立机构指导地区经济结构事宜，对一些带有战略性、方向性和综合性的重大问题进行研究，并提出相应对策。

现在，对于建立以中心城市为依托的经济网络的方针，在认识上还有疑问，主要是：这样做是否会引起大城市的过分膨胀，是否会扩大城乡差别。

人口城市化，是商品经济和现代生产发展的规律。从历史上看，中心城市起初主要是商业中心，还没有成为社会生产的中心。在工业革命以后，随着大机器工业的发展，生产部门逐渐增多，生产规模不断扩大，生产社会化程度日益提高，形成了高度集中的工业生产和密集的劳动人口，与之相适应，交通、财政、金融、科学教育、公用服务等事业也随着发展起来，于是逐步出现了一些人口集中、工业发达、财富集中、交通便利、市场繁荣、科学教育先进的城市，起着工业中心、商业中心、财政金融中心、科技文化中心、情报信息和服务中心的作用。工业化和中心城市的发展是相辅相成的，工业化促进了中心城市的形成和发展，反过来中心城市又促进了工业化的进程。20 世纪 20 年代，世界城市人口约为总人口的 10%，70 年代已增至 40%，20 世纪末，城市人口估计将增至 50%~60%。全世界百万人口以上的城市，1950 年为 71 个，1970 年增至 157 个，估计到 20 世纪末将为 400 个。同时，城市化和中心城市的发展水平，还是工业化水平和劳动生产率的一个重要标志。1980 年，美国城市人口占总人口的比例为 74%，苏联为 62%，日本为 76%。可见，世界高度城市化的国家，都是高度工业化的国家。城市化水平与工业化水平是一致的。在当代，城市人口比重高低已经成为衡量一个国家和地区经济发达程度的重要标志之一。这可以从表 8-2 看出。

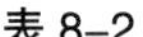
表 8-2

城市人口比重（%）	国家个数	每人平均国民生产总值（美元）
60 以上	34	3858
40~59	43	2155
20~39	39	700
19 以下	42	310

大体来说，我国随着工业化水平的提高，同样存在着城市化水平逐步提高的趋势；同时，从我国几个城市的材料看，人均产值同城市化水平也是正比例关系。人均工业生产总值和城市化水平，上海为 5776.3 元和 61.3%，天津为 2589.9 元和 52.42%，大连为 1629.5 元和 35.93%。

虽然新中国成立以来，随着经济建设事业的发展，我国城镇也有一定增加，但是，由于我国经济基础差，经济发展不稳定，工业化进展不够快，中小城镇发展比较缓慢，因此人口城市化水平不高，城镇人口占总人口的比重仅 13.3%，低于世界城市人口平均水平（40% 左右）。可以预期，随着今后社会主义现代化建设的开展，交通运输条件的改善，矿产资源的新发现和利用，我国城市和城市人口必将进一步增加。

但是，在我国，城市的发展和城市化不像在资本主义社会那样，是在价值规律的作用下自发进行的，而必须严格地置于国家的计划指导之下。根据我国的实际情况，今后一二十年内，我国城市化应采取控制大城市规模，合理发展中等城市，积极发展小城市的方针。我国农业人口转变为工业人口也必然具有自己的特点，将经历一个十分缓慢的过程，不是由农村大量拥入城市，而是就地或在附近中小城镇发展工业，实行亦工亦农。这是由我国的社会经济条件决定的。第一，目前（截至 1983 年），我国城镇人口比重虽低，但绝对数却相当可观，有 1.3 亿之多，世界上城镇人口最多的美国和苏联，20 世纪 70 年代末也分别只有 1.7 亿和 1.6 亿。我国现在城镇劳动力的状况也不同于 50 年代，已由不足变为有余。第二，在我国经济实力不强和技术比较落后的情况下，城市化的步子也不能太快，即不能让大批农村人口一下子蜂拥流入城市。根据近十年来我国三十多个大中城市生产性与非生产性投资调查估算，每增加一个城市人口，需要增加 2000~2500 元城市建设费用，大城市还要高一些。这是制约我国城市化水平提高的经济因素。第三，我国同样存在大城市人口膨胀、问题多、矛盾多的情况，因而大城市的规模不宜继续扩大，应重点发展各种类型的小城镇。美国10万人口以下的小城镇占城镇人口总数的62.4%，而我国只占33.6%。看来，我国农业人口向工业人口的转化，今后将主要通过在农村发展中小城镇增加亦工亦农的人口来实现。

上述这条具有我国特色的城市化道路，能够适应我国国民经济发展的需要，加速现代化建设步伐，并且可以从根本上避免一些资本主义国家发生的，投资者在价值规律作用的支配下，把资本盲目集中于一两个中心城市，从而出现个别大城市猛烈膨胀，问题成堆，最后阻碍经济发展，而不得不再把资本转移出去这样一种膨胀和反膨胀的局面。

至于认为建立以中心城市为依托的经济网络会扩大城乡差别的顾虑也是缺乏根据的。发挥中心城市的作用，不只是为了发展中心城市本身，而是采用了以城市为中心的辐射式的发展方针。只有发挥中心城市的作用，才能带动周围地区经济的发展，逐步缩小城乡之间的差别；反之，如果限制甚至削弱中心城市的作用，不仅会阻碍城市经济本身的发展，而且会减少对乡村经济的人、财、物支援，到头来，城乡差别倒真有扩大的危险。

第四节 开展地区之间的经济协作和技术交流，处理好经济发达地区和经济落后地区之间的经济关系

我国是一个大国，由于社会历史和自然条件的原因，各地区之间的经济发展水平存在极大的差异，表8-3材料表明了这一点。

我国各省、市、自治区人均工农业总产值的状况，可以从一个侧面反映各地区的经济发展水平。然而，由于各地区的经济结构状况不同，人口数量相差悬殊，因而人均工农业总产值水平不能完全反映各地区的经济实力。比如，四川、河南、湖南等省的经济实力较强，但是人均工农业总产值在全国却排在靠后的位

置，这主要是由于人口过多所致。而经济水平比较落后的青海、宁夏等省区，由于人口较少，人均工农业总产值反而高于一些经济较发达的地区。因此，在衡量一个地区的经济发展水平时，对人均工农业总产值需要进行具体分析。但是，无论如何，人均工农业总产值终归可以从一个方面反映地区经济的发展水平。从这个意义上可以说，上述材料表明了我国各个地区经济发展水平的极大差异性。

表 8–3　1980 年我国各省、市、自治区的人均工农业总产值比较

地区	工农业总产值（亿元）	年底人口数（万人）	人均工农业总产值（元）
全国	6619	97674	678
上海	650	1139	5715
北京	248	879	2824
天津	208	746	2801
辽宁	514	3465	1483
江苏	604	5915	1023
黑龙江	286	3187	899
吉林	169	2198	771
浙江	275	3810	723
湖北	308	4659	661
山东	457	7264	630
山西	148	2462	604
河北	299	5137	533
甘肃	104	1906	549
广东	311	5731	543

续表

地区	工农业总产值（亿元）	年底人口数（万人）	人均工农业总产值（元）
青海	20	375	543
宁夏	19	369	516
陕西	142	2819	506
湖南	261	5252	498
福建	116	2503	467
新疆	58	1270	458
内蒙古	80	1865	432
江西	138	3250	427
四川	401	9797	410
河南	294	7238	407
安徽	188	4848	368
广西	127	3504	365
西藏	6	184	328
云南	102	3154	324
贵州	73	2754	266
台湾（缺）			

资料来源：《瞭望》1982 年第 6 期。

我国经济发达地区主要集中于沿海，而经济落后地区则主要集中于内地。沿海地区拥有数量相当可观的轻工、纺织、钢铁、机械、石油、化工、建筑材料、电子工业的骨干工厂，技术力量较为雄厚，经营管理水平比较高，是对外经济联系的枢纽。1980年，沿海地区工农业总产值占全国的 57%，工业产值占全国的

62%，收购的出口产品约占全国出口产品收购总额的3/4。解放以后，为了改变沿海和内地经济发展的畸形状况，在西北、西南等地建设了若干现代化的工业基地，内地经济有了较大发展，生产力的不合理布局有所改善。但是，总的来说，内地经济落后的情况还未得到根本改变，主要表现在工业、交通运输业薄弱，生产技术水平低，经营管理水平低，教育科学事业落后，科学技术人才极为缺乏。

从我国地区经济发展不平衡的实际出发，处理好经济发达地区和经济落后地区之间的相互关系，是加速我国经济发展，实现社会主义现代化建设宏伟目标的重要一环。我国经济是一个整体，经济发达地区和经济落后地区之间存在着由地区分工所决定的千丝万缕的联系。处理好它们之间的这种关系，就能够相互支援，相互促进，解决各省在经济发展中所遇到的单方面无法解决的难题，从而达到经济共同高涨的目的。

从我国当前情况来看，无论是经济发达的地区，还是经济落后的地区，都面临着一些亟待解决的困难，而这些问题又由于各自条件有限而无法单方面解决，这就客观上提出了在经济发达地区和经济落后地区开展经济技术交流和协作的要求。

在我国经济发达地区中，上海占有重要的位置。解放以来，上海经济发展很快，取得了巨大的成就，但目前也存在不少矛盾和问题。其中突出的有：第一，动力工业薄弱，电力供应不足。第二，原材料工业赶不上制造工业的发展。第三，交通运输不能适应四化经济发展的需要。第四，厂房紧张，“三废”污染严重。为了解决这些问题，上海的经济结构必须按照扬长避短、发挥优势的方针加以改组。譬如，节约能源消耗，发展能源消耗少而国家又迫切需要的工业部门，以解决能源紧张的问题；调整原材料工业内部的构成，压缩消耗原材料多的工业，发展消耗原材料少的技术知识密集工业，以解决原材料供应不足的问题；等等。但是，要解决这些问题，单靠上海自身的力量，或者只通过调整上海内部的经济结构，是无法解决或不能彻底解决的。这就需要开展地区间的经济技术交流和协作，一方面可以解决上海燃料、电力不足和原材料少的困难，改变由于人口多、占地少、工厂集中所造成的严重污染情况，同时又能够发挥上海这个先进工业基地和科学教育阵地的作用，从人力、物力、财力上大力支援经济落后地区，促进这些地区经济的发展。

在经济发达地区中，上海是有代表性的，这个实例说明，开展地区之间的经济交流和协作，是解决发达地区经济发展面临的问题所必需的，是发达地区经济进一步发展的内在要求。

同样，经济落后地区存在的问题，也迫切要求同经济发达地区开展经济技术交流和协作。我国经济落后地区主要分布在西北、西南的少数民族聚居区，包括内蒙古、宁夏、新疆、广西、青海、甘肃、云南、贵州、西藏等省、区，以及其他一些省、区内的少数民族自治州、县和革命老根据地。它们的共同特征是：

第一，生产发展水平低。1980 年，全国民族自治地方人口总数占全国总人口的 11.2%，但是工农业总产值仅占 6%，其中农业总产值约占 10.5%，工业总产值仅占 4.6%，按人口平均的工农业总产值普遍低于全国的平均水平。生产发展水平低，主要是由于这些地区技术装备水平低和经营管理水平低造成的。

第二，基础工业薄弱。虽然这些地区在能源开发、矿产和原料开采方面有一定的自然资源优势，但是能源、矿产、原材料工业以及交通运输业却十分落后，不仅严重限制了本地区经济的发展，也影响了这些地区在全国社会主义经济建设中发挥应有的作用。内蒙古已探明的煤炭蕴藏量约 2000 亿吨，占全国总储量的 30% 左右，但是 1980 年的原煤产量仅 2211 万吨，仅占全国原煤产量的 3% 左右。云南、贵州、广西等省区，对蕴藏十分丰富的水力资源也远未开发，1980 年云南的发电量为 56.2 亿度，居全国第 21 位；贵州 45.2 亿度，居全国第 25 位；广西 53.6 亿度，居全国第 22 位。这些地区拥有的丰富矿产（特别是有色和稀有金属）和森林资源的开发与利用也很不够。例如，内蒙古包头白云鄂博铁矿是一座巨型共生矿，初步探明铁矿工业储量在 15 亿吨以上，稀土储量为 1.35 亿吨，稀土氧化物的工业储量为 0.35 亿吨，相当于世界其他国家稀土资源总储量 0.07 亿吨的 5 倍，居世界第 1 位。但是，长期以来，这个矿在抓钢铁的同时，却没有把稀土资源的综合利用搞上去，既造成了资源的浪费，又污染了环境。再如，内蒙古大兴安岭林区还有占林地总面积 47% 的成熟、过熟原始林尚未开发利用，1980 年可以生产纤维板的原料仅利用 4.8%，可以生产胶合板的原料仅利用 1.2%。我国经济不发达地区的土地面积约占全国的 60% 以上，而 1980 年的铁路通车里程仅 12 017 公里，仅占全国的 23.1%；公路通车里程 212 000 公里，仅占全国的 24.2%。交通运输的落后状况极大地影响着这些地区的开发建设。

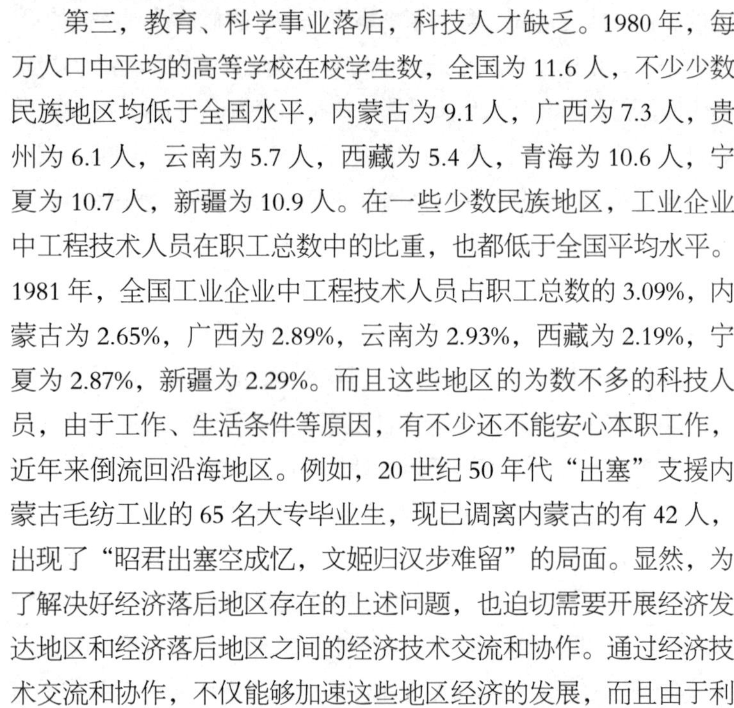

第三，教育、科学事业落后，科技人才缺乏。1980 年，每万人口中平均的高等学校在校学生数，全国为 11.6 人，不少少数民族地区均低于全国水平，内蒙古为 9.1 人，广西为 7.3 人，贵州为 6.1 人，云南为 5.7 人，西藏为 5.4 人，青海为 10.6 人，宁夏为 10.7 人，新疆为 10.9 人。在一些少数民族地区，工业企业中工程技术人员在职工总数中的比重，也都低于全国平均水平。1981 年，全国工业企业中工程技术人员占职工总数的 3.09%，内蒙古为 2.65%，广西为 2.89%，云南为 2.93%，西藏为 2.19%，宁夏为 2.87%，新疆为 2.29%。而且这些地区的为数不多的科技人员，由于工作、生活条件等原因，有不少还不能安心本职工作，近年来倒流回沿海地区。例如，20 世纪 50 年代“出塞”支援内蒙古毛纺工业的 65 名大专毕业生，现已调离内蒙古的有 42 人，出现了“昭君出塞空成忆，文姬归汉步难留”的局面。显然，为了解决好经济落后地区存在的上述问题，也迫切需要开展经济发达地区和经济落后地区之间的经济技术交流和协作。通过经济技术交流和协作，不仅能够加速这些地区经济的发展，而且由于利用和发挥了这些地区拥有的丰富的矿产、水力和多种生物资源，又能推动发达地区的经济发展。

可见，在经济发达地区和经济落后地区之间开展经济技术交流和协作，是由这两类地区经济发展不平衡和相互依存这一我国国情的基本特点决定的，是基于一种内在经济动力所推动。两个地区经济技术交流和协作的基本内容是两个转移：经济发达地区的科学技术和管理经验向经济落后地区转移，而经济落后地区的资源则向经济发达地区转移。

近年来，我国经济发达地区和经济落后地区之间的经济技术交流和协作发展很快，势头很好。对于发挥不同经济地区的各自优势，提高社会综合经济效益，缩小地区经济的差别，促使生产布局和国民经济结构的合理化，起了积极作用。但是，从全国范围来看，经济技术交流和协作的进展还比较慢，低级协作形式多，高级联合形式少；计划外协作多，计划内协作少；民间自由结合多，“官方”计划结合少；全能性的整机成品协作多，专业分工协作少。看来，为了解决上述问题，把地区间的经济技术协作建立在健全发展的轨道上，主要需要正确认识和处理好两个方面的关系。

1. 支援与互惠的关系

我国是社会主义国家，社会主义公有制的性质决定了地区间的经济技术交流和协作应当是一种互助合作和相互支援的关系。经济发达地区在资金、技术、装备、管理经验、科技人才等方面支援落后地区经济的发展是义不容辞的责任。在中央统一部署下，上海、北京、天津、武汉、江苏、辽宁、河北等省、市都承担了对口支援有关经济落后地区的义务。在有的省、区内，经济比较发达的城市也相应地承担了对口支援一些民族自治州、县的任务。例如，成都市对口支援阿坝藏族自治州，重庆市对口支援甘孜藏族自治州。同时，经济落后地区也要在国家统一计划的指导下，调出必要的能源、矿产以及原材料，支援发达地区经济的发展。过去，地区之间的互助合作和相互支援，对于促进双方经济的发展，达到整个社会经济的高涨，效果是好的。

但是，在社会主义历史阶段，地区之间的经济技术交流和协作，对双方还应是互惠的，也就是说，应按照等价交换原则办事。因为在存在商品生产和商品交换的条件下，各个地区都各自有其相对独立的经济利益。最近几年，我国又逐步改变了过去实质上是吃“大锅饭”的地方财政体制，对地方实行了“划分收支、分级管理”，也叫“分灶吃饭”的财政体制。各个地区多收可以多支，少收只能少支，出了亏空自己负责。在实行“分灶吃饭”财政体制的条件下，在地区之间开展经济技术交流和协作，也就必然要求实行互惠原则。几年来，各地经济协作的事实也已表明，按照互惠原则办事，经济技术交流和协作就能够持久和有效地进行；否则，经济技术交流和协作，就谈不到一块，就达不成协议，即使勉强签署了协定，也不可能持久地贯彻执行。

实践表明，经济发达地区和经济落后地区之间开展经济技术交流与协作，是一条使两类地区都能扬长避短、共同发展、共同受益的道路。例如，内蒙古呼和浩特市与江苏无锡市建立了长期、全面互惠的经济技术协作关系，并签订了协议书。按照协议，无锡市对呼和浩特市的纺织、轻工、电子、机械、化工等行业的 89 个项目进行技术援助，包括提供技术图纸，设备部件，紧缺的原、辅材料，直至个别项目的技术专利，并提供 500 万元发展资金的无息贷款。呼和浩特市则每年向无锡市提供 10 万吨煤炭。从 1982 年 2 月协议书换文生效以来，两市协作已初见成效。呼和浩特第二造纸厂 1972 年投产以来，年年亏损，到 1981 年年末，已累计亏损 6 478 000 元。在无锡造纸厂的帮助下，从 1982 年 5 月起，该厂生产面貌大为改观，经济效果显著提高，当月产值比 1981 年同期增长 59.7%，产量增长 60.2%，吨浆耗草率降低 18.5%，吨纸耗浆率降低 31.8%，凸版纸单位成本下降 71.2%，全员劳动生产率提高 64.8%，盈利 4 万多元。同样，呼和浩特每年支援无锡市的煤炭，对解决无锡市由于煤炭紧缺所造成的开工不足，难以扩大生产能力的尖锐矛盾，也是雪中送炭，一般每增加 1 万吨工业用煤，便可增加产值 5000 万元，按 1981 年水平可提供税利 2622 万元。

2. 发挥各个地区在经济技术协作中的主动性、积极性与加强计划管理的关系

近年来，一些地区开展地区间经济技术交流与协作的主动性、积极性很高，地区间经济技术交流与协作发展很快，势头很好，对于发挥各自的经济优势，提高社会综合经济效益，促使生产布局和国民经济结构的合理化，都起了积极作用。但是，就全国范围来看，地区间经济技术交流与协作，有不少是自发的、分散的，带有一定的盲目性。同时，地区间有的经济技术协作项目由于未纳入国家计划，在人力、物力、财力以及交通运输条件等方面又得不到必要的保证。因此，为了使地区间经济技术交流与协作开展得更有成效，必须进一步加强对经济技术交流与协作的计划管理。

（1）地区间经济技术协作的重大项目需要列入国家计划。地区间经济技术协作包括资金、物资、技术等生产要素在地区间的交流、转让、援助以及在生产、流通、科学技术等领域实行的经济联合。现在，地区间经济技术协作的形式多种多样，包括技术协作、物资协作、补偿贸易、来料加工和来样加工、合资经营、联合公司等。国家和有关专业部门对于地区间经济技术协作应有一个总体规划，主要部门、行业和关键企业的经济技术协作项目的衔接，资金、物资和技术力量的协调，交通运输的相应安排，都应纳入国家和地区计划，进行综合平衡。

（2）国家计划部门对地区间经济技术协作要进行必要的指导。地区间经济技术协作同样要贯彻计划经济为主，市场调节为辅的方针。要根据经济技术协作项目在国民经济中的地位和作用，关系国家经济命脉的骨干企业、关系国计民生的重要产品的

地区经济技术协作，要由中央部门直接管理；对地区间品种繁多的小商品的交流以及企业之间某些小的零星协作，可由企业自行决定，报地方计划部门备案；介乎上述两种情况之间的地区经济技术协作项目，则由地方计划部门管理。对于那些生产方向未定的企业，没有生产任务的企业，同大企业争原材料的企业，一句话，即准备“关停并转”的企业，计划部门要进行必要的干预，不要再给他们安排协作任务，而对那些目前虽然生产条件还不完全具备，但有广阔发展前途的企业，则要给予必要的扶持。

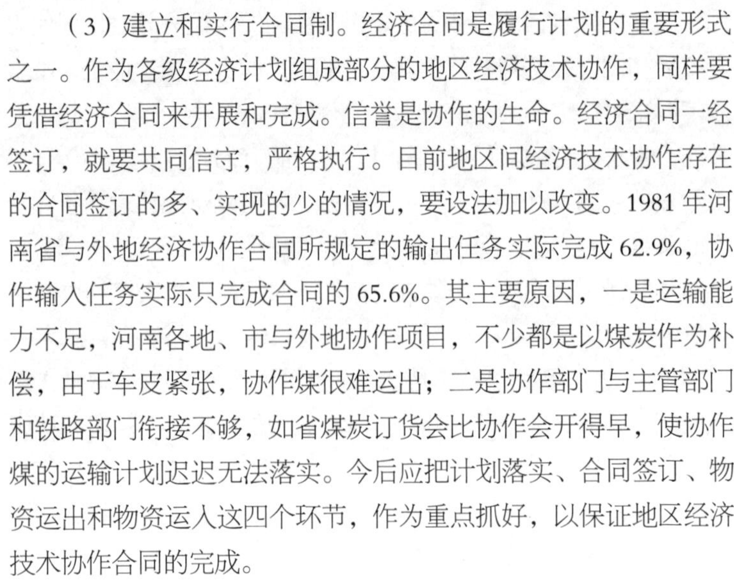

（3）建立和实行合同制。经济合同是履行计划的重要形式之一。作为各级经济计划组成部分的地区经济技术协作，同样要凭借经济合同来开展和完成。信誉是协作的生命。经济合同一经签订，就要共同信守，严格执行。目前地区间经济技术协作存在的合同签订的多、实现的少的情况，要设法加以改变。1981 年河南省与外地经济协作合同所规定的输出任务实际完成 62.9%，协作输入任务实际只完成合同的 65.6%。其主要原因，一是运输能力不足，河南各地、市与外地协作项目，不少都是以煤炭作为补偿，由于车皮紧张，协作煤很难运出；二是协作部门与主管部门和铁路部门衔接不够，如省煤炭订货会比协作会开得早，使协作煤的运输计划迟迟无法落实。今后应把计划落实、合同签订、物资运出和物资运入这四个环节，作为重点抓好，以保证地区经济技术协作合同的完成。

第五节　建立经济特区，处理好经济特区的对外关系和对内关系

最近几年，在实行对内搞活经济，对外实行开放政策的过程中，根据中央决定，已经在广东省深圳、珠海、汕头和福建省的厦门先后建立了经济特区。我国的经济特区是为发展对外经济合作和技术交流，促进社会主义现代化建设，由国家决定实行特

殊政策的一定区域。设立经济特区是我国现代化建设的一项重大决策，既涉及扩大对外经济关系，也关系到地区经济结构。不言而喻，经济特区的经济结构有其特殊性，一方面表现在对外关系上，另一方面表现在对内关系上。处理好经济特区的对外关系和对内关系，采取适当的特区经济结构对策，是建设好经济特区所必需的。

设立经济特区是世界经济发展的一般趋势，又是我国开展社会主义现代化建设的特殊需要。在我国设立经济特区是一个新事物，而就世界范围来看，经济特区是随着世界各国或地区经济交往日益增多出现的，迄今已有几百年的历史。经济特区的形式和名称多种多样[1]，概括起来不外两大类：一是以促进对外贸易、转口贸易为主要内容的自由贸易区；二是以促进加工出口工业为主要内容的出口加工区。

在发达资本主义国家设有不同类型的特区，民主德国在汉堡、不来梅、基尔等六个港口设有自由贸易区；美国的对外贸易区几乎遍及主要港口和城市，1980 年有六十五个；奥地利在维也纳等地设有四个自由贸易区；荷兰在各主要港口设立保税仓库区，实行减免关税和提供转口的各种优惠条件。发展中国家设立的特区最多，其中出口加工区以亚洲为最多，拉丁美洲与非洲次之。发展中国家特区类型也多种多样，有经加勒比海进入巴拿马运河门户的巴拿马科隆自由贸易区，也有位于巴西亚马孙河上游的马瑙斯自由港；有凭海运之便、位于巴丹半岛南端的菲律宾马里韦莱斯自由贸易区，也有在孟买机场附近的印度圣得鲁斯电子加工出口区；有墨西哥与美国、洪都拉斯接壤地带的自由边境区，也有巴基斯坦卡拉奇这样的国际上公认的重要过境区。在有

[1] 如自由贸易区、自由工业区、自由关税区、自由港、对外贸易区、加工出口区、促进投资区、科学工业园区、保税仓库区、自由边境区、过境区等。

的社会主义国家也设立了经济特区。南斯拉夫共有六个自由关税区，一个设在首都贝尔格莱德的多瑙河与萨瓦河汇合处港口地区，其他五个设在亚得里亚海沿岸的里耶卡、科贝尔、扎达尔、巴尔、卡勒德列沃等港口地区。罗马尼亚政府1978年8月颁布法令，重新开放位于多瑙河三角洲黑海出海口的苏利纳为自由港。

我国社会主义现代化建设面临的任务是，如何把丰富的自然资源和雄厚的人力资源，同现代科学技术、现代经营管理以及必要的建设资金结合起来，成为现实的强大的生产力。解决这一任务，首先要立足于国内，在各地区之间通过经济技术交流与协作，普遍推广先进科学技术和先进经营管理方法，把一切可能取得的资金尽可能集中和有效利用起来；同时也要面向世界，利用一切可能为我所用的条件，引进先进的科学技术和管理方法，利用外资，扩大进出口贸易。我国经济特区就是适应扩大对外经济交往的需要而设立的，是社会主义经济在特定条件下同外资进行合作的一种最集中的形式。

虽然我国建立经济特区的时间不长，但已开始显示出经济特区对社会主义现代化建设的积极作用：第一，引进了外资，增加了建设资金；第二，引进了先进技术设备，一些产品的生产达到了比较先进的水平；第三，增强了产品在国际市场上的竞争能力，扩大了出口贸易；第四，培养了技术和经营管理力量，造就了一批现代化建设人才；第五，创造了就业机会，安排了一批青年就业。以创建最早的深圳特区为例，到1982年6月底，共与外商签订协议1350个项目（其中特区内677项），协议投资额159 841万美元（其中特区内156 140万美元），现已实际投入使用的外资24 960万美元（其中特区内21 545万美元）。除南洋商业银行外，现已批准香港上海汇丰、渣打、法国国家巴黎等8家外资银行在特区设立代表机构。在引进项目中，工业918项（其中来料加工850项），农牧渔业329项，商业服务业33项，房产 37 项，土地成片开发 3 项，旅游 11 项，交通运输 13 项，其他 6 项。现已投产的有 900 多个项目，安排了 27 000 名青年就业，先后引进 11 000 多台（套）设备，其中有些是比较先进的项目，属于 20 世纪 70 年代的水平，如深圳印刷制品厂的联邦德国七色印刷设备和日本照相制版技术；蛇口工业区的美国微波通信设备；钢厂的意大利连铸机；铝厂的日本联合剪切机（分条机），英国的冷轧机；油漆厂的丹麦滤清器、分散盘、吸尘系统和老人牌油漆配方等。澳大利亚客商投资的马石古石场，年产碎石 50 万立方米，机械化、自动化程度高，全厂职工不到 50 人。光明农场引进良种奶牛无菌加工设备制成的维他鲜奶，已占香港鲜奶市场销售量的 60%。目前正在引进的还有微型电脑、彩色录像带、电子元器件焊接添加剂等制造技术和工艺技术，将有助于填补我国工业的某些空白。

要建设好经济特区，需要处理好特区的对外关系和对内关系。

1. 经济特区的对外关系

对外关系即特区与世界上其他国家或地区的关系，这是特区经济关系的本质内容。经济特区之所以具有特殊性质，就是由它的特殊对外关系规定的。同时，这种对外关系的特殊性质，又相应地决定了经济特区内部要建立什么式样的经济结构，以及经济特区同国内其他地区经济交往的特殊形式和特殊内容。

经济特区是中国通向世界、世界通向中国的大门，是我国同世界其他国家和地区进行经济、技术交往的枢纽。因此，设立经济特区，不是一个地区的局部问题，而是关系全局的战略决策。是否建立特区，建立几个特区，以及在什么地方建立特区，是由而且只能由中央作出相应的决策。在经济特区的地点选择上，必须首先考虑是否具备对外联系的方便地理条件。我国建立的四个特区，都有独特的地理位置和特殊条件。它们都有海运之便，有的历史上就是进出口的重要口岸，有的毗邻香港，有的与澳门接壤，有的面对台湾海峡。而且这几个地区都是华侨众多的侨乡。四个特区不仅有利用外资、引进技术等扩大对外经济交往的便利条件，而且依山傍海，风景秀丽，具有发展旅游业的良好条件。从世界范围来看，特区一般也都是设在港口、机场、铁路公路枢纽所在地区和附近地带，以及国境线上的过境地区。当然，也有个别国家的特区，不设在海港和边界，而设在内陆地区。譬如马瑙斯自由港位于巴西腹部地区，是距大西洋 1000 英里的丛林中的新兴城市，没有铁路和公路，只靠亚马孙河和航空线同国外联系，而现在却办得很成功。因此，经济特区一般应设立在海港和边界地区，但并不排除在内陆个别地区设立特区的可能性，而且随着内河航运和航空事业的发展，将为特区的地点选择提供更多的可能性。一国应从全局出发，权衡政治、经济和地理条件，做出特区地点的最优选择。

经济特区实行一系列有别于国内其他地区的特殊政策和灵活措施，其中一个重要内容就是为了更有利于吸引和利用外资，而制定和实施的优惠政策。资本主义经济运动规律决定了，利润多少是外资持有者决定把资金投向哪里以及如何使用的唯一标准。因此，为了提高特区在国际上的竞争能力，吸收更多的外资，引进更多的先进技术，必须实行优惠政策。不仅要比国内其他地区优惠，而且要比香港地区、东南亚以及其他一些国家和地区优惠。考虑到深圳、珠海、汕头、厦门四个特区的差别，它们实行的优惠政策也应该相应有所不同。鉴于厦门特区的建设起步较晚，深圳、珠海与港、澳地区和其他一些国际市场距离较近，交通运输费用低于厦门的情况，厦门可以而且应该实行比深圳、珠海更加优惠的政策。优惠政策大致包括以下内容：

第一，关于土地使用费的优惠。经济特区土地所有权属于国家，任何外商不能买卖和出租特区土地。外商使用土地，需向特区管理委员会申请并缴纳土地使用费。土地使用费的数额，根据不同的地理位置、行业、土地的用途和引进项目技术先进的程度等，分别给以不同程度的优惠。按照《深圳经济特区土地管理暂行规定》，每年每平方米收费标准（人民币）为：工业用地10~30元，商业用地70~200元，商品住宅用地30~60元，旅游建筑用地60~100元。以上收费标准比香港低得多。另外，还规定，凡在特区兴办教育、文化、科学技术、医疗卫生及社会公益事业，土地使用费给予特别优惠待遇，技术特别先进的项目，可免缴土地使用费。

第二，关于工资的优惠。广东省拟订和公布了《经济特区企业劳动工资管理暂行规定》：凡在外资企业、中外合资企业和合作企业就业的我国职工，应在特区有关部门指导下，与企业签订劳动合同，有关劳动工资、劳动保险、生活福利、劳动保护等各项，均按照合同规定的内容执行，条例还对特区企业雇用职工、劳动服务费的分配比例，劳动服务费年递增率、劳动时间、休假制度、劳动保护、解雇和处分职工等项，参照我国有关条例的精神作了明确规定，以保护劳动者的合法权益。同时，还规定，特区企业职工的工资形式和奖励、津贴制度，由企业自行规定。企业的工资形式，可以根据本企业经营的需要，采取计件工资制，或计时、计日、计月工资制。目前深圳、珠海特区的工资水平，一般高于内地，但低于香港。有的同志建议，考虑到厦门特区尚属初创阶段，物价水平低于深圳、珠海，因此厦门特区工资水平可以更低一些，大体上可以相当于香港职工工资的40%左右，一般不超过深圳特区职工工资的60%~70%。

第三，关于税收的优惠。《中华人民共和国广东省经济特区条例》规定，特区企业进口生产所必需的机器设备、零配件、原材料、运输工具和其他生产资料，免征进口税，对必需的生活用品，可以根据具体情况，分别征税或者减免进口税。特区企业所得税率规定为15%，低于香港。对特区条例公布后两年内投资兴办的企业，或者投资额达500万美元以上的企业，或者技术比较先进、资金周转时间较长的企业，给予特别优惠待遇。客商在

缴纳企业所得税后所得合法利润，外来职工在缴纳个人所得税后的工资和其他正当收入，可按有关规定汇出。客商所得利润用于在特区投资为期五年以上者，可申请减免用于再投资部分的所得税。随着外资法规的制定，我们将会进一步放宽外资政策，以对外商有更大的吸引力，这样做虽然我们付出了一定的代价，但这是必要的，符合我国人民的根本利益和长远利益，有助于吸收更多外资，引进更多技术，加速特区经济建设，从而促进我国现代化建设的进程。

2. 经济特区的对内关系

就经济特区的对内经济关系来看，也具有特殊性质和结构。特区的经济成分构成同我国内地经济成分结构相比，既具有共同性，又存在差异性。经济特区不是孤立存在的，是在我国社会主义经济占着绝对优势的环境内建立的，社会主义国家对特区实施领导、监督和调节，这种领导的有效性，不仅凭借着政权机构的力量，通过经济法令、经济政策来保证，而且依靠特区的社会主义经济力量来保证。特区内的社会主义经济是以我国强大的国营经济为有力后盾，控制着特区的主要基础设施，经营着一部分工业企业和商业企业，掌握着重要的金融机构，因此能够对特区的社会生产、流通和分配起重要的制约作用，影响和规定着特区沿着为我国社会主义现代化建设服务的轨道前进。但是，就特区现有经济成分的比重来看，则是中间大两头小这样一种经济格局。中间大，是指国家资本主义经济的比重大，它是特区经济结构中比重最大的经济成分；两头小，一头是指包括国营和集体经济在内的社会主义经济，另一头是指外资单独经营的资本主义经济，它们各自的比重都比较小。1980 年年初，在深圳特区，37 个工业企业中，就有 31 个开展来料加工装配、合作生产，占 83%；国家资本主义工业企业的职工数占工业企业职工总数的 60%。在深圳特区蛇口出口加工区，已建或在建的 14 个项目，国营的只有 1 个，属于国家资本主义性质的合资经营、合作生产的有 10

个，外资单独经营的仅 3 个。此外，在深圳特区属于国家资本主义性质的经济单位，还经营着绝大部分房地产业、旅游企业和部分商业服务业。在珠海特区，当前在建的几个项目，都是属于合作生产性质的。在厦门特区，已经投产或在建的几个项目，也是采取国家资本主义的形式。

特区内部经济结构另一个重要问题是关于社会基础设施的建设。国内外经验都表明，建设好社会基础设施，创造良好的投资环境，是吸引外资，实施特区社会经济发展规划的重要步骤。社会基础设施主要包括两个方面，一是直接为生产服务的生产基础设施，包括工厂用地、标准厂房、港口设施、公路与铁路、飞机场、通信设施、供水、电力等；二是为生活服务的生活基础设施，包括住宅、商店、学校、娱乐场所、运动设施等。基础设施建设的一个重要特点就是一般具有趋前性，特别是水、电、气、交通运输、邮电通信等基础设施更是生产发展必不可少的前提条件。这一点对特区来说，具有特别重要的意义。为了吸引更多的外资，加速特区的形成和发展，把基础设施建设摆在特别优先的地位，以形成一个对外资有巨大吸引力的环境，是完全必要的。几年来，深圳地区有计划地进行了基础设施建设，突出抓了通路、通水、通电、通电信、通煤气、通排洪、通排污和平整土地的基础设施建设，以及其他生活服务设施的建设。在特区城市规划建设用地的 98 平方公里中，首先集中搞好罗湖城、上步工业区和蛇口工业区的 20 多平方公里的基础设施建设。社会基础设施一般具有建设规模大、投资多、涉及面广、建设周期长、投资回收慢等特点。完成这项任务需要的巨额资金，除自筹一部分外，也要积极吸引外资。至 1982 年 6 月底，深圳特区社会基础设施建设共完成投资总额 65 100 万元，其中外资和特区收入再投资 45 220 万元，占总投资的 69%。社会基础设施建设是有计划地分片分期进行的，现在竣工面积已达 132 万平方米。由我国交通部招商局经营的蛇口工业区 1.3 平方公里的基础设施工程，已在

1981年上半年全部完成，现引进建设24家工厂，其中8家已建成投产。蛇口已由过去的一片荒滩，变成一个初具规模的海港工业区。面积2平方公里的罗湖城区，已完成了近1平方公里的基础设施建设。目前引进的10项外资工程，总投资额近1亿美元，37幢18层以上的商住楼宇，正在紧张施工，施工面积达33万平方米。几年内，这里将建成一个包括金融服务中心、大型酒店、办公楼、商场和高层住宅的现代化城区。特区内正在新建和扩建29条公路，总长54公里，共投资2.1亿元，待1983年全部竣工后，将初步形成城市交通网。

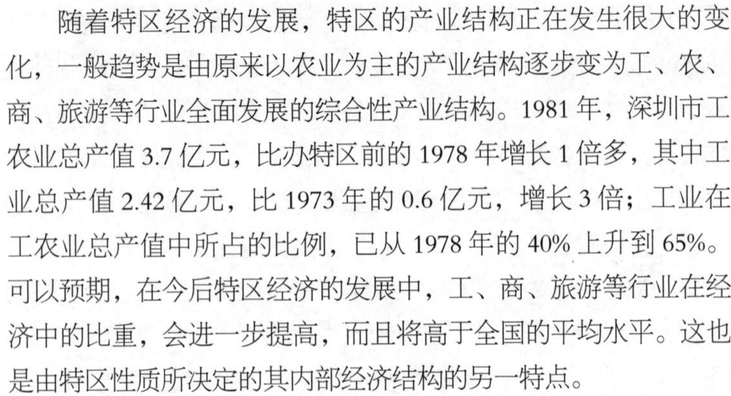

随着特区经济的发展，特区的产业结构正在发生很大的变化，一般趋势是由原来以农业为主的产业结构逐步变为工、农、商、旅游等行业全面发展的综合性产业结构。1981年，深圳市工农业总产值3.7亿元，比办特区前的1978年增长1倍多，其中工业总产值2.42亿元，比1973年的0.6亿元，增长3倍；工业在工农业总产值中所占的比例，已从1978年的40%上升到65%。可以预期，在今后特区经济的发展中，工、商、旅游等行业在经济中的比重，会进一步提高，而且将高于全国的平均水平。这也是由特区性质所决定的其内部经济结构的另一特点。

3. 经济特区对内关系的重要特点及相应对策

经济特区作为中华人民共和国的组成部分，它必然受到整个国民经济和其他地区经济的制约和影响。而经济特区作为对外开放，实行特殊灵活政策的地区，又不能不与内地其他地区划分开来，并保持一定距离。在一定意义上可以用对外开放，对内隔离来说明特区的经济特征。但无论是开放，还是隔离，都不能从绝对意义上去理解。

经济特区多种经济成分并存、中间大两头小的特殊格局，决定了特区经济中计划与市场的关系，只能是在国家计划指导下，主要实行市场调节。这与我国其他地区计划经济为主、市场调节为辅的情况有很大不同。特区经济是一种特殊商品经济，这种特殊性主要表现在国家资本主义成分为主，面向国际市场。这种特殊经济条件决定了，在特区经济中，价值规律是经济活动的主要调节者，国际市场和特区市场上价格和供求关系的变化，调节着特区的商品生产和商品流通。与此相适应，特区的价格体系与国际市场上商品供求和价格变化息息相关，受到国际市场瞬息万变情况的直接影响。一般特征是：工业品价格低，农副产品价格高，劳务服务费用高。特区经济以市场调节为主的这种情况，决定了要在特区经济与内地经济之间采取一定的隔离措施，譬如对人员往来加以必要的限制，对货物交流课征必要的关税，等等，以防止国际市场波动对内地经济的影响，保护我国的民族经济。但是，特区经济不应当也不可能脱离我国计划经济的制约和影响，不应当也不可能同内地经济切断联系。

我国特区的建设和发展不是自发的，而是在国家计划指导下进行的。是否建立特区，建立几个特区，在什么地方建立特区，是国家根据对国内外经济政治情况的全面估量作出的战略决策的一个重要内容。可以说，经济特区本身，就是我国社会主义计划经济的一个补充。而且我国政府对特区实施着有效领导，通过颁布有关法令、政策，并自觉利用价值规律和其他经济规律，影响着特区经济发展的方向，达到预期的目的，发挥特区对社会主义现代化建设的积极促进作用。同时，我国内地社会主义经济是特区经济的强大后盾。特区发挥着向内地引进先进技术和经营管理方法的作用；而内地则根据发展特区经济的需要，在劳动力、能源、矿产资源以及农副产品等方面，有计划地支援特区经济的发展。特区消费的生活资料，特别是农副产品，主要靠毗邻的县和内地其他地区提供。随着特区经济的发展，人口（包括外来人口）的增加，需要的消费品还会增加。内地提供给特区的消费品，是通过国家计划调入，由特区相应付给外汇或其他物资。特区产品有的也可以向内地销售，但应是国内市场紧缺，必须从国外进口的产品，并需经国家许可。不仅如此，特区和内地某些地区还可以举办联合企业，实行互惠互利原则，有计划地促进特区经济和内地经济的共同发展。

发展经济特区与内地之间的有机联系，具有十分重要的意义。我们不是为设立特区而设立特区，特区是利用外资、引进技术的试验园地，承担着为全国社会主义现代化建设和扩大国内市场服务的重任，因此，应注意提高特区与内地经济联系的效果，而不应把特区办成一块孤立发展的“飞地”。为了加强特区与内地之间的必要经济联系，流通渠道必须畅通，掌握信息必须准确、及时。在深圳特区基础设施建设的过程中，不少原材料是可以取自内地的，然而由于缺少必要的渠道，而不得不从外部进口。今后要注意改变这种情况。

第九章　积累和消费结构对策

江海波

正确确定积累率，是国民经济有计划按比例发展的重要前提，是在简单再生产的基础上顺利实现扩大再生产的必要条件，是促进劳动积极性高涨和提高每个劳动者平均占用生产基金的有利因素。适当确定积累率，既然兼顾了积累和消费两个方面，并促进了生产的高效益、按比例和迅速的发展，这就从分配、生产以及分配和生产的相互促进等方面，保证了人民生活的不断提高。总之，正确确定积累率，是不断提高宏观和微观经济效益，稳步持续发展生产，逐步改善人民生活的一个重要因素，从而成为到 20 世纪末，在不断提高经济效益的前提下，实现工农业年总产值翻两番，使城乡人民的收入成倍增长的一个重要保证。

第一节　对两个战略阶段的工农业总产值和国民收入年平均增长速度的预测和分析

我们要从实现经济发展战略目标的需要出发来确定积累率，这就首先必须依据现实的经济情况，对两个战略阶段（即前十年和后十年）的工农业年总产值的增长速度作出预测和分析。

积累基金和消费基金的来源是全部的国民收入。国民收入的增长状况对于确定积累和消费的比例关系，具有极重要的作用。因此，要探索两个阶段的积累率，不仅需要从我国的经济现状出发，对这两个阶段工农业总产值的增长速度作出预测和分析，而且需要对这两个阶段国民收入的增长速度作出预测和分析。这是就国民收入对积累率的决定作用方面来说的。另外，积累率对国民收入的增长也有巨大的反作用。这样，通过积累率与国民收入增长的联系，再通过国民收入与工农业总产值增长速度的对比关系，就可以看到确定怎样的积累率，才能保证两个战略阶段要求更好的实现。

要在二十年内使工农业年总产值翻两番，年平均增长速度需要达到 7.2%。据我们预测，前十年的年平均增长速度大约可达 6.4%，后十年约可上升到 8%。这样，按 1980 年不变价格计算，工农业总产值在 1980 年到 1990 年期间，就由 7159 亿元增长到 13 313 亿元，增长 0.86 倍；到 2000 年又可以增长到 28 741 亿元，后十年增长 1.15 倍，总体来说，实现了翻两番的要求。

前十年的经济增长速度之所以比后十年要低，是考虑到经济调整、企业整顿和经济改革等项任务的完成，能源、交通落后状况的改变，重大科学技术项目的攻关，企业的技术改造，人才的成长，经济计划管理水平和企业经营管理水平的提高，均需经历较长的时间。正是这些因素制约着前十年的经济增长速度不可能很高。

后十年的经济增长速度之所以可能比前十年要高，是基于那时已经基本上实现了经济结构和经济体制的合理化，经济计划管理和企业经营管理已经走上了正轨，社会主义精神文明建设将取得巨大成就，社会主义制度的优越性将得到比较充分的发挥；农业的科学技术和现代技术装备将获得较大的提高，工业的技术改造也将大规模地、普遍地开展起来；能源、原材料和机械等重工业部门的产量将有较大的增长；伴随着科学技术的巨大进步及其在生产中的广泛运用，能耗、物耗将大大降低，产品质量和加工深度将显著提高；许多附加价值大的新兴工业部门，如电子工业、核能工业、石油化学工业、精细化学工业、新型材料工业和生物技术工业等将获得迅速的发展。

在对二十年的工农业总产值年平均增长速度进行预测和分析以后，我们可以进一步对二十年的国民收入年平均增长速度进行预测和分析。我们设想前十年国民收入增长率与工农业总产值增长率之比为 0.9∶1，后十年为 0.95∶1。这样，前十年国民收入年平均增长速度可能达到 5.8%，后十年可能为 7.6%；二十年国民收入年平均增长率为 6.7%，2000 年国民收入总额比 1980 年增长 2.66 倍。

为了说明这一点，需要回顾一下我国社会主义建设的历史经验。我国国民收入年平均增长率与工农业总产值年平均增长率之比，“一五”时期为 0.82∶1，“二五”时期国民收入为负增长，1963 年至 1965 年为 0.94∶1，“三五”时期为 0.86∶1，“四五”时期为 0.72∶1，“五五”时期为 0.76∶1。

前十年国民收入年平均增长率与工农业总产值年平均增长率之比，不仅可能超过“三五”“四五”和“五五”时期，而且可能超过“一五”时期，接近 1963 年至 1965 年的水平，达到 0.9∶1。这样说的根据是：

第一，在过去的长时期内，国民收入年平均增长率之所以显著低于工农业总产值年平均增长率，主要是由于政治上累犯阶级斗争扩大化的错误，特别是“文化大革命”那样长期的严重的错误；由于经济工作指导思想上的错误，经济工作片面强调产值速度的重要性，严重忽视经济效益和经济比例关系，几次造成了国民经济比例关系的严重失调；由于经济管理体制存在着严重的弊端，这一切必然导致社会经济效益的降低，导致产品中物质消耗比重的上升，并阻碍劳动生产率的增长。但现在党和国家的工作重点已经转移到社会主义现代化建设的轨道上来，实现并巩固了安定团结的政治局面。社会主义经济建设要以提高经济效益作为出发点，一切经济工作都要转到以提高经济效益为中心的轨道上来。党的调整、改革、整顿、提高的方针以及其他的一系列的经

济政策，为逐步地充分地发挥实际存在的节约潜力（包括降低产品的物质消耗和提高劳动生产率等）开辟了广阔的途径。

第二，值得着重提出的是，过去国民收入年平均增长率比较低，还由于物质消耗比重较低的农业在工农业中的比重过快、过大地下降了，而物质消耗比重比较高的工业过快、过大地上升了。事实上，在1953年至1980年期间，农业物质消耗的比重为20.9%~32%，而工业高达62.9%~67.1%；农业的年平均增长速度为3.4%，工业为11.1%；农业占工农业总产值的比重，由56.9%下降到30.1%，工业由43.1%上升到69.9%。正是从这里可以找到经济正常发展的“一五”时期，国民收入年平均增长率，比1963年至1965年低的一个原因。前一个时期，农业总产值年平均增长速度为4.5%，后一个时期上升到11.1%。

但在80年代，农业的增长速度将比过去加快，工业的增长速度虽然仍将快于农业，但与农业增长速度的差距将大大缩小。这也是前十年国民收入年平均增长率可能比较高的一个重要因素。

有人说，当前我国生产技术水平同当代经济发达国家还有较大的差距，因而随着社会主义现代化的发展，产品的物质消耗比重要上升，前十年国民收入年平均增长率对工农业总产值年平均增长率的比数不可能提高。这个论据似不充分。问题在于：技术进步带来产品物质消耗比重的上升，仅仅是一重后果。技术进步同时又是提高劳动生产率和节约物质消耗的最重要因素，从而也是国民收入增长的最重要因素。而且，产品的物质消耗比重的升降，并不总是决定于生产技术的进步，还决定于生产结构和生产资料的节约等多种因素。苏联建设的实践已经证明了这一点。根据苏联的统计资料计算，国民收入年平均增长率与社会总产值年平均增长率之比，1913年至1980年为0.92：1，其中1951年至1960年平均为1.02：1，1961年至1970年为1.03：1。可见，尽管当前我国生产技术水平还远远落后于当代经济发达国家，但总不低于苏联20世纪50年代、60年代的水平；而苏联在这两个年代国民收入年平均增长率与社会总产值年平均增长率之比也是比较高的，并没有表现出下降的趋势，而是略有上升的趋势。

这样说，并不意味着我国前十年把国民收入年平均增长率对工农业总产值年平均增长率的比值提高到0.9，是轻而易举的事情。恰恰相反，要做到这一点，还存在严重的困难。这是因为，企业整顿要真正取得实效，要改变由于能源和原材料供应不足而造成的现有生产能力不能充分发挥的状况，要控制固定资产投资的合理规模，要完成经济体制的改革，要根本转变党风和社会风气，都需要做出艰苦的努力。

后十年即90年代国民收入年平均增长率对工农业总产值年平均增长率的比数之所以可能比前十年进一步提高，其原因同前述的后十年工农业总产值的增长速度比前十年要高基本上是相同的。结合这里讨论的问题的特点，可以再着重提出三个方面：第一，后十年物质消耗比重较小的农业相对增长速度（即同工业相比较的增长速度）比前十年将有进一步提高。第二，后十年深度加工、附加价值大的加工工业会得到更迅速的发展。第三，后十年生产技术将有更大的进步。赵紫阳同志指出："全国在技术进步方面的总的目标，作过一些初步酝酿，可不可以这样设想：到20世纪末，把经济发达国家在七十年代或八十年代初已经普遍采用了的、适合我国需要的先进的生产技术，在我国厂矿企业中基本普及，并形成具有我国特色的技术体系。"[1]这个设想将在20世纪末实现，但很显然，后十年的技术进步将比前十年快得多。这是后十年国民收入年平均增长率对工农业总产值年平均增长率的比数能够提高的一个重要因素。根据当代经济发达国家的资料，他们的国民收入的增长额中，有70%~80%是依靠劳动生产

[1] 赵紫阳：《经济振兴的一个战略问题》，载《光明日报》1982年10月27日。

率的增长取得的，而劳动生产率的增长又有 80% 左右是依赖科学技术的进步实现的。

第二节　积累率与工农业年总产值翻两番

一、工农业总产值翻两番，要求有较高的积累率

现在在预测工农业总产值和国民收入年平均增长率的基础上，依据实现经济发展战略目标的需要，分别探讨两个战略阶段的积累率。在战略目标所包括的两方面内容中，工农业年总产值翻两番，是城乡人民收入水平成倍增长的基础。所以，我们首先探讨确定怎样的积累率，才能满足实现工农业年总产值翻两番的需要。

主要依靠社会主义国家内部积累来解决资金问题，是我国社会主义现代化建设道路的一项重要内容。这样说，并不排斥利用外资的必要性和重要性。但对我国这样一个社会主义大国来说，资金来源无论如何只能是主要依靠社会主义国家的内部积累。

就 20 世纪末实现工农业年总产值翻两番这个战略目标来说，依靠积累解决资金问题，具有特殊重要意义。

第一，是实现战略重点的需要。

由于过去长期存在的“左”的错误的影响，农业、能源和交通以及教育和科学，成为我国国民经济发展中的突出的薄弱环节。因此，不仅是当前，而且在今后的一个长时期内，它们都会是制约我国社会主义现代化建设的最重要的因素。因而，保证战略重点的需要，也是二十年实现工农业总产值翻两番的决定性的一环。

要满足这些战略重点发展的需要，特别是能源和交通发展的需要，是需要大量资金的。能源和交通的建设都是有投资数额大、建设周期长、投资回收期长的特点。一个大的能源或交通的

建设项目，投资都是以亿元人民币为单位计算的，建设周期大多都要五六年，甚至七八年以至更长的时期。同时，不仅扩大能源和交通的生产规模需要巨额的投资，即使是维持它们的简单再生产也常常需要大量的资金。这是同能源和交通的另一个特点相联系的。在煤炭和石油等能源的开发以及有些铁路和水路的建设中，往往存在着生产条件由简单到复杂、由易到难的变化。这样，为了维持原有的生产规模，也需增加投资。

第二，是逐步把整个国民经济转移到现代化技术基础上的需要。

要实现社会主义生产的现代化，仅仅建设为数不多的、新的、技术先进的企业是远远不够的（虽然这是十分必要和十分重要的），还必须对在数量上属于多数的现有企业进行技术改造。这不仅是因为对现有企业进行技术改造，在经济效益上比新建企业高得多，而且因为现有企业是社会生产的主体。

对现有企业进行更新改造，也需要大量的资金。1980年底，国营企业固定资产共有5311亿元。据有人估算，在这部分固定资产中，近十年内形成的约占三分之二，但不少企业技术落后，或因设计、施工等方面的缺陷，也需进行技术改造。其余三分之一是十年以前形成的，更是亟待改造。如果在二十年内，这两部分原有固定资产中的机器设备基本上得到更新改造，房屋和建筑物有五分之一到四分之一得到更新改造，再考虑造价的提高，约需资金4400亿元。“六五”以后新增的固定资产，也要按照社会主义现代化建设的要求，不断地进行技术改造。大体估算，20世纪最后二十年用于这方面的技术改造的资金约需一万几千亿元。此外，1980年全国农村人民公社三级固定资产共计1028亿元。这部分固定资产及其以后新增的固定资产，当然也需进行更新改造。如果加上这方面的更新改造资金，那二十年内需要的资金就更多。诚然，更新改造资金主要来自生产资料的补偿基金，但也有一部分来自积累基金。

第三，是增加劳动力就业的需要。

要实现工农业总产值翻两番，不仅需要采用现代化的生产技术，而且需要增加大量的劳动力。此外，增加劳动力，解决就业问题，有利于巩固安定团结的政治局面，为战略目标的实现创造良好的政治环境。

随着就业人口的增加，不仅需要增加劳动报酬基金，而且需要增加生产基金（包括固定资产和流动资金）。1980 年，全国劳动力总数达到 4.2 亿人，其中城镇劳动力 1.1 亿人，农村劳动力 3.1 亿人；国营企业职工平均每人占用固定资产 6623 元，农村人民公社平均每个劳动力占用固定资产 328 元。据有人测算，2000 年时，全国劳动力总数将增加到 7.6 亿人，其中城镇劳动力 1.6 亿人，农村劳动力 6 亿人。即使按照 1980 年每个职工和每个农村劳动力平均占用的固定资产标准大体匡算，那么，在 20 世纪最后的二十年内，为新就业的城市和农村的劳动力增添的固定资产也将达到 4263 亿元。这里也略去了以下的需要：随着社会主义现代化建设的发展，每个劳动力（包括原有的和新增加的）拥有的固定资产会进一步增加；新增加的劳动力不仅需要占用固定资产，而且需要占有流动资金。如果估计到这些需要，那么新增加的生产基金也要比上述数字多得多。

关于积累对于实现 20 世纪最后二十年战略目标的意义，还有必要提到一点，就是为把人民的物质文化生活提高到小康水平，要进行多方面的工作，其中进行非生产性的基本建设（包括科学、教育、文化、卫生和体育的基本建设，市政公用事业的建设，以及居民住宅的建设等），是一个重要方面。这也需积累大量资金。考虑到我国当前人民的物质生活水平比较低，人口多，每年新增人口的绝对量又很大，要达到小康水平，需要的非生产性的基本建设投资将是十分巨大的。

上面从不同方面说明了实现二十年经济发展战略目标对于积累的需要。其中，有些方面的需要是重复的。但是，无论如何，

有一点是可以肯定的：为了实现经济发展的战略目标，需要大量的积累基金，因而需要确定适当的积累率。

二、对积累率的预测和分析

要预测实现 20 世纪末经济发展战略目标，需要多高的积累率，首先需要预测国民收入的增长率。计算国民收入增长率比较科学的公式是这样的：

$$\text{国民收入增长率（Ⅰ）} = \text{积累率} \times \text{积累基金效率}$$

$$\left(\text{积累基金效率} = \frac{\text{计划期新增国民收入（Ⅰ）}}{\text{积累基金}}\right)$$

$$\text{国民收入增长率（Ⅱ）} = \text{原有生产基金效率的增长率} = \frac{\text{计划期新增国民收入（Ⅱ）}}{\text{计划期以前的生产基金}} \div \frac{\text{基期新增国民收入}}{\text{基期原有生产基金}}$$

计划期新增国民收入 = 计划期新增国民收入（Ⅰ）+ 计划期新增国民收入（Ⅱ）

国民收入增长率 = 国民收入增长率（Ⅰ）+ 国民收入增长率（Ⅱ）= 积累率 × 积累基金效率 + 原有生产基金效率的增长率

但要运用这个比较科学的公式，当前面临的困难，是缺乏必要的资料在计算上把国民收入增长率（Ⅰ）与国民收入增长率（Ⅱ）分开。因而，我们在预测和分析两个战略阶段的积累率时，还不得不采用“国民收入增长率 = 积累率 × 积累基金效率”这个公式。只是不能忘记这里作为积累基金效率分子的新增国民收入不仅同积累基金有联系，而且同原有生产基金效率的提高有联系。因而，这里所说的国民收入增长率，不仅是由积累率和积累基金效率的乘积得来的，在实际上是包含了由原有生产基金效率提高而形成的部分。

如前所述，要在 20 世纪末实现工农业年总产值翻两番，年平均增长速度需要达到 7.2%，其中前十年为 6.4%，后十年为

8%。与此相适应，二十年国民收入年平均增长速度为6.7%，前十年为5.8%，后十年为7.6%。为了实现前后两个战略阶段国民收入年平均增长率的要求，首先需要确定这两个阶段的积累基金效率。在积累基金效率确定之后，就可以算出这两个阶段的积累率了。那么，对这两个阶段积累基金效率的变化趋势应该如何估计呢？

有这样一种观点，认为随着现代化生产的发展，基本建设周期在延长，固定资产在新增生产基金中的比重在上升，因而20世纪最后二十年积累基金效率是趋于下降的。这种观点是值得斟酌的。

美国在1951年至1960年十年中，固定资本投资效率在10%以下的两年，在20%~30%之间的五年，在40%以上的三年；在1961年至1970年的十年中，20%以下的一年，20%~30%的三年，30%~40%的为两年，40%以上的为四年；在1971年至1976年的六年中，30%~40%的三年，40%以上的三年。[1]可见，在1951年至1976年的二十六年中，美国固定资产投资效率除了由于经济危机而引起的大幅度下降（个别年份为负数）以外，从总的发展情况来看，是有某种程度上升的。诚然，在美国的新增国民收入中，有相当大的部分，而且是愈来愈大的部分系非物质生产部门的劳务收入。但是，美国固定资本投资总额中有相当的部分，而且也是愈来愈大的部分属于非生产性的投资。从分子（新增国民收入）和分母（固定资本投资）中同时扣除非生产性的部分以后，似乎并不改变上述结论。

现在的问题是，既然随着美国现代化生产的发展，基本建设周期延长了，固定资产在新增生产基金中的比重上升了，那为什

---

[1] 《国外经济统计资料（1949—1976）》，中国财政经济出版社1979年版，第44、346页，《世界经济年鉴（1981）》，中国社会科学出版社1982年版，第863页。

么固定资本投资效率不仅没有下降，反而有某种上升呢？关键在于：如果固定资本投资效率仅仅决定于基本建设周期长短和固定资产比重高低这样一些因素，那么，毫无疑问，随着现代化生产的发展，固定资本投资效率肯定会下降。所以，我们可以把这一类因素称作促使固定资本投资效率下降的因素。但问题在于固定资本投资效率的变化，不只取决于这一类因素，它还取决于同样与现代化生产相联系的，但其作用却是相反的因素，即促使固定资本投资效率上升的因素。就资本主义国家内部来看，这些重要因素有：第一，与现代化生产发展相联系，生产资料的价值下降了。这就是说，使得作为固定资本投资效率的分母数减少了。第二，随着现代化生产的发展，一方面有许多生产部门的建设周期在延长，固定资产在新增生产基金中的比重在上升，投资效率在下降，但同时也有一些科学技术密集型的生产部门在发展。这些深度加工、附加价值大的产业，投资效率不仅不会下降，实际上是会上升的。第三，伴随着现代化生产的发展，当代经济发达的国家普遍存在着这种趋势，即固定资产的投资日益主要由新建企业转向现有企业的技术改造。

所以，我们并不能只是简单地依据那些促使投资效率下降的因素，就作出结论说，随着现代化生产的发展，积累基金效率下降。某个时期内积累基金效率的变化，要决定于上述两类因素的相互作用。如果促使积累基金效率下降因素的作用强度大于促使积累基金效率上升因素的作用强度，那么，积累基金效率就会下降；如果二者大体上是相等的，那么，积累基金效率基本上是稳定的；如果前者小于后者，那么积累基金效率就会上升。

这里也需说明：上述的美国固定资本投资效率的上升，在实际上也包括了原有资本生产效率的增长。因为作为固定资本投资效率分子的新增国民收入，不仅是由固定资本的增长形成的，而且也是由原有固定生产资本效率的增长形成的。

我们在上面从资本主义国家内部分析的、促使积累基金效

率上升的各项因素，从一般的意义上说，对于社会主义社会也是适用的。结合 20 世纪最后二十年我国的具体情况来说，我们就更不难得出积累基金效率上升的结论。这除了由于有优越的社会主义制度这个根本点之外，还有下列一些重要的特殊原因。第一，在过去的长时期内，由于几次宏观经济决策的失误，经济体制存在着严重的弊端，几次经济结构的严重失调，计划管理水平和企业管理水平低，不仅生产中的浪费大、经济效益低，建设中的浪费更大、经济效益更低。但在今后二十年内，这些导致经济效益低的因素，将逐步为促使经济效益提高的因素所代替。这样，无论是生产中的经济效益，或者是建设中的经济效益，都会有显著的提高。第二，在过去的长时期内，我国扩大再生产主要依靠新建企业，而严重忽视现有企业的技术改造。这是积累基金效益差的一个重要原因。今后一方面要大力加强作为国民经济突出薄弱环节的能源和交通等项建设；另一方面要着重推进现有企业的技术改造，以促进固定资产投资效益的提高。第三，为了实现社会主义的现代化，今后我国要发展像能源、交通这样一些资金密集型的产业。但由于我国人口多，劳动力资源丰富，底子薄，建设资金困难，因而需要同时较多地（相对经济发达的国家来说）发展技术密集型产业，特别是劳动密集型的产业。较多地发展后两种产业，也是积累基金效率得以提高的一个重要因素。

由于上述的促使积累基金效益提高的各项因素的作用强度，在后一个战略阶段比前一个战略阶段更大，因而后一个战略阶段积累基金效率有可能比前一个战略阶段更高。

在理论上对 20 世纪最后二十年积累基金效率提高这个总趋势作了分析之后，我们就可以对这个时期积累基金效率提高的幅度作出具体预测了。根据有的研究单位提供的预测资料，20 世纪最后二十年积累基金（包括生产性积累基金和非生产性积累基金）系数为 4.4。但如前所述，只有生产性积累基金才能带来国民收入的增加，因而需要把这个基金系数折算成生产性积累基金系数。这就遇到一个问题：今后二十年生产性积累基金的比重是多少呢?

1953 年至 1980 年期间，生产性积累基金占积累基金总额的 73.1%，非生产性积累基金只占 26.9%。实践已经证明：前者比重过大，后者过小，成为国民经济比例关系长期严重失调的一个方面。实践也已证明:“一五”时期生产性积累基金约占 60%，非生产性积累基金占 40%，大体上是成比例的。鉴于上述的实践经验，我们设想今后非生产性积累基金比重需要恢复到“一五”时期的水平，即占 40%。但这样设想不仅是以历史经验为依据的，同时又是从 20 世纪最后二十年社会主义建设的实际需要和可能出发的。这种需要主要有三方面：第一，要发展教育和科学这个战略重点，就需要增加这方面的非生产性的积累基金。第二，要大大改善我国人民的居住条件和发展生活公用设施，为人民的生活达到小康水平创造条件，也需要增加大量的非生产性的积累基金。第三，在社会主义生产发展的基础上，也需要增加国防现代化建设的投资。随着社会主义建设的发展，国民收入总量会增长，这就为在不影响生产性积累基金增长的条件下，适当提高非生产性积累基金的比重，提供了可能。

如果 20 世纪最后二十年非生产性积累基金比重为 40% 是适当的，那么，依据前述的今后二十年全部积累基金系数为 4.4 的预测数字，就可以计算出今后二十年生产性积累基金系数，即为 2.6，或生产性积累基金效率为 37.90%。依据上述的后十年的积累基金效率可能比前十年提高的分析，我们设想前十年积累基金效率为 33.3%，后十年可以提高到 42.2%。1953 年至 1980 年，我国生产性积累基金效率为 29.6%。这样，今后二十年生产性积累基金效率比过去二十八年提高 8.3%，前十年比过去二十八年提高 3.7%，后十年比过去二十八年提高 12.6%。依据上述的分析和预测数字，我们认为达到这一点是有可能的。

在预测了今后二十年和前后两个十年的积累基金效率之后，我们依据这三个时期国民收入的增长速度的要求和上述公式（国民收入增长率 = 积累率 × 积累基金效率），就可以算出这三个时期的积累率。在上述三个时期的积累基金效率已知的条件下，要实现前十年国民收入年平均增长速度 5.8% 的要求，积累率需要达到 17.4%；要实现后十年国民收入年平均增长速度 7.6% 的要求，积累率还要上升到 18%；要实现二十年国民收入年平均增长率 6.7% 的要求，合计积累率要达到 17.7%。

既然上述三个时期的积累率可以分别实现三个时期国民收入年平均增长率的要求，那么，我们依据前述的国民收入年平均增长速度与工农业总产值年平均增长速度的对比关系，可以得出如下结论：前十年 17.4% 的积累率可以实现同期工农业总产值年平均增长速度 6.4% 的要求，后十年 18% 的积累率可以实现同期工农业总产值年平均增长速度 8% 的要求，因而，二十年 17.7% 的合计积累率可以实现同期工农业总产值年平均增长速度 7.2% 的要求。

需要进一步指出的是：我们这里说的积累率都是指的生产性积累基金占国民收入的比重。而 20 世纪最后二十年，生产积累基金只占全部积累基金的 60%，非生产性积累要占 40%。这样，如果把非生产性积累基金也算在内，那么，前十年积累率要达到 29% 左右，后十年要上升到 30%，二十年合计积累率为 29.5% 左右。

第三节　积累率与城乡人民收入的成倍增长

上述的积累率，可以实现经济发展战略目标一个方面的要求，即工农业年总产值翻两番的要求，但能否实现经济战略目标另一方面的要求，即城乡人民收入水平的成倍增长呢？这是可能的。

为了说明这一点，我们需要列表加以计算（见表 9–1）。在列表之前，我们先做四点说明：第一，如前所述，前十年国民收入年平均增长速度为 5.8%，后十年为 7.6%；第二，前十年积累率为 29% 左右，后十年为 30%。这一点，前面也已做过分析。第三，20 世纪最后二十年，社会消费基金和个人消费基金在消费基金总额中各占多大比重呢？确定这个问题，也需要从我国经济现状出发，借鉴历史经验。1953 年至 1980 年，在我国消费基金总额中，居民个人消费基金占 90.2%，社会消费基金占 9.8%；其中，1980 年二者分别占 88.3% 和 11.7%。考虑到 20 世纪最后二十年，作为战略重点的教育、科学，以及文化、卫生、体育、国防事业发展的需要，同时考虑到国民收入增长提供的可能，我们设想 20 世纪末社会消费基金占消费基金总额中的比重，将可能上升到 15%，个人消费基金比重下降到 85%。第四，按照计划要求，全国人口总数将由 1980 年的 9.8 亿人增长到 2000 年的 12 亿人，年平均增长速度为 10‰，其中前十年为 13‰，后十年为 7‰。表 9-1 就是依据这四个前提制作的。

表 9-1 表明：在上述积累率的条件下，到 20 世纪末全国人民个人消费水平可以提高 1.89 倍。这样，这个积累率就兼顾了经济发展战略目标的两方面的需要，即工农业年总产值翻两番和城乡人民收入水平成倍增长的需要。确定这样的积累率，也就是说在 20 世纪最后二十年，贯彻了“一要吃饭、二要建设”这一处理我国社会主义积累和消费关系的根本原则。

第四节　积累率与国民收入的物质构成

确定积累率，不仅要遵循“一要吃饭、二要建设”的基本原则，而且需要遵循积累基金和消费基金的对比关系与国民收入物质构成相适应的原则；否则，积累基金与消费基金是不能实现的。那么，确定上述积累率是否遵循了与国民收入的物质构成相适应的原则呢？

表 9-1　20 世纪最后二十年居民个人消费水平的变化

年份	国民收入总额（亿元）	积累基金总额（亿元）	消费基金总额（亿元）	社会消费基金总额（亿元）	个人消费基金总额（亿元）	人口总数（亿人）	全国居民个人消费水平（元）
1980	3667	1165	2519	295	2224	9.8	227
1990	6444	1869	4575	686	3889	11.2	347
2000	13 406	4022	9384	1408	7976	12.0	655
1981—1990 年年平均增长速度（%）	5.8	4.8	6.1	8.8	5.7	1.3	4.3
1991—2000 年年平均增长速度（%）	7.6	8.0	7.4	8.0	7.4	0.7	6.5
1981—2000 年年平均增长速度（%）	6.7	6.4	6.8	8.1	6.6	1.0	5.4
2000 年比 1980 年增长倍数	2.66	2.45	2.73	3.77	2.59	0.22	1.89

说明：① 1980 年积累率是按国民收入使用额 3684 亿元计算的，故积累基金与消费基金的总和大于国民收入生产额 3667 亿元。

② 国民收入、积累基金、消费基金和全国居民个人消费水平，都是依据 1980 年不变价格计算的。

为了说明这一点，首先需要对20世纪最后二十年及其前后两个十年农业、轻工业和重工业的增长速度作出预测。这样做的理由是：第一，当前我国的生活资料主要是由农业和轻工业提供的，生产资料主要是由重工业提供的。随着社会主义生产的发展，这种情况逐渐会有所变化。但看来在20世纪内不会有很大的变化。第二，当前我国的国民收入主要是由工业和农业提供的，其他的物质生产部门也提供一部分。随着社会主义建设的发展，其他的物质生产部门提供的国民收入在国民收入总额中的比重还会上升。但工业和农业提供的国民收入占大部分的情况在20世纪内也不会改变。第三，在过去的长时期内，我国工农业总产值年平均增长速度与国民收入年平均增长速度的差距是比较大的。但如前所述，在20世纪最后二十年内，二者是逐步趋于接近的。基于这些原因，只要我们确定了主要生产生活资料的农业和轻工业以及主要生产生产资料的重工业的增长速度，并把它们与积累基金和消费基金的增长速度加以对比，大体上就可以判断积累率是否同国民收入的物质构成相适应。

现在我们分别对农业和工业以及轻工业和重工业的增长速度作出预测和分析。

第一，农业的年平均增长速度。

在党的十一届三中全会以后，在农村实行了一系列正确的政策，主要是大幅度地提高了农副产品的价格，特别是实行了家庭联产承包责任制，这种责任制将依据我国国情得到稳定和不断完善。同时，随着社会主义建设的发展，现代农业科学技术会在农业中得到广泛使用，农业经营管理水平和农业劳动者的技术水平都会提高。考虑到后十年在发展农业方面比前十年有更好的条件，农业的增长速度会进一步提高。因此，我们设想前十年农业的年平均增长速度为5.2%，后十年为5.8%，二十年为5.5%。近几年的实践证明：做到这一点是完全可能的。1979年至1982年，农业年平均增长速度已经达到了7.2%。[1]

第二，工业的年平均增长速度。

据有人依据国内外的历史资料计算，农业增长率与工业增长率的对比关系为1：15~1：2时，工业和农业之间的比例关系大体上是可以协调的。[2]我们还考虑到前十年工业发展要受到能源和交通这两个突出的薄弱环节的制约，后十年将有很大的改变。因而设想前十年农业和工业的增长率为1：1.3，后十年为1：1.5，二十年为1：1.4。这样，前十年工业的年平均速度为6.9%，后十年为8.7%，二十年为7.8%。

第三，轻工业的年平均增长速度。

1980年，在轻工业总产值中，以农产品为原料的部分大约占到70%，以工业品为原料的部分大约只占30%。据有人预测，到2000年，以农产品为原料的部分仍将占到轻工业总产值的60%。但是，在农业总产值中，商品产值部分将获得较快的发展；在轻工业总产值中，以工业品为原料的部分也会得到较快的发展；轻工业的技术基础比农业要先进得多。这样，在20世纪最后二十年，轻工业以比农业高出二至三个百分点的速度发展是完全可能的。还考虑到轻工业发展受能源、交通制约的程度比重工业小得多，因而前十年轻工业的发展速度将可能比重工业快，只是到了后十年，当能源、交通生产状况有很大改善的时候，才会发生轻工业增长速度慢于重工业的情况。根据这些分析，我们设想前十年轻工业年平均增长速度为8%，后十年为7.8%，二十年为7.9%。

第四，重工业的年平均增长速度。

依据前面分析轻工业年平均增长速度在前后两个十年变化的相同理由，我们设想前十年重工业年平均增长速度为5.8%，后十年为9.7%，二十年为7.2%。

[1] 《中国统计提要（1983）》，中国统计出版社1983年版，第4页。

[2] 《经济研究》1983年第4期，第56页。

这样，前十年重工业年平均增长速度就低于轻工业，这里涉及一个理论问题，即这种设想是否意味着前十年我国社会主义生产的发展并不要求生产资料优先增长呢？不能这样说。应该肯定，随着我国一切经济工作转到以提高经济效益为中心的轨道上来，生产资料会得到大量的节约；像农业生物技术这一类技术在生产中的运用，不仅不要求物化劳动比活劳动有较快的增长，而且会节约大量的物化劳动。但是，在我国现阶段，一方面要建设以能源、交通为重点的现代化企业；另一方面，要对现有企业进行技术改造。在这两方面，机械性技术的进步是主要的，并在我国全部生产技术进步中占了优势。因而，现阶段社会主义扩大再生产的进行，还要求生产资料的优先增长。

以上的分析都只是从国内市场出发，如果把进出口贸易也放进考察的范围，那情况就可能是另外一个样子。这里仅以 1980 年外贸部门的进出口贸易为例。当年出口农副产品和农副产品加工品 131.36 亿元，工矿产品 140.88 亿元。前一部分产品主要是生活资料，我们这里暂且把它全部看作生活资料；后一部分产品大部分是生产资料，也暂且把它全部看作生产资料。当年进口生产资料 229.76 亿元，生活资料 61.54 亿元。这样，当年净进口生产资料 88.88 亿元，相当于这年重工业产值的 3.4%，净出口生活资料 69.8 亿元，相当于这年轻工业产值的 3%。看来，在前十年，由于重工业的发展要较多地受到能源和资金的限制，用净出口生活资料换回净进口生产资料的情况，还会有进一步的发展。这样，如果把国内生产的重工业产品再加上净进口的生产资料，把国内生产的轻工业产品减去净出口的轻工业产品，那么，即使在前十年，重工业产品增长速度也会超过轻工业产品的增长速度。这似乎可以说，是在存在国外市场、实行对外开放政策、国内能源和资金缺乏等特殊条件下，主要利用国内资源、部分利用国外资源，实现生产资料优先增长的一种特殊形式。

现在我们把上述的预测和分析，汇总于表 9-2。

表 9-2 前后十年和二十年农业、工业、轻工业和重工业的增长速度

年份	工农业总产值（亿元）	农业总产值（亿元）	工业总产值（亿元）	轻工业总产值（亿元）	重工业总产值（亿元）
1980	7159	2187	4972	2333	2639
1990	13 313	3631	9682	5037	4645
2000	28 741	6381	22 360	10 675	11 685
1981—1990 年年平均增长速度（%）	6.4	5.2	6.9	8.0	5.8
1991—2000 年年平均增长速度（%）	8.0	5.8	8.7	7.8	9.7
1981—2000 年年平均增长速度（%）	7.2	5.5	7.8	7.9	7.2
2000 年比 1980 年增长倍数	3.01	1.92	3.50	3.58	3.43

说明：本表都是按 1980 年不变价格计算的。

只要把表 9-2 所列的重工业和农业、轻工业的增长速度，与积累基金和消费基金的增长速度作一对比，就可以清楚看到：在前十年，主要依靠生产资料这种实物形态而实现的积累基金年平均增长速度为 4.8%，而主要生产生产资料的重工业年平均增长速度为 5.8%，依靠生活资料这种实物形态而实现的消费基金年平均增长速度为 6.1%，而主要生产生活资料的农业和轻工业年平均增长速度分别为 5.2% 和 8%。在后十年，积累基金为 8%，而重工业为 9.7%，消费基金为 7.4%，而农业和轻工业分别为 5.8% 和 7.8%。可见，无论是前十年，或者是后十年，积累基金与重工业年平均增长速度，消费基金与农业、轻工业的年平均增长速度，都是适应的。这是从总体上说的，它并不排斥有一部分重工业产

品要输出，有一部分重工业产品要输入，以及有一部分农业、轻工业产品要输出，有一部分农业、轻工业产品要输入。这还是从大体上说的，它也不排除要通过净出口一部分农业、轻工业产品，来换回一部分净进口的重工业产品。

积累基金与重工业的年平均增长速度，以及消费基金与农业、轻工业年平均增长速度，大体相互适应的情况表明：上述的积累率基本上是遵循了积累基金和消费基金的对比关系要与国民收入物质构成相适应的原则的。

第五节　对两点质疑的分析

对待上述的积累率，当前有两种担心：一种是以“一五”时期的积累率为依据，担心实行上述的积累率，又会重犯过去严重忽视人民生活的高积累的“左”的错误，因而需要把积累率降低到“一五”期间的水平；另一种是实行上述的积累率不能满足社会主义建设的需要，要进一步提高积累率。

第一种担心的不妥之处，首先就在于：没有从 20 世纪最后二十年我国经济现状出发，去正确地吸取“一五”时期的经验。

这里所说的 20 世纪最后二十年我国经济现状，主要有两方面：一是社会生产力的发展水平比“一五”时期将有很大的提高；二是实现经济发展战略目标对于积累基金的需要。

既然积累和消费的比例关系，主要是由社会生产力的发展水平决定的，而 20 世纪最后二十年社会生产力的发展水平将比“一五”时期显著地提高，因而可能在兼顾积累和消费两方面的前提下，把前后两个十年合计的积累率提高到 29.5%。表 9–3 可以具体说明这一点。

在运用表格分析问题之前，我们先对表格作几点说明：第一，1952 年和 1957 年的国民收入是使用额，1980 年和 2000 年是国民收入生产额。1952 年、1957 年和 1980 年这三年，积累基金和消费基金是按国民收入使用额计算的，2000 年是按国民收入生产额计算的。由于各年国民收入生产额和使用额只有很小的差额，而且年度之间的正差和负差有相互抵消的情况。所以，这种计算上的差别，不会影响我们的结论。第二，1952 年和 1957 年的数字是按当年价格计算的，1980 年和 2000 年的数字是按 1980 年的不变价格计算的。由于表 9–3 中 1980 年和 2000 年的各项数字分别比 1952 年和 1957 年的各项数字增长幅度很大，因而这种计算上的不同，也不会从根本上改变我们的结论。第三，在按人口平均计算各项数字时，1952 年、1957 年和 1980 年这三年是按照已有的统计数计算的，2000 年是依据计划要求的 12 亿元计算的。

表 9–3　20 世纪最后二十年积累和消费预测与"一五"时期的比较

年份	每人平均国民收入（元）	每人平均积累基金（元）	每人平均消费基金（元）
1952	106.5	22.8	83.7
1957	143.9	35.9	108.0
1980	374.2	118.9	257.0
2000	1117.2	335.2	782.0
1980 年比 1952 年增长倍数	2.5	4.2	2.1
2000 年比 1957 年增长倍数	6.8	8.3	6.2
1953—1957 年年平均增长速度（%）	6.2	9.5	5.3
1981—2000 年年平均增长速度（%）	5.6	5.3	5.7

现在再对表 9–3 所列数字进行分析。尽管 20 世纪最后二十年的积累率合计为 29.5%，比"一五"时期的积累率平均为 24.2%

提高了5个多百分点，但由于20世纪最后二十年的社会生产力将比“一五”时期大大发展，因而仍有可能较好地协调积累和消费的比例关系。按人口平均计算的国民收入是社会生产力发展水平的一个综合指标。按照两个时期的起点来说，1980年按人口平均计算的国民收入比1952年增长了2.5倍；就两个时期的终点来说，2000年比1957年增长6.8倍。正是这一点从根本上决定了在20世纪最后二十年积累率提高到29.5%的条件下，每人平均消费基金年平均增长速度仍然可以比每人平均积累基金高出0.4个百分点。值得注意的是：20世纪最后二十年每人平均消费基金的年平均增长速度比“一五”时期也要高出0.4个百分点。从每人平均消费基金相对增长速度（即相对于每人平均积累基金的年平均增长速度）来说，还要快得多。“一五”时期，每人平均消费基金年平均增长速度与每人平均积累基金年平均增长速度之比为0.56：1，20世纪最后二十年则为1.08：1，几乎提高了一倍。当然，形成这种状况的原因，不只是由于这一点，它还因为，第一，尽管20世纪最后二十年积累率比“一五”时期提高了，但比作为起点的1980年积累率（为31.6%）还是下降了。这显然是消费基金能够比积累基金更快增长的一个因素。第二，同“一五”时期相比，1980年生活资料的价格比“一五”时期有了较大幅度的提高，而生产资料的价格则变动较小。但无论如何，社会生产力的巨大发展，总是在较高的积累率条件下，使得积累和消费关系得到较好处理的物质基础。

第一种担心不仅忽视了20世纪最后二十年社会生产力的发展，而且忽视了工农业年总产值翻两番对于积累基金的需要。如前所述，要在二十年内实现工农业总产值翻两番，就需要前后两个十年合计的积累率达到29.5%。但是，如果把积累率降低到“一五”时期的水平，就无法实现这个目标。就前十年来说，如果积累基金不能满足以能源和交通为重点的建设投资的需要和现有企业更新改造资金的需要，那么，后十年的经济振兴就缺乏物质技术基础。这样，20 世纪最后二十年城乡人民收入成倍增长的目标也不能实现。

这里需要说明：笔者也曾经认为，今后一个时期需要实行 25% 左右的积累率。现在看来，这种想法的不妥之处在于：一方面忽视了今后一个时期社会生产力比“一五”时期将有较大的发展；另一方面又忽视了今后社会主义建设对于积累基金的巨额需要。这样，也就忽视了今后进一步提高积累率的可能和必要。

第二种担心也有值得斟酌之处。第一，毫无疑问，在 20 世纪最后二十年经济发展过程中，资金是相当困难的。但是，如果认为，前后两个十年合计积累率 29.5%，不能实现经济发展的战略目标，那也是缺乏根据的。这一点，我们在前面已经做过详细的分析。这里需要进一步指出：29.5% 的积累率是比较高的；随着社会主义生产的发展，积累率每个百分点所包含的积累基金绝对量是会增大的；积累基金的效率是会提高的。如果全面地估量这三方面因素的作用，那么，应该说，29.5% 的积累率，是可能满足工农业年总产值翻两番的需要的。

第二，按照这种想法，要把积累率提高到 30% 以上。这就忽视了我国社会主义建设已有的经验。我国建设经验反复证明：积累率超过了 30%，就会造成积累和消费关系的严重失调。像 1958 年至 1960 年以及 1966 年至 1978 年这两个时期，都是这个情况。

忽视了我国的历史经验，本质上就是忽视了我国的国力。毫无疑问，随着国民经济的进一步调整，企业整顿的实现，经济管理体制改革的完成，社会主义物质技术基础的加强，以及社会主义精神文明建设的发展，20 世纪末的二十年内，我国社会主义经济的实力是会得到稳步的、持续的增长的。但是，同时又要看到：这个逐步增长的实力还不是很雄厚的。这一点，特别是因为相对落后的农业在国民经济中还占有很大的比重，农业所拥有的劳动力在工农业劳动力总数中还将占有大部分，而农业劳动生产率还比较低。据计算，1980 年全国农业劳动者（包括农、林、牧、副、渔劳动者）[1]为 30 211 万人，占工农业劳动者总数的84.4%，每个农业劳动者创造的农业总产值为 538.6 元。据测算，2000 年全国农业劳动力将达到 4.5 亿人，占工农业劳动者总数的80.4%；每个农业劳动者创造的农业总产值为 1417.8 元，比 1980 年虽然增长了 1.63 倍，但水平还是比较低的。比如，1980 年每个工业劳动者创造的工业总产值就达到了 8914.3 元，比上述的 1980 年农业劳动生产率高 15.6 倍，比 2000 年农业劳动生产率也高 5.3 倍。上述的数字尽管是测算的，不一定很准确，但我们从这里可以大致看到：到 20 世纪末的二十年内，虽然我国农业劳动生产率将有大幅度的提高，但水平还比较低。这种情况在很大程度上决定了我国整个社会生产的劳动生产率的水平，从而也在很大程度上决定剩余产品的价值量。

限制了剩余产品价值的增长，也就是限制了积累的增长。因为剩余产品的价值量正是积累基金的源泉。诚然，我们在前面说过：国民收入是积累基金和消费基金的来源。从总体上说，这是无可非议的。但在实际上，国民收入中的必要产品的价值只能用于满足物质生产劳动者及其家属的生活需要，它既不能用作社会消费基金，也不能用作积累基金。只有剩余产品的价值才能用于积累基金和社会消费基金。所以，准确说来，剩余产品的价值才是积累基金的来源。但既然农业相对落后的劳动生产率限制了剩余产品的价值的增长，它也就必然限制了积累率的提高。

然而这还只是在国民经济中占有很大比重而又相对落后的农业限制积累率增长的一个方面。另外，与农业相对落后相联系，农民的生活水平也是比较低的。1980 年，农村居民按人口平均计算的消费水平只有 168 元，1980 年城镇居民已经达到 468 元，比其高 1.79 倍。[2]固然，由于农村居民自给性消费占的比重大，农

---

❶ 这里说的是全国农业劳动力，其统计口径比前述的全国农村劳动力要小。

❷ 《中国经济年鉴（1982）》，经济管理出版社1952年版，第Ⅷ—28页。

村的农副产品价格低，因而农村居民和城镇居民的实际消费水平的差距并没有这样大。但农村居民的生活水平较低，则是一个不容否定的事实。而农业人口在全国总人口中又占了大部分。这就从主要方面决定了我国人民生活水平比较低的状况。

在社会主义制度下，一般说来，安排积累和消费的关系，首先都需要保证人民的生活有适当的提高。在人民生活水平较低的条件下，这样做，更富有特殊的重要意义。到 20 世纪末，为了满足社会主义建设发展对积累基金的需要，不能靠降低消费率、提高积累率来实现，而只能在发展生产、提高经济效益的基础上，提高国民收入生产额，求得积累基金总量的增长。

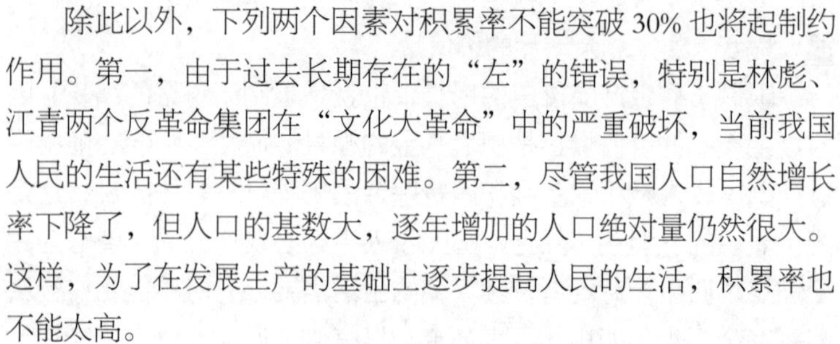

除此以外，下列两个因素对积累率不能突破 30% 也将起制约作用。第一，由于过去长期存在的“左”的错误，特别是林彪、江青两个反革命集团在“文化大革命”中的严重破坏，当前我国人民的生活还有某些特殊的困难。第二，尽管我国人口自然增长率下降了，但人口的基数大，逐年增加的人口绝对量仍然很大。这样，为了在发展生产的基础上逐步提高人民的生活，积累率也不能太高。

第六节　控制积累基金和消费基金的规模

前面我们依据“一要吃饭、二要建设”以及积累基金和消费基金必须与国民收入的物质构成相适应的原则，分析了实现战略目标需要确定的积累率对策。现在我们再从当前积累基金和消费基金同时膨胀的实际出发，并且考虑为实现 20 世纪末战略目标，探讨如何控制积累基金和消费基金的规模问题。这既是当前我国社会主义建设提出的、迫切需要解决的、重大的理论问题和实际问题，也是实现 20 世纪末战略目标，积累与消费结构方面需要采取的一项重要对策。

所谓积累基金和消费基金的膨胀，指的是二者超过了国力

（即作为价值形态和物质形态相统一的国民收入总量）所能承担的限度。积累基金膨胀是指它超过了国民收入中必须和可能用于积累的部分；消费基金膨胀是指它超过了国民收入中必须和可能用于消费的部分。这里说的国民收入中用于积累和消费的部分，都包括价值形态和物质形态两方面。

社会主义国家所有制单位的固定资产投资，虽然不是全部来自积累基金，但它所包括的积累基金在积累基金总额中占了大部分。近年来积累基金的膨胀就是表现在固定资产投资（特别是其中的基本建设投资）的膨胀上。这表现为两方面：①固定资产投资的增长速度远远超过了国民收入的增长速度。1982 年，国民收入为 4247 亿元，比上年增长 7.4%，而固定资产投资为 845.3 亿元，比上年增长了 26.6%。其中基本建设投资为 555.5 亿元，比上年增长了 25.4%[1]。②固定资产投资的增长速度，也远远超过了主要生产生产资料的重工业的增长速度。1982 年重工业产值增长了 9.9%[2]，比固定资产投资的增长速度要低 16.7 个百分点。

结果，使得供应已经趋于缓和的基本建设材料又重新紧张起来。

同时，近年来，我国消费基金也在膨胀。个人消费基金占了消费基金总额的绝大部分，消费基金膨胀首先就表现在它的过快的增长上。1979 年至 1981 年期间，城乡居民每人年平均消费水平的增长速度为 7.8%；而物质生产部门提供的国民收入总额年平均增长速度为 5.1%，轻工业产值的年平均增长速度为 14%，农业产值年平均增长速度为 5.6%。[3] 可见，这三年城乡居民消费水平

---

[1] 《中国统计提要（1983）》，中国统计出版社1983年版，第3—4页。

[2] 同上。

[3] 《中国统计年鉴（1981）》，中国统计出版社1982年版，第12—13页。

的年平均增长速度，显著超过了国民收入和农业产值的年平均增长速度，仅仅低于轻工业产值的年平均增长速度。

由于城乡居民平均收入的增长速度超过了国民收入的增长速度，因而 1979 年至 1982 年新增的可分配的国民收入中，农民所得约占 66.2%，物质生产部门职工所得约占 16.8%，企业所得约占 23%，而国家财政所得不仅没有增加，反而减少了 70 亿元。[1]

由于城乡居民收入的增长速度超过了消费品生产的增长速度，因而当年形成的消费品购买力就由小于变成接近以至超过当年提供的消费品货源。1978 年前者比后者要小 4.8%，1979 年前者比后者只小 0.5%，1980 年前者比后者要大 4.5%，1981 年前者比后者要大 1.5%。

现实情况还表明：如不采取有效措施，积累基金和消费基金同时膨胀的情况还要继续发展。这对于实现 20 世纪经济发展的战略目标是极为不利的。因为积累基金和消费基金的同时继续膨胀，超过了国力，使得积累基金和消费基金不能全部实现，作为实现经济战略目标的重要条件的上述积累率也无法保证。同时，积累基金和消费基金膨胀，还会从下列许多方面阻碍战略目标的实现：

第一，妨碍能源、交通等重点建设的进行。就积累基金膨胀来说，实际情况并不是国家预算内直接安排的能源、交通等重点建设的投资多了，相反，重点项目的投资还没有达到计划的要求；而地方、部门和企业用自筹资金和各种贷款建设一般加工工业项目和非生产性建设的投资却超过计划很多。此外，更新改造投资有相当部分没有真正用于技术改造，而用于新建和扩建，搞了一些不必要的重复建设。这种情况必然会从资金、能源、材料和施工力量等方面挤了重点建设。消费基金的膨胀也会妨碍国家预算集中必要的资金用于重点建设。

---

[1] 《光明日报》1983年7月24日第3版。

第二，阻碍轻工业的发展。积累基金的膨胀，必然会从资金、能源、原材料和运输力等的占用方面妨碍轻工业的发展。轻工业增长速度由 1981 年的 14.1% 下降为 1982 年的 5.7%。从表面看，消费基金的膨胀，可能促进轻工业提高发展速度。但事实上，消费基金膨胀会中止轻工业产品刚刚开始的由长期存在的卖方市场向买方市场转变的过程，使轻工业重新回到“皇帝女儿不愁嫁”的老路上去，因而不利于轻工业生产技术的进步，不利于轻工业产品的质量提高，不利于轻工业产品的更新换代。从这些最重要的方面来说，消费基金膨胀是不利于轻工业的发展的。而如前所述，前十年轻工业保持较高的速度，无论对于实现二十年工农业年总产值翻两番，或城乡人民收入水平的成倍增长，都是十分必要的。

第三，阻碍经济效益提高。积累基金的膨胀，必然导致建设周期的延长，妨碍简单再生产的进行和轻工业的发展；消费基金的膨胀，妨碍轻工业生产竞争的开展，而在社会主义商品生产条件下，竞争是推动生产技术进步的一个重要因素。这一切都不利于经济效益的提高。伴随着 1982 年固定资产投资的膨胀，许多经济效益指标都没有完成计划。而提高经济效益，是实现工农业年总产值翻两番的前提，是城乡人民收入水平成倍增长的最重要的基础。

第四，妨碍实现财政经济状况的根本好转。积累基金和消费基金的同时膨胀，必然导致国家财政赤字的增长以及与此相联系的物价上升。这就不可能巩固地保持财政、信贷和物资的基本平衡，以及物价基本稳定。而争取实现财政经济状况的根本好转，正是党的十二大依据 20 世纪最后二十年经济发展战略部署而提出的最近五年在经济工作方面的基本要求。

最后，需要着重指出：如果不及时制止固定资产投资的膨胀，那么，已经基本趋于协调的国民经济比例关系，又会重新陷入严重失调的状态。这样，前十年打基础的计划就要落空，后十年经济振兴更无指望。

所以，制止积累基金和消费基金的膨胀，控制积累基金和消费基金的规模，就成为当前和今后我国发展社会主义建设，实现20世纪末战略目标的一项极其重要的任务。

无论是积累基金的膨胀，或者是消费基金的膨胀，都不是社会主义基本经济制度的痼疾。恰恰相反，社会主义计划经济制度为合理控制积累基金和消费基金的规模，制止以至从根本上消除积累基金和消费基金的膨胀提供了客观可能。我国社会主义建设经验反复证明：要避免积累基金和消费基金的膨胀，需要依靠社会主义制度本身解决以下三类矛盾。

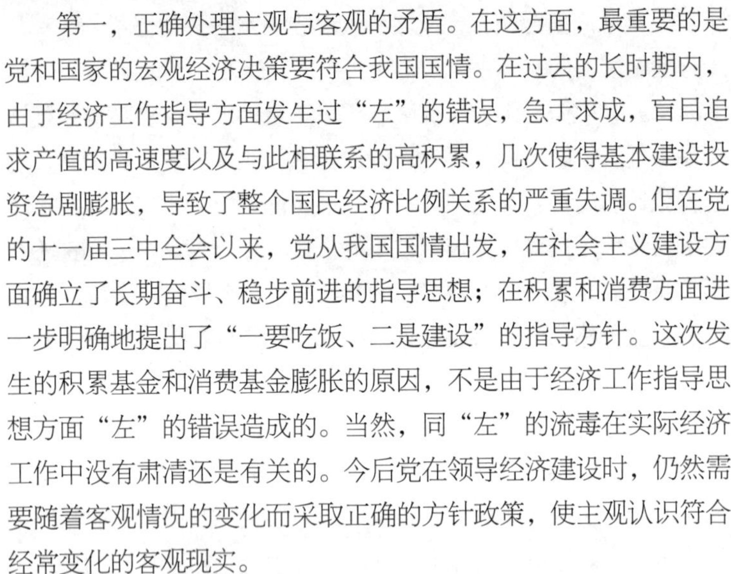

第一，正确处理主观与客观的矛盾。在这方面，最重要的是党和国家的宏观经济决策要符合我国国情。在过去的长时期内，由于经济工作指导方面发生过“左”的错误，急于求成，盲目追求产值的高速度以及与此相联系的高积累，几次使得基本建设投资急剧膨胀，导致了整个国民经济比例关系的严重失调。但在党的十一届三中全会以来，党从我国国情出发，在社会主义建设方面确立了长期奋斗、稳步前进的指导思想；在积累和消费方面进一步明确地提出了“一要吃饭、二是建设”的指导方针。这次发生的积累基金和消费基金膨胀的原因，不是由于经济工作指导思想方面“左”的错误造成的。当然，同“左”的流毒在实际经济工作中没有肃清还是有关的。今后党在领导经济建设时，仍然需要随着客观情况的变化而采取正确的方针政策，使主观认识符合经常变化的客观现实。

第二，正确处理作为社会主义生产关系具体表现形式的经济管理体制与社会主义生产关系本质的矛盾。就是说，要使得前者能够适应后者的要求；否则，社会主义生产关系为合理确定积累基金与消费基金规模提供的客观可能性，就不可能变成现实性。我国过去几次发生基本建设投资的膨胀，同权力过于集中的经济管理体制是直接相关的。这种体制以行政管理为主，排斥对价值规律和按劳分配规律的利用，基本建设投资是无偿的财政拨款，基本建设从确定项目到施工到投产，都缺乏严格的责任制度和奖惩制度。这些必然助长各部门、各地区、各企业争项目、争投资的错误倾向，必然加剧基本建设投资的膨胀。党的十一届三中全会以来，我国对经济管理体制只是进行了局部性的、试验性的改革，不可能从根本上消除原有经济体制的弊端。由于价格体系还未进行根本的改革，燃料、原材料的价格偏低，而加工工业产品价格偏高，这就刺激了当前加工工业方面的盲目建设和重复建设。而这正是当前固定资产投资膨胀的一个重要因素。

第三，正确处理社会主义经济体系中各种利益之间的矛盾。这里首先是正确处理中央和地方以及国家和企业的利益关系。就控制积累基金和消费基金的合理规模来说，有两个重要方面是值得注意的：一是在中央和地方以及国家和企业之间正确确定收入分配比例，即中央和地方财政收入的分配比例和企业的留成比例；二是按照中央和地方以及国家和企业的利益相结合的原则，采用各种行政的和经济的手段，把地方和企业的资金投放限制在国家的固定资产投资计划和居民收入增长计划所需要的范围内。这一点，在过去财力高度集中的时候，对于控制积累基金和消费基金的合理规模，并不是重要的。但在当前扩大了地方和企业的财权和其他权限以后，它却显得十分重要了。如前所述，1982 年基本建设投资的膨胀，主要是同地方、部门和企业的自筹资金和利用银行贷款的大幅度超计划相联系的。这主要是由于财力过于分散而又没有对投资方向实行有效控制的结果。诚然，为了改革原有的经济体制，适当扩大地方和企业的财权是必要的，国家财政收入在国民收入中的比重也应该比体制改革前有所下降。但现在看来，这几年下降的幅度大了，以至资金严重分散。在地方和企业有了较多的财权和其他权限之后，又没有采取有效的措施来控制他们的资金使用，地方和企业就可能偏离国家利益，按照自身的局部利益去决定资金的投放。这样，不仅固定资产投资的总规模难以控制，消费基金超计划增长（采用滥发奖金、滥发实物和补贴等手段）也不可避免，其结果必然是积累基金和消费基金的同时膨胀。

总之，我国社会主义建设经验反复证明：在社会主义基本经济制度建立以后，如果不妥善处理上述的一系列重要矛盾以及其他相关的矛盾，积累基金和消费基金的膨胀就难以避免。但是，这些矛盾都是可以解决的，社会主义制度完全有力量消除已经出现的积累基金和消费基金的膨胀。不仅如此，随着社会主义建设实践的发展，人们对社会主义经济规律和中国国情的认识愈来愈深刻，各种社会主义的具体制度愈来愈健全，各项经济政策愈来愈完善，就有可能进一步从根本上杜绝积累基金和消费基金膨胀的出现。

那么，当前和今后需要采取哪些对策，以消除积累基金和消费基金的膨胀，合理控制二者的规模呢?

为了合理控制积累基金的规模，应当采取如下措施。

第一，要加强计划管理。固定资产投资是涉及国计民生的大事，必须加强对它的计划管理，对其中的基本建设投资还必须实行高度集中的统一管理。这就是说：①固定资产投资总规模，包括国家预算内的拨款、自筹资金和银行贷款，都必须由国家计委和省、市、自治区计委进行综合平衡，统一纳入国家计划。②大中型基本建设项目，一律由国家计委审批；小型基本建设项目，一律由省、市、自治区计委和国务院有关部门审批。技术改造项目，除国家规定的企业有权自行安排的以外，由各级计委会同各级经委，按照规定权限审批。③所有建设项目必须严格按照基本建设程序办事。事前没有进行可行性研究和技术经济论证，以及没有做好勘探设计等建设前期工作的项目，一律不得列入年度建设计划。④所有确定建设的项目，一律实行严格的责任制和合同制。计划部门和主管单位，必须按照合理工期分年拨足投资和相应的物资。建设单位和施工单位，要对建设投资、工程质量和建设工期，实行各种形式的责任制。为了配合这种责任制，可以考虑实行孙冶方同志 1981 年就此提出的合同制：“每一个厂矿企业在动工兴建之前，除了兴建单位（经营单位）与承建单位，即平常所说甲乙双方必须签订包括建成投产日期在内的合同以外，兴建单位还必须与设备的供应单位订立设备供应合同，还必须与投产后动力和原材料的供应单位和产品的承销单位分别签订产供销三方面的合同。”任何一方违反合同，都要赔偿损失。“如果是生产单位自产自销的产品，则建设单位和批准基建项目的上级要负责行政责任。”[1] ⑤用于基本建设的投资由建设银行统一管起来，按计划监督使用。

第二，要改革经济管理体制。这几年为了扩大地方的财权，主要实行中央和地方“划分收支、分级包干”的制度，即“分灶吃饭”的制度。这对于调动地方增收节支的积极性起了重要的作用。但这种制度不仅没有使企业摆脱地方的束缚，而且使企业和地方的经济利益更密切地结合起来了，并加强了地方对企业的行政干预。这种制度当然也不可能改变地区分割的状况，仍然妨碍地区之间经济联系的发展。这也是当前地区之间重复建设盲目发展、基本建设投资膨胀的一个重要因素。

今后要实行政企合理分工，使企业从部门、地区行政的束缚下解脱出来，并依照部门之间、地区之间的经济联系组织经济，地方政府可以不再直接管理企业，多数企业可以交给具有经济区性质的中心城市去管理。同时，结合利改税，增设税种和调整税率，并按照税种划分中央税收、地方税收以及中央和地方分享税收，企业按照税种分别向中央和地方上缴税金。在税收总额的分配上要保证中央税收占大部分，地方税收只是占一部分。这是中央对整个国民经济实行计划领导（包括固定资产投资计划）

[1] 孙冶方：《社会主义经济若干理论问题（续集）》，人民出版社1982年版，第253页。

的一个重要物质力量。在地方财政支出上，要按照经济体制改革以后的地方政府的职能，规定主要用于市政公用设施，而不能用于兴建新的企业。这样，就能从切断地方政府和企业之间的直接经济联系、地方政府的财政收入来源和财政支出三方面，限制地区之间重复建设的盲目发展，从而有助于克服基本建设投资的膨胀。

这几年，扩大了国营企业的自主权，实行了经济责任制，这对于调动企业的积极性，搞活经济，调整经济，发展生产，增加收入起了重要作用。今后仍须按照企业的二重性质（归国家所有，这是主导的方面；但又是相对独立的商品生产者，这也是重要的方面），继续扩大企业自主权，实行责字当头、责字为主的责、权、利相结合的经济责任制。企业新增收入的分配，必须遵循“国家得大头，企业得中头”的原则，因而企业留成的增长幅度必须低于新增收入的增长幅度。这个原则既符合上述的企业两重性质，又是国家和企业分别实现各自职能的需要。然而，企业得的中头的上限和下限是有一定的幅度的。决定这个幅度的，不只是企业作为相对独立的商品生产者的需要，首先还是企业归国家所有的性质，而且在国家需要与企业需要发生矛盾的时候，企业需要还必须服从国家需要。此外，这个幅度还受到社会生产力发展水平、国家财政收支状况以及国家担负的重点建设等因素的制约。就是说，在社会生产力发展水平还不高，国家财政收支比较困难，担负的重点建设的任务又比较重的时候，企业留的这个中头就可以适当地小一些；反之，就可以适当地大一些。正确贯彻“国家得大头，企业得中头”的原则，不仅有助于国家集中必要的资金，保证重点建设的需要，而且也有助于从财源方面限制企业的重复建设、盲目建设的发展，从而克服固定资产投资的膨胀。

第三，要利用经济杠杆。在社会主义商品生产条件下，价值规律对社会主义生产是有调节作用的。因此，运用价格杠杆控制固定资产投资膨胀，具有重要的作用。所以，积极创造条件，改革不合理的价格体制和价格体系，是我国社会主义建设中的一项重要任务。但是，在价格改革还不具备条件的情况下，充分利用税收和信贷等经济杠杆，就显得特别重要。这几年，在利用这些经济杠杆方面是有进展的，但还远远没有发挥它们可能发挥的作用。

此外，克服目前基本建设中的种种惊人的浪费现象，对于控制固定资产投资的膨胀，也有重要的意义。“据对 176 个在建的大中型项目的检查，现在要花的投资就比原来的概算增加 185 亿元，其中固然有些是原概算偏低，但大量的是由于种种不合理的因素造成的。”[1]这些不合理因素，除了基本建设本身不按照程序办事以外，还包括有些地方、部门、单位和个人向重点建设单位乱收费用和敲诈勒索，以及有些生产资料乱涨价等。

为了控制消费基金的规模，必须采取如下对策。

第一，要加强计划管理。消费基金总额的规定，也是涉及国民经济全局的大事，必须纳入国家计划。个人消费基金在消费基金总额中占绝大部分，消费品购买力是个人消费基金总额的最主要的组成部分，消费品购买力又主要是由职工工资和农民出售农副产品的收入形成的。因此，控制职工工资水平和农副产品收购价格的水平，就成为加强对消费基金的计划管理，控制消费基金膨胀的两个极重要的环节。

半殖民地半封建的旧中国给社会主义的新中国留下了较大幅度的工农业产品交换价格“剪刀差”。新中国成立以后，通过逐步提高农产品价格，不提或少提工业品价格，缩小了这种“剪刀差”。党的十一届三中全会以来大幅度地提高了农副产品收购

[1] 赵紫阳：《政府工作报告》（1983年6月6日在第六届全国人民代表大会第一次会议上），人民出版社1983年版，第23页。

价格，对于调动农民的积极性，促进农业以至整个国民经济的持续发展，起了极为重要的作用。但这仅仅是问题的一方面。另一方面，我国工业的基础还不十分雄厚；工业的技术装备程度高，相对农业来说需要的资金又比较多。这样，由农业向工业继续提供适当的建设资金，对于工业的发展仍然具有重要的意义。这样做，对于实现农业现代化也是完全必要的。正是这一点决定了农民收入的增加不能再主要靠提高农产品价格，不能再靠降低征购派购基数和扩大议价范围。农民收入的增加，必须主要靠发展生产和降低成本。这也是控制消费基金膨胀的一项重要决策。

为了纠正过去多年忽视提高职工劳动报酬水平（包括工资和奖金等）的“左”的错误，前几年较快地提高了职工的劳动报酬水平，这是完全必要的。但今后职工劳动报酬水平的增长幅度，必须低于劳动生产率提高的幅度，必须低于剩余产品价值的增长幅度。因为只有这样，才能控制消费基金的膨胀。

第二，要利用经济杠杆。利用经济杠杆，制止消费基金膨胀，是大有文章可做的，而当前是远远没有把这些经济杠杆很好地运用起来。

比如，扩大个人所得税的征收范围，实行个人所得税累进税率，把居民一部分收入转化为国家的财政收入。又如，通过银行储蓄业务把居民储蓄的一部分转化为积累基金。随着国家经济日趋稳定和人民生活的逐步改善，是可能把居民储蓄中的一个越来越大的部分转化为积累基金的。这个办法在制止消费基金膨胀方面有不容忽视的重要作用。

第三，要实现住宅商品化。在社会主义商品生产条件下，一切消费品（包括各种耐用消费品）都是商品，作为耐用消费品的住宅也是商品。当前实现住宅商品化，除了有其他方面的意义外，也是控制消费基金膨胀的一个有效的重要的办法。采取这个办法，可以把居民收入中的一个相当大的部分转化为国家的财政收入，转化为积累基金。当然，实现住宅商品化，是涉及人民生活的大事，必须经过试点，有步骤地慎重推行。

总之，采取上述各种方法，当前我国积累基金和消费基金同时膨胀的局面，是完全可以改观的；同时，今后也可以防止积累基金和消费基金膨胀的局面再次发生，以利于 20 世纪末战略目标的实现。

第十章　投资结构对策

戴园晨

资金是进行经济建设的前提。马克思说过："人间的生产不同于天上的事情，决不能无中生有。人间的生产需要原料、劳动工具和工资，所有这些总起来说就是生产费用。"❶现代化的水平越高，需要垫支的生产费用即投入的资金也越多。要使我国工农业年总产值翻两番，需要投入大量的资金。这些投资如何安排，分配于哪些方面，是投资结构对策所要研究解决的重要问题，其目标是提高投资使用效果，降低资金系数。下面拟从有关投资结构的几个重要侧面进行探讨。

第一节　投资结构对策的目标

投资用于什么方面，是投资方向。把用于这一方向和那一方向的投资综合起来考察，便是投资结构，它反映不同投资方向的配组和比例。我们研究投资结构对策，就是要运用投资的优选法，选择最佳的投资方向，安排合理的投资分配比例，把钱用在刀刃上，从而不断提高经济效益，实现翻两番的战略目标。

确定投资结构对策，要和前面讨论过的部门结构、技术结构、企业组织结构、就业结构、地区结构、进出口产品结构、科学教育结构等对策相适应。一方面，相应的投资结构是实现上述

❶　《马克思恩格斯全集》第5卷，第511页。

结构对策的手段和保证；另一方面，上述各个对策是互相交错的、同一个建设项目可以同时从部门结构、技术结构、地区结构等不同侧面考察，它们各自的最优选择有时会互相发生矛盾，这就要从投资效果的比较来寻找合理的结合点。我国经济建设的曲折历程，在这方面提供了丰富的经验教训。

一、历史的回顾——成绩和教训

新中国成立以来，我国经济建设取得了巨大成绩。到 1981 年年底，国家用于固定资产方面的投资约 9000 亿元，新增固定资产 5700 亿元左右。先后有 3600 多个大中型骨干项目建成投产，形成了一个独立的比较完整的工业体系和国民经济体系，为实现四个现代化奠定了良好的物质技术基础。

但是，也应该看到在过去相当长一段时间里，由于急于求成，不量力而行，把建设规模搞得过大，建设项目铺得过多；在投资方向和投资结构上，实行了过分的“倾斜”政策，重的过重，轻的过轻，比例失调。在投资的重点上，三年“大跃进”中强调“以钢为纲”，是以钢铁为中心的投资结构；1965 年后进行三线建设，是以军工、钢铁和机械为中心的投资结构；1978 年的“洋跃进”，基于对石油生产发展的盲目乐观估计，是以石油化工为中心的投资结构，主导部门没有找准。在这段时间里提出的一些脱离实际的口号，诸如“超英赶美”，“一省一盘棋，各省成体系”，“扭转北煤南运、南粮北调”，建设十来个“大庆”，改变燃料构成，1980 年实现农业机械化，等等，也都影响了投资方向和结构的合理安排。

投资结构是经济结构的重要组成部分，投资如何分配与如何使用，会影响到经济结构的各个方面，即影响到部门结构、产业结构、产品结构、技术结构、地区结构等方面。所以过去投资结构不合理，便造成了国民经济结构的畸形发展，造成工农业产值增长速度虽快，而经济效果并不理想，人民得到的实惠不多。

二、面临的矛盾——资金需要量大，能提供的资金不敷需要

对于宏伟的战略目标，我们有充分的信心。但也要看到实现这一战略目标的艰巨性。由于我国经济基础差，技术落后，加上过去遗留的经济结构不合理，欠账很多，调整的任务重，给实现宏伟战略目标造成不少困难。这表现为材料、能源不足，也表现为资金严重不足。

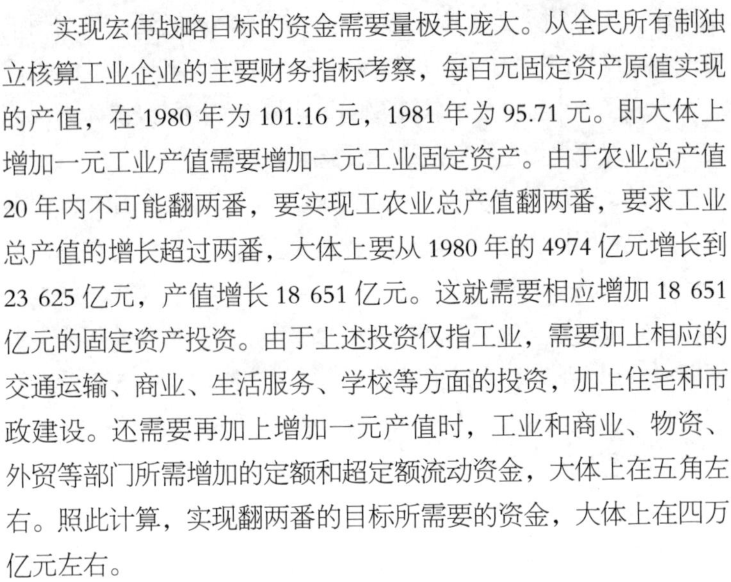

实现宏伟战略目标的资金需要量极其庞大。从全民所有制独立核算工业企业的主要财务指标考察，每百元固定资产原值实现的产值，在1980年为101.16元，1981年为95.71元。即大体上增加一元工业产值需要增加一元工业固定资产。由于农业总产值20年内不可能翻两番，要实现工农业总产值翻两番，要求工业总产值的增长超过两番，大体上要从1980年的4974亿元增长到23 625亿元，产值增长18 651亿元。这就需要相应增加18 651亿元的固定资产投资。由于上述投资仅指工业，需要加上相应的交通运输、商业、生活服务、学校等方面的投资，加上住宅和市政建设。还需要再加上增加一元产值时，工业和商业、物资、外贸等部门所需增加的定额和超定额流动资金，大体上在五角左右。照此计算，实现翻两番的目标所需要的资金，大体上在四万亿元左右。

目前国家的财政收入每年不过1100亿元左右，加上预算外资金也不过1700亿元；基本建设投资不过500亿元左右，加上挖潜革新改造资金也不过800亿元左右，即使以后逐年有所增长，也满足不了如此巨大的投资需求。按照上一章关于积累消费结构对策的计算，二十年的投资总规模在3亿元左右。这就和上述的投资需求有着明显的差距，如果还是老套套，必然仍旧是投入多、产出少、效益差，资金需要量大而资金不足的矛盾无法克服。因而必须有新的突破，研究投资结构要以此为目标，寻找突

破的途径。

三、出路在于提高经济效益，降低资金系数

事情很明显，我们要实现宏伟战略目标，决不能让经济效益维持在现有水平上，必须大大提高才行。如果我们能够做到 1 元固定资产实现 2 元产值，1 元产值只占用 0.2 元流动资金，翻两番就不需要那么多投资了。马克思说："生产逐年扩大是由于两个原因：第一，由于投入生产的资本不断增长；第二，由于资本使用的效率不断提高。"[1]我们在第一个方面有困难，如果能够在第二个方面做好工作，不断提高投资使用效果，困难并不是不能克服。

上面提到的反映投资经济效果的指标，即每增加一元国民收入或产值需要多少元投资，叫作国民经济投资系数，有人也把它叫作资金系数。我们知道，经济增长的有关因素，可以概括为三个变量：①积累率 S；②资金系数 K；③经济增长率 G_W。三者的关系为：$G_W=S/K$，或者 $G_W \cdot K=S$。它表明一定水平的投资究竟能够推动多大的增长率，取决于增长一单位产品需要多大投资量，即决定于 K。K 愈小，一定水平投资推动的增长率愈大；反之，推动的增长率愈小，即增长率与投资成正比，与资金系数成反比。

正因为这样，降低资金系数或提高资金利用效果系数，有着极其重要的意义。我们探讨投资方向，研究投资结构，就是要降低资金系数，加快经济发展速度。应该指出，资金系数的高低，反映了投资效果的好坏。它在微观上反映技术革新、有机构成、劳动生产率的变化；在宏观上反映产业构成是否合理、比例关系是否协调、流通是否顺畅、社会总资金如何构成，因而它是一个综合反映经济效果的重要指标。

---

[1] 《马克思恩格斯全集》第26卷（第Ⅱ分册），第598页。

在 20 世纪 70 年代前期，我国和苏联、民主德国以及世界上一些主要国家相比较，投资经济效果很不理想，其主要指标见表 10–1。

表 10–1

国别	年份	经济增长率（%）	资金系数	积累率（%）
中国	1970—1976	5.0	6.5	32.7
苏联	1970—1976	5.7	4.6	26.2
民主德国	1970—1977	5.1	4.5	23.0
巴西	1970—1977	9.8	2.2	21.6
墨西哥	1970—1977	5.5	4.4	24.2
韩国	1970—1977	9.9	2.7	26.7
日本	1970—1976	5.1	6.3	32.1
美国	1970—1977	2.8	6.4	17.9

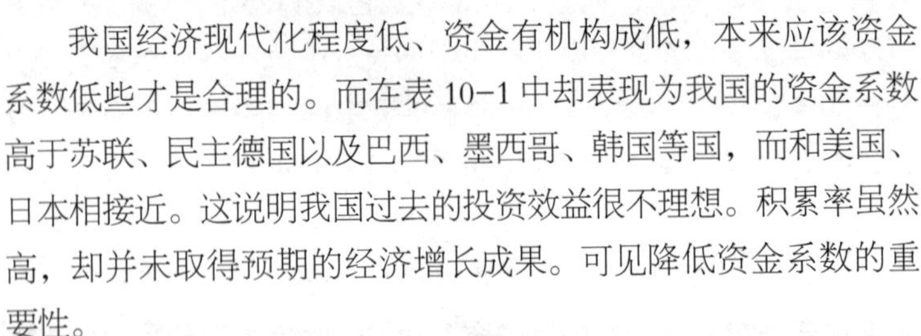

我国经济现代化程度低、资金有机构成低，本来应该资金系数低些才是合理的。而在表 10–1 中却表现为我国的资金系数高于苏联、民主德国以及巴西、墨西哥、韩国等国，而和美国、日本相接近。这说明我国过去的投资效益很不理想。积累率虽然高，却并未取得预期的经济增长成果。可见降低资金系数的重要性。

资金系数在经济条件比较稳定的情况下，具有相对稳定性。但是在技术革新时期和产业结构有较大变动时期，也存在着使资金系数较大幅度变化的可能性。正因为这样，关键就在于有正确的投资决策，把有限的资金用于最迫切需要的方面，经常研究把这些资金投到哪个部门，按怎样的比例投入，如何投入，才能够充分挖掘国民经济中的巨大潜力。即通过合理安排投资方向和投资结构，促使技术革新和产业结构有较大的突破，从而降低资金系数，提高资金利用效果，争取做到既有较快的经济增长速度，又能取得实实在在的经济效果。

四、合理安排投资结构，促进社会经济结构的调整，提高经济效益

我国当前经济效益不理想，原因很多，其中一个重要原因是经济结构不合理。我们知道，过去经济结构的畸形发展，是过去投资方向不当，投资结构不合理的结果。如果要加以改变，也得通过调整投资方向和合理安排投资结构来解决。本书前面各章提出了经济结构各方面的对策，这些对策的实现，都需要相应的投资作保证。投资方向的抉择，投资结构的安排，需要体现上述对策的要求。

在这里需要指出的是，部门结构、产业结构、产品结构、技术结构、规模结构、就业结构、地区结构、进出口产品结构、科学教育结构等，既是相互衔接，又是相互交错的。同一种措施，可以在部门、技术、规模、就业、地区等的结构上有不同的反映；从不同的角度考察，在这一侧面反映为有利的事情，到另一侧面可能不利。例如，从就业结构考察，应当发展劳动密集型企业，但这不利于技术的发展和劳动生产率的提高；从新老企业结构考察，把重点放在老企业挖潜革新改造上，走内涵扩大再生产道路，投资省、效益高，但这样做不利于扩大就业。各个对策从各自的侧面看，可能是最优的。但是把各个最优的对策综合起来，则很可能会出现彼此间的矛盾。

这种彼此间的联系和矛盾，都会反映到投资上来，影响投资效果的好坏。这时候，对于各种不同的决策方案如何抉择，需要从经济、政治以及社会等多方面进行考虑。从经济方面来说，对各种方案如何抉择，对于各个不同的侧面如何配置，关键在于能不能取得最佳的投资效果。

还需要指出的是，经济现象极其错综复杂。即使运用数学方

法来分析经济现象，也不可能完全准确地把握住最优点。数学上的最优表现为函数极值的一个确定点，而经济现象是若干个函数组成的模型也不能充分反映的，因而最优点也就散布在若干个点上，形成一个可以伸缩的范围和区间。安排好投资结构的艺术，在于从部门、产业、地区、技术等各个侧面的最优和次优方案中，寻找一个最恰当的组合。组合好了，才能够取得最佳的宏观经济效果。合理安排投资结构的艺术，就在于找到最佳的组合。

第二节　确定投资方向的重点

合理安排投资结构，既要求投资分配考虑各方面的需要，使分配合乎比例；又要求突出重点，保证重点建设资金。没有重点便没有政策。确定某一时期内投资方向的重点，是经济发展战略决策的大事。

确定投资方向的重点，事关重大。怎样才是最佳的选择，可以有各种各样的论证，可以应用数学方法作出各种计算。但若简要加以概括，则不仅本身经济效果好，而且对于整个国民经济发展有决定意义，能大大提高宏观经济效果的，便是最佳的投资重点。

我国今后经济发展的战略重点，是农业、能源、交通、教育和科学这几个根本环节。如果我们不集中主要力量从现在起就抓好重点建设，办成几件大事，20 世纪 90 年代就不可能出现经济振兴的局面。所以在安排投资方向和投资结构时，应当确保战略重点的需要。但三个战略重点，情况又有不同，必须从实际出发正确对待。

一、农业投资要贯彻集体经济自力更生为主、国家支援为辅的方针

党的十一届三中全会后调整了农村经济政策，农民收入增长

很快。1979—1982 年四年里国民收入增长 1230 亿元，其中农民收入增长部分有 850 亿元，这就大大增强了农民用自己的力量发展农业生产的能力。农民用自己的资金购买农机、汽车、化肥、农药的数量日益增多，反过来促进了农业生产，增加了农民收入，实现了良性循环。

对于近几年农民的收入，有人认为增长得太快了，主张要调整政策，挖回来一点。在这里要看到，从正常情况看，农民收入的增长比例是大了一些，但这里带有还欠账的性质，不可一概而论。农业是国民经济的基础，农业的发展，关系到稳定八亿农民的大局，关系到工业发展的原料和市场，关系到整个经济的发展，加速农业发展仍是我国发展国民经济的首要战略任务。我国农业中除少量国营农场外，主要是集体经济，发展农业的资金主要应依靠农民自己解决。因此农村经济政策应当稳定，农产品收购价格和销往农村工业品价格的调整，应当使农民的收入在生产发展基础上仍能较上年有所增长，从而调动农民积极性，并使农民有力量逐步改善生产条件。决不能看见农民收入增长较多，便又打生意，重蹈把农民挖得很苦的覆辙。同时还要引导农民投资发展农业生产，因为我国农业生产条件还很差，技术装备水平很低。

同时，发展农业资金国家还得给予必要的支持。这是因为我国农业发展水平还比较低，而且发展很不平衡，富裕地区、富裕社队可以依靠自己力量发展生产，穷困地区、穷困社队还得由国家给以扶持；即使在富裕地区，一些大的关系农业面貌改变的工程还得由国家举办，农业事业发展和农业科技推广也得由国家承担。1979 年 9 月党的十一届四中全会通过的《中共中央关于加快农业发展若干问题的决定》中，提出："今后三五年内，国家对农业的投资在整个基本建设中所占的比重，要逐步提高到百分之十八左右；农业事业费和支援社队的支出在国家总支出中所占的比重，要逐步提高到百分之八左右。地方财政收入应主要用于

农业和农用工业。”这一要求以后并未实现。由于国家财政收支安排较紧，农业基本建设投资占基建投资总额的比重，在1981年只有6.3%；农林水利气象事业费和支援社队支出在1978年为6.9%，1981年仍为6.9%。至于地方的财政资金，这几年搞了不少盲目重复建设的加工工业，并未做到《中共中央关于加快农业发展若干问题的决定》所要求的主要用于农业和农用工业。

诚然，在今后一段时间内，国家财力还比较紧，重点发展能源和交通运输已很费力，不可能腾出更多的资金来发展农业。但也要看到，在这方面还有不少工作可做。我国农村有丰富的劳动力资源，国家提供一定的财力物力，利用农民劳动积累，还是能办不少事情，特别是搞好现有水利工程的渠系配套，花钱不多，效果较好，更应该积极去办。我国今后发展农业要靠政策、靠科学，农业科技的推广，国家要舍得花点钱，农林水利气象事业费还是应该逐年有所增长。还有地方财政，在农业和农用工业方面应该多安排些投资。近几年因为财政分灶吃饭，有的地方总想从发展地方工业中捞些油水，对农业投资有所忽视。其实哪个地方的农业发展得快，哪个地方的经济发展得也快，这个道理还应该反复宣传。目前某些农产品购销价格倒挂，调出农产品多的地方，财政上贴的钱也多，造成很多矛盾，需要逐步解决，以利于调动地方发展农业生产的积极性。

二、能源和交通运输是国家投资分配的重点

当前我国经济之所以不能迅速发展，“六五”期间还必须把增长速度控制在4%~5%的范围之内，主要是因为受到了能源不足和交通运输紧张的制约。

能源生产迄今还是薄弱环节，大大落后于工业生产能力增长的需要。据估算因为缺煤、缺油、缺电，大约有30%的生产能力得不到利用。因此，在努力节约能源的同时大力发展能源生产，将使国民经济的综合生产能力发挥出来，将能取得巨大的宏观经

济效益，这是实现经济振兴、加速经济发展的关键。“六五”计划原定燃料动力工业投资为586亿元，占总投资25.5%，看来在执行中还得力争超过。“七五”及以后时期对燃料动力工业的投资额及占总投资的比重还得增加一些，比较适宜。

能源的生产建设需要投资多，建设周期长，开发难度大。初步预测，即使增加能源建设投资，在1985年以前，一次能源生产增长有限，到2000年也只能翻一番。因此，要大力节约能源，降低能源消耗弹性系数，大体上要降到0.5以下，才能实现工农业产值翻两番的目标。

交通运输落后，是我国经济的又一薄弱环节，“五五”以后交通运输投资占总投资的比重有所下降，加上在交通运输建设中长期重视新线建设，忽视旧线改造，欠账较多，因此交通运输紧张已成为我国经济持续增长的突出问题。

对于交通运输问题，不能单纯只从运输能力不足着眼、就运输谈运输，而是要从发展战略着眼，和经济合理布局及合理组织商品流通结合起来考虑。目前我国经济规模仅为日本的一半，而货物运输量已经达到日本的两倍多，这种状况决不能认为是合理的。如果不努力调整经济布局，运输紧张将长期存在，同时运量大引起商品流通费用高，削弱竞争能力，降低经济效果。

解决交通运输紧张状况，既要增加投资，又要提高投资效果，这就必须重视各种运力的合理配置，不能够再把过多的运量压在铁路运输上。要把近海运输和内河运输发展起来，短途运输要充分利用公路、利用汽车。当前交通运输紧张主要是铁路的某些区段堵塞，主要港口的泊位和装卸疏运能力不足，因此要把投资重点用于旧线改造和港口扩建等方面，以较快地见到效果。

邮电部门及时传递经济信息，在现代化生产中起着越来越重要的作用。过去一段时期对此重视不够，投资过少，发展缓慢，这种状况亟待改变，对邮电的投资也要增加。

在“六五”计划期间，安排交通邮电的投资为298.3亿元，占投资总额的13%，这个比重低于历史上任何时期，1983年已经根据重点建设的需要加以调整。今后在执行中根据财力可能还可以适当增加。“七五”及以后各个时期对交通运输和邮电部门的投资年增长率，应当高于工农业产值的增长率，以适应运量增长的需要。要看到交通运输发展了，才有利于资源开发和经济协作，才能把辽阔国土内蕴藏的潜力挖掘出来。这对于提高整个经济活动的效果，降低各部门的资金系数，是有重要意义的。

三、要舍得花钱支持教育和科学的发展

四个现代化的关键是科学技术的现代化。我国原来教育和科学比较落后，新中国成立以后，国家用于科学教育的事业费，不仅在绝对额上，而且在占财政支出的比重上，都不断增长。问题在于事业费主要是人头经费，用于业务发展的资金并不充裕。尤其是科学、教育、文化、卫生及社会福利的基本建设投资占投资总额的比重，长期以来有逐步下降的趋势。近几年虽有增长，但带有还欠账的性质。邓小平同志过去指出的“经济发展和教育、科学、文化、卫生发展的比例失调，科教文卫的费用太少，不成比例”[1]，仍是现在需要解决的课题。

长期以来，人们在思想上重视物质生产，忽视精神生产，把教育和科学部门看成“纯消费”的部门，往往舍不得对教育和科学的发展下本钱，没有认识教育和科学在经济发展中的作用，没有把教育和科学放到应有的地位。

现代经济发展的一个重要特点，是科学技术越来越成为生产力发展和劳动生产率提高的重要因素。科技发展能促进产品更新换代，提高产品质量，降低成本，增加收入，对扩大再生产起着越来越大的作用。但科技发展又有赖于教育。教育传授科学文化知识，培养人的劳动技能，开发人的智力，造就合格的建设人

[1] 邓小平：《目前形势和任务》，人民出版社1980年版，第15页。

才，是劳动力再生产的必不可少的一个过程。既然劳动力是生产力中最活跃的因素，用于劳动技能和技巧教育的智力投资，当然是生产的投资。

今后有必要逐年增加文化建设方面的投资，使国民经济和社会发展之间的比例关系逐步协调起来。由于国家财力有限，单靠国家财政拨款发展文化建设势必受到限制。这就要充分调动地方、部门、工矿企业、农村社队和广大群众进行智力投资的积极性，共同努力，较快地改变目前的落后状况。

还应该指出，目前科学教育事业的资金较少，用得也并不好。选择投资使用的重点，使有限的资金发挥最大的效果，极为重要。在科学和教育投资的结构方面，需要合理安排科研中基础研究与应用研究、发展研究的资金比例，高等教育中新建院校和扩建院校的资金比例，多种形式高等学校的资金比例，中等教育中普通中学和职业技术教育的资金比例等，以提高资金效果，发展科学技术，加快人才培养。

第三节　合理分配投资，促进部门、产业、产品和企业组织结构合理化

上一节讨论了投资分配的重点，这是实现战略目标和提高投资经济效果的关键。但是从合理安排投资结构来说，选准重点仅是一个方面。投资结构对策作为实现战略目标的资金保证，涉及许多方面，其中包括了通过投资分配，促进部门、产业、产品以及企业组织结构合理化。

我们知道，投资于哪一部门、哪一产业，发展哪种产品？其比例关系如何？是投资分配、投资结构的核心问题。投资结构涉及的如地区、技术、规模等各项比例，虽然反映各自的侧面，但并非孤立于各部门比例关系之外，而是会通过各产业部门的比例关系反映出来。在资本主义经济中，经济活动的盲目性表现为随着供需变化和价格波动、利润升降，资金和劳动力从这个产业部门流向那个产业部门，竞争是决定投资流向和投资结构的重要机制，它推动技术进步，推动新产品不断出现，但盲目竞争又以巨大浪费为代价。在社会主义经济中，经济活动中的各种重大比例关系都是国家有计划安排的，经济发展的方向是由计划调节的，这就可以避免发展中的盲目性，取得较好的宏观经济效果。但是要把可能性变为现实性，需要做大量的细致的工作，合理安排投资结构就是其中极其重要的方面。

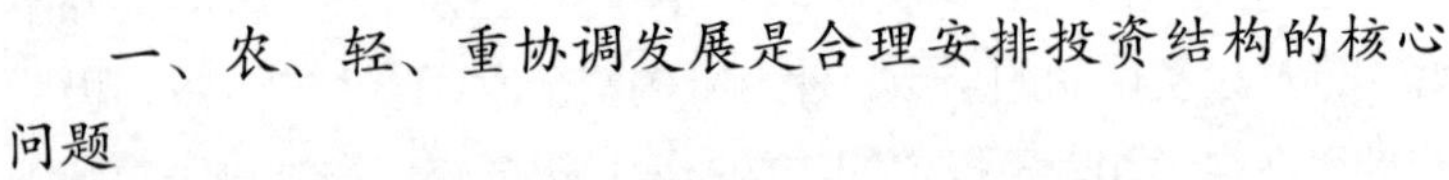

一、农、轻、重协调发展是合理安排投资结构的核心问题

我国多年的实践证明，各部门比例关系协调，农业、轻工业、重工业按比例地发展，宏观综合生产能力就能够充分发挥，经济效果好，经济发展快，国民收入增长也快，其结果又能够加速资金积累，促进各部门的发展。相反，各部门比例关系失调，宏观综合生产能力就不能充分发挥，就会阻碍经济发展，造成财政拮据，财政收入增长不能适应各方面支出增长的需要。

早在 1956 年，毛泽东同志就尖锐地指出苏联在工业化过程中发生过轻重工业太不平衡而导致的严重问题，“片面地注重重工业，忽视农业和轻工业，因而市场上的货物不够，货币不稳定”[1]；指出我国在第一个五年计划期间做得比较好，对于农业轻工业一直比较重视，从而保证了发展工业所需要的粮食和原料，市场商品供应比较丰富，物价和货币稳定。毛泽东同志认为在这样的条件下，还要适当地把对农业、轻工业的投资“加重一点”，“加重的结果，一可以更好地供给人民生活的需要，二可以更快地增加资金的积累，因而可以更多更好地发展重工业”[2]。

---

1 《毛泽东选集》第5卷，第269页。

2 同上。

遗憾的是，在过去一段时间里并没有照此去做，而是相反地走上苏联走过的老路。这个事情是从高指标引起的。由于对钢铁等主要重工业产品提出了过高的指标要求，因而不得不给予过多的投资，不得不在物资分配、能源电力供应、交通运输等方面给予优先照顾。而农业、轻工业则投资过少，而且还经常要给重工业让路，不能不阻滞农业、轻工业的发展。长时期里重重、轻轻、轻农，造成了畸形的经济结构。

从 1979 年开始的经济调整，在强调压缩基本建设规模和缩短基本建设战线的同时，对投资结构作了重大调整，情况见表 10–2。

表 10–2

单位：%

	1978 年	1979 年	1980 年	1981 年
重工业投资占投资总额比重	50.9	45.3	42.7	40.3
轻工业投资占投资总额比重	6.1	6.4	9.1	10.0

经过调整，扭转了重大比例失调所造成的不稳定状态，使经济发展走上稳步增长的健康轨道。这几年我国把消费品生产放在重要地位，使轻工业有了较快的发展，四年内平均每年增长 11.8%。原来市场紧缺的自行车增长 1.8 倍，缝纫机增长 1.6 倍，手表增长 1.4 倍，电视机增长 10.4 倍，化学纤维、布匹、呢绒、食糖、皮鞋等也都有较大幅度的增长。重工业经过调整，已由下降转为上升，平均每年增长 3.4%。

在农、轻、重比例经过调整，趋于合理的基础上，今后安排投资结构，在于使农业、轻工业和重工业相互协调地向前发展。这就是说，今后的投资结构维持 1980 年以后形成的比例，已属可行。目前在工业总产值中，轻重工业产值大体为一半对一半，在这几年内保持这一比例比较适宜。像过去那样重工业过重固然不行，过于强调“轻型结构”也有片面性，由于轻工业生产的发展和技术进步，需要重工业的发展为后盾，因而需要协调发展。只有协调发展，重工业更好地为农业、轻工业的技术改造服务，农业、轻工业以更多的商品保证市场供应，为工农业生产发展积累更多的资金，如此相互促进，才能使整个经济以较快的速度发展。

二、产业结构、产品结构的合理化，是投资结构合理安排进一步具体化的主要内容

应该看到，讨论投资结构不能停留在农轻重比例这个大框框上，还必须进一步深入探讨在农业、轻工业、重工业内部的投资比例应如何调整，应该发展哪些产业、哪些产品，实现产业结构、产品结构的合理化。

在经济发展过程中，总是要不断调整和改变产业结构、产品结构，不会是现在产业结构、产品结构按原有比例的扩大。其原因是：①原有产业结构、产品结构不合理，需要在经济发展过程中加以调整。②为了提高生产率，总要发展新兴产业部门，引进必要的技术，从而使产业面貌发生变化。③随着收入水平的提高，消费结构不只是量的扩大，而且会有质的变化，表现在吃、穿、用的比例以及吃、穿、用的内容都会起变化，从而会使有些商品的需求将迅速扩大，有些商品的需求将趋于减少。这种消费结构的变化，要求产业结构、产品结构作相适应的变化。否则，就会出现某些商品紧缺脱销、某些商品积压滞销的状况。

这些年来，在投资方向和投资结构中，对于如何积极促进经济调整，实现产业结构、产品结构的合理化，做得不很理想，盲目重复建设还相当突出。这是因为：① 1980 年实行财政体制改革，由统收统支改革为分灶吃饭，使投资权有所分散，地方从本身利益出发，投资方向侧重于价高利大产品。②扶持社队企业是一项重要的农村经济政策，对新办社队企业免征工商税一年、所得税三年的规定，使社队企业较之国营企业及城镇集体经济得到更多优惠，促使社队企业迅速发展，社队企业发展着眼于盈利，发展方向带有盲目性。③在宏观决策上仅是一般地号召发展轻工业，缺乏统筹发展的政策和规划。基于这些原因，盲目重复建设成为投资使用中一个突出问题。小型卷烟厂、酒厂、皮革厂、毛皮厂、印刷厂等大量新建。棉纺工业多年来生产能力一直过剩，国产棉花仅能满足大中型棉纺厂生产能力的三分之二，可是产棉区却认为调出棉花吃亏，又大办三万锭以下的小棉纺厂。罐头生产需要的铁皮及玻璃瓶已经很紧张，可是各地还在办罐头厂。盲目发展的小企业与大企业争原料、争市场，形成“大厂吃不饱、小厂还在搞”，宏观经济效果很差。1982 年前 10 个月，全国关停并转了 3700 多个耗能高、产品质量差、长期亏损、重复生产的企业，同期却又新建投产 3800 多个企业，多数仍属于盲目重复建设。由此可见，使投资方向符合需要，使投资结构趋于合理，有大量工作要做。

防止盲目重复建设，就得正确进行投资决策。投资决策离不开预测，而预测和决策都离不开信息。近几年各地重视抓了轻工消费品生产，是很可喜的现象。但由于投资信息掌握不充分，投资方向有盲目性。为了使投资决策有可靠的科学的根据，需要开展投资信息调查。首先要了解需求动态，掌握目前需求水平、需求范围及爱好变化，预测一定时期的产品需求动态；其次要掌握已形成的生产规模、在建项目的生产规模，预测生产能力增长趋势，并且结合产品更新换代和技术发展变化，进行综合分析，以确定是否给予投资。

合理安排投资方向和投资结构，使产业结构和产品结构合理化，需要有合理的价格。因为价格是重要的信息来源，是地方和企业进行经营决策时的重要依据。目前不少商品价格很不合理，往往会传递不正确的信息，使得利用经济杠杆的结果，会出现与人们预期相反的逆方向调节。盲目重复建设之所以难以制止，之所以长线压不短、短线拉不长，一个很大原因是价格不合理。所以价格体系和价格制度的改革，对于促进经济合理发展极为重要。但也要看到，价格总是在社会生产和社会需求发生变化以后才相应地变动，价格只能提供现时的供需变化状态，这就决定了，即使价格杠杆和价格的信息作用得以发挥，它们是事后的，反映过去和现在的市场状况，却并不能反映未来的市场变化。因此，单靠价格并不能为正确进行长远决策提供科学信息。从合理分配投资来说，单凭价格的指导是不行的，还得从多方面掌握未来的需求量和供给量，特别是要和基本建设、商品流通等各项计划相衔接，和科学教育及技术发展的计划相衔接。明确优先发展哪些产业，需要发展哪些产品，以增强计划性，避免盲目性，实现产业结构和产品结构的合理化。

三、合理分配投资，促进企业结构合理化

所谓企业结构包括了企业规模结构和生产组织结构两方面的内容。我们知道，社会生产的发展，一般总是以大批量的大规模机器生产取代小批量的手工生产，总是以更细密的社会分工向专业化、联合化的纵深迈进。与此同时，大、中、小企业则总是并存的。大企业可以进行大批量生产，生产单位产品的费用可以相对减少；便于原材料的合理利用，节约物质消耗；劳动生产率较高，生产成本较低，产品质量较好。但是中小企业仍是国民经济中不可忽视的重要力量。中小企业需要的投资少，建设时间短；灵活性大，适应性强；可以因地制宜地利用分散资源，就近设厂，有利于城乡工业和社会生产力的合理布局，并且可以为大企业加工某些零部件。因此大、中、小企业各有所长，只要协调发展，并且充分考虑到社会分工的需要，合理配组，就能取得较好的经济效果。

从我国的实践看，企业结构合理化的难度远大于部门、产业、产品结构合理化。虽然早在二十多年前就提出了大中小企业同时并举的建设方针，但是如何配组，如何结合，经历了不少曲折。二十多年来曾出现过三次小企业大膨胀。第一次是 1958 年“大跃进”中，号召全民办工业。第二次是 1970 年到 1978 年期间，提出大办“五小”工业。第三次是 1979 年到 1982 年期间，盲目发展了一批轻纺工业和机械工业。党政军民学、工农商学兵，不论哪个单位都可以随时随地开办工厂，“小而散”“小而乱”“小而全”的状况，一直难以改变。

由于这几年建了许多小厂，尤其是在原料不足、市场容量有限情况下，大厂吃不饱，小厂争着上，更降低了经济效益。这是否意味着不能兴办小企业了呢？也不尽然。只要打破“小而全”的老框框，走小而精、小而专的路子，根据自己的特长生产一二种产品或协作件，仍可以实现大批量生产提高经济效果。

所以我国今天并不是工业企业多了，并不是小企业不能存在了，而是由于产品重复、工艺重复、设备重复，造成一方面很多产品还不能生产，缺门很多；另一方面又是重复生产、重复建设、产品积压、设备闲置。所以如何通过投资分配促进企业结构合理化，大有文章可做。我国建设资金有限，再也不能把资金占压在盲目重复建设上，再也不能把资金浪费在到处搞“大而全”“小而全”上，党中央提出把全部经济工作转到以提高经济效益为中心的轨道上来，通过投资分配促进企业结构合理化，正是提高经济效益的重要方面。

投资分配怎样促进企业结构的合理化呢？①要支持工业企业的整顿、联合、改组，凡是通过联合能促进专业化分工和协作的，投资安排要支持其进行必要的技术改造；②对于新兴办企业要实行许可证制度，有了许可证才给予投资或贷款，没有许可证而在计划外自行筹建的要加倍课征税收；③对那些耗能高、效益低、产品销路差，又不可能改造或不值得改造，限期扭亏转盈又未能实现的企业，要坚决关停并转；④对于各类企业的合理规模和技术要求，要根据实际情况分别制订标准，以利于引导和指导，避免这里关停技术落后的旧厂，那里又兴办技术更落后的新厂，浪费资金，造成损失。

目前我国工业生产发展受到能源和原材料的限制，企业结构合理化可以通过社会生产的合理组织，有效地利用能源和原材料，使生产有较快增长，成本能较快降低。企业结构合理化由于受到行政隶属关系的种种限制束缚，很不容易办到。只有打破“地区所有制”“部门所有制”的种种束缚，按照经济上的有机联系来进行整顿、联合、改组，才能发展专业化协作，发展经济联合。可见经济体制改革与经济结构调整是紧密联系的，搞好了就可以变相互掣肘为相互促进，从而大大提高经济效果，大大降低资金、系数，为实现二十年的宏伟战略目标作出贡献。

第四节　合理安排投资结构所要正确处理的几个关系

由于投资方向的抉择，投资结构的安排，是实现各项结构对策的手段和保证，本书中所讨论的各项结构对策几乎都与投资结构有关。投资安排要体现最佳的结构对策的要求。在这里，我们将进一步讨论投资结构中土建投资与设备投资的关系，新建投资与改造投资的关系，沿海投资与内地投资的关系，基础设施投资与城镇规模的关系，生产性投资与非生产性投资的关系，固定资产投资与流动资金投资的关系，探索怎样才能取得更好的投资经济效益，加速经济的发展。

一、正确处理投资技术构成中建筑安装工程投资和设备工具购置投资的关系

固定资产投资包括两大部分，一是建筑安装工程投资，二是机器、设备、工具、器具的购置投资。众所周知，厂房虽然是进行工业生产所必需的，但劳动生产率的高低却主要是和机器设备的先进落后相联系的。两者的比例变化，往往会影响到投资效果

的变化。

当一国处于工业化初期，投资多半用于建设新的部门和企业，建筑安装工程量比较大，机器设备投资相对较小。但是两者比例怎样安排才比较合适，还是很值得研究的。

多年来我国机器设备购置投资占总投资的比重，起伏波动颇大，很不稳定。其中“三年大跃进”及20世纪70年代前期，机器设备投资占总投资的比重在33%以上甚至达到38%，这是挤了其他方面投资特别是挤了非生产性投资的结果，由此造成大量欠账，不能认为是正常的。但是1981年机器设备投资只占总投资的19%，金额只有81亿元，虽然有兴建职工住宅等还欠账因素，也不能认为是正常的。机器设备投资的大起大落，造成机器设备需求的大升大降，需求猛升时刺激了机械工业的盲目发展、粗制滥造和不顾质量，需求猛降时又形成机械工业的生产萎缩，经营困难。机器设备投资占总投资比重小了，还会出现总投资看来不小，而新增生产能力却不多，对于经济的持续发展也是不利的。

因此，合理安排机器设备购置投资占总投资的比例，并使之相对稳定，很有必要。从我国目前情况看，在基建总投资控制在500亿元左右时，机器设备投资最好能保持在25%左右比较适宜。这个比例高于1981年，有利于生产能力的增长；低于70年代前期，有利于比例关系的调整。这样机器设备投资额在125亿元左右，是过去达到过的、机械工业有力量承担的。至于从今后发展来看，应当逐步提高机器设备占总投资的比重。如果基建投资的年增长率为8%，机器设备投资的年增长率应该超过8%，但增长不宜过猛，应尽量避免骤升骤降的大幅度波动，尽量保持稳定增长的势头。应该指出，当今世界各国经济发展的趋势，都是机器设备投资占总投资的比重逐渐上升，土建和安装投资占总投资的比重逐渐下降，顺应潮流，掌握恰当分寸，将有利于经济发展。

二、正确处理新建企业投资与原有企业挖潜、革新、改造投资的关系

这是投资建设的两种不同方式，人们通常把新建扩建企业靠增人、增设备、扩大生产场所来发展生产，称作外延型扩大再生产；把原有企业通过挖潜、革新、改造，靠生产要素改善从而提高劳动生产率来发展生产，称作内涵型扩大再生产。正确处理两者关系，是合理安排投资结构要重视解决的问题。我国过去由于经济基础薄弱，技术落后，当时以新建企业为主，建成了门类比较齐全的工业体系，进行外延型扩大再生产有其必要。今后，还需要建立一些新兴的工业部门，还需要发展一些新的产业和产品，还需要建设新的工业基地、调整工业的地区布局。特别要指出的是由于我国人口多、新成长的待业人员多，需要发展一些新的企业以提供较多的就业机会，所以外延型扩大再生产仍是扩大再生产的一个重要方式。

但也要看到，改造原有企业增加生产能力所耗费的财力、物力，要比建设具有同样生产能力的新企业省得多，一般来说投资要省三分之二到二分之一，设备和材料可以节省 60%，建设时间可以节省一半。考虑到我国现在已经有了 40 多万个工业企业，条件已经和建国初期开始工业化建设时大不相同，在新的情况下如何把原有企业的潜力充分挖掘出来，是关系到能不能实现宏伟战略目标的大事。

从目前情况看，企业和各级财政提取的折旧基金、简单再生产维持费以及企业留用的生产发展基金，一年大约有 240 亿元。如果能切实把这笔资金用于原有企业的挖潜、革新、改造，将发挥巨大作用。问题在于，多年来人们把新建扩建当成扩大再生产的唯一方式，把大量折旧基金和生产发展基金用于新建扩建，挤了更新改造资金，使得不少企业设备陈旧、技术落后、消耗大、效率低。因此，切实保证把更新改造资金用到原有企业的设备更

新和技术改造上，不许借更新改造之名，行扩大基本建设之实，极为重要。

对原有企业进行改造也不能一哄而起，打消耗战。更新改造资金的使用也需要明确投资方向，合理安排投资结构。从当前说，节约能源，提高能源综合利用率；通过产品的更新换代调整产品结构，提高产品的性能和质量，节约原材料的消耗，是改造的重点。在不同企业间，那些影响大的“煤老虎”“电老虎”，为国民经济技术改造提供装备的机械企业，重点城市的骨干企业，应当提前一步进行改造，在资金上优先给予保证，使它们的生产技术水平，能够先一步转变，这对于提高宏观经济效果是有重要意义的。

三、正确处理沿海投资与内地投资的关系

我国工业过去集中在沿海地区和东部地区，因而财赋所出，也在沿海地区和东部地区。这种国民经济地区结构很不合理的状况，是历史上形成的。调整地区工业布局，抓好内地经济建设，确有必要。但是调整地区工业布局时采取什么方针，步子迈得多大，在内地发展哪些工业，怎样正确处理沿海与内地关系，需要合理安排。

我国在相当长一段时间里，片面强调发展内地工业，投资集中用于三线建设，而且一拥而上，大小三线同时展开，摊子铺得很大，迟迟不能建成投产。建设项目主要是重工业，没有根据当地经济特点，发挥地区经济优势。正因为这样，多少年来虽然把投资集中于内地，使沿海工业的发展受到限制，然而并未由此而改变内地经济基础差的状况，建了不少工厂而财力不能相应增长，有的反而背上包袱，成为负担，全国财力的增长也由此而受到影响。拿 1981 年的财务资料来看，每百元固定资产原值提供的产值，上海为 290.4 元，广州为 209.9 元，天津为 173.8 元，南京为 172.5 元，而兰州只有 65.8 元，太原只有 61.5 元；每百元固定资产原值提供的税利，上海为 80.7 元，广州为 40.3 元，天津为 39.7 元，北京为 37.2 元，而哈尔滨只有 16.9 元，太原只有 10 元。在这些城市之间，经济效益差距达一二倍、三四倍。至于某些小城市和县镇，投资经济效益悬殊更大。投资结构的安排要考虑经济效益，对调整地区工业布局就不能操之过急，还得充分利用和发挥沿海老工业基地技术力量强、协作方便、经营管理先进等优势。上面说过要抓紧原有企业的技术改造，这也正意味着要重视沿海老工业基地的技术改造，把沿海老工业基地的长处充分发挥出来，从而加速资金积累，反过来又能增强支援内地工业发展的力量。

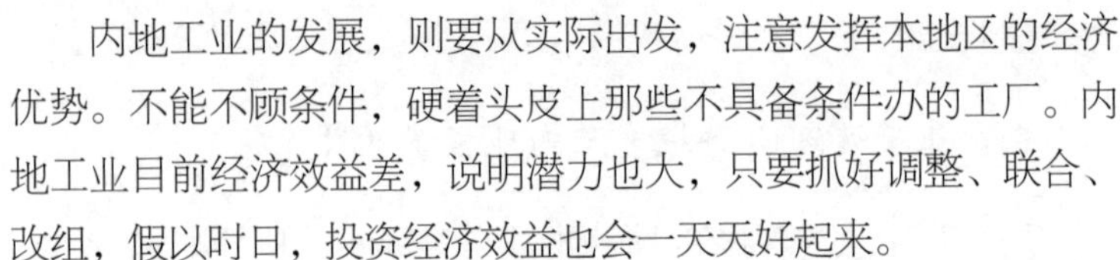

内地工业的发展，则要从实际出发，注意发挥本地区的经济优势。不能不顾条件，硬着头皮上那些不具备条件办的工厂。内地工业目前经济效益差，说明潜力也大，只要抓好调整、联合、改组，假以时日，投资经济效益也会一天天好起来。

四、合理安排基础设施投资和控制城镇的合理规模

工业的集聚，形成规模不等的城镇。在实现四个现代化的过程中，将有不少新的城镇兴起，因而需要未雨绸缪，在工业布点时，对城镇的合理规模有计划地作出安排，以便既有利于产品生产中的专业化分工和协作，又有利于经济有效地安排城镇基础设施。工业布点过于分散和过于集中，都不利于提高经济效益。

基础设施是进行正常的生产和流通的条件，正像打仗需要兵马未到、粮草先行那样，需要优先发展。可是长期以来，我们对基础设施的发展重视不够，致使超前变成后进，先行变成后行，成为国民经济发展中突出的薄弱环节，欠账较多。

由于电话发展慢，信息传递不灵，给经济决策造成困难，影响经济组织管理效率的提高；由于供水、供电不足，许多工厂不得不停工减产；由于交通拥挤，浪费了职工的时间。正因为这样，对基础设施投资，应该考虑发展的需要和还欠账的需要，适

当多安排一些。目前基础设施投资的绝大部分是从地方财政掌握的城市维护费中解决，所以应当考虑适当提高城市维护费的提取比例，尤其是小城市过去未提取的，应当从实际需要出发，允许提取。只有给了出路，才能有效地制止那种乱向企业摊派种种费用的错误做法。

基础设施投资存在还欠账的问题，而要用好这笔资金，提高经济效益，则还要和合理安排城镇规模结合考虑。从过去的状况看，在内地和西部的建设中主要是布点过于分散，在沿海和东部地区建设中则主要是布点过于集中，看来都不利于提高经济效益。

在内地和西部的生产建设中，由于底子差，没有多少现成的基础设施可资利用，特别是新布厂点，平地起家，样样从头搞起，基础设施需要的投资更多。因而在那里的建设方针本应是适当集中，合理安排，可以使有限投资发挥较大效果。可是当时在三线建设中却采取了高度分散的方针，不仅相关企业距离遥远，连一个工厂也被拆得七零八落，这就给解决基础设施问题带来很大困难，花钱很多，见效甚微，不得不走“工厂办社会”的路子，生活服务、生老病死样样都得自己去管，而且还管不好，职工处处有后顾之忧，生产协作极不方便，给正常的运营管理带来极大困难。这种布点过于分散的弊端，人们从亲身体会中有了较深刻的认识，现在要做的是通过调整，切实解决三线建设中的遗留问题，挽回损失。至于在沿海和东部地区建设中工业布点过于集中，城市规模过于庞大的弊端，则尚未引起足够的重视。由于在原有工业基地中建设新的工厂，有现成的市政工程等基础设施可资利用，不需要样样从头搞起，因而表现为投资省、效益好；加上各个城市都要争取产值翻番，要解决待业青年就业，也一股劲儿要上。殊不知现在不少城市的基础设施欠账已经很多，再上新的厂点，铺新摊子，将加剧供水、供电、交通、邮电通信等方面的紧张，将来还欠账的投资并不省。像上海这样的城市已经不能再在市区内见缝插针布新的厂点，而是要拔针见缝才比较适宜。城市工业人口不断增多，城市规模不断膨胀，会带来一系列问题。一般来说，城市愈大所需要的基础设施投资将以几何级数增加。据测算，像北京这样的大城市每增加一个工业人口，相应的城市建设投资要比中小城镇高三四倍。因此，在沿海和东部地区的建设中，把工业布点适当分散，发展中小城镇和大城市的卫星城镇，是一项重要的决策。目前人们认为城镇规模在 10 万人口到 50 万人口范围内，基础设施投资的经济效益最好，这就要有计划地做出安排，在投资分配中体现合理控制城镇规模的要求。

五、合理安排非生产性投资所占的比例

对于生产性建设和非生产性建设，人们有各种不同的划分办法。有的把工业、交通运输业、农业、建筑业的建设投资称作生产性建设投资，除此以外都属于非生产性建设投资；有的按三次产业的分类方法，认为非生产性建设投资大体相当于第三产业的投资；有的认为物质生产和直接为物质生产服务的建设，包括工业、建筑业和地质资源勘探、农业、运输邮电、商业和物资供应的建设，都属于生产性建设；至于为满足人民物质和文化生活需要的建设，包括住宅、文化、教育、卫生、城市公用事业和行政管理机关的建设等，才属于非生产性建设。我国现在的统计数字是按后者分类的。但人们在讨论生产性建设和非生产性建设比例失调的论述中，也常常把商业网点不足等，作为忽视非生产性建设的例证。

不管如何划分，非生产性建设投资都是重要的，不能缺少的。其中某些方面如科学教育投资、基础设施投资等，前面已做探讨。在此除对非生产性投资做概述性探讨外，拟着重探讨住宅投资问题。

顾名思义，生产性建设投资是能够直接提高生产能力的，非生产性建设投资则不能直接提高生产能力，因此人们往往重前者而轻后者，在投资分配上形成两者比例失调。长期失调的结果，造成大量欠账，造成生产和生活中的种种不便，反过来又影响生产的持续发展。

从 1958 年以后到 1978 年这二十年里，除了三年调整时期以外，非生产性建设投资的比重一般只有 10%~17%，其中住宅建设投资在 1958 年仅占 3%，一般也不过占 6% 左右，这个比重无疑是低的。

1979 年以后，非生产性建设投资的比重逐年上升，到 1981 年已占到 41.3%，其中住宅建设投资占到 25.5%。1982 年在基本建设投资中，非生产性建设投资 252 亿元，比上年增长 48.1%，超过了全部基建投资和生产性投资的增长幅度；非生产性建设投资所占比重已上升到占 45.5%，其中职工住宅投资 141 亿元，比上年增长 28.3%，占总投资的比重为 25.4%。由于过去欠账较多，在一定时期里提高非生产性建设投资所占比重有其必要，但是长期这样安排，势必影响生产性建设的发展速度，反过来又会影响非生产性建设的发展。因此从今后一段时期来看，有必要适当控制非生产性建设投资的增长，大体上占总投资的 1/3，既能随着生产发展逐步归还欠账，又不致妨碍生产建设的发展，比较适宜。

目前职工住宅比较紧张，控制非生产性建设投资的增长，岂不影响职工住宅问题的解决？对此应该看到，目前总的来说住宅面积较少，而少数人多占房、占好房，也加剧了住宅的紧张。制止多占房、占好房，单靠行政命令很难奏效，因此要尽快解决房租标准过低的问题，至少应该根据房屋折旧、修缮费用、管理费用几项，把房租标准提到合理程度。对于超标准多占住房的还得实行加倍计租办法，以便通过经济手段的调节，正确处理占房多寡间的矛盾，缓和住房紧张。还要看到控制非生产性建设投资的增长，今后住宅建设投资的绝对额和所占比重，仍远远高于过去

20年的水平，欠账是能逐步归还的。假以时日，职工住宅问题将能得到较好的解决。

六、合理安排固定资产投资和流动资金投资

企业进行生产，不仅需要有厂房和机器设备的投资，还需要有原料、材料、燃料以及停留在生产过程中的在制品、半成品等占用的资金，这两者的资金周转方式是不一样的。前者称固定资产，后者叫流动资金，但两者都是再生产所不可缺少的。还有流通过程中所占用的流通资金，人们通常也称作流动资金，同样也属再生产顺畅进行所必需。

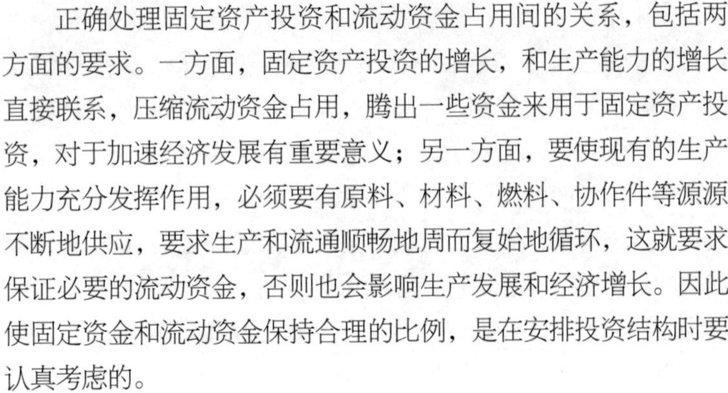

正确处理固定资产投资和流动资金占用间的关系，包括两方面的要求。一方面，固定资产投资的增长，和生产能力的增长直接联系，压缩流动资金占用，腾出一些资金来用于固定资产投资，对于加速经济发展有重要意义；另一方面，要使现有的生产能力充分发挥作用，必须要有原料、材料、燃料、协作件等源源不断地供应，要求生产和流通顺畅地周而复始地循环，这就要求保证必要的流动资金，否则也会影响生产发展和经济增长。因此使固定资金和流动资金保持合理的比例，是在安排投资结构时要认真考虑的。

从我国的实践看，这两方面的问题同时存在。一方面，我国国营企业流动资金占用数额大，周转速度慢，是人们经常议论和指出的。它表现在：①从全民所有制工业固定资产和流动资金的相对比例看，“一五”时期固定资产占78.58%，流动资金占21.42%，两者比例为3.7∶1；“二五”时期流动资金所占比例上升到25.96%，两者比例变为2.9∶1；到“五五”时期流动资金比例仍占24.6%，两者比例为3.1∶1。目前在经济发达国家中，随着经济发展，固定资产规模扩大，流动资金所占比例是相对减少的趋势，我国与此相反，正说明流动资金占用多了。②从全民所有制工业每百元产值占用的流动资金看，在“一五”

时期为 19.68 元，可是到“二五”时期便急剧上升到 28.18 元，“三五”时期为 32.34 元，“四五”时期为 32.86 元，“五五”时期为 32.84 元。本来随着大规模的社会化生产的发展，实现每百元产值所需占用的流动资金应该相对减少，而我国的趋势却反而增加，这也是不正常的。③从流动资金的周转期看，国营工业企业流动资金周转期在 1957 年为 83 天，以后因为经济工作中的种种问题，流动资金周转减慢，到 1962 年达到 148 天，经过经济调整资金周转加速，到 1965 年为 75 天，而此后又不断延缓，1978 年长达 188 天。国营商业流动资金周转在 1957 年为 158 天，1965 年为 165 天，而“三五”时期为 177 天，“四五”时期为 206 天。由于流动资金平均周转一次所需要的天数过长，导致了流动资金占用过多。

另一方面，却又存在生产和流通所必需的流动资金得不到保证的现象。人们通常认为增加固定资产投资，是扩大生产的基本途径，往往采取基本建设投资挤流动资金的办法，影响原有企业的生产经营，使得企业往往因为原料、材料、燃料不足，而影响生产能力发挥。1958 年为了在流动资金管理上“放卫星”，提出了“增产不增资”的口号，从而出现流动资金与生产规模扩大不相适应的情况，还出现把流动资金挪用于基本建设的现象。三年调整时期整顿企业，认真贯彻“先简单再生产后扩大再生产”“先生产、后基建”等一系列方针，并且经过清产核资，保证了企业必需的流动资金，生产趋于正常，流动资金周转速度反而加快。可是在十年动乱期间，这些原则又被抛弃。假如以“一五”时期基本建设投资拨款和流动资金投资拨款两者的绝对额为基数，则在“三五”时期，前者增长 92.5%，后者只增长 9.4%；“四五”时期前者增长两倍多，后者只增长 11%。这种比例关系不能不影响当前生产，使得建设项目投产以后，因流动资金不足而得不到充分利用，效果很差，这是造成资金系数高的另一个重要原因。

因此，在我国经济中，一方面从宏观经济看流动资金占用过多，周转过慢；另一方面从微观经济看某些企业流动资金不足，不得不停工待料，影响生产。这两种看来是矛盾的现象同时存在。其所以从宏观经济看流动资金占用过多，是因为：①由于生产结构、生产组织、运输安排等方面的问题，原材料、燃料等不能稳定供应，需要多做储备，扩大了储备量。②由于不是按照市场需求组织生产，信息不灵，形成不少商品紧缺脱销，又有不少商品积压滞销。③由于按行政系统组织商品流通，尤其生产资料流通采取层层分配办法，货到地头死，往往是这里紧缺而那里积压并存。对于由此而造成的流动资金占用过多，应当着眼于宏观经济，从生产结构、产需衔接、流通体制等方面加以调整和改革，才能逐步把潜力挖掘出来。但是过去见不及此，而是着眼于微观的流动资金管理，用行政命令办法，责成每个企业要加速流动资金周转，规定周转天数要减少多少等指标，却并不为此创造条件；更有甚者是用不拨款、不贷款的办法硬挤，结果越挤矛盾越大。在这里并不是说流动资金占用不多，从占用的各种指标来和历史上比，和经济发达国家比，都说明有很大潜力，问题在于用什么办法解决。办法不对头，硬压任务只能影响生产和流通的正常进行；办法对头了，条件改善了，流动资金占用恢复到历史最好水平，便可以实现产值翻两番而流动资金占用只翻一番，为实现宏伟目标作出贡献。

压缩流动资金占用的最大潜力，在于清理超储积压。据估算，在工业企业和物资、商业、供销、外贸企业现有的 3000 多亿元流动资金中，超储积压占款如果不到 800 亿元，大概也有 500 亿元，是相当庞大的数额。切实清理压缩，变死物为活财，将在经济建设中起良好作用。有人对此信心不足，认为清产核资搞了四次，清仓利库喊了多年，清了旧超储又来新超储，流动资金周转并未加速。这个问题也是因为过去清仓只着眼于治标，是用行政方法压指标和给企业卸包袱，结果核销了一批清仓损失，又来了新的超储积压和损失。这正证明对待积压要治本，要从指导思想、管理体制和计划方法上找根源。积压减少，供应正常，流动资金占用自然可以减少，由此而腾出资金，就不属于基本建设挤流动资金了。

合理安排投资结构，就是要正确处理以上这些关系。如果确实把资金安排好，把投资用在刀刃上，不仅使新投入资金有较好效果，而且能提高原有资金的效果，那么我们面临的资金需要量大而可提供的资金不足之间的矛盾，便可以缓和，从而促进良性循环，实现经济振兴，使我国经济一天比一天兴旺发达。

第五节　树立投资的时间价值观

确定投资结构对策，还必须树立投资的时间价值观。这是一个长期为人们忽略，然而又极其重要的问题。

多少年来，人们总是千方百计地想多搞些建设，争投资、争项目，以致于有人认为“投资饥饿症”是社会主义国家中很难克服的顽症。但是，社会主义经济是计划经济，能够有计划地做到使建设规模和国力相适应。我们国家几次调整经济的经验也证明，只要认识到了问题在哪里，不管怎样庞大的建设规模都能压缩下来。“投资饥饿症”是表面现象，事情的实质在于人们对怎样才能发展得快些，有着不同的认识。一种是从哪一年必须达到哪一目标出发，倒过来算账，提出必须上多少个建设项目，必须安排多少投资，不计代价，挤着硬上，这样就难免会出现“投资饥饿症”的现象，也必然会忽视投资的时间价值。另一种是从实际出发，合理安排投资，尽快使投资发挥效益，再进行投资。按照后一种做法，表面上似乎不像前一种做法那样雄心勃勃、气壮山河，然而由于重视了投资的时间价值观，讲求实效，最终的经济发展速度将比前一种快得多。这也正说明，树立投资的时间价值观，乃是治疗“投资饥饿症”的一种良方。

我们知道，在投资总额已定的条件下，资金周转得越快，投资效果就越好，经济发展速度也越快。所谓树立投资的时间价值观，就是要千方百计加速投资周转，努力缩短建设周期，缩短投资回收周期，把它作为关系到实现宏伟战略目标的大事来抓，在合理安排投资结构中认真加以考虑。

一、缩短建设周期的重要性

我国在第一个五年计划期间，对于缩短建设周期比较重视，大中型项目平均四五年建成，但从第二个五年计划时期起，出现了建设周期拉长的趋势。这些年来建设周期大体拉长一倍，大中型项目平均建设周期需要十年，还有着一些十年以上、十五年以上、二十年以上的在建施工项目。建设周期拉长有以下弊病：①会加大工程建设成本，增加无效投资。按目前投资规模估算，建设周期延长一年，仅职工工资等几项就将增加近 50 亿元，缩短一年则可以节省 50 亿元，为数极其可观。②会延迟建设项目竣工投产、交付使用，延迟一年就将少增加 200 亿 ~300 亿元的产值，60 亿 ~70 亿元的税收和利润。③当今的世界，技术发展日新月异，本来可以三年建成的项目，拖上六年、十年才建成，本来七八年可以建成的项目，拖上十几年、二十年，这样原来比较先进的工程设计、工艺设计和产品设计，会成为落后，原来在经济上合算的，会成为不合理的。至于某些工程在时间上有连续性的要求，如水库大坝要求连续浇灌混凝土，停停打打，就无法保证工程质量。

在这里应该指出，一项工程的建设周期，受技术建设周期的客观限制，从地质勘测、工程设计、组织施工，设备安装、试验运转直至交付生产使用，都有其客观上所必需的时间。除非技术上有所突破，否则很难逾越这个技术上必需的建设周期。所以缩短建设周期，在于通过合理安排投资和经济组织工作，使经济上的建设周期和技术上的建设周期基本接近。过去人们在贪多求快思想指导下，为了缩短建设周期，曾经否定技术上所必需的周期，提倡“边勘测边设计、边施工”，蛮干硬拼形成挖了填，填了挖，边建边改，浪费严重，而工期反而拖长。做好经济组织工作的目标，是把技术上要求三年建设期的工程如期完成，不要因为组织不善而拖上四年五年六年。忽视细致做好经济组织工作，硬压任务，以破坏技术规程来求快，结果还得补课，反而会延长建设周期。

二、控制建设规模是做好工作、提高效益的前提

多年实践证明，建设规模是否和国力相适应，对于投资效果好坏，建设周期长短，有着决定性的意义。建设投资较上年增加额超过 100 亿元的，在我国历史上出现过四次。1958 年较上年猛增 128 亿元，1970 年猛增 122 亿元，1978 年猛增 121 亿元；1982 年基本建设投资比上年增加 112 亿元，加上更新改造投资比上年增加 65 亿元，总共增加 177 亿元。四次固定资产大膨胀的结果，都表明这样做会造成财政赤字，会挤了生产和维修所需物资，而且实际上没有力量把这么大的建设规模搞成，只能是拖长建设时间，只投入，不产出，形不成生产能力，投资效果降低。

我国经过经济调整，采取一系列果断措施，使得建设周期长、投资效果差的状况，在 1981 年有所转变，表现为固定资产交付使用率达到 86.6%，接近“一五”时期的较好水平；大中型项目的建成投产率为 10.6%，比 1978 年提高 4.8%；未完工程资金占用率为 136.9%，比 1978 年的 155.5% 有所下降。可是到 1982 年，由于建设规模再一次出现膨胀，投资效果又下降了。1982 年国家计划建成投产的 80 个大中型项目中，有 33 个没有建成；计划建成投产的 80 个单项工程中，有 24 个没有建成。1982 年的固定资产交付使用率，由上年的 86.6% 下降到 74.4%，房屋竣工率由上年的 52% 下降到 50.8%。

正因为这样，做好建设投资的组织工作，首要的是控制建设规模。如果建设规模失控，计划外挤计划内，胖子挤瘦子，挤来挤去，计划安排的投资结构就会遭到破坏，建设周期就要拖长。鉴于国民收入增长和建设材料增长都有一定限度，以 1983 年基本建设投资计划安排 507 亿元为基数，那么今后一段时间内，投资年增长率以控制在 8% 左右，比较能适应国力负担可能，可以避免建设规模的过分膨胀。

三、控制在建总规模是亟待重视的课题

我们要有效地控制建设规模，提高投资效果，决不能把工作限于控制年度投资规模，必须同时控制在建总规模。同样多的年度建设投资，安排 4000 个建设项目比安排 2000 个建设项目，建设周期将相差一倍。多年来人们热衷于争项目、争投资、铺摊子，战线拉得很长，投资撒了胡椒面，这是造成建设周期拉长的重要原因。而在压缩基建规模时，则往往不愿砍掉建设项目，只肯减少每个项目的年度投资。于是从年度投资看似乎把建设规模控制住了，实际上战线并未缩短，每个项目都给点钱给点材料设备，分散力量打消耗战，谁也上不去，使原来三年可以建成的项目，拉长到六年、七年。

在建总规模与年度建设规模不同，年度建设规模膨胀会很快在资金及物资紧张等方面反映出来，而在建总规模膨胀了，摊子大、战线长，如果年度投资并未突破，不易为人们察觉。但由此而使建设周期拖得很长，并不可取。而且在建总规模大了，便种下了年度建设规模膨胀的根子，一旦气候适宜，年度建设规模会很快膨胀起来。所以压缩基建战线，不能采取只减投资、不砍项目的做法。留下项目随时准备“救活”，便潜伏着起伏波动的因素。

我们知道，建设周期的长短，是由在建总规模和年度建设规模两个因素决定的。用公式表示，便是：

$$实际建设周期 = \frac{在建总规模}{年度建设规模}$$

这个公式表明，在建总规模和年度建设规模的比值差距越大，建设周期越长；两者比值差距越小，则建设周期也越短。以1983年年度建设投资507亿元为例，假如在建总规模为3000亿元，平均建设周期为六年；如果在建总规模扩大到4000亿元，建设周期将延长为八年；如果在建总规模压缩到2000亿元，建设周期可以缩短为四年。可见少铺摊子、缩短战线，控制在建总规模，对于缩短建设周期有重要意义。我们要想把建设周期缩短到第一个五年计划期间的水平，近期内在建总规模以控制在2000亿至3000亿元的范围内，比较适宜。

目前各个部门都想翻番，都想上项目，控制在建总规模很不容易。有的同志还有现在不铺下摊子、站上队，将来怎能有速度的想法。其所以有此类想法，就是因为缺少投资的时间价值观。安排2000个项目时建设周期为八年，安排1000个项目时建设周期则为四年，这些项目建成投产发挥效益，可以使下一周期安排1200个项目。究竟哪一种做法的速度快，本来很容易比较。问题在于时间价值观淡薄，便往往以为多铺摊子、多上项目才是要求速度，把实际上是慢的做法当成快的做法，把实际上快的做法当成慢的做法。对于这种认识上的误会，有必要多作解释，转变过来。

四、对大小、长短建设项目合理配组，是安排投资结构时要认真解决的课题

对于在建总规模和年度建设规模的比值决定建设周期，不能理解为在建总规模越小越好。每一建设项目从勘测、设计施工、安装，到建成投产，有其技术上的合理周期，小项目需要一二年，中项目需要三五年，大项目需要十年或者更多的时间。如果技术上要求的合理工期是十年，即使集中投资，材料和设备都提

前供货，也不可能在一年内建成。所以在建总规模总是大于年度建设规模的，究竟大多少比较合适？建设周期怎样安排才算合理？对此既要解决战线过长、资金分散的问题，又要解决大中小项目的合理配置问题。

大型的骨干项目，往往对国民经济发展起重要作用，这些项目不安排是不对的。但是大型项目建设周期长，在建设过程中投资不能发挥效益。马克思在《资本论》中指出："有些事业在较长时间内取走劳动力和生产资料，而在这个时间内不提供任何有效用的产品；而另一些生产部门不仅在一年间不断地或者多次地取走劳动力和生产资料，而且也提供生活资料和生产资料。在社会公有制生产的基础上，必须确定前者按什么规模进行，才不至于有损于后者。"[1]马克思的这番话，通常被理解为讲基建和生产的关系，但也同样适用于建设周期长短不等的大小项目。对于短期可以建成见效的一般项目，也不能忽视。以能源建设来说，大型的露天矿和竖井固然重要，而年产60万吨的中型矿井投资省，建设时间短，也不能忽视。只有长短、大小建设项目合理配组，每年都有一定的项目建成投产，才有利于生产的逐年增长。

因此，控制在建总规模不能满足于笼统的数字，还得加以分析。这也就是要按建设工期分组，比如说十年以上项目有多少个，投资多少，总投资额多少；五年以上、三年以上、一年以上的项目和投资额又各为多少，从而考察其比例是否恰当，配置是否合理。一般来说，一定时期内用于某一部门的投资是有限的，当大型项目占了过多的投资时，回旋余地就比较小，不易争得主动，所以上大型项目尤其是特大项目必须慎重。但反过来，小型项目上得过多，资金分散，又不能保证重点建设。所以发现问题要及时调整，以便从总体上把建设周期控制在适度的合理的范围内。

---

[1] 《马克思恩格斯全集》第24卷，第396—397页。

五、树立投资时间价值观要把缩短投资回收期放到重要位置上

我国建设投资使用中应该引起注意的是，投资效果比过去差，投资回收期比过去长。据有关部门典型调查，“一五”期间的大中型项目建成后平均三年半收回投资，“三五”期间投产的项目要七年多收回投资，而1970年后建成投产的项目，迄今还没有一个已收回投资。另据计算，1952年到1978年期间，我国工业投资3500亿元，实现税收和利润共8000亿元，投资回收期大体是10年。如果现在能使已有资金的效益达到“一五”期间的水平，依靠现有投资，便能使国民收入增加一倍。

如何缩短投资回收期？最容易为人们想到的是增产价高利大税大商品。1981年我国轻工业的资金利税率是53.51%，重工业是16.11%。在轻工业内部，卷烟工业的资金利税率是340.64%，棉纺工业是81.55%，酿酒工业是53.18%，缝纫工业是43.35%，日用金属工业是45.23%；而煤炭工业的资金利税率只有3.5%，化学肥料工业只有7.71%，农机工业只有2.52%。因而事情似乎很简单，似乎只要改变投资构成，投资效果就可以提高，投资回收期就可以缩短。近几年盲目重复建设之所以一再出现，难以制止，正和这种想法有关。

实践证明，按照这种想法来安排投资，盲目发展小卷烟厂，小棉纺厂、小酒厂，从微观的、企业的投资效果看也许还不错，而从宏观的、社会的投资效果看往往很差。这是因为，某些商品虽然价高利大，但原料就那么多，市场容量就那么大，生产能力已经饱和，再新建企业，新企业增产的部分和得到的税收利润，往往就是老企业减产的部分和减少的税收利润。所以盲目重复建设愈是发展，宏观经济的投资效果便愈差。当然这绝不是说，卷烟工业、酿酒工业、棉纺织工业就不需要投资了。棉纺织工业目前棉纺纱绽生产能力虽然过剩，宽幅织机、后整理等却是薄弱环节；卷烟

工业生产能力虽然过剩，过滤嘴头等却是薄弱环节。所以问题在于投资用于哪一方面才能提高投资效果，推而广之，每一部门、每一地区都存在着投资如何使用才能提高投资效果的问题。

在这里，逐一讨论各部门、各地区投资如何使用方能取得最佳的投资效果，将过于烦琐。从理论上说，关键在于确定投资使用方向的方法论。我以为，如何运用增量分析的方法，来评价和分析投资效果，据以选择最佳的投资方向，是极为重要的方法。所谓增量分析方法，也就是将投资的增量部分，和投资效果的增量部分，进行分析比较。同一投资，可以设想用于几个不同方面，引起几种不同的投资效果增量，可以从中作最佳的选择。把这种分析方法应用于前面所说过的事例，便能看到投资于增加卷烟工业、棉纺工业生产能力。由于生产能力已经饱和，不管增加多少投资，也不管产品是否价高利大，投资效果的增量是零。假如投资不是用于增加生产能力，而是用于改善薄弱环节，如发展过滤嘴头、增加宽幅织机和后整理设施等，由于产品质量提高而增加了税收和利润，投资效果的增量便不会是零，把它和投资的增量相比较，便可以判断出投资用于哪一方面最为有利。

一般来说，新增加的投资不仅本身能取得经济效果，而且能使已有的资金发挥更大的作用，这时候投资效果的增量最大，投资的回收期最短。这种投资效果的增量分析方法，如果能够为各部门、各地区所采用，便可以在投资安排使用中减少一些盲目性，增加科学性，从而不断提高投资的经济效果。应该看到，我国国民经济中的潜力很大，只要把工作做好，逐步把经济理顺，把国民经济中的薄弱环节加强，能够使投资效果提高到"一五"时期已经达到的水平，使国民收入和国家财政收入能够有较快增长，到那时，我国也就能进入新的经济振兴时期了。

运用投资增量分析方法来提高投资效果，缩短投资回收期，正是为了树立投资的时间价值观。因为投资增量和投资效果增量的比较，包括了理论的和实际的比较，近期的和远期的比较。

某大型轧钢厂生产的薄板是生产和建设的短缺物资，按理论计算投资效果很好，但建成投产以后因电力不足不能正常生产，电力问题解决后又因没有合乎质量的钢坯而不能正常生产，以致实际的投资效果远远低于理论计算。类似的事例在经济建设中并非罕见。有的港口泊位和装卸设施建成，而与之配套的铁路尚未动工；有的电站已经建成，而水源设施和输变电设施还得等上几年；有的石油化工企业正在建设，而原油和石油气供应尚无着落，以致原来按正常生产计算的投资效果，在实践中落空。建设某一企业，即使生产技术极其先进，现代化程度很高，假如建成以后暂时用不上，发挥不了效益，投资效果的增量很小，投资回收期很长，那么现在建不如将来建，把投资用于更迫切需要的方面，做到区别轻重缓急来合理分配投资。如果某一项目确属国民经济发展所急需，那就应该考虑到与之有关的各个方面，做到同步建设，及时发挥效益。应该看到我们过去投资的时间价值观相当淡薄，对于区别轻重缓急和组织同步建设等方面，做得都很不够，尤其是缺少定量的分析，对于做好做坏、利弊得失的量，心中无数。因此，提倡运用增量分析的方法，对于提高投资效果，树立投资的时间价值观，具有重要意义。

树立了投资的时间价值观，人们对于投资用于哪一方面最为有利，都要认真进行衡量比较，对于投资效果就会关心，而这样，便可以大大减少盲目争项目、争投资现象，注射了“投资饥饿症”的免疫针。因为只讲需要投资而不讲资金有无可能，不讲怎样才有可能，不讲怎样提高现时的投资效果以解决资金短缺，都在于缺少投资的时间价值观，这正是患“投资饥饿症”的重要病因。而患了“投资饥饿症”，资金再多，也不敷分配；只讲投入、不讲产出，投资效果不会好，资金需要大而资金供应不足的矛盾就无法解决。所以树立投资的时间价值观，积极防治“投资饥饿症”，是投资结构对策的重要方面，是实现宏伟战略目标所必需的。

第十一章　消费结构对策

霍俊超

长期以来，人们在社会主义经济问题研究中，一直都不重视消费问题，甚至还把消费问题排除到经济研究的视野之外，在这种偏见的影响下，人们为生产而生产，严重地忽视了生产目的在于满足人民群众不断增长的物质文化生活需要，使生产建设和生活消费的关系得不到合理的安排。结果，不仅妨碍了人民生活消费的提高，而且影响了生产建设的发展。这个教训是极为深刻的，值得牢牢记取。现在，我们研究促进战略目标实现的经济结构对策时，就要吸取这个历史教训，把合理的消费结构对策看作整个合理经济结构对策的重要组成部分。一般地说，在生产和消费的辩证关系中，首先是生产决定消费，但消费对生产本身起反作用。这对社会主义社会也是不能例外的。特别是就社会主义经济的特殊性来说，它必然实行的是计划经济，生产的目的是满足人民的需要。这就为合理地安排消费结构提供了客观可能，从而可以把消费对生产的反作用提高到前所未有的高度。同时，这也既从一个方面表现了社会主义经济制度的优越性，又从另一个方面表明了合理的消费结构对于实现工农业年总产值翻两番的重要作用。

然而，合理的消费结构对于实现经济发展战略目标的作用，并不只是限于这一方面。它促进了社会生产的发展，也就是增强了提高人民生活的物质基础；合理地安排了消费结构内部各方面的比例关系，还可以提高消费的经济效益，使既定的消费基金发挥更大的作用，使人民群众的物质文化生活能够更快地提高。所有这些，都是实现城乡人民收入成倍增长，使人民的物质文化生活达到小康水平的必要条件。

可见，不论从哪方面看，实现战略目标一定要有合理的消费结构。但合理消费结构不是自然形成的，而是由人们自觉去安排的。因而我们不能不研究消费结构对策。战略目标的实现，在二十年内要分阶段实现，不同阶段上的具体战略目标各有不同，要求消费结构相应地变更。为了自觉地引导这种变化，也要研究合理的消费结构对策。

第一节 合理安排社会消费基金和个人消费基金

在《积累与消费结构对策》一章里已经讨论过确定合理积累率或者从另一面说消费率的问题。现在我们来探讨合理安排社会消费基金和个人消费基金的比例关系问题。

所谓个人消费就是以个人及其家庭为单位进行的消费。这种消费的费用，主要来自个人及其家庭成员的劳动所得，一部分也来自国家、集体的资助和补贴等。但由于它们都是用于个人消费的，可统称为个人消费基金。社会消费就是以社会及企、事业为单位（包括全民和集体的）进行的消费。其费用虽然有时也要由个人支付一部分，但绝大部分还是由社会、集体支付的。由于它的使用具有直接的社会集体性，故称为社会消费基金。

任何人，都既是个体的人，又是社会的人。作为个体的人，他总是要在个人的活动范围内，或多或少地单独生活，单独消费，而作为社会的人，他又总是要在程度不等的社会范围内，或多或少地共同生活、共同消费。诚然，在不同的社会制度下，个人消费和社会消费的性质、范围是各有不同的，但不管怎样，上述意义的个人消费和社会消费都是并存的。特别是，在个人家庭和国家出现之后，情况就更是这样。社会主义社会也不例外。但社会消费总要使用社会消费基金，个人消费总要使用个人消费基金。

这样，整个消费基金的使用从大的方面来看，最终都要归结为社会消费基金和个人消费基金。在整个消费基金既定时，个人消费基金同社会消费基金的关系，就是此起彼伏的关系。但如果我们能够合理地安排这二者之间的比例关系，那它们就会密切配合、相互促进，既能取得较高的社会消费效益，又能对社会生产起到积极的促进作用；反之，也就截然相反。值得注意的是，在社会主义时期，个人消费的支出在基本上要以个人及其家庭成员的劳动所得（主要是按劳分配的所得）为基础，而社会消费支出在基本上是以公有基金为基础，因而个人消费基金同社会消费基金的比例关系是否安排得当，还直接关系着按劳分配原则的贯彻执行，关系着人们之间的物质利益关系，从而也关系着整个社会经济的运转。可见，合理地安排个人消费基金同社会消费基金的比例关系，是极为重要的。它不仅对今后实现战略目标来说是必要的，而且对于整个社会主义时期经济事业的发展，也是必不可少的。

怎样才能把个人消费基金同社会消费基金的比例关系安排合理呢？就是要兼顾个人消费同社会消费两方面，使二者能够互相补充和彼此促进，就是要有利于贯彻执行社会主义按劳分配原则，就是要能够实现个人利益同集体利益以及当前利益同长远利益的正确结合，就是要能够对社会经济发展起到积极的促进作用。并且要做到这一点，就必须坚持理论与实际相结合，从实际出发，按照合理的需要去安排两种消费基金的比例关系。

从实际情况来看，1953 年到 1980 年，我国的社会消费基金和个人消费基金分别由 1953 年的 43 亿元和 434 亿元增加到 1980 年的 295 亿元和 2224 亿元，其人均年额则分别由 7.5 元和 76 元增加到 30 元和 227 元。在二十八年中，社会消费基金同个人消费基金的平均比例是 9.7∶90.3。这种情况说明我们在过去的若干年内，对于整个消费基金的安排使用，大体上兼顾了社会消费需要和个人消费需要，两种消费基金的比例关系安排得比较合理。由于我国比较穷，人民的生活水平比较低，在过去的一段时期内就只能把社会消费基金同个人消费基金的比例大致地安排为 9.7 : 90.3。但是，这个安排也不是理想的合理比例。因为，在二十八年内，社会消费基金及其人均年额分别增长了 5.9 倍和 3 倍；而个人消费基金及其人均年额只分别增长了 4.1 倍和不到 2 倍；国民收入及其人均年额也只分别增长了 5.2 倍和 2.6 倍，因而三者增长比例是不够协调的。具体说来，①与个人消费基金增长相比，社会消费基金增长过快。一般地说，社会消费基金的增长可以稍快于个人消费基金的增长，但这种增长又不能过快，过快了就会影响个人消费基金的增长，并与个人消费基金的增长不协调。我们的情况正是：与个人消费基金及其人均年额相比，社会消费基金及其人均年额分别过快地增长了 1.1 倍和 1 倍。②与国民收入增长相比，社会消费基金的增长也显得过快。从国外的经验看，为了加速文教科卫事业的发展，其有关的社会消费基金部分，是可以等于或高于国民收入增长速度的。但就整个社会消费基金而言，在一般情况下，其增长又不宜超过国民收入的增长，这是因为属于社会消费基金的国家管理基金，不仅不宜增长快，而且还应趋于下降。③社会消费基金在整个消费基金中所占的比重不稳定，有突升突降的现象。其所以如此，就是因为社会消费基金过快的增长，往往会导致两种消费基金比例的失调，而纠正比例失调又不能不降低其比重。

社会消费基金过快的增长，在下述两个时期表现得尤为突出。先看“二五”时期。与 1958 年相比，1959 年我国国民收入及其人均年额只分别增长了 9% 和 7%，但在整个消费基金安排不当，比上年减少 22 亿元、降低了 3.2% 的情况下，又不顾维持个人原有生活水平和满足人口增长的需要，一方面把个人消费基金及其人均年额比上年分别压低了 42 亿元和 8.1 元，使其分别降低

6.1% 和 7.8%；另一方面又把社会消费基金及其人均年额分别比上年提高了 20 亿元和 2.9 元，使其分别增长 36% 和 35%。由此，社会消费基金同个人消费基金之比，便由 1957—1958 年平均的 7.5：92.5 左右，变化为 10.5：89.5。1960 年，尽管国民收入已经下降，但社会消费基金还继续提高，并仍然保持了上年的比重。结果，超越了国民收入承受能力，影响了人民的正常生活，加剧了国民经济的比例失调。为了改变这种状况，不得不在 1961 年调低社会消费基金在整个消费基金中的比重，把两种消费基金之比恢复到 1957—1958 年时的水平。此后虽然随着社会经济的发展，社会消费基金的比重逐步回升，但直到 1974 年，一般都稳定在 8%~10% 之间。

再看 1975 年和“五五”时期。在这六年中，我国国民收入总共只增长 60%，但整个消费基金却增长了 62.5%；在消费基金中，个人消费基金只增长了 59.3%，而社会消费基金却增长了 91.5%，从而使两种消费基金之比，由 1974 年的 9.9：90.1 变化为 11.3：88.7。其中 1979 年，国民收入只增长了 12.8%，但整个消费基金却增长了 16%；个人消费基金增长了 14%，而社会消费基金却增长了 32.6%，从而使两种消费基金之比达到了 13：87。显然，这六年特别是 1979 年，社会消费基金的增长是过快了，不仅与个人消费基金的增长不协调，而且超越了国民收入增长的承受能力。为此，从 1980 年开始，我们不得不压缩社会消费基金，使其在整个消费基金中的比重由上年的 13% 降低为 11.7%，1981 年又降为 10.6%，使之大致恢复到 1979 年以前的水平。

实践表明，社会消费基金的增长，是不能过分快于个人消费基金的增长，不能超越国民收入的增长。而如果硬要如此“过快”和“超越”，就势必促成比例失调，影响经济发展，因而又不得不压缩它。既然这样，我们今后在安排社会消费基金和个人消费基金的比例关系时，就应该吸取这有益的历史教训。

那么，从当前和今后来看，为了促进战略目标的实现，社会消费基金和个人消费基金的比例应是多少呢？我们的看法是，它在当前已经达到的10.6%左右的比重，不宜再进一步压缩，而应让其适当地稳定，并且过几年之后，要逐步有所提高。其原因是：①尽管现已达到的10.6%的比重，对前些年来说是显得高了点，但随着国民收入的增加和个人消费水平的提高，对现在特别是今后一些年来说，这样的比重就不显得高了。②考虑到我国战略目标的实现，在很大程度上要依赖于教育科学事业的发展，而这种发展，又需要追加有关的社会消费基金，这种基金的增加在当前及今后一个时期内的国内外环境下，又不能完全通过压缩国家的管理费用来弥补，仍需通过社会消费基金绝对量的增加和比重的提高来达到。但是，社会消费基金10.6%的现有比重不能在稳定一个时期后大幅度地提高，而只能在有限的界限内逐步提高。比如说，从1985年开始先逐步提高，到1990年时达到11%左右，到2000年时只达到11.4%左右。这是因为，按照我们的设想，社会消费基金的增长，不能超过国民收入的增长，至多也只能和国民收入同步以6.5%的年递增速度来增长。如果这样，那社会消费基金到2000年时，至多也只能达到1038亿元，在消费基金中所占的比重只能达到11.48%。这样，社会消费基金的增长，不仅没有超过国民收入的增长速度，并且虽然比个人消费基金增长速度5.5%快一点，但也不是过快地增长。由此看来，把实现战略目标所需要的社会消费基金同个人消费基金的比例，确定为（10~11.5）：（90~88.5）这样的幅度内似乎更合理。

第二节　合理安排社会消费基金中的三个单项基金

现在研究社会消费基金在各方面的合理使用。

长时间以来，人们根据马克思在《哥达纲领批判》中的论述，都把社会消费基金按其使用方向分为三个单项基金：管理基金，它用于整个行政管理和国防费用的支出；文教卫生基金，它用于文化教育、科学研究和卫生保健事业费用的支出；社会保证基金，它用于社会救济和社会集体福利事业费用的支出。这种划分基本上是正确的。但其中关于社会保证基金的说明与现实经济生活不大一致。在现实的经济统计中，都未把国家和集体单位给予个人的抚恤金、救济金、离休和退休金等列入社会消费基金，而将其列入了个人消费基金。原因是，这些消费基金在无偿提供给个人后，都由其使用者以个人同其家庭为单位而用于生活消费。基于这种情况，同时也为了便于分析研究，我们在此也要按照现行统计分类法，仅仅把那些由国家和集体单位举办的，并以社会集体为单位共同消费的公共福利事业费用，叫作用于社会消费的保证基金。像养老院、敬老院、孤儿院、托儿所、幼儿园、公园以及集体使用的理发和洗澡设施等方面的福利事业费用，就是如此。

毫无疑问，不论是管理基金、文教卫生基金，还是用于社会消费的保证基金，都是整个社会消费基金的必要组成部分。问题在于：这三种基金也是此消彼长的。如果分配合理，就会使三种社会消费相互补充，进而对社会经济发展起到促进作用；如果分配不合理，就会适得其反。所以，为了促进战略目标的实现，我们也要合理安排社会消费基金在各个方面的使用，力争使其比例关系协调。

合理安排这三种单项基金总的原则是马克思主义的原理，从实际出发，统筹兼顾。具体来说，主要有下面三点：

第一，进一步压缩、控制国家的管理费用。马克思曾经指出：同生产没有直接关系的一般管理费用在新的社会主义社会“将会立即极为显著地缩减，并将随着新社会的发展而日益减少”[1]。这个论断十分正确。

新中国成立以来的历史事实，正好证明了这一点。解放初，

[1] 《马克思恩格斯选集》第3卷，第10页。

为了抗美援朝和镇压反革命的需要，国家的整个管理费用在 1952 年时占到了国民收入的 14.3%。但此后，这个比重逐步下降，1957 年为 11.3%，1965 年为 10.17%，1978 年为 8.9%，1981 年为 8.07%，事实证明，我们在压缩管理费用上是有很大成绩的。

不过，在这方面，也有不少问题。其表现是：①多年来我们的党、政、军等部门一直存在着机构重叠和人浮于事的情况，这就不适当地增加了管理费用。②我们在对管理费用的压缩、控制上有忽降忽升现象。就纯行政费支出来看，1957 年反而比 1952 年多支出国民收入的 0.3%，1981 年又反而比 1978 年多支出国民收入的 0.27%。就国防费支出来看，在 1954—1958 年逐年下降后，1959 年后，特别是 1963—1972 年，逐年增加，以致 1971 年的国防费用相当于 1962 年的 3 倍。③在过去的长时期内，以阶级斗争为纲，一个政治运动接着一个政治运动，直至发动了所谓“文化大革命”，因而势必增加无利而有害的所谓阶级斗争费用。这些问题说明我们在压缩、控制管理费用上，确有历史教训可以吸取，还有潜力可以挖掘。我们今后在行政管理费用的支出上一定会避免过去那样的失误，进一步把国家行政管理费压缩、控制在必要的限度内。在党的十一届三中全会以后，我们确已开始这样做了。特别是压缩国防费用的成绩很大。可以预料，今后在国家机构改革和体制改革中，做到精兵简政，就可能进一步把行政管理费用压缩到“二五”时期的水平，即由“五五”时期占国民收入的 1.9% 压缩到 1.7% 或更低些。在和平时期国防费用也将得到进一步的控制。这样，就可以把压缩节约下来的基金用于教育科学事业。

第二，进一步追加文教卫生基金。马克思也曾指出，社会主义社会“用来满足共同需要的部分，如学校、保健设施等”，“将会立即显著增加，并将随着新社会的发展而日益增加”。[1]

[1] 《马克思恩格斯选集》第3卷，第10页。

因为与资本主义制度相比，社会主义国家要求全面发展人们的德、智、体和大大提高劳动生产率，这些有赖于文化教育、科学研究和卫生保健等事业的发展，而文教科卫等事业的发展，又有赖于文教卫生基金的不断增加。在过去几十年中，我们在发展文教科卫等事业方面已经取得了显著成就。但确有不足之处，文教卫生基金数量小，不能适应文教科卫事业发展的需要，以致与世界一些国家相比，差距还很大。为了说明问题列表如下：

表 11-1　我国教育事业发展状况同其他国家的比较

国别	教育费用占财政预算的比重（%）	每人平均教育费（美元）	每个中小学生平均教育费（美元）	每万人在校大学生数（个）
中国	（1977 年）6.07	（1980 年）2.7	（1980 年）13	（1981年）12.8
美国	（1978 年）15.3	（1975 年）471.2	（1975 年）1589	（1977年）496
日本	（1979 年）20.2	（1975 年）247.74	（1975 年）1186	（1980年）190
苏联	（1978 年）14.2			（1980年）195
印度	（1969 年）20.8	（1975 年）3.94	（1975 年）27	（1976年）48.7
埃及		（1975 年）18.01		

表 11-2　我国科研事业发展同其他国家的比较

国别	科研费占国民生产总值比重（%）	人均科研费用（美元）	每万人中科研人员数（个）
中国	（1977 年）1.4	（1977 年）2.5	（1978 年）57（其中中专毕业占多数且包括社会科学）

续表

国别	科研费占国民生产总值比重（%）	人均科研费用（美元）	每万人中科研人员数（个）
美国	（1977 年）2.2	（1977 年）188	（1973 年）149
日本	（1973 年）2.0	（1973 年）75	
法国	（1971 年）1.8	（1971 年）57	（1971 年）344
西德	（1973 年）2.1	（1973 年）120	（1973 年）217
苏联	（1973 年）2.6	（1975 年）95	（1973 年）185（包括社会科学）
英国	（1969 年）2.7	（1969 年）55	（1973 年）151

从表 11-1 和表 11-2 看，我们的教育、科研事业，不仅远远落后于美、日、苏等国，在某些方面甚至还落后于印度和埃及。其实不只教育、科研落后，医疗卫生保健等也是落后的。这种落后局面，已经影响了社会经济的发展。正像邓小平同志指出的："存在着经济发展同教育、科学、文化、卫生发展的比例失调，科教文卫的费用太少，不成比例。"❶

可见，今后要实现战略目标，必须改变文教科卫等事业的落后状况，并为此追加必要的费用。在一定时期内，可以使这种费用增加得快一些，特别是其中教育、科研费用的递增速度可以同国民收入一样，按照设想的 6.5% 的速度递增，以便使用于教育科研事业的费用能够达到对我们具有参考意义的某些国家的水平。比如像苏联那样，使教育费用一般能占到财政支出的 15% 左右，使科研费用一般能占到国民收入的 2% 左右。1978 年以来，我们已开始增加文教、科研基金了。比如，教育费用占财政支出的比重，就由 1978 年的 5.9% 提高到 1982 年的 10%。但已达到的水平与应

❶ 邓小平：《目前形势和任务》，人民出版社1980年版，第15页。

当达到的水平相比，还相差很远。因而今后仍需追加文教卫生基金，特别是其中的教育科研费用。否则，就不能满足人民的需要，使社会主义经济不能更快发展，使战略目标难以实现。

第三，要适当增加用于社会集体福利事业的保证基金。当然，要量力而行，统筹兼顾。同时要努力做到少花钱，多办事，提高社会消费效果，以便使那些由社会、集体收养的人们能够较好地生活，并使广大劳动者能够享受到集体福利设施。多年以来，我们在这方面的成绩是很大的。特别是近几年来，成绩更为显著。1982 年，全国在敬老院供养的老人就达 13.8 万人，比 1981 年增长 20%；城镇社会福利院、儿童福利院达到 864 个，收养 6.2 万人。[1]当然，随着经济事业的发展和整个消费水平的提高，社会集体福利事业也还要有相应的发展。

总之，为了促进战略目标的实现，一定要合理安排社会消费基金，进一步压缩、控制管理基金，尽快追加文教卫生基金，并适当增加用于社会集体消费的保证基金。

第三节　合理安排职工的自费消费额和公费消费额

职工的自费消费和公费消费，是职工个人消费的两个组成部分，是整个社会主义消费结构的一个重要方面。因而在确定实现战略目标所需要的消费结构时，也有必要来研究它。

从现实生活来看，职工整个消费一部分是由职工自己支付，另一部分是由社会、集体支付。前一支付的来源是职工的劳动收入，如工资、奖金等。后一支付的来源是社会、集体设置的各项专有公基金，如国家或集体用于医疗卫生、交通补贴、探亲补助、生活困难补助和物价补贴等方面的基金。这样，职工的个人消费就可以分为自费消费和公费消费。

---

❶ 《光明日报》1983年4月30日第4版。

在社会主义制度下，为了保证人民的生活，国家又必须设置一定的基金，用于各种生活补助。所以，职工的公费消费和其自费消费一样，在社会主义社会也有其存在的必然性。

但是，这两种性质不同的消费，实际上是两种性质不同的利益，即个人利益和集体利益，这样的个人利益与集体利益也是对立统一的关系。而且，职工的自费消费是和按劳分配不可分割的，而公费消费总难免带有平均主义性质。这样，假若人们能正确安排这两种消费关系就能把集体利益和个人利益结合起来，就能在坚持按劳分配原则的同时，又正确地运用了公费消费的积极作用，从而就有利于职工整个生活消费水平的提高，有利于社会主义生产的发展。可见，我们在实现战略目标的过程中，一定要把自费消费和公费消费这两种消费安排好，使二者的关系协调起来。

要把职工的自费消费和公费消费安排好，关键在于坚持自费消费为主、公费消费为辅的原则，以保证按劳分配原则的贯彻执行，严防分配上的平均主义。为此，就要在职工总消费额不断增加的情况下，坚持使工资额增长快于公费补贴的增长。

应该肯定，我们过去在安排职工的工资额和公费补贴额这二者的构成上，基本上是正确的。但也出现了一些问题。比如，近年来，我们在为改善人民生活取得巨大成就的同时，对职工的工资额和公费补贴额二者的关系，就安排得不理想。1979 年到 1981 年，在职工的总消费额中，工资额增长速度比较慢，比重有所下降；而补贴额增长速度却反而比较快，比重有所上升。比如，1978 年我国全民所有制企、事业单位职工的每人年平均总消费额大约为 735 元，其中，属于工资性的消费额大约占 87.6%；而属于公费补贴补助性的消费额占 12.4%，其中福利补贴补助额占 9.4% 和物价补贴补助额占 3%（不包括房租、水、电补贴）。但到 1981 年，当职工的总消费额大约达到 959 元时，其工资性消费额所占的比重就下降到 84.7%，比 1978 年下降了 2.9%；而公

费补贴补助性的消费额，上升到15.3%，比1978年上升了2.9%，其中福利性补贴补助额和物价补贴补助额（不包括房租、水、电补贴）分别上升到10.1%和5.2%，从而使福利性补贴补助消费额上升了0.7%，使物价补贴补助性的消费额上升了2.2%。这种物价补贴补助消费额，还没有包括每个职工每年60元的副食品价格补助。若把这60元再并入物价补贴补助消费额时，那这部分的消费额，就上升到11.5%，比1978年上升了8.5%。这样1981年工资性消费额，就只有752元，在职工消费总额中的比重就下降到78.4%；而补贴、补助性消费就上升到21.6%。

显然，这种职工消费总额构成上的变化，是一种不合理的变化。因为这没有保证按劳分配原则的贯彻执行，在一定的程度上助长了平均主义的分配。人们知道，几年来国家虽然为增加职工收入花了很多钱，但经济效果并不理想，没有能够相应地促进社会主义生产的发展。这里的原因是多方面的，但重要原因之一就正是我们在提高职工消费额的过程中，没有使工资性消费额增长在消费总额增长中保持必要的速度和比重，在一定程度上搞了“大锅饭”式的消费，影响了按劳分配原则的贯彻执行，未能很好地发挥社会主义的物质鼓励作用，以致职工在实际消费水平大有提高的情况下，因看不见、摸不着，仍然有较多的意见，使其劳动积极性受到了影响。

值得注意的是，直到现在，职工消费总额构成上存在的这种问题及其带来的不良后果，不仅没有得到克服，反而还继续发展。这是因为某些补贴、补助办法至今还是照旧执行，而某些补贴或补助又总是随着职工人数的增加、人口的增长和被补贴商品的增长而增加的。比如说，随着职工人数的增加，每年每人60元的副食补助也就要相应地增加；随着城镇人口的增长，需要的粮、油、肉、鱼、蛋、禽、菜等消费量也要增加，在城镇居民生活水平不断提高的情况下，这各种食品的需要量增加更快；随着农业经济的发展，农民为城镇提供的副食品更多。所以，食品物价补贴额在总量和比重上都会进一步增长。并且，这种增长又给国家财政带来困难，致使国家拿不出更多的钱来提高职工的工资性消费额。可见，我们现在就必须重视职工自费消费额和公费消费额构成的研究，并力争尽快地予以正确解决。

针对当前存在的问题，必须认真贯彻按劳分配原则，发挥工资的经济杠杆作用，使职工的工资性消费额在其总消费额中所占的比重适当地有所提高。比如说，提高到比1978年时87.6%微低的比重。另外，把公费补贴、补助性消费额的比重压缩到比1978年时12.4%微高的水平。当然，这种压缩必须具体分析，实事求是地对待各种公费补贴和补助性的消费额。其中不该压缩的就不去压，该压缩的就一定要压。由于福利性的公费补贴、补助（包括公费医疗、上下班交通补贴、探亲路费补助、幼儿入托儿所和入幼儿园的补贴以及生活困难补助等），有比较多的积极作用，有利于职工的卫生保健，解决职工后顾之忧，使职工之间的消费差别可得到合理的调节等，从而对调动劳动积极性有促进作用，所以对这方面的公费消费额就不必再降低它在目前已达到的10.1%的比重了。当然也不宜再提高了。不过，为了减少和杜绝浪费现象，对它的不合理管理与使用办法，还要改革和调整。像完全公费医疗就可以改成职工适当地支付一部分医疗费用，以便使药物能得到节约，使无病求医、小病大治的不良现象能有所克服。但物价补贴、补助或租金补贴（包括粮、油、肉、鱼、蛋、禽、菜、房租、水、电等补贴或补助等），既具有平均主义的性质，又有扩大职工消费差别的性质，还加重国家的财政负担，影响职工工资的合理调整，所以必须把它压缩到确实必要的限度内。比如说，压缩到1978年它在职工消费总额中占3%左右的水平，甚至更低一些。不难看出，如果能做到这一点，那就可以把这方面压缩下来的消费额转化为工资性的消费额，从而使自费消费额在职工整个消费额中的比重有所提高。

当然，这项工作只能有计划、有步骤地进行，并要结合价格体制和劳动工资改革进行，而不能简单地草率从事。

第四节　正确对待消费领域的三个差别

消费领域的三个差别，即工农消费差别，脑力体力劳动者消费差别和不同地区消费差别。这些消费差别处理得当与否，不仅直接关系着消费关系是否合理，而且进一步关系着整个社会主义经济能否正常发展。

一、既要承认工农消费差别，又要逐步缩小它

这里所说的工农消费差别，不只是工人、农民之间的消费差别，而是非农业居民同农业居民之间的消费差别，即城乡之间的消费差别。

按照历史的辩证法，工农消费差别，既要长期存在于社会主义阶段，又要逐步缩小、消亡。因此我们在社会主义建设中，既要承认工农消费差别的长期存在，又要使其逐步缩小。这样做，有利于发挥工人农民的积极性，有利于巩固工农联盟，有利于战略目标的实现。然而，我们在过去长时期内，没有很好重视缩小工农消费差别的问题。从有关资料推算来看，在1953—1978年之间，工农消费差别除了1958年和1962年分别与1952年相同和比1952年略有缩小以外，其他各年都比1952年扩大了。可是，1979年以来，在这方面取得了显著的成绩。据国家统计局的资料，1978年至1982年，职工和农民平均生活费支出之比，由2.68：1缩小为2.14：1，即缩小了20.1%。[1]但为了促进战略目标的实现，还必须认真地总结历史的与现实的经验教训，以便做到既要承认工农消费差别的长期存在，又要采取措施使其逐步

[1] 《文汇报》1983年6月15日第1版。

缩小，防止扩大差别和过快缩小差别的倾向。要做到这些，在今后十几年内，就必须把现有工农消费差别控制在适当的比例上，如到1990年时，由1982年的2.14∶1缩小为2∶1或1.9∶1；到2000年时，再进而缩小到1.7∶1或1.5∶1。

缩小工农消费差别，只能采用在工农消费水平同时都有提高且使农民消费水平提高较快的办法，而不能采用冻结职工工资收入、增加农民收入的办法；只能主要是通过尽快发展农村经济的办法，而不能主要采取大幅度提高农副产品价格的办法。当然，这并不排除国家在必要时也可以调整物价，但这只是辅助办法，不应是主要办法。

二、尽快解决脑力体力劳动者消费“倒差”的问题

脑力体力劳动者消费“倒差”就是指中青年脑力劳动者的消费水平反而低于某些体力劳动者，如低于工交等部门的体力劳动者。按照常规，只要存在着脑力体力劳动者之间的社会分工，在消费水平上总是脑力劳动者要或多或少地高于体力劳动者。因为体力劳动属于简单劳动，脑力劳动属于复杂劳动。与简单劳动相比，复杂劳动的培养、提高和更新，要花费更多的时间，支付更多的代价。可是，在过去的长时期，我们却没有很好地承认这种消费差别，而是在某些方面，竟要过急地消灭这种差别，致使中青年脑力劳动者在消费水平方面反而低于某些体力劳动者。比如，到目前为止，文教科研卫生等部门职工的年平均工资，与工业、运输、建筑、城市公用、金融等部门职工的年平均工资相比居于倒数第三位，这就充分证明了脑力体力劳动者消费倒差问题的存在。值得提出的是，这种消费“倒差”，已经和正在产生着不良的后果。其表现就是，在中青年知识分子中，知识老化的多，生病的多；许多青少年不愿多上学，而要早就业，就了业，也不愿抓紧业余时间学习等。所有这些对社会主义文教、科学、技术事业的发展都是极为不利的。

由此可见，实现战略目标，就一定要下决心解决脑力体力劳动者的消费“倒差”问题，力争在三五年内，使中青年脑力劳动者的工资能比某些体力劳动者适当地高一点，如20%左右，在居住和工作条件上也要适当地好一些。

当然，要达到这一点，也只能通过同时提高脑力体力劳动者的工资，并使脑力劳动者提高得多一些的途径来解决，不能用提高前者工资、冻结后者工资的办法来解决。否则，就会影响脑力体力劳动者正常的分工协作关系。

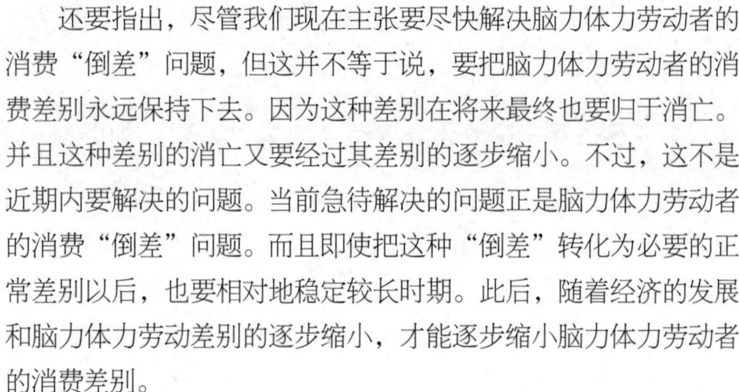

还要指出，尽管我们现在主张要尽快解决脑力体力劳动者的消费“倒差”问题，但这并不等于说，要把脑力体力劳动者的消费差别永远保持下去。因为这种差别在将来最终也要归于消亡。并且这种差别的消亡又要经过其差别的逐步缩小。不过，这不是近期内要解决的问题。当前急待解决的问题正是脑力体力劳动者的消费“倒差”问题。而且即使把这种“倒差”转化为必要的正常差别以后，也要相对地稳定较长时期。此后，随着经济的发展和脑力体力劳动差别的逐步缩小，才能逐步缩小脑力体力劳动者的消费差别。

三、对于地区之间的消费差别，也是既要承认其长期存在，又要逐步缩小

地区之间的消费差别，亦即不同地区人们之间的消费差别。在这种差别中，有些是因为自然条件和风俗习惯之不同而产生的，有些是因为收入水平高低而产生的。但这里说的不是前者，而是后者。因为前者主要是消费品结构及消费方式的差别，即使到了共产主义高级阶段上也还要存在，并且在当前还无须研究。后者主要是消费水平的差别，其状况如何，关系着消费关系的协调与否，关系着经济建设的速度快慢，因而就有研究和正确对待的必要。

我国是一个地域辽阔的国家，在不同地区之间，由于各种原

因，经济发展水平从而居民的消费水平，就有不同。从我国 1981 年各地农民收入支出抽样调查资料来看，在消费水平高的地区，最高的支出额为 389.85 元；在消费水平低的地区，最低的支出额为 137.75 元，但全国的平均支出额则为 190.81 元。根据这种情况，我们就可以把全国农民的消费水平大致划为三类：

一是消费支出额在 220 元以上的较高消费水平区，它包括上海、北京、浙江、广东、辽宁、天津、吉林、江苏等省市。

二是消费支出额在 160 元以上和 220 元以下的中等消费水平区，它包括湖南、福建、安徽、江西、四川、湖北、山东、内蒙古、黑龙江、广西、河南、河北、新疆、贵州等省和自治区。

三是消费支出额在 160 元以下的较低消费水平区，它包括青海、陕西、云南、宁夏、甘肃、山西等省和自治区。

从这种划分看，农民消费水平较高的一般都是沿海地区或大城市及其郊区；消费水平较低的一般都是内地及某些边远地区；消费水平中等的，既有沿海地区，又有内地及边远地区，但其中的沿海地区，又多属于中等偏上。

当然，我们对于地区消费差别的这种划分只是一种静态的分析。但由于消费水平的高低取决于经济发展水平的高低，而各地区的经济发展不仅有着普遍提高的一面，而且有着发展不平衡的一面，所以，上述不同地区的消费差别就要随着经济发展不平衡而发生相应的变化。比如，在经过一个时期后，属于较高消费水平的地区，可能变为中等或较低消费水平的地区；而属于中等消费水平的地区可能变为较高或较低消费水平的地区；属于较低消费水平的地区可能变为中等或较高消费水平的地区。但从较长的时间来看，由于地区之间的经济差别具有逐步缩小的趋势，因而其消费差别也有逐步缩小的趋势。

为了实现战略目标也要很好地正确对待地区消费关系，不仅要真正地承认地区之间的消费差别，在政策措施上要允许经济发达地区先富起来，而且要采取积极措施努力缩小地区消费差别，使消费水平低的地区尽快赶上消费水平较高的地区。但这种差别的缩小又只能是通过充分发挥不同地区优势的地区分工去大力发展不同地区，特别是落后地区经济的途径来实现，而不能通过“鞭打快牛”和鼓励懒汉的平调或恩赐途径来实现。当然，这并不排除国家给予经济落后地区以适当的资助与扶持。但这只能是补充途径，不能是主要途径。

第五节　合理安排消费品结构

以上我们已经从消费基金的价值量方面，探讨了消费结构对策，现在则从消费基金的使用价值方面探讨消费结构对策。为了实现战略目标，也必须合理安排消费品结构。

一、在消费基金的安排上，要使价值量（用货币表现的）和使用价值量基本保持平衡

在社会主义现阶段，不论是消费品还是商品，都是价值和使用价值的对立统一。这样，我们在消费基金的安排上，就不仅要从价值量方面安排好用于消费的货币总额，而且要从使用价值方面安排好用于消费的产品总量，使消费基金在价值量和使用价值量方面基本上保持平衡。

在这方面，消费品供应与社会购买力保持基本平衡，具有特别重要的意义。因为，第一，在社会主义商品生产条件下，这是实现消费基金价值量和使用价值量平衡的一个极重要方面。第二，在今后十几年内，随着战略目标的逐年实现，城乡居民在生活消费方面的购买力必然逐步有所增长。

二、要按照消费基金支出构成的变化，安排好不同类别、品种及质量的消费品的生产和供应

中外的历史证明：随着社会生产和人们收入水平的提高，

其消费基金在吃、穿、住、用、行等类别以及不同品种质量的消费品支出上，总要发生规律性的结构变化。在上述五类消费品的支出上，依次相比，排在前面的消费支出呈下降趋势，排在后面的消费支出呈上升趋势；在不同品种质量的消费品支出上，品种陈旧、质次档低的消费支出呈下降趋势，品种新颖、质优档高的消费支出呈上升趋势。这是因为在收入水平不断提高的前提下，人们在满足了基本生存需要之后，就要进而增加和扩充发展性消费，再进而增加和扩充享受性消费；而这样的增加与扩充，又是依次递增地表现在吃、穿、住、用、行等类消费品方面以及各类消费品品种新颖、质优档高的消费品上。这样，我们在今后实现战略目标的过程中，就要按照消费基金在支出构成上的变化规律，合理安排各类消费品与不同品种、档次的消费品。

三、在安排消费品的生产和供应上，还要坚持先生存、后发展、再享受的顺序

由于个人的消费愿望总要受到个人收入及其支付能力的制约，整个社会人们的消费愿望总要受到社会生产水平和整个消费基金的限制，所以，不论是个人还是整个社会，对于各类消费品的实际需要，总要按其需要的迫切程度不同，首先追求生存性消费品的基本满足；其次追求发展性消费品的基本满足；最后进而追求享受性消费品的享用。当然，这种顺序并不是截然分开的，而是相互交叉、相互渗透的。但不管怎样，这样的追求顺序还是存在的。正如马克思所说，“由于人类自然发展的规律，一旦满足了某一范围的需要，又会游离出、创造出新的需要”[1]。这一点，在社会主义条件下，也不例外。这样，我们在今后安排人民生活的消费品的生产和供应时，就要从实际出发，坚持先生存、后发展、再享受的顺序。

---

[1] 《马克思恩格斯全集》第47卷，第260页。

1. 安排好人们生存方面所必需的基本消费品的生产和供应

一般而言，不论是生存性消费，还是发展性消费及享受性消费，都是程度不等地分别表现在吃、穿、住、用、行等方面。原因是尽管这三种消费是各有差别的，但彼此又是难以截然分开地存在于吃、穿、住、用、行等消费形式之中。可见，要坚持首先安排好生存性消费品的生产和供应，就要从吃、穿、住、用、行等各个方面来着手。具体来说，在吃的方面，就要首先安排好粮食、植物油、肉类、蛋类、糖类、蔬菜等基本食品的供应；在穿的方面，就要首先安排好棉花、棉布、化纤布和基本穿戴衣物的供应；在住的方面就要首先安排好住房建设所需材料的供应，特别是城镇职工住宅的建设；在用的方面就要首先安排好各种日常生活用品的供应；在行的方面就要首先安排好基本的公共交通设施的添置和个人交通工具的供应。按照这样的要求，参照有关发展中国家消费水平，为了能在 20 世纪末达到“小康”生活水平，那到 2000 年时，人均年占有的粮食、植物油、肉、水产品、蛋、糖及蔬菜等起码应分别达到 800 斤、12 斤、65 斤、30 斤、12 斤、39 斤及 550 斤❶，以便确保人均日摄取的食物热量和蛋白质可分别达到“小康”生活所需要的 2800 多卡和 100 克上下❷；人均年消费的纤维量（包括纤维、布料、衣物等）基本上应达到 6 公斤左右❸；人均占有的住房面积基本上应达到 10 平方米

❶ 这里所说的前六种消费品水平，是1980年时世界人均年占有水平。至于蔬菜，从正常需要来看每人每天起码应有1斤半左右，因而1年就需要550斤左右。

❷ 1979年时，阿尔及利亚、南非、罗马尼亚、南斯拉夫、巴西、墨西哥、新加坡、马来西亚、韩国、香港这10个国家和地区平均的人均日摄取的热量为2803.3卡；罗马尼亚和南斯拉夫的人均日摄取的蛋白质分别为96.5克和97.5克。

❸ 1979年，阿尔及利亚、南非、罗马尼亚、南斯拉夫、巴西、墨西哥、韩国、阿根廷等9个国家平均的人均年消费纤维量为5.99公斤。

左右[1]；在用的方面，要大力发展各种生活日用品，特别是耐用消费品，大大提高各种耐用消费品的普及率；在行的方面，不仅要大力发展城乡公共交通事业，而且要为个人供应必要的交通工具，如自行车、摩托车等。

2. 安排好发展性消费品的生产和供应

在我国绝大多数的人民现已基本上解决了生存性消费的情况下，自然要把发展性的消费，即发展其体质和智能的消费，提到议事日程上来。随着战略目标的实现，消费基金和居民个人收入会增多，这种发展性的消费，也要逐步增长。在物质生活方面，比如，人们在吃饱的基础上进一步要求吃好，即不仅要吃到上述的基本生存性食品，而且要吃到较好的营养丰富的瘦肉、蛋类和糕点等食品。在文化生活方面，比如，不仅要摘掉文盲的帽子，还要进一步争取多上学，多自学，受到更多的教育。因而就不只要求有相应的各种书籍、文具供应，更要求订阅更多的报刊，举办更多的各类学校，特别是各种中等学校和高等学校。由此，我们在实现战略目标的时期内，一定要努力安排好人们所需要的各种发展性消费品的供应。

3. 要适当地安排享受性消费品的生产和供应

这里有两方面的问题值得注意：第一，在社会主义社会，人们收入水平是不同的，特别是所谓生存性消费、发展性消费和享受性消费的划分本来就具有时代的相对性。就是说，在一定时期和一定经济水平下，是发展性或享受性的消费，在另一个发展了的时期和提高了的经济水平下，可能变为生存性的消费或发展性的消费，当所有的人都实现了原来为少数人所拥有的享受性消费时，这种享受性消费已不再成为享受性消费，而变成了生存性或发展性的消费。所以，社会上只可能是少数人拥有享受性消费，

[1] 1979年时，罗马尼亚、南斯拉夫、巴西、新加坡等国人均住房面积均在10平方米以上。

而不能是所有的人都拥有享受性消费。因此，我们今后安排享受性消费品的供应，就只能是以社会上少数人的消费需要为出发点，按照他们在这方面的购买力，来安排其产品的供应，否则就会造成浪费。第二，在阶级社会中，享受性消费中必然要掺杂一些不健康的成分。我国是社会主义国家，我们不仅要建设社会主义的物质文明，而且要建立社会主义的精神文明。因而，今后为少数人安排享受性消费品时，就一定要坚持物质文明与精神文明相结合的原则。只能安排供应既有利于人们体质和智能发展，又有利于人们身心健康的享受性消费品。

第十二章　国际交换对策

冒天启

人类近代历史发展的事实表明，任何一个国家的经济增长，都离不开国际交换的发展，对外经济关系已成为一国国民经济的重要组成部分。

第一节　实行对外开放是我国坚定不移的战略方针

总的来说，新中国成立三十多年来，我国的对外经济关系并没有取得很大的发展。造成这种状况的原因，一是50年代以美国为首的世界主要资本主义国家，长期对我国实行禁运；二是60年代苏联撕毁了同我国的经济贸易合同，迫使我国缩小了同苏联和东欧一些国家的经济往来。但是从内因来讲，主要原因是我们在一个时期的经济工作中，事实上以自给自足的自然经济为目标，特别是在“文化大革命”中，严重地曲解了“自力更生”的方针，把“自力更生”同发展对外经济关系完全对立起来，实行了“闭关自守”。1972年，周恩来总理亲自过问对外贸易，这才使我们的对外经济关系有了新的转机。1975年，邓小平同志主持党中央工作期间，明确提出了“引进新技术、新设备、扩大进出口”是发展国民经济的一项“大政策”，强调“要争取多出口一点东西，换点高、精、尖的技术和设备回来，加速工业技术改造，提高劳动生产率”。这才逐步打开了我国对外经济关系的局面。但在那时，由于“四人帮”这个最大的政治障碍还没有消除，我国的国际交换实际上很难正常开展。

党的十一届三中全会后，实行对外开放，被作为社会主义现代化建设的一项重要战略方针提了出来。赵紫阳同志在1981年11月30日、12月1日五届人大四次会议所作的政府工作报告中指出：坚持对外开放政策，增强我国自力更生的能力，这是我国今后经济建设的重要方针之一。他说：“社会化大生产的一个根本特点就是交换的扩大，而且已经从国内交换扩展到国际交换。同国际市场联系起来，扩展对外贸易，引进先进技术，利用外国资金，以及发展各种形式的国际经济技术合作，所有这些都是以自己的长处，通过国际间平等互利的交换，补自己的短处，这不但不会妨碍而且只会增强我们自力更生的能力。在经济工作中，我们应该彻底抛弃自给自足的自然经济观点。一切闭关自守、墨守陈规的思想和行为都是错误的，一切单纯依赖外力，迷信外国的思想和行为也都是错误的。”还说：在今后的社会主义现代化建设中，“我们要利用两种资源，首先是国内资源，其次是国际资源；开拓两个市场，首先是国内市场，其次是国际市场；学会两套本领，一是管理国内经济的本领，二是开展对外经济贸易的本领”。1982年9月1日，胡耀邦同志在党的十二大《全面开创社会主义现代化建设的新局面》报告中指出：“实行对外开放，按照平等互利的原则扩大对外经济技术交流，是我国坚定不移的战略方针。我们要促进国内产品进入国际市场，大力扩展对外贸易。要尽可能地多利用一些可以利用的外国资金进行建设，为此必须做好各种必要的准备工作，安排好必不可少的国内资金和各种配套措施。要积极引进一些适合我国情况的先进技术，特别是有助于企业技术改造的先进技术，努力加以消化和发展，以促进我国的生产建设事业。”党中央把“对外开放”作为长期的战略方针提出来，这是完全正确的。

我们都知道，对外经济关系是同生产力的发展和社会分工的扩大相联系的。但只是在资本主义生产方式确立后，由于这种生

产方式内在地要求不断扩大市场，对外经济关系，才成为资本主义生产方式本身的产物发展起来。早在19世纪初期，马克思就指出："由于机器和蒸气的应用，分工的规模已使大工业脱离了本国基地，完全依赖于世界市场、国际交换和国际分工。"❶19世纪中期马克思和恩格斯又进一步指出："不断扩大产品销路的需要，驱使资产阶级奔走于全球各地。它必须到处落户，到处创业，到处建立联系。资产阶级，由于开拓了世界市场，使一切国家的生产和消费都成为世界性的了。""过去那种地方的和民族的自给自足的闭关自守状态，被各民族的各方面的互相往来和各方面的互相依赖所代替了。"❷列宁在20世纪初，根据资本主义发展的新现象，系统而全面地论证了"国际交换的发展，是资本主义的具有代表性的特征"❸。

近几十年来国际经济发展的事实表明，各国对外经济关系有了进一步的发展。以国际贸易的增长速度来看，从1876—1913年，平均每年增长3.2%；1913—1948年由于世界大战的影响，平均每年只增长0.5%；但是从1950—1980年，平均每年增长速度达12.3%。20世纪50年代以来，世界贸易的发展速度见表12-1。

表12-1　世界贸易的发展速度

年份	世界贸易总额（亿美元）	世界贸易总额年增长率（%）
1950	1232	2.8
1957	2314	8.9
1962	2913	6.4
1965	3839	8.3

❶《马克思恩格斯全集》第4卷，第169页。

❷《马克思恩格斯选集》第1卷，第254—255页。

❸《列宁选集》第2卷，第783页。

年份	世界贸易总额（亿美元）	世界贸易总额年增长率（%）
1970	6367	14.1
1975	17 624	5.3
1980	40 452	21.1

另外，世界出口总值在20世纪50年代，还只平均占各国国民生产总值的5%，1960年达到10.8%，而1980年则增加到了17%。这说明，越来越多的商品进入了国际市场，各国对国际市场的依赖性越来越大。特别值得注意的是，一些国家的振兴，对外经济的发展起了十分重要的作用。比如，日本每增加1亿日元的出口可使国内生产增加2.36亿日元。他们从事的加工贸易，1978年进口5.6亿吨物资，平均每吨为142美元，加工后出口8000万吨，平均每吨为1220美元，这不仅利用进口原料制造了大量国内需要的消费品，而且还获得了近200亿美元的外汇收入。据美国商务部估计，美国每出口10亿美元的货物，就可以为国内直接提供3万个劳动者的就业机会；农业方面，三分之一依赖国际市场；制造业中，七分之一与出口有关；许多能源、原料和战略物资，都深深地依赖着国际市场。

对外经济交换的发展，为什么对一个国家经济的增长能起那么大的作用呢？

首先，国际交换的发展有利于节约社会劳动，提高国民经济建设的总效益。当今世界上，没有任何一个国家能够拥有发展本国经济所需要的全部资源，也没有任何一个国家能够掌握世界上所有的先进技术，他们都需要通过对外经济交流来取长补短。同时，任何一个国家由于各自的自然条件和社会历史条件不同，尤其是技术水平不同，生产同一种产品所费的活劳动和物化劳动也不同。发展对外经济交流，就可以使各个国家能够集中本国的财力、人力、物力，去生产那种具有优势的产品，然后通过国际贸易，使双方都获得较多的社会财富，从而节约社会劳动。国际分工作为社会生产力的范畴来说，具有二重性，一是帝国主义和新老殖民主义利用自己的强权把畸形的、单一结构的、片面发展的社会分工强加给殖民地、附属国和其他国家，作为掠夺廉价原材料和剥削其他国家劳动者的经济手段；二是世界经济交往的发展，如同国内社会分工发展和专业化水平提高一样，客观上是提高经济效益的重要途径。

斯大林在谈到生产方式和交换方式的国际化的过程时指出，“既然这一过程反映了生产力的蓬勃发展，既然它促进了民族隔阂和不同民族利益对立性的消灭，那么它过去是现在仍然是一个进步过程，因为它在准备未来世界社会主义经济的物质前提”❶。恩格斯曾预言，国际分工在“摆脱了资本主义生产的框框的社会可以在这方面更大大地向前迈进”❷。国际间的交换，从总体来说，属于流通领域，是生产和消费的中介。它的发展，会使一个国家建立在民族传统基础上的自然分工和现代专业化基础上的社会分工都得到发展，通过国际交换，充分利用本国劳动效率较高的部门的长处，去生产那种劳动耗费较少的产品，并用这种产品去换取国内需要而又比国外劳动效率低或不能生产的产品。正如马克思指出，劳动效率较低的国家，在国际交换中，“所付出的实物形式的物化劳动多于它所得到的，但是它由此得到的商品比它自己所能生产的更便宜”❸。显然这对国内社会劳动有一种节约从而提高国民经济的综合经济效益。

其次，国际交换的发展有利于社会再生产按比例地进行。马克思从物质替换和价值补偿两个方面论证了发展对外经济交换

❶ 《斯大林全集》第5卷，第149页。

❷ 《马克思恩格斯选集》第3卷，第335页。

❸ 《马克思恩格斯全集》第25卷，第265页。

在社会再生产中的重要作用。他在评述英国资产阶级经济学家理查德·琼斯的经济观点时说："对外贸易——通过增加使用价值的多样化和商品量——也是积累过程中的重要因素。"[1]在分析价格变动对利润率的影响时又说："对外贸易一方面使不变资本的要素变得便宜，一方面使可变资本转化成的必要生活资料变得便宜，它具有提高利润率的作用……一般说来，它在这方面起作用，是因为它可以使生产规模扩大。"[2]社会主义国民经济的增长，客观上要求各经济部门保持一定比例，按照计划从事符合社会需要的生产。但是由于国民经济各部门之间的关系错综复杂，产品种类繁多，社会需要变化多端，再加上各部门劳动生产率提高的水平不平衡，因此，相互联系的各部门之间在价值补偿和物质替换上就很难保持稳定的一致，这就是通常说的会出现"长线产品"和"短线产品"问题。我们实行社会主义计划经济，制订经济计划，就是要事前自觉地削长补短，保持各部门按比例地协调发展。但是，我们如果仅仅按"短线产品"来安排各部门之间的比例，随意砍"长线产品"，这就不利于社会再生产规模的扩大。如果仅仅按"长线产品"来安排各部门之间的比例，那么，"短线产品"会更短，促使比例失调的现象更加严重。因此，我们在进行国民经济综合平衡时，既要努力做到国内财政收支、信贷收支、物资供需的平衡；同时，还要有计划地通过外贸渠道，出口"长线产品"，进口"短线产品"，并且通过多种外贸形式，保持社会再生产中的实物平衡和价值平衡，达到整个国民经济有计划、按比例地发展。

再次，国际交换的发展有利于科学技术的交流。马克思恩格斯曾经说过，随着世界市场的建立，"各民族的精神产品变成了公共的财产。民族的片面性和局限性日益成为不可能，于是由

---

[1] 《马克思恩格斯全集》第26卷（第Ⅲ分册），第492页。

[2] 同上书，第25卷，第264页。

许多种民族的和地方的文学形成了一种世界的文学”[1]。（注：这里所说的文学 Literature 一词指科学、艺术、哲学等多种书面著作。）科学技术是人类共同创造的财富，任何一个民族、一个国家都需要学习别的民族、国家的长处，学习别的国家的先进科学技术。科学无国界，日新月异的科学技术在国与国之间广泛交流，这是当今世界经济交往中的重要内容。这种交流，不仅是国家发展科学技术的捷径，省时间、省人力、省资金，而且还可以直接引入生产，转化为新的生产力，使国家经济建设很快收益。一些发展较快的国家都是这么干的，比如，日本在 1950—1970 年期间为进口专利技术大约花费了 60 亿美元，而这些专利技术所需要的科研、试验和设计等方面的费用则高达 1800 亿 ~2000 亿美元。据估计，日本在“二战”后的工业生产增长中，有三分之一是依靠引进先进科学技术得来的。美国、西德等也是通过国际技术交流促进了国内经济的增长。“天下之宝，一为我用”，放手利用世界一切对我有用的科学技术，这应该说是一条花钱少、效果好、见效快的发展国民经济的路子。这几年，我们在这方面已经取得了初步的成就。

最后，也应该看到，国际交换的发展也是加深各国人民友好往来的桥梁，它能配合政治外交，为国内经济建设换得良好的国际环境。

因此，要实现 20 世纪末的战略目标，我国的对外经济关系必须有一个更大的发展，这是开创社会主义建设新局面的重要一环。

第二节　“国际价值”论是发展国际交换的理论依据

“国际价值”论是马克思劳动价值理论的重要内容之一。当前，在发展国际交换中要不要坚持马克思“国际价值”理论，还

---

[1] 《马克思恩格斯选集》第1卷，第255页。

存在着分歧。有一种观点断言:“国际价值”是虚构的概念，不是客观存在的经济范畴。我认为，这是对马克思“国际价值”理论极为轻率的观点，因而是不能赞成的。

“国际价值”是马克思在《资本论》第一卷第二十章明确提出的一个经济范畴。这个思想是在对李嘉图“比较成本”学说的批判中逐步形成的。“比较成本”学说在历史上对生产力的发展是曾起过进步的作用。但是，“比较成本”学说也有庸俗的一面，这主要是他把基于各国劳动生产率不同而形成的成本差别，看成是与一定社会制度无关的自然现象，宣传自由贸易能使世界各国成为利益均沾的统一社会。帝国主义和新老殖民主义在后来正是发展了这一观点并将其作为他们掠夺不发达国家的借口。

19 世纪 50 年代，马克思在他的经济学中曾对李嘉图的“比较成本”学说进行了科学的批判。首先，马克思指出“比较成本”仅仅着眼于对外贸易可以使一国使用价值量增加，这是一种简单商品流通的观点。在李嘉图整个价值理论中有一个致命的缺陷是不懂资本与活劳动的等价交换背后会使价值增值的秘密。对外贸易和国内贸易一样，都是资本的流通过程，它直接就是剩余价值的实现问题。离开价值增值，“比较利益”就是虚假的。马克思揭露了先进国和落后国之间的经济往来也会发生价值转移。他说:“两个国家可以根据利润规律进行交换，两国都获利，但一国总是吃亏。纵然双方的盈利并不相等，但还是可以反复进行规模越来越大的交换”，“一国可以不断搜取另一国的一部分剩余劳动而在交换中不付任何代价。”[1]马克思还说过:“在不同国家的相互关系中……一个国家的三个工作日也可能同另一个国家的一个工作日交换。价值规律在这里有了重大变化。或者说，不同国家的工作日相互间的比例，可能像一个国家内熟练的、复杂的劳动同不熟练的、简单的劳动的比例一样。在这种

[1] 《马克思恩格斯全集》第46卷（下册），第402页。

情况下，比较富有的国家剥削比较贫穷的国家。”[1]马克思区分了先进国和落后国，指出这两个国家虽然在国际分工下都生产着自己的优势产品，同时在彼此交换中也都得到了使用价值的好处，但落后国的一部分物化劳动会随着国际交换而转移到先进国去。因此，对落后国来说，“比较利益”应该从增加效用、降低费用的比较中来把握。特别是在安排进口产品时，一定要立足国内建设的紧迫需要，优先进口国内生产耗费大、效率低的产品，因为按“国际价值”论，尽管落后国集中生产自己的优势产品，但在与先进国的贸易出口中亦会造成价值转移，它只有同时进口自己国内不生产，或比自己国内生产更便宜而又急需的产品，从而增加本国的效用，降低本国劳动耗费，以此弥补出口造成的价值转移。其次，马克思还在批判“比较成本”学说的基础上，论述了“国际价值”问题。他指出，在以各个国家作为组成部分的世界市场上，“国家不同，劳动的中等强度也就不同；有的国家高些，有的国家低些，于是各国的平均数形成一个阶梯，它的计量单位是世界劳动的平均单位。因此，强度较大的国民劳动比强度较小的国民劳动，会在同一时间内生产出更多的价值，而这又表现为更多的货币。但是，价值规律在国际上的应用，还会由于下述情况而发生更大的变化：只要生产效率较高的国家没有因竞争而被迫把它们的商品的出售价格降低到和商品的价值相等的程度，生产效率较高的国民劳动在世界市场上也被算作强度较大的劳动。……不同国家在同一劳动时间内所生产的同种商品的不同量，有不同的国际价值，从而表现为不同的价格，即表现为按各自的国际价值而不同的货币额”。[2]如果我们把参加世界市场的各个国家，视同为国内市场的各个资本家，那么，马克思关于市场价值确立的原理，基本上可借以理解“国际价值”确立的途

[1] 《马克思恩格斯全集》第26卷（第Ⅲ分册），第112页。

[2] 同上书，第23卷，第614页。

径。这就是说，“国际价值”首先是由世界劳动的平均单位决定的，不同劳动生产率的国家在同一劳动时间所生产的同种商品的不同量，具有不同的“国际价值”；同时，生产效率较高的国家的国民劳动可以获得较大的“国际价值”。

“国际价值”是国际等价交换的基础，是衡量国际经济关系是否合理的尺度，它对我们发展社会主义的对外经济交流也具有重要意义。我们坚持“国际价值”理论，就要抛弃国际交换中“互通有无”的“半自然经济观”，树立国际交换的盈利思想。当然，这里最重要的是要发展国内生产，提高国民劳动的生产效率，使我们的劳动按“世界劳动的平均单位”来计量时进入高一档的“阶梯”，以便在国际交换中取得盈利。但是，我国还是发展中的社会主义国家，这就不能不特别注意国际价值中的比较利益原则。这是因为，国际交换，如同国内商品交换一样，“就使用价值来看，交换双方显然都能得到好处”。[1]但它与国内商品交换也有不一样的一面，它“可以把本来没有价值的东西当作交换对象，从而增值价值”，“本来没有价值的商品，通过交换可能性，开始取得了价值”。[2]这就是说，对外经济贸易不仅可以增加一国使用价值的总量，而且还可以通过交换增加一国的价值量。比如，根据国内建设需要，适当安排自然资源的出口，把本来没有价值的东西，用来增值价值。这些都是李嘉图以及那些“半自然经济”观点所没有看到的，而这正是马克思对李嘉图“比较成本”学说批判中提出的一条重要思想。那么这个价值的增量是从何而来的呢？这是因为参加国际交换的各个国家，都可以充分发挥自己在某些方面的优势，包括选择在“劳动强度”“劳动生产率”“自然资源”等方面占较有利地位的产品，“扬长避短”，根据国际市场的需要，发展出口生产，力争在“卖”中得

---

❶ 《马克思恩格斯全集》第23卷，第179页。

❷ 马克思：《政治经济学批判大纲》第五分册，第63页。

到好价钱。而在进口产品中，则优先安排进口国内急需而自己又不能生产，或者能先生产但耗费又很大的产品，做到择优以补短，“以进养出”，取得盈利。这不仅增加了一国社会财富，而且也增加了价值量，从而提高了国民经济的综合经济效益。因此，按照马克思的“国际价值”理论来说，只有树立对外经济贸易的盈利思想，才能达到节约社会劳动的目的。新中国成立三十多年来，且不说“闭关自守”时期，就是在稍为重视对外经济贸易的阶段，一般都是从“互通有无”，即从取得或调剂使用价值的意义上来阐释国际交换作用的，这是很不够的。这种简单商品流通观点，或者说“半自然经济”思想，是过去对外贸易工作中缺乏盈利思想，不积极争取盈利的重要原因。有同志曾经估计，1981 年在实行贸易外汇内部结算价以前，三十年来，我们用于外贸营业资金积累额约为 5000 亿元，外贸盈利 160 亿元左右，利润率约为 3%。但是盈利主要来自进口，盈利率高达 40%，而出口则历来是亏损的，亏损率高至 35%。只是 1981 年实行贸易外汇内部结算后，出口才扭亏为盈，进口则由盈转亏。当然这里还存在着“真亏”和“假亏”问题，但经营性亏损，这是谁也不能否认的事实，信息不灵、经营方式死板、产品质量差而缺乏竞争能力，使我们很大一部分劳动耗费通过交换转移给了别国。我们坚持“国际价值”理论，还应该采取灵活的外贸国别地区政策，坚决改变新老殖民主义所造成的不合理国际经济秩序。因为“国际价值”最重要的思想是在对外经济往来中，要区别先进国和落后国，分清楚与我们做买卖的是比我们条件好的国家还是差的国家。既要看到双方通过买卖可以获得使用价值上的好处，也要看到落后国家的劳动耗费在国际交换中会有一部分转移给先进国。因此，落后国必须精心安排合理的进出口商品结构，集中自己的优势去生产“拳头”产品，同时进口本国不能生产而又急需，或者虽然能生产但又耗费过大的产品，以此去弥补出口中的价值转移，获得较好的比较利益。总之，根据马克思的“国际价值”理

论和我们的国情，我们不应该仅仅从换取不同使用价值获得好处的角度看待对外经济关系，而且还要从增加国内经济效益、节约社会劳动的比较利益中重视对外经济的发展。

第三节　20 世纪末国际交换发展的总任务

党的十二大提出了全党全国人民进行社会主义现代化建设的战略目标。要实现战略目标，不能没有国际交换的发展。国际交换，包括多种形式和内容，但它的发展快慢一般都体现在进出口贸易总额上。因此，我们对 20 世纪末国际交换发展总任务的提出也主要以进出口贸易总额的增长速度来确定。

当前，对进出口贸易总额增长速度的确定大体上有两种方案：

一是按平均每年递增 9% 的速度计算，使进出口贸易总额到 20 世纪末增加五倍，即由 1980 年的 400 亿美元增长到 2000 多亿美元。它的速度分布是，在前十年，由于国民经济各个部门，外贸出口商业企业要实行技术改造，可以适当多利用一些外资，使进口大于出口，保持适当贸易逆差，搞好产品升级换代，外贸出口商品总额每年递增的速度可低一些；后十年在前十年打好的基础上，外贸也将处于振兴时期，出口可大于进口，完成外债还本付息，逐步做到贸易顺差，其发展速度可快一些。这样，前十年按每年递增 8%，后十年按每年递增 10% 的速度计算，二十年间平均每年按 9% 的速度递增，进出口贸易总额可增加五倍。

二是按平均每年递增 7.5% 的速度计算，使进出口贸易总额到 20 世纪末也翻两番，即由 1980 年 400 亿美元增长到 1600 亿美元，以此来确定国际交换发展的总任务。目前，这个方案已为多数人赞成。1982 年 10 月，全国对外经济贸易计划会议，明确了对外经济发展的总任务：到 20 世纪末使外贸进出口总额翻两番，即对外贸易的规模扩大到现在的四倍，达到 1600 亿美元。

应该看到，上述两个方案所遵循的总原则，都是使进出口贸易总额的增长率经常高于国民经济的增长率。从“一五”时期算起，到 1981 年，工农业总产值平均每年增长 8.1%，而到 20 世纪末要实现工农业总产值翻两番的战略目标，平均每年要以 7.2% 的速度增长。而就进出口贸易总额来说，近三十年平均每年增长 3.7%，出口额平均每年增长 9.4%，见表 12–2。

表 12–2

年份	工农业总产值		进出口					
			总额		进口		出口	
	指标（亿元）	指数	指标（亿元）	指数	指标（亿元）	指数	指标（亿元）	指数
1952	827	100	64.6	100	37.5	100	27.1	100
1957	1241	167.8	104.5	161.8	50	133.3	54.5	201.1
1965	1984	268.3	118.4	183.3	55.3	147.5	63.1	232.8
1978	5690	779	355.0	549.5	187.4	499.7	167.6	618.5
1980	6619	906	563.8	872.8	291.4	777.1	272.4	1005.2
1981	6919	946.8	735.3	1438.2	367.7	980.5	367.6	1356.5

资料来源：《中国统计年鉴（1981）》，第 18 页，第 353 页。

从表 12–2 中可以看出，三十年间，工农业总产值增长了九倍多，进出口总额增长了十一倍多，其中出口总额增加了近十四倍，进口总额增加了近十倍。在对外贸易取得重大发展的 1979 年至 1981 年，进出口总额在短短的三年间就增加了一倍多，平均每年以 28.5% 的速度增加。因此，从我国对外经济关系的发展历史来看，按年递增 7.5% 来确定进出口总额翻两番的总任务还是留有余地的。第二次世界大战以来，国际贸易的增长速度快

于世界工业的增长速度，这已成为普遍现象。许多第三世界的国家，近二十年来对外贸易取得了相当快的发展，比如，印度每年递增 13%，阿根廷 17%，墨西哥、巴西都超过了 20%。

使我国的国际交换有更快的发展，这不仅是国内社会主义现代化建设的需要，而且在当前国际市场条件下也是可能的。1979 年以来，西方资本主义处于严重的经济困境之中，企业大批破产，现有企业也普遍开工不足，设备利用率低，大量资本过剩，许多工程技术人员和工人失业。预料，西方经济到 90 年代中期也不会有什么大的好转。面对着“滞涨”局面，他们只能是头痛医头、脚痛医脚。我们可以利用这种国际经济形势，发展对外经济贸易，用比较有利的条件取得我国现代化建设所需要的资金和物资。苏联 30 年代曾经利用资本主义经济大危机，引进了大批先进技术设备、中低利贷款和技术人才，促进了社会主义工业化的进程，这方面的经验值得我们进一步研究。同时，也要看到，现在西方资本主义国家为了解决国内经济困难，极力向发展中国家转嫁危机，压低原料价格，实行贸易保护主义，对发展中国家实行贸易歧视政策，使发展中国家外贸骤然大幅度萎缩，逆差猛增，对外债务负担空前沉重。这种形势正促使发展中国家从根本上转变依赖发达国家的经济战略。当前，迅速开展起来的“南南合作”，是值得注意的一件世界大事。在今后开展对外经济贸易工作中，我们要遵循赵紫阳同志访问非洲十一国时提出的“平等互利、讲求实效、形式多样、共同发展”的原则，发展同第三世界的经济合作，加强“南南合作”。

1981 年，我国同第三世界国家的贸易总额已达到 92 亿美元，占我国进出口总额的 23%。截至 1981 年底，我国已向 76 个发展中国家承担了 1317 个建设项目，其中 987 个项目已建成投产，同时还发展了许多新的贸易形式。这一切为我们开创国际交换的新局面提供了极为良好的条件。

我国虽然是一个发展中国家，但却是一个大国，历年来，我

国进出口贸易总额一般仅占世界贸易总额的 1% 左右，这是很不够的。一些主要资本主义国家所占的比重比我国要高得多，见表 12-3、表 12-4。

表 12-3 一些国家进口额占世界进口总额的比重

单位：%

	1950 年	1960 年	1970 年	1975 年	1979 年
美国	13.9	11.1	12.1	11.4	13.1
日本	1.5	3.3	5.8	6.4	6.7
西德	44.2	7.5	9.1	8.2	9.5
英国	11.1	9.3	6.6	5.9	6.2
法国	4.8	4.6	5.8	6.0	6.4

表 12-4 一些国家出口额占世界出口总额的比重

单位：%

	1950 年	1960 年	1970 年	1975 年	1979 年
美国	16.7	15.9	13.5	12.1	11.1
日本	1.4	3.2	6.1	6.4	6.4
西德	3.3	8.9	10.9	10.3	10.6
英国	10.0	8.0	6.2	5.0	5.6
法国	5.0	5.3	5.7	6.0	6.1

可以看出，我国对外经济与一些西方发达资本主义国家相比，还是十分落后的。因此，我们的国际交换需要有一个更大更快的发展，只要各方面工作配合得好，措施得当，利用国际经济的有利条件，就完全能够开创我国国际交换的新局面。

我们将在以下各节，针对适应战略总目标的要求而确立的发展国际交换和实现对外经济贸易翻两番的总任务，提出相应的对策。

第四节　改变以初级产品为主的商品出口结构

——实现国际交换总任务对策之一

赵紫阳同志在五届人大四次会议上的政府工作报告中指出："扩展对外贸易，增加出口是关键。应该放开手脚进入国际市场，争取出口的增长率经常高于国民经济的增长率。"扩大商品出口的物质基础是国民经济的增长。但事实证明，出口的适当增长，也能反过来推动国民经济的增长，出口增长快，国民经济的增长一般也比较快。我国今后每年平均工农业生产总值的增长速度安排为7.2%，那么，商品出口的每年平均增长速度安排为10%以上，是可能的。（注：世界银行曾预测我国今后商品出口增长率为15%，这是偏高了一些。）按10%的年均增长率算，到20世纪末出口总值可比1980年翻近三番，那也只占工农业总产值目标数的6.5%；而如果按14%的平均增长率计算，那么出口总值可以翻四番。因此，为了能使出口带动国内经济建设的发展，增加出口是关键。

我国基本上还是一个以出口初级产品为主的国家，这种结构要逐步调整，应该适当提高工业制成品在出口产品中的比重。在1950年至1957年间，我国主要是对苏联和东欧国家出口，为了保证国家工业化所必需的设备和物资的进口，我们有计划地扩大了出口，特别是1953年至1957年间，平均每年以9.3%的速度递增，但主要是农副产品和原料性的矿产品。我国于1957年开始举办"广交会"，采取多种措施进一步扩大出口，1959年比1953年，农、轻、重三大类产品出口都有了很大增长，但是，它们增长的速度却不同，轻工业产品出口增长最快，其次是重工业产品，这说明，我国商品出口结构中工业制成品的比重开始逐步提高了。三年困难时期，商品出口受到了影响，但经过调整，基本上还是恢复到了1959年的状况。“文化大革命”使国民经济遭到严重的破坏，出口总额从1967年起也连年下降。1971年，周恩来总理亲自抓外贸，出口有了起色。1975年，邓小平同志主持党中央工作，增加了石油出口，使重工业产品在出口总额中的比重有了明显回升。粉碎“四人帮”特别是党的十一届三中全会以来，随着全党工作着重点的转移，商品出口结构也有了显著变化。1979年，出口总额完成了136.6亿美元，其中农、副产品占23.1%，工矿产品占76.9%。这说明我国的商品出口结构有了明显变化。但是，我们如果按国际标准把出口产品划分为初级产品和工业制成品两大类，初级产品所占的比重还是比较大，而工业制成品的比重虽然逐年增加，但一般还是低于初级产品的比重，只是在1981年以后，工业制成品的出口比重才稍高于初级产品出口比重，如1982年工业制成品的出口比重为55%，初级产品为45%。

为了使商品出口结构有利于国内经济建设，在发展商品出口中应该着重抓下列几点。

第一，发挥我国劳动力资源充足的优势，大量出口轻工、纺织品和来料加工产品。

纺织工业具有投资少、见效快的优点，出口纺织品创汇率高，能够为国内建设换回大量资金。一些国家和地区都是首先发展纺织品出口，赚得大量外汇来武装工业，从而再转向发展重工业、轻工业产品的出口。目前，我国纺织品出口额约占出口总额的22%左右。1981年，尽管国际纺织品市场销路呆滞，我国纺织品出口仍有较大增长，比1980年增长7.73%，特别是涤棉布出口量的增长，超过了纯棉布的增长；丝绸服装及制品出口增长量超过了绸缎出口的增长。这说明，我国纺织品出口的潜力还是很大的。今后，我国纺织品出口的重点市场是北美、西欧、日本、大洋洲及中近东等国家和地区。因为这些国家和地区纺织品的年进口总额约占世界同类商品进口总额的72%。虽然不少国家限制纺织品进口，但是只要我们提高产品质量，增加花色品种，特别

是提高中高档产品和成品的出口，减少原料、半成品和中低档产品出口的比重，大力发展纺织品出口还是大有作为的。

要发展纺织品的出口，必须有充足的原料。但是目前国内纺织原料生产跟不上纺织工业发展的需要。20 世纪 50 年代后期，我们曾采取过进口原料加工成品出口的措施，这对扩大生产和增加国家外汇收入，都起了相当大的作用。70 年代末，这项工作重新得到了发展。以 1979 年为例，我们进口 1 美元的原料经过加工制成品出口可创汇 2.14 美元。以出口棉纺织品折纱 260 万件算，总产值约 66 亿元；按每百元产值积累税金、利润 23 元算，为国家积累 15 亿元。在目前原料不足、就业困难的情况下，进口原料还可使 260 万纱锭，7 万台织机维持正常生产，40 万名职工（包括 10 万名缝纫织工）得到就业。

1981 年以来，出口产品除来料加工纺织品和服装外，还有轻工产品如红木家具、尼龙伞、皮革制品、小五金、象牙制品、玉石雕刻、电焊条等。几个沿海城市，这方面的业务发展得更快。1981 年，上海进口原料出口产品的货源占本市全年出口货源的 53.9%，天津占 49.7%。全国已有一大批企业同几十个国家和地区的客商签订了来料加工合同，执行合同后的外汇收入达 1.6 亿美元。

第二，发挥我国机械工业的潜在优势，大力开展机电产品出口。

世界机电产品市场的容量很大，近年每年达 6000 亿美元，目前每年仍以 20% 左右的速度递增。一些发达国家机电产品在本国出口中占的比重一般都在 50%~60%，印度近年也占 20% 以上。我国已经有了一个门类比较齐全、具有一定技术水平的机械工业体系。大力发展机电产品出口，还是一件在国民经济调整时期开始的新工作。1981 年，机电产品出口额达 16.4 亿美元，在出口总额中由 1980 年的 4.7% 上升到 7.7%。目前已有几百个大类品种行销 120 多个国家和地区，一些产品还在国际市场上赢得了声誉。如船舶的出口就打开了新局面，1980 年以来，六机部系统对外签订的民用船舶出口合同，已达 70 多万吨；1981 年，中华造船厂造的“海建”号 1.75 万吨货轮完工后，大连造船厂在 1982 年 1 月又按国际规范建造了 2.7 万吨“长城”号交付使用，质量达到了世界先进水平。值得注意的是，我国出口的机电产品，虽然中、低档居多，但坚固耐用、价格合理、容易操作，技术水平适合东南亚、中东、非洲和南美洲一些国家使用。比如，我国小水电成套设备在菲律宾成交后，产生了良好的影响，他们的工业部长给马科斯总统的信中说：“照我看，与中国合资经营小型水轮机装置，同与美国或欧洲各国相比的优点是：①中国近三十年来，在安装和制造作为灌溉系统一部分的小型水轮发电装置方面有惊人的经验；②这种装置的安装和设计，在中国农村已普遍实现了。我坚信在这方面已培养了熟练的劳动力和有经验的工程师。因此，我认为中国的装置，特别是较小、容易操作的 10 至 200 千瓦，甚至是 500 千瓦的装置，其设计方面对菲律宾在农村安装是合适的。”这个例子说明，发展我国机电产品的出口，有着非常广阔的市场。当前，最重要的机电产品市场是香港和东南亚。香港每年要进口机电产品 400 多个主要品种，有一多半我们还是空白。从市场占有率来看，我们只有 2.3%，而美国却为 20%，英国为 13%，台湾省也占到 6%。因此扩大对香港的出口，潜力很大。

从长远来看，我们也要瞄准发达国家的市场。今年上海机床厂同美国一家公司签订的 250 万美元合同中，高档磨床占一半以上。这是因为发达国家当今已着重发展某些技术密集型产品，而劳动密集型产品转向从发展中国家进口。只要我们改进产品质量，提高技术水平，在中、低档单机产品稳步发展的基础上，提高高档产品和成套设备的出口的比重，就能有效地推动机械和机电产品的出口的发展。

扩大机电产品出口，在国际市场的激烈竞争中，非常有利于提高我们的技术和管理水平，加强对企业的技术改造。上海跃进电机厂通过与西德BBC公司合作生产并返销产品，促进他们按国际通用标准进行生产，大大提高了产品质量和技术水平。1981年出口小电机8.2万千瓦合计3.2万台，使我国小型电动机稳定地进入了西欧市场。

第三，发挥我国自然地理和传统工艺技术的优势，出口各种土特产品和工艺品。

我国幅员广大，资源丰富，劳动力多，大力发展土特产品的出口有着很大的潜力。从国际市场看，对茶叶、土特产品的需求很大。据统计，这类商品年进口额为500亿至600亿美元，而我国年出口额却只有20多亿美元，仅占世界市场需要量的4%左右，占美、英、西德、日本等主要资本主义国家进口同类商品总额的1%~3%。美国年进口同类商品总额为70多亿美元，我国只占1%。因此，发展我国这方面的出口业务，不仅有可能，而且也有需要。

目前，我国茶叶主要销售市场在欧、美、中东和西北非，约占70%以上；土产品主要销售市场在港澳地区和日本，分别占37%和16%；畜产品主要销售市场在西欧，占50%以上。这些商品出口货源主要来自我国广大农村。多年的实践经验证明：什么时候、什么地方的农村经济政策落实好，货源就增加，出口就扩大；反之，出口就受影响，甚至还会丢掉传统出口市场。另外，这类商品品种繁多。目前，一些大宗骨干商品，大都是从小商品发展起来的，如羽毛，看起来很小，但收集起来加工出口，一年就可以为国家创造外汇1亿多美元。许多小动物、小药材“弃之为废”“收之为宝”，蟾酥1公斤值1900美元，虫草1公斤收汇100多美元。因此，发展这方面的出口业务应该小中见大，适应国际市场的需要，积极组织货源。

我国工艺品，制作技艺精湛、品种丰富多彩，有着独特的民族风格，在国际上早有盛誉，有着多年的出口历史。它投资少、收效快，有许多是手工制作或半手工生产的劳动密集型产品。我

国劳动力资源是很大的。目前，我国工艺品市场主要在港澳地区，约占39%；对西欧、北欧，约占25%；对亚洲国家和地区约占21%；对北美约占5.8%；对非洲、拉丁美洲以及东欧国家出口，总共不到10%。主要品种有四大类：陶瓷器、抽纱品、特艺品、草杂品，其中有不少是艺术欣赏品，也有一些是实用工艺品。过去，在“左”的思想指导下，这方面的出口曾受到很大影响，只是在打倒“四人帮”后，才明确规定了发展工艺品出口的方针，工艺品才又重新发展起来，但是还远远不够。美国是一个大量进口工艺品的国家，据美国海关统计，1979年进口工艺品总额为66.6亿美元，其中我国为6200多万美元，所占比重不到1%。西欧各国和日本每年也大量进口各种工艺品，但我们所占同类商品的比重也不高。因此，我们要适应国际市场的需要，在产品质量、花色品种、包装装潢上下功夫，同时采用现代工艺技术，在某些高档首饰品种上打开新局面，是很能提高创汇率的。

第四，发挥我国资源优势，出口国际市场需求量大的资源性产品，如某些金属和非金属产品。

我国煤矿资源不仅储量多，而且煤质好，与素称煤藏丰富的美、苏不相上下。我国油气资源也比较丰富，在国际能源紧张的背景下，适当地出口一些能源产品是有好处的。我国1950年开始出口煤炭，1973年出口原油，1981年又在南海、南黄海地区与外国石油公司合资，开辟商业性油田，对我国都是有利的。1981年出口煤炭656.5万吨（占年产量六亿二千万吨的1%），原油1365万吨（占年产量一亿零一百多万吨的12%）。这个数量并不算多，但石油收汇额却约占出口收汇总额的四分之一。可见，适当出口一部分能源产品是必要的。但是，对能源产品的出口，又必须严格控制。为了实现战略总目标，目前国内能源十分紧张，因此，这方面的出口首先要考虑国内需要。同时，也要看到，单出口资源，这在经济上并不十分划算。比如，我们出口的原油，如果加工成汽油、煤油、柴油就可以提高三倍的价钱，而

如果综合利用变成石油化工产品就可以提高八倍的价钱。今年（1983 年）年初以来，国际石油市场的油价下跌，我们更应该在这方面算算细账，然后确定出口石油及其产品对策。

钨、锑、锡、水银等有色金属是我国的传统出口商品，国内资源丰富，国际市场价格高，换汇率也高。因此，应该大力发展这方面的出口。20 世纪五六十年代，有色和非有色金属的出口对象主要是苏联、东欧一些国家。目前主要是港澳地区、新加坡、日本、马来西亚，其次是西欧、中近东等，我们应该执行对不同国家地区和厂商区别对待的政策，通过这方面的出口，发展对外经济关系。

总之，我们在商品出口结构上，要努力改变以初级产品为主的状况，发展各种工业制成品出口的贸易形式。1981 年，我国出口总额突破了 200 亿美元，比 1978 年增长了 1 倍多。但是，它在工农业总产值中所占的比重仍不过 5%~6%。而多年来一直在 4% 上下浮动。而 1980 年美国出口额占国内生产总值的比重为 8.6%，西德为 23.4%，英国为 22.2%，加拿大为 26.6%，苏联占国民收入的 10.8%。可见，我们还要放开手脚进入国际市场。

第五节　以劳动耗费对效用的比较为原则，立足国内建设急需，调整商品进口结构

——实现国际交换总任务对策之二

按照马克思的“国际价值”理论，当前安排商品进口结构的原则应该是，首先对国内长期依赖进口的大宗物资，要通过国内生产的发展，转为自己生产，逐步减少进口量，而那些国内经济建设和人民生活急需的产品，自己来生产而劳动耗费较大、经济上不十分合算的产品，要增加进口；对能加速国内社会主义现代化建设的先进设备，可优先进口；国内市场短缺的物资，以及为

了加工出口和调剂品种，也可以组织进口。

三十多年来，我国商品进口结构大致如图 12-1 所示。

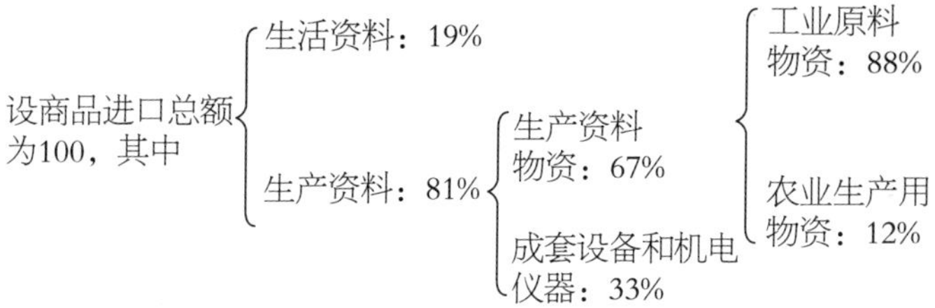

图 12-1　我国进口商品结构

如前所述，如果我们向发达国家出口物资，尽管我们也会得到使用价值的好处，但也存在着价值转移问题。因此，我们要通过进口国内急需而又不能生产，或者说能够生产但费用比较大的产品，弥补在出口中的价值转移。事实上，三十多年来我国进口的物资确实增加了效用，降低了费用，从而对国内经济建设起了巨大的推动作用。这主要是：进口的大批国内急需缺或短线物资，支援了国内工农业生产。从新中国成立初期到 1979 年，共进口钢材 6448.2 万吨，占同期国内产量的 23.6%；铜 209.3 万吨，占 52%；化肥 10 049 万吨，占 40.3%；糖 1480.8 万吨，占 39.8%；棉花 455.5 万吨，占国内收购量的 10%，等等。进口的这些物资，对国内经济建设起了很大作用，以进口化肥来说，按一斤化肥增产三斤粮食算，就能增产粮食三亿吨，可供九亿人吃一年零八个月。进口的一些生活资料，补充和调剂了国内市场。三年困难时期，我们进口粮食、糖，弥补了国内生产的不足；打倒“四人帮”后，根据市场物资短缺和改善人民生活的需要，特别是为了让农民休养生息，我们又有计划地进口了一些生活资料，比如，进口粮食 5500 多万吨、动植物油 90 多万吨；另外，还进口了一些耐用消费品，调剂了国内市场的品种，改善了人民生活。

1981 年我们实行贸易外汇内部结算办法以后，进口反盈为亏，十分引人注目。外贸盈利，说穿了就是来源于出口商品价格卖得好一点，进口商品价格买得低一点之间的差额。据 1981 年进出口金额计算，每提高 1% 的出口价格或降低 1% 的进口价格，国家就可以减亏或增盈 6 亿元。但由于我们当前的外贸体制、商情调研、交通运输等远不能适应瞬息万变的国际市场，这是使外贸盈利不能很多的主要原因。但为什么外汇内部结算后，进口亏损严重呢？经营方面的一个原因是进口商品价格与国内拨交价格发生过大背离造成的。近十年来，国际市场粮食、食糖、棉花等生活资料价格成倍上涨，而我们国内却又急需这些用品，不得不安排一些进口，但为了保持国内物价稳定，进销逆差就由国家财政补贴，1981 年我国进口的粮食、糖、棉花、化肥、钢材的亏损占进口亏损的 96%，国家对此财政补贴达 87.3 亿元，占全部物价补贴总额的 27.28%。另外，进口亏损的负担不合理，也是原因之一。外贸盈亏由外贸部门统一结算，使用单位吃"大锅饭"，这使得一些不应进口的商品也进口了，比如硫黄，国产每吨成本 500 元，虽然进口也要 490 元，但拨交价格仅 250 元，由于亏损由外贸单位负责，所以国内一些使用单位争相进口硫黄，而国产硫黄又要出口。去年（1982 年），青岛港就发生过向日本出口硫黄 2000 吨，却同时又进口了 2040 吨硫黄的怪事。为了安排好进口，这种使用单位吃"大锅饭"的财政补贴办法，应该改革。

引进先进设备，在我国商品进口中占有很大比重。

新中国是在半封建半殖民地的废墟上建立起来的，工业基础比较薄弱，因此，在 20 世纪 50 年代，为了恢复和发展工业，我们从苏联、东欧一些国家等进口了许多重要的成套设备以及各种机械、仪器、车辆、原材料等。"一五"时期，从苏联进口的 156 项工程设备，到 1958 年止，已经有大部分项目建成并投入生产；从东欧一些国家进口的 68 项工程设备，也建成并投产。这对打破美国的封锁禁运，恢复和发展国民经济，提高工业生产能力，特别是为社会主义工业化奠定基础等方面，起了很大作用。1962 年，我们冲破美国的封锁和苏联的控制，从日本引进了一套年产一百万吨维尼龙的设备，打开了从西方资本主义国家进口成套设备和新技术的路子。随后，我们采用现汇和延期付款方式从日本和西欧国家等进口了一批石油、化工、冶金、矿山、电子和精密机械等方面的设备共84项，填补了我国工业的某些空白。20世纪70年代特别是打倒“四人帮”后，我们又引进了大批的成套设备。1978年所签订的合同约占三十年引进项目成交额的48%。但由于国内施工条件和配套工作不落实，也造成过很大的浪费。

从过去的引进设备历史来看，我们有教训，这就是重成套设备而没有同时买进技术。从统计中看，引进项目中，成套项目占80%，单台占17%，纯粹的技术引进只占3%。1980年以来，我们改变了大量引进成套设备的作法，重点转向有效地引进适用的先进技术和关键设备，包括：先进设备或部件，新的工艺和科学的操作规程，新的原理、数据和配方，优质材料和先进的经营管理方法。从设备引进转向制造技术的引进，这是发展进口，提高进口经济效益的重要对策。加强对老企业的挖潜、革新和改造，这是当前加速国内经济建设的重大原则之一。因此，最近一个时期，我们引进的先进技术将主要用在这方面。当然，我们引进技术，也不能一切照搬，必须同独创精神结合起来，对引进技术要一用、二学、三改、四创，这样才能把有限的外汇用在最急需的先进技术的引进上来。

第六节　用好外资

——实现国际交换总任务对策之三

引进外资，这是党的十一届三中全会以来新发展起来的对外贸易形式。到1982年年底，我们通过各种渠道引进的外资，已签订协议的约126亿美元。这几年我们利用外资的形式大体上有三类：第一类是外国政府和国际金融组织提供的中长期、中低利贷款，以及各种名目的开发基金、救济基金等。比如，日本输入银行的能源贷款9亿美元，用于石油和煤矿的建设；比利时政府的无息贷款2000万美元，用以购买电站设备；日本海外协力基金已签协议的贷款4.4亿美元，用于建设秦皇岛、石臼所两个港和北京至秦皇岛、兖州至石臼所两条铁路；世界银行对大学教育项目贷款2亿美元；联合国农业发展基金给予畜牧业贷款3500万美元等。这些都是属于国家统一借用的贷款，大约有100多亿美元。第二类是吸收直接投资，包括合资经营、合作经营、合作开发、中小型补偿贸易以及来料加工装配等，比如，日本石油公司、法国石油公司与我国共同勘探，开发渤海、南海北部湾四个海上油田，外商投资5亿美元；中外合资经营的企业83家，主要在轻工、纺织、机械、食品等行业，外商投资1.4亿多美元；中外合作经营企业近800个，外商投资约27亿美元等。第三类是商业贷款，这主要用于那些投资少、周期快、盈利高和能够扩大出口创汇和具有偿还能力的建设项目上。前几年，我们用大量的商业贷款来购买成套设备，曾经造成过浪费，这是值得吸取的教训。

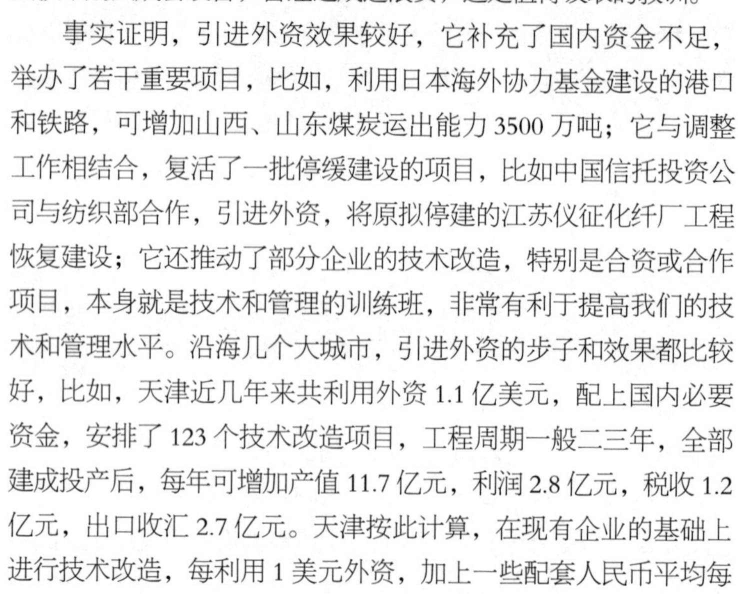

事实证明，引进外资效果较好，它补充了国内资金不足，举办了若干重要项目，比如，利用日本海外协力基金建设的港口和铁路，可增加山西、山东煤炭运出能力3500万吨；它与调整工作相结合，复活了一批停缓建设的项目，比如中国信托投资公司与纺织部合作，引进外资，将原拟停建的江苏仪征化纤厂工程恢复建设；它还推动了部分企业的技术改造，特别是合资或合作项目，本身就是技术和管理的训练班，非常有利于提高我们的技术和管理水平。沿海几个大城市，引进外资的步子和效果都比较好，比如，天津近几年来共利用外资1.1亿美元，配上国内必要资金，安排了123个技术改造项目，工程周期一般二三年，全部建成投产后，每年可增加产值11.7亿元，利润2.8亿元，税收1.2亿元，出口收汇2.7亿元。天津按此计算，在现有企业的基础上进行技术改造，每利用1美元外资，加上一些配套人民币平均每年可增加产值 10 元，税收利润 3.5 元，出口收汇 2.4 美元。有的合资经营企业，由于引进了先进的设备，还带动了全行业技术水平的提高。比如，天津中法葡萄酿酒公司采用法国低温发酵法，先将葡萄汁做澄清处理，再加入人工酵母，八个星期成酒，酒味清香爽口，有果香；而目前我国一般都采取陈储法酿酒，用自然酵母、自然冷冻工艺，二三年制成，酒的果香味早已消失。由于他们技术先进，创汇率高，1980 年投资利润率为 40%，1981 年扣除所得税，投资利润率为 50%。由此可以看出，在引进外资中，以吸引直接投资的效果为最好。当前世界各国，直接投资十分普遍，这对发达国家来说，为剩余资金解决了出路，而对发展中国家来说，不仅解决了资金困难，而且同时也引进了技术，增加了就业。因此，吸引直接投资应该成为我们当前用好外资的重要方式。

为了有效地吸引直接投资，我们应该在平等互利的基础上进一步放宽有关政策，使其有吸引力。我国目前所得税率是 40%，还要缴纳工商统一税、地方税等，所以实纳税率高过了远东其他国家；我国内地现行对合资企业征收的土地使用费仅低于香港地区、高于纽约，而香港是世界上地价最高的地方，这影响对外资的吸引力。另外，在合资企业中，分配政策也存在着某些值得注意的问题。因此，我们应该实事求是地调整外资政策，制定外资法规，使国外的资本家在中国投资有利可图，吸引外国资本家、华侨资本家和港澳台地区资本家都来投资，使外资的引进工作得到更大的发展。

第七节　积极开展国际劳务合作

——实现国际交换总任务对策之四

劳务合作和承包工程是当今世界经济技术交流合作的重大项

目。经过三十多年的经济建设，我国已具有了一定的物质技术基础，技术水平比较适合发展中国家的需要。我国工程技术人员在国外工作中艰苦朴素、认真负责和平等待人的作风也受到人们的普遍赞赏。1979 年到 1982 年底，我国除原有中国成套设备出口公司以外，又先后组建了 15 个对外承包公司，通过友好国家和广大爱国华侨、港澳同胞等合作帮助，签订承包工程和劳务合作合同 861 项，合同总金额为 13.8 亿美元。目前在国外从事劳务合作和承包工程的技术工程人员约 25 000 名。这方面的工作主要集中在中东地区。除直接承包一些国家的某项工程和提供劳务外，也和别的国家合作，分包一定任务，从事土木建筑、交通、石油管道、水坝等工程建设和建材、纺织等工厂的土建施工工作，对古典园林、烹调等具有我国民族特色的项目以及海运业务，也积极参加合作。

我国对外承包工程的主要方式是提供建设项目所需的全部设备、建筑材料和人力即“交钥匙项目”，这种承包工程由于可以带出建筑材料，因而还可以带动国内建材工业的新发展。另外还有包工不包料、承担部分工程等。我国对外劳务合作的主要方式是按雇主的要求，按工种提供工程技术人员，实行计时工资，也有提供技术服务的。当前，由于世界贸易的发展，海船年年增加，特别是第三世界国家深感劳务和技术力量缺乏，一些国家和地区的船东急需我国参加这方面的劳务合作，一艘船按 30 人计，每天可为国家收入外汇 20 余万美元，还不包括其他附加收入，这种“劳务”合作，对培养我们的新生力量极有好处。

当然，就目前劳务和承包工程的经济收益来说，还不能说很大。但我国劳动力资源丰富，众多的聪明能干、吃苦耐劳的劳动者，是国际劳动力市场上最有竞争力量的一支队伍。因此发展国际间的劳专合作和承包工程，对推动整个对外经济关系的发展有十分重要的作用。

第八节　改革对外贸易体制

——实现国际交换总任务对策之五

我国对外贸易体制，基本上是20世纪50年代从苏联照搬过来的。特别是我们自己对列宁有关对外贸易国家垄断制的论述有误解，这就逐渐形成了国家外贸部门独家经营的外贸体制，进出口活动严格按照国家的指令性计划进行，不得任意变动。在这种外贸体制下，除外贸部门外，其他部门如出口商品的生产企业不直接承担赚取外汇的任务，它们只须按照指令生产，然后交外贸部门收购，至于在国际市场上是否卖得出去？是否创汇？这是不必考虑的。因此，难以促使生产企业适应世界市场的需求从事生产并不断改进技术，买卖做得很死、很呆板。在这种外贸体制下，外贸部门也只重视完成收购和出口的指标任务，至于经济效益却很少考虑，因为盈亏一律由国家财政包干。1979年后半年，我们开始对外贸体制进行了改革，比如，实行商品分级管理，扩大地方经营对外贸易的权限；增辟对外贸易的流通渠道，中央有关各部可直接对外经营；实行出口商品收汇留成制度和外汇内部结算价格等。这些改革，调动了各方面的积极性，但也存在着“肥水落入外人田”的状况，经营单位一拥而上，争市场、争客户、争货源，曾一度自己乱了自己的阵脚。

搞好体制改革，这是实现战略总目标的根本保证。外贸体制的改革，当然也是实现国际交换总任务的保证。外贸体制的改革，最重要的是要遵循下述两条原则。

一是坚持统一计划、统一政策、联合对外的原则。正确理解列宁外贸国家垄断制的有关论述，仍然是十分必要的。我们是社会主义国家，实行计划经济体制，有关外贸发展的规划、方向、增长速度、作价原则以及国别贸易计划，这仍然应该实行集中管理。多头对外，是不利于对外贸易发展的。

二是坚持使生产供应与外销要求相适应的原则，逐步建立以工贸联营的基层企业为核心，以按商品外贸经营分类为特点的各种专业进出口公司相结合的外贸体制。

工贸联营企业实际上就是把产、供、销和内外贸结合成“一条鞭”式的进行统一核算的“托拉斯”组织。选择从事外贸产品的生产企业，当然首先应考虑其产品在世界市场是否有销售前途，而且在国内同类产品中是否能经受竞争的考验，质量是否稳定，产量是否能不断提高。外贸部门一旦与这样的企业联营，就要共同承担经济责任。

针对国外有销路、国内生产有条件的商品，应该建立分类商品的专业公司，这些公司除了组织大宗重要物资的出口外，那些货源分散的农副土特产品的出口也应该通过专业公司进行。

另外，还要建立一些对外服务性的专业公司和外贸中心，提供仓储和咨询业务，加强对世界市场行情的调研。

外贸体制改革的着眼点是使生产和外贸一致起来，充分调动企业，还有地方和各部门发展对外贸易的积极性，但核心是正确处理集中与分散问题，保证企业在国家外贸统一计划指导下，对物资、生产、销售等实行独立核算，同时给他们以国家政策规定范围内的自营权，使从事外贸的生产企业由国家行政部门的附属物变为独立核算的生产单位。只有实行这样的改革，才能使外贸企业在竞争激烈的世界市场上有自主权，灵活地应付各种变化。

另外在外贸体制改革中，还应该注意两个问题：一是搞好经济特区的建设，要在税收、分配等方面采取更灵活一些的政策，以便集中地、更多地吸引外资，引进先进技术和先进管理经验；二是要发挥沿海地区的优势，把沿海各城市建成对外贸易中心，利用它们工业基础雄厚、技术力量强的优势，使之成为引进和采用新技术的先行者，成为发展对外承包和劳务合作的基地。

胡耀邦同志在十二大政治报告中特别指出：“我们千万不要

忘记资本主义国家和资本主义企业决不会因为同我们进行经济技术交流，就改变它们的资本主义本性。”这几年，我们一些同志在与外商打交道时，确实吃过不少亏，一方面是由于我们经验不够，但另一方面也是由于一些人忘记了资本家唯利是图的本性。资本主义国家的一些资本家，他们不仅有经济上、技术上的优势，而且也有“丰富”的贪占落后国家便宜的经验。因此，我们要在实践中逐步学会与外商开展经济斗争的成套本领。同时，今后随着国际交换的发展，我们还必须警惕资产阶级的腐蚀，自觉抵制和反对资产阶级腐朽的思想作风和生活方式。这对完成国际交换总任务也是十分必要的。

第十三章　所有制结构对策

恽希良　任惟忠

第一节　确定所有制结构对策的依据

所有制结构，首先是指国民经济中各种生产资料所有制经济的构成状况，以及它们在国民经济中的地位和相互关系；其次是指各种所有制经济内部的构成状况以及各构成要素的相互关系。

所有制结构是经济结构的一个重要方面，体现着社会生产关系的概况。所有制结构是否合理，反映生产关系适合生产力性质的程度，它直接影响着社会主义现代化建设。

一国的所有制结构，主要是由该国一定历史条件下的社会生产力状况决定的。有什么样性质的生产力，就有什么样的生产关系和相应的所有制结构。当然，这并非意味着一国的所有制结构在任何时候都会自然而然地适合生产力的性质。和没落的资本主义经济制度不同，社会主义经济制度是适合社会发展一定阶段生产力性质的。但是，社会主义国家的所有制结构，也不是在任何时候都完全适合生产力性质的。第一，一种新的基本上适合生产力性质的所有制，在建立过程中常常会有不完善的地方；第二，即使是适合生产力性质的所有制，也常常不能随着生产力的发展而及时变化；第三，总的来说，社会主义公有制经济是人们根据客观经济规律自觉建立的，但人们的认识和实践可能不完全符合客观的经济规律。这样，社会主义所有制结构，尽管在基本方面是适合生产力性质的，也会在具体构成上有不适合生产力性质的地方。所有制结构中适合生产力性质的方面，是促进生产力发展的重要因素，而那些不大适合生产力性质的方面，则会在一定范围和一定程度上阻碍生产力的发展。所有制结构对策，就是要发展所有制结构中那些适合生产力性质的方面，改变那些不适合生产力性质的方面，使所有制结构趋向完善。

在社会主义改造基本完成以后，我国建立了以生产资料公有制为基础的所有制结构。但长期以来，人们认为，社会主义社会的一切经济部门都要实行公有制，并且公有化的程度愈高愈好，而在公有化程度最高的国营经济内部又是愈集中愈好。在这种观念支配下，我国的所有制结构有急于向单一全民所有制过渡的趋势。这样一种认识和做法给我国的社会主义建设造成了很大损失。

党的十一届三中全会以后，随着对“左”的错误思想的纠正，人们认识到这种急于走向单一全民所有制经济的所有制结构不适合当前生产力性质。那么在我国建立什么样的所有制结构才比较适合生产力性质，有利于经济发展呢?

有人认为，我国生产力水平低下，应该取消全民所有制经济，甚至取消社会主义经济制度，建立没有全民所有制经济或没有社会主义经济的所有制结构。显然这种看法是不适合我国国情的，是错误的。应该看到，我国的社会生产力水平虽然还不高，但我们已经建立了社会主义的经济制度，它大大地推动了社会生产力的进一步发展，这是谁也不能否认的事实。全民所有制是社会主义经济制度的顶梁柱，巩固全民所有制是巩固社会主义经济制度的最重要的条件。在整个社会主义阶段，不仅不能动摇全民所有制的地位，而且要不断巩固和加强它的这种地位，取消全民所有制就意味着取消社会主义。以为取消了全民所有制仍然能够发展社会主义，是不切实际的空想。

根据我国特定条件下的生产力状况，我们的所有制结构对策应该是:

第一，在社会主义公有制基础上，调整各种所有制经济的比重，在目前，尤其要大力发展城乡集体经济，适当发展个体经济，在某些地区（包括特区）适当发展中外合资经营的国家资本主义企业；

第二，调整全民所有制的国营经济的内部组织结构，进一步发挥国营经济的主导作用；

第三，调整劳动群众集体所有制经济的内部结构，进一步发挥城乡集体经济的优越性；

第四，在生产专业化协作的基础上，根据有利于经济发展的原则，在国营经济、集体经济、个体经济的基础上，发展多种形式的合营经济。

第二节　发展以社会主义公有制为基础的所有制结构

我国现阶段的生产资料所有制结构，以全民所有制的国营经济和劳动群众的集体所有制的合作经济为基础。这是生产关系一定要适合生产力性质规律在特定历史条件下作用的必然结果。在人民大众同帝国主义、封建主义、官僚资本主义矛盾极端尖锐化的条件下，中国人民进行了新民主主义革命，没收了官僚资本，因势利导地建立了社会主义全民所有制性质的国营经济。在人民民主专政的国家政权和国营经济的领导下，根据我国国情采取逐步过渡的办法，成功地进行了生产资料所有制的社会主义改造。到 1956 年底，国营经济和合作社经济在国民经济中的比重已分别达到 32.2% 和 53.4%，而公私合营经济仅占 7.3%，个体经济占 7.1%。随着公有制经济占据统治地位，我国基本上形成了以社会主义公有制为基础的所有制结构。以后，我国的所有制结构继续向有利于社会主义的方向发展，随着取消定息消除了资本主义所有制的因素，完成了公私合营经济向国营经济的转变。以社会主义公有制为基础的所有制结构，促使社会生产力以我国历史上从未有过的速度向前发展，这表明它适合现阶段生产力的状况，体现了社会主义经济制度的优越性。

但是，我国的以生产资料公有制为基础的所有制结构，在发展过程中走了曲折的道路。在生产资料所有制的社会主义改造取得基本胜利以后，本来应该大力巩固刚刚建立的社会主义经济制度，调整全民所有制内部的结构，尤其是要巩固刚刚从半社会主义性质转变为社会主义性质的合作经济，以及充分利用那些有益社会生产和方便人民生活的个体经济。但是，由于人们对国情认识不深，对生产关系一定要适合生产力性质的规律认识不深，因此在经济工作中犯了“左”的错误，追求过高的发展速度，急于实现集体经济和个体经济向全民所有制国营经济的过渡。对集体经济实行了不断“升级”的政策，让“穷队”去共“富队”的产，取消自留地、家庭副业、集市贸易。对个体经济实行“合并”的政策，实际上把他们当“资本主义”来进行改造，使个体经济在整个国民经济中的比重越来越小。以城镇个体劳动者人数为例，1957 年为 104 万人，1962 年为 216 万人，1965 年为 171 万人，1978 年为 15 万人。所有制结构上的这种趋势，影响了集体经济和个体经济的发展，挫伤了广大农民和个体劳动者的积极性。

把这种急于向单一的全民所有制发展的所有制结构调整为以公有制为基础的多种形式所有制结构，是一个重大的决策。十一届三中全会以后，党正确地分析了现在的国情后指出，我国社会生产力在三十年来有了较大的提高，但原来的底子太薄，与经济发达的国家相比还是比较落后的，各个地区和部门的发展也不平衡，在社会化大生产迅速发展的同时依然存在着大量的手工劳动，众多的人口也给就业带来了严重的困难。在这样的条件下，一定要实行全民所有制经济、集体所有制经济、个体经济等多种经济形式同时并存的方针。全民所有制经济同先进的大机器生产相适应，集体所有制经济同集体的手工劳动或机械化程度较低的

生产相适应，个体经济同分散的手工劳动或细小的机器生产相适应，它们在各自的范围内具有优越性。

1979 年以来，我国实行对外开放和对内搞活经济的政策，对各种所有制经济采取了松动的政策，使国民经济的所有制结构发生了一定的变化。这些变化主要表现在以下几个方面：

（1）在整顿全民所有制经济的同时，城乡集体经济和个体经济得到明显的发展。以全民所有制经济、集体所有制经济和个体经济中的劳动者人数为例（见表 13-1）。

表 13-1

单位：万人

	1978 年	1979 年	1980 年	1981 年	1982 年
全民所有制经济	7451	7693	8019	8372	8630
比上年增长百分比（%）	3.5	3.2	4.2	4.4	3.1
城镇集体经济	2048	2274	2425	2567.5	2651
比上年增长百分比（%）	5.3①	11	6.6	5.9	3.3
城镇个体经济	15	32	81	113	147
比上年增长百分比（%）		113	116	39.6	30.1
农村集体和个体劳动者	30 342	30 582	31 371	32 227	
比上年增长百分比（%）		0.8	2.2	2.7	

资料来源：《1981 中国统计年鉴》《中华人民共和国国家统计局关于一九八二年国民经济和社会发展计划执行结果的公报》。

说明：①为 1974—1978 年平均数。

由此可见，1978 年以来，城镇集体经济的增长速度不仅超过了全民所有制经济的增长速度，而且比自己前五年的平均增长速度（5.3%）也提高了。个体经济扭转了下降的局面，得到了较快的发展。

（2）出现了一定数量的中外合资企业。到 1982 年底，包括四个特区在内，全国通过各种方式吸取的国外投资协议金额为 49 亿美元，已使用 17 亿美元。其中合资经营企业 83 个，合作经营项目 792 个，海上石油合作勘探开发项目 12 个，补偿贸易提供设备项目 872 个，外商的独资企业 34 个。由我国国营经济同港澳等地区以及国外的资本主义经济共同投资的企业，是一种国家资本主义性质的企业。

（3）出现了各种经济联合经营的企业。它包括国营企业之间的联合，集体企业之间的联合，国营企业和集体企业、集体企业和个体劳动者的联合，以及国营企业、集体企业和个体劳动者之间的联合。这是一种新型的公共所有制形式。

总之，我国的所有制结构已经改变了急于向单一全民所有制过渡的趋势，逐步形成了一个社会主义公有制占绝对优势的多种所有制经济形式并存的所有制结构。

所有制结构的调整，不是要回到多种经济成分并存的过渡时期。过渡时期的多种经济成分并存，是社会主义经济成分和资本主义经济成分并存，谁战胜谁的问题还没有解决，个体经济也占着显著的比重。在基本上完成了所有制的社会主义改造以后，经济领域中谁战胜谁的问题已经解决，少量的个体经济成了社会主义经济的附庸。当前及今后对所有制结构的调整，以及实现对外开放吸收一定数量的外资，都不会动摇社会主义经济制度的统治地位，不会改变所有制结构以社会主义公有制为基础的基本格局。

所有制结构的调整，不是权宜之计。由于我国生产力发展水平总的来说还比较低，又很不平衡，在很长时期内需要多种经济形式的并存。其他社会主义国家的实践也证明，多种所有制形式并存是社会主义初级阶段的必然现象。在经济发展比较落后的国家进入社会主义社会以后，不可避免地会出现以公有制为基础的多种所有制结构，这是不能超越的阶段。我国的历史经验一再证

明，多种经济形式并存，能够更好地兼顾国家、集体、个人的利益，把各种经济形式的积极性都调动起来。

针对我国所有制结构的现状和国民经济的发展趋势，在80年代的调整时期，我国所有制结构可大致采取以下对策：继续大力整顿并在整顿中适当发展全民所有制的国营经济；更放手地发展城乡集体经济；适当发展个体经济和各种合营经济，适当提高它们在国民经济中的比重；放宽利用外资政策，继续吸收外资成立多种合资企业。在今后一个相当长的时期内，每年需要就业的人员，能够到国营经济就业的相对要减少，很多人要进入集体所有制企业和单位，也有一些人会去从事个体劳动，在城镇集体所有制经济和个体经济中从事劳动的人数的比重还会增大。

随着国民经济调整任务的完成，随着我国进入90年代的经济振兴时期，得到完善的多种所有制结构将大致稳定下来，国营经济、集体经济、个体经济的比重可能大致稳定在适当的水平上，然后随着社会生产力的发展，向有利于社会主义的方向，及时作出必要的调整。从整个国民经济来说，由于城市经济比农村经济发展得快一些，全民所有制经济和城镇集体所有制经济的比重会缓慢增长；农村集体经济会以较快的速度继续增长，但在整个经济中的比重会缓慢下降；个体经济还会继续发展，但它在国民经济中只占有很小比重的格局不会改变；各种合营经济的比重可能还会有一定的增长。

第三节　改善全民所有制经济内部的组织结构

全民所有制经济的生产资料归全社会劳动者公共所有。我国现阶段的全民所有制，远远没有发展到囊括社会一切生产资料的程度，它与集体所有制和个体所有制并存，还是一种不完全的全民所有制。不过，全社会劳动者只共同占有社会部分生产资料的状况，并不影响全民所有制的根本性质。对于归全社会劳动者所有的这部分生产资料，无论是全民所有制经济的领导者和普通职工，或者没有在全民所有制经济内从事劳动的农民和其他劳动者，都拥有同等的所有权。因此，全民所有制经济的生产必然以全社会劳动者的共同利益为最根本的目的，各个企业、地方、部门的经济活动，都要向全社会劳动者负责，要执行体现全社会劳动者意志的国家计划，按照国家计划进行产品的生产、分配和交换。

社会主义全民所有制，是社会化大生产在生产关系方面的体现，它是社会主义经济制度和社会主义经济发展方向的主要代表。社会主义全民所有制经济，拥有国民经济中最强大的生产力量。掌握着银行、铁路、邮电、大企业等，控制着国民经济的命脉。只有它才具有扶持其他经济和用先进技术改造社会主义经济的巨大的物质力量。因此，全民所有制经济在社会主义社会的所有制结构中必然处于主导地位。

巩固和发展全民所有制经济，是保障集体所有制经济沿着社会主义方向前进的决定性条件。合作经济的性质是受占统治地位的经济决定的。资本主义制度下的合作社，同资本主义的生产和流通相联系，必然成为依附于资本的集体的资本主义组织。社会主义制度下的合作经济，同国营经济相联系，必然成为社会主义性质的集体所有制经济。社会主义国家和国营经济通过经济支持，以及国家计划、价格、税收、信贷、市场等经济杠杆，引导集体经济沿着社会主义方向健康发展。

全民所有制经济是保障个体经济为社会主义服务的决定性条件。已经存在几千年的个体经济，从来不是一个独立的经济。在我国现阶段，它在城市中主要依附于全民所有制经济，在农村中主要依附于集体所有制经济。

全民所有制经济是保证国民经济的发展符合劳动人民的整体利益和长远利益的决定性条件。全民所有制的本质，不仅要求全民所有制经济自身的活动要以全社会利益为重，还要求它必须引

导整个国民经济的活动服从全社会劳动人民的利益。

但是，在现阶段，巩固和发展全民所有制经济，不是依靠把集体经济和个体经济转变为全民所有制经济，而要依靠它自身的力量，依靠它自己的积累来发展社会化大生产。在经济调整时期巩固和发展全民所有制经济的对策是：集中力量调整全民所有制经济的内部结构，巩固它在国民经济中的领导地位。

我国现阶段的全民所有制经济，虽然没有包罗社会的全部生产资料，但也已经十分庞大，它拥有 6000 多万职工（加上机关团体和文化教育部门的职工有 8000 多万人），8 万个工业企业和 100 万个商业机构。这样，在全民所有制经济内部，就有一个部门、地方、企业的关系问题，也就是经济管理体制问题。

在通常的情况下，生产资料的所有者就是生产资料的支配者，他按照自己的意志使用生产资料管理生产过程和分配产品。全民所有制经济的生产资料，也应该归全社会劳动者共同支配、使用和管理。然而由于全民所有制经济庞大无比，即使是一个大企业，在全民所有制经济内部也只是机体上的一个细胞。全民所有制经济的这种特点，决定了全社会劳动者不可能亲自、直接管理整个全民所有制经济，他们必须通过一个能够代表全社会劳动者利益的经济中心来实行对全民所有制经济的统一管理。在我国现阶段，这个代表就是社会主义国家。

社会主义国家，除了具有人民民主专政的政治职能，还具有组织和领导社会主义经济过程的职能。那些涉及整个全民所有制经济以及国民经济的重大活动，像统一的国民经济计划，上缴财政的税金和利润，重要产品的生产、分配和流通等，都要由国家直接管理。这是任何一个企业、地方、部门都无力管起来的，只有国家才具有足够的权威。因此，在我国，全民所有制必然采取国家所有制的形式。

长期以来人们对于国营经济的统一的集中管理有一种片面的简单化的理解，以为国家的中央部门管得愈多愈好。我国从 20

世纪 50 年代以来实行的国民经济管理制度就是高度集中管理的制度。企业的一切经济活动都要听命于国家计划，投资全部依靠国家拨付，利润全部上缴，产品由商业部门或物资部门统购包销，职工由劳动部门统一调配。企业在人财物和供产销方面的自主权受到很大的限制，企业的主动性受到很大的压抑。这样做，还使国营经济的各级领导机构滋长了官僚主义，脱离实际，违反客观经济规律进行盲目的指挥。

国营经济在发展过程中出现的这些弊端不是国家所有制形式所固有的。有人认为，国家所有，就是用国家政权组织代替了经济组织，用行政方法来管理经济。这种认识是不对的。国家所有，不是人民民主专政的政权组织所有，而是作为经济中心代表全社会劳动者所有。作为经济中心的国家和作为政权组织的国家，在机构上是合一的，但在职能上应当是分开的。官僚主义和过多的行政方法，不是国营经济本质产生的弊病。相反地，我们应该重视国家的经济作用，让它在组织和领导社会经济过程中得到充分的发挥。决不能因为国营经济现行管理体制中的缺点，而去怀疑社会主义国营经济的优越性，认为它不如集体经济，甚至不如资本主义经济。

国营经济现行管理体制中的各种缺点，表明国营经济需要进一步完善，要对国营经济的管理体制进行改革。党的十一届三中全会以来，我国强调发扬经济民主，扩大企业自主权，实行经济责任制，调整国家同地方和企业的关系，这就是改善国营经济内部结构所采取的主要措施。

国家所有制，并不是国家的中央部门所有制。全社会劳动者对生产资料的所有权，不是仅仅依靠国家的中央部门来行使。庞大的国营经济是一个复杂的机体，除了中枢机关起指挥作用外，各个单位也能够各自发挥作用。社会化大生产的本性，要求高度的集中统一，也要求高度的机动灵活。在社会主义制度下，劳动人民是生产资料的主人，管理企业和国家是他们最大的权力。全

社会劳动者对全民所有制经济的所有权，不仅通过国家的中央部门来行使，也通过代表国家的各级部门、地方和企业来行使，他们还可以亲自管理自己直接从事劳动的单位。国家、各级部门和地方、企业和广大劳动者，层层都负起管理国营经济的责任，就能够把国营经济搞活，发挥出国营经济的优越性。

扩大企业自主权，就是适当扩大企业在资金使用、生产安排、经营销售、劳动调配等方面的管理权限。扩大企业自主权是和实行经济责任制紧密相关的。一定要坚持责任、权力、利益的紧密结合，把企业对国家承担的责任放在首位。要把全面完成国家计划和保证增加国家收入作为企业的首要责任。

几年来，国营企业的管理体制有了许多变化。比如，在企业财务管理体制上，开始改变统收统支的方法，实行以税代利，把上缴利润改为上缴税金，权责利得到较好的结合；在计划管理上，除了实行指令性计划外，有些要实行指导性计划，要扩大企业根据市场需要决定生产的权力，实行计划经济为主、市场调节为辅的原则；在物资管理上，除了重要物资需要统一调拨外，要采取一些自由采购和自由销售的办法。

为了更合理地使用生产资料，对各种类型的国营企业可以实行不同的管理方式。对于那些关系到国计民生的大企业，要由中央部门直接管理，许多中小企业可以由各级地方管理。对于有些小企业今后要分期分批由职工集体或个人承包、租赁，实行国家征税、资金付费、自负盈亏的制度。

为了改变目前条块分割、城乡分割而造成的生产重复、流通堵塞、领导多头、互相牵制的状态，要按照经济规律的要求合理划分部门、地方、企业的权限。在今后一个时期内，一是要注意发挥行业的作用。各个行业的主管部门，除了直接管理少数全国性公司和大型企业外，要从具体的经济事务中摆脱出来，把主要精力放在统管本部门的重大方针政策方面，如从全国利益出发，对部门的发展规划、经济政策、技术政策、质量标准、新技术推广等，按照统筹兼顾的原则进行协调。二是要注意发挥城市的作用，特别是着重发挥大中城市在组织经济方面的作用。要打破旧的行政区划，按照经济规律，实行条块结合、城乡结合的原则，扩大城市的权力，让它带动周围农村，统筹一个地区的经济活动，在发展生产搞活流通中发挥经济枢纽的作用，逐步形成以城市为依托的各种规模和类型的经济区。

扩大企业自主权，发挥行业的作用，扩大中心城市的权限，都没有改变全民所有制的性质，也没有改变国家所有制的形式。部门、地方、企业获得的经营管理生产资料的权力，都不是完全的支配权而只是相对的支配权，即按照全社会劳动者的意志和利益进行经营管理的权力。因此，并不存在什么企业所有制、地方所有制、部门所有制。企业、地方、部门在运用自主权中将获得一部分物质利益，这是他们辛勤劳动和经营有方的结果，是按劳分配的一种形式，并不改变他们经营管理的企业、地方、部门的全民所有制性质。相反地，如果有的领导者，违背了全社会劳动者的意志和利益，利用他所支配的生产资料去获取个人或本单位的利益，则是不可容忍的错误。在某些国营企业中出现的违反国家统一计划、擅自扣留统配物资、截留上缴利润、偷税漏税、随意涨价、互相封锁，虽然是少数人的问题，但也是严重破坏全民所有制经济的行为，一定要坚决纠正。

我国经济体制的改革工作刚刚开始，全民所有制经济的管理体制必将逐渐完善。这对全民所有制经济的巩固和发展有着深远的意义。

在调整任务完成和进入经济振兴阶段以后，内部结构比较协调的全民所有制经济将促使生产力更快地发展。那时，全民所有制经济的巩固和发展，也还不能采取把集体经济和个体经济转变为全民所有制经济的办法，仍然要依靠自身的力量。它通过自身的积累将会获得更快的发展，取得更大的效益。由于各种经济形式的相互关系已经得到调整，那时，全民所有制经济在国民经济

中的比重将稳定下来并会略有提高，它在国民经济中的主导地位将会得到进一步的加强。

第四节　调整劳动群众集体所有制的经济结构，大力发展集体经济

我国劳动群众集体所有制经济结构也是多形式多层次的。大的方面可分为农村集体所有制经济和城镇集体所有制经济。它们各自的内部又有多种形式，农村的供销合作社，信用合作社，运输合作社，人民公社，以联产承包为特点的新的经济联合，农工商联合体等；城镇的手工业生产合作社，合作商店，市、区属的“大集体”，街道办的“小集体”，全民所有制办的集体经济，城镇居民集资经营的合作经济，城镇青年办的生产、服务合作经济等，都是劳动群众集体所有制经济的不同形式。在同一合作经济中又有不同层次，如人民公社的三级所有、队为基础，联产承包责任制中的集体经济与家庭经济，集体经济与联合公司、县联社等都是集体所有制经济的不同层次。各种集体所有制经济在国民经济中的地位与作用虽有区别，但它们有着共同的特点，都是劳动者按照自愿互利原则联合组成的合作经济。在合作经济中，劳动者共同占有主要生产资料，独立经营，自负盈亏，实行民主管理与按劳分配的社会主义原则。

农村的劳动群众集体所有制，是土地改革以后，通过互助合作运动建立与发展起来的。实现了从私有制向集体所有制的过渡。

在农业生产资料所有制的社会主义改造问题解决以后，摆在集体经济面前的主要任务就是如何寻找一种最能调动农民生产积极性的经营管理方式。二十多年来，我们一直在这方面进行探索和试验，走了不少弯路，也积累了不少经验。

农业同工业相比有许多特点，农业生产是人的劳动过程同生

命的物质生产过程结合在一起的，自然的制约作用很大，在生产过程中须因地因时制宜，随机应变。我国农民虽然有了一些现代化的生产手段，但不很多，大部分还是手工工具。农业生产的主要生产资料是土地。土地虽可长期反复使用，但只有精心养护，不断培植地力，才能增加经济效益。我国人多地少，但几千年来，以家庭经营为主，有着精耕细作的良好传统。这些情况都说明在集体经济的经营管理上不宜过分集中。既要发挥集体经营、集体劳动的优越性，也要发挥家庭经营、分散劳动的好处。农业生产周期长，要经过许多环节，不断投入劳动，但经济收益集中表现在最终产品上，这就要求把生产者的经济利益同最终产品挂起钩来，以促进他们关心每道生产工序。工分制，虽然也是衡量劳动时间的一种办法，但因它同最终产品缺少直接联系，又难以评定，实际执行中存在着严重的平均主义，不能充分调动社员的积极性。

近年来，我国农民在党的领导下创造了多种形式的家庭联产承包责任制，解决了我国社会主义农业中一个长期没有解决的根本性问题，深受群众欢迎。联产承包责任制，采取了统一经营与分散经营相结合的形式，联系产量计算报酬，克服了经营管理与劳动过分集中的毛病，纠正了分配中的“大锅饭”，扩大了农民在生产和经营上的自主权，既继承了以往合作化的积极成果，又发挥了小规模经济的长处，坚持了土地等基本生产资料的公有和某些统一经营的职能，使集体经济的优越性和社员个人经营的积极性同时得到发挥。

随着农业生产责任制的推广，出现了大批的专业户与重点户。专业户专门经营某一项事业，重点户以一业为主兼营其他。在分工分业、专业承包的基础上又出现了多种形式的经济联合。这些展现出具有中国特色的社会主义农业发展的正确道路和光辉前景。

农业是国民经济的基础，农业集体所有制经济又是农村的基本经济形式，它的状况如何，对国民经济以至整个社会生活，都有很大的影响。这几年，国民经济的调整能够比较顺利地进行，轻工业能够连续数年高速增长，城乡市场空前繁荣，财政收支状况逐步好转，根本原因之一，就是农村政策对头，农业生产大发展。粮食与多种经营的大幅度增长，以大批粮食、畜产品与工业用原料支援了城市，同时也为工业品提供了更大的市场。当前一个比较突出的问题是工业、文教卫生事业，特别是商业、交通运输事业如何适应农业大发展的需要。

根据我国农村的实际情况，在现阶段发展集体经济的对策是，继续稳定和完善多种形式的家庭联产承包责任制，发展专业户与重点户，促进多种形式的经济联合。不同地区或不同行业，因自然条件不同，生产过程不同，生产社会化程度不同，人们的文化教育程度与传统习惯不同，合作经济的生产资料公有化程度，合作的内容和形式，分配的内容和形式，可以有所不同。在实行劳动联合的同时也可以实行资金联合；在生产合作之外还可以有供销、贮运、技术服务等环节上的联合；也可以跨地区联合。不管哪种联合，只要遵守劳动者之间自愿互利原则，接受国家计划指导，实行民主管理制度，有公共提留和公共积累，实行按劳分配，或以按劳分配为主同时有一定比例的股金分红，都属于社会主义性质的合作经济。

在推行农业生产责任制过程中，对某些生产资料的所有权是有所调整的，但总的来讲，土地等主要生产资料的集体所有制性质是长期不变的。所要改变的是落后的不适合我国国情的集体经济的经营管理方式。在世界上，凡是按照苏联 20 世纪 50 年代集体农庄的模式来经营管理集体所有制经济的，都遇到了同样的问题，如权力过分集中，分配吃“大锅饭”，劳动效率不高，经济效益差。这些国家现在也都在进行不同程度的改革，为我们提供了一些好的经验，值得我们借鉴。我国农民在党的十一届三中全会精神鼓舞下，解放思想，打破老框框，从我国农村实际情况出发，近几年搞起了以家庭联产承包为特点的农业生产责任制，这确是一个伟大的创造，是对马克思主义合作化理论的新发展。先进的社会主义集体所有制加上先进的经营管理方式，如虎添翼，必将使我国农村的集体所有制经济更加巩固，更加完善，更加显示出它的优越性。

城镇集体所有制经济遍布全国城镇各行各业，包括手工业、工业、建筑业、运输业、商业、饮食旅店及其他服务行业，在我国经济生活中占有很重要的地位。国营企业需要它做助手，人民生活更与它休戚相关。城镇许多家庭都有人在集体所有制企业工作，家家都离不开集体所有制企业的产品。在进出口贸易中、在国家的财政收入中它也占有相当的比重。

我国城镇集体所有制经济的发展道路是很不平坦、非常曲折的。像地里的韭菜，割掉了一茬又长出一茬。第一个五年计划期间，通过对个体手工业、个体商业、小业主的社会主义改造建立起来的生产合作社、合作商店为第一批。但不久就刮起了“共产风”，大批升级过渡为国营工厂和合作工厂。但同时，由家庭妇女和其他闲散劳力为主组织起来的生产合作社、服务合作社，为第二批。在十年动乱时期，又大批资本主义，并大批逐级上收集体所有制企业。但与此同时，又由职工家属和知识青年组织起了“五七”工厂，为第三批。1979 年以后，以广大城镇待业青年为主力组织了各种形式的生产、服务合作组织，使城镇集体所有制经济进入了新的发展时期。经过二十多年的发展，城镇集体所有制经济由少到多，由弱变强，已经成为经济战线的一支强大力量。仅从职工人数看，到 1981 年底，全国城镇集体所有制的职工人数已达 2567.5 万人，其中工业 1495 万人，建筑业 255 万人，农林牧副业 52 万人，运输邮电业 219 万人，商业饮食服务业 352 万人。

城镇集体所有制经济曲折而又顽强的发展过程，一方面说明“左”倾错误的危害；说明在对待城镇集体所有制问题上还存在着不少糊涂观念；说明束缚城镇集体所有制经济发展的经营管理制度必须进行改革。另一方面也说明，城镇集体所有制经济的存在与发展是符合客观经济规律的，是适合社会需要的，因此具有强大的生命力，尽管屡遭挫折，还是在夹缝中顽强地生长起来了。确实是“野火烧不尽，春风吹又生”。

我们是在一个经济比较落后的国家建设社会主义的，生产力的发展极不平衡。各个城镇，在社会主义改造以前都存在着大量的个体手工业与个体商业，对他们要同对待个体农民一样，绝对不能剥夺，只能引导与帮助他们在自愿与互利的原则下联合起来，走合作化的社会主义道路。

在社会主义经济建设中，我们必须采取大、中、小企业并举，自动化、半自动化、机械化、半机械化与手工劳动并存的方针，这就决定了城镇集体所有制经济长期存在的必然性。经验证明，即使机械化程度比较高的企业，有一些也可以由合作社来办，而且还可以办得相当好。不能认为，只要机械化程度提高了，就必须一律升级过渡为国营企业。

城镇集体所有制经济的主要经济形式有生产合作社、合作工厂、街道工厂、合作商店、城镇青年与其他居民集资经营的合作经济组织等。大力发展各种形式的城镇集体所有制经济具有重大的经济与政治意义。

发展城镇集体所有制经济是充分利用我国劳动资源优势的一条重要途径。我国人口众多，单城镇每年就需安排几百万人就业。单靠国营企业是无论如何包不下来的。集体所有制企业，一般技术装备程度比较低，劳动密集程度比较高，它的发展必然会给劳动就业提供更为广阔的场所。1980 年和 1981 年两年，全国城镇共就业 1720 万人，城镇集体所有制就安置了 545 万人，占这两年就业总人数的 31.6%。今后，城镇集体所有制，仍然是城镇劳动力就业的重要去向。

城镇集体所有制经济是国营经济的有力助手。国营企业的某些产品可以同集体所有制企业协作配套，以提高其专业化的程度。国营企业的边角余料可以交集体所有制企业使用，以便充分利用原材料。社会生产资料特别是人们日常需用的生活资料多种多样，千变万化，国营企业不可能全部经营，也不可能全照顾到。集体所有制企业，规模小、布点多、服务面广、适应性强，可以起拾遗补缺的作用。

城镇集体所有制企业大部分是生产日用工业品或以劳务形式为人民生活服务的。它的发展对繁荣市场、稳定物价、方便人民生活有很大作用。城镇集体所有制企业有许多从事传统手工艺产品或工艺美术产品生产的，许多是从事具有民族风味饮食业的，在继承与发扬祖国文化遗产方面起着很好的作用。还有许多企业是生产出口商品的，在对外贸易中占有相当重要的地位。城镇集体所有制企业投资少、周转快、利润大，也是社会主义建设资金积累的重要源泉。

为了充分发挥城镇集体所有制经济的作用，在经济管理体制改革中，最重要的是继续落实政策，恢复和尊重它们的集体所有制性质，打破在经营管理方式上过分集中与吃“大锅饭”的平均主义毛病。历次升级过渡或逐级上收的所谓“大集体”有的是办得好的，但很大一部分在不同程度上存在着“大锅饭”“铁饭碗”或有向“大锅饭”“铁饭碗”看齐的倾向。市区属的大集体企业，大部分是统负盈亏，实行的政策同国营企业基本上是相同的。由国营企业扶持兴办的集体企业，也有一部分名为集体，实际上由国营企业包下来的，街道办的集体企业中也有相当多的企业没有自主权，实际上并没有实行自负盈亏。这样做在很大程度上改变了集体所有制企业的性质，束缚了集体所有制企业的手脚，妨碍了集体职工的积极性的发挥。对于这样的经营管理体制必须坚决进行改革，既然是集体所有制就应该按照集体所有制的经营管理原则来办：自主经营、独立核算、民主管理、自负盈亏、按劳分配，真正体现集体所有制的性质，发挥集体所有制之

所长。为了专业化与协作，各集体所有制企业可以联合，可以组织各种形式的联社或专业公司，但这种组织必须是经济实体，是集体所有制经济的一个层次，而不能办成变相的国家管理机构。在集体所有制内部也要实行经营责任制，克服吃大锅饭的平均主义弊病。集体所有制企业可以搞厂内车间、小组、个人承包，可以把某些产品零部件或某道工序包给本单位职工在家里完成。这样的家庭经济也不同于独立的个体经济，而是集体所有制经济的一部分。

第五节　适当地发展个体经济

在我国的城市和农村都存在着一定数量的个体经济。个体经济有一部分是社会主义改造时保留下来，未参加合作社的个体户，多数是适应社会经济发展的需要而新产生的。个体劳动者一般拥有比较简单的生产工具，自食其力，从事物质产品的生产或从事商业服务性活动。他们的生产多数是为了交换，基本上属于简单商品经济。今天的个体经济同旧社会的个体经济是不同的。他们是依附于社会主义经济，作为公有制经济的补充而存在的，是在社会主义国家管理、指导、帮助与监督下进行活动的。

个体经济长期存在的必要性，是由我国国情决定的。我国的基本经济形式是全民所有制经济与集体所有制经济，社会各方面的需要主要靠公有制经济来满足，但在现有的生产力水平条件下，有许多事情是公有制经济不便经营，或虽然经营也满足不了社会需要的。有许多劳动力是公有制经济吸收不了的，有许多零散的劳动时间是公有制经济难以利用的。这就需要有个体经济作为补充。有许多经济领域，特别是以手工劳动为主的、服务性的、分散性的、地方性的经济活动也很适合个体经济施展才能。

我国50年代在对个体手工业和小商小贩，对个体农业经济的社会主义改造过程中，曾有意识地保留了一批个体经济。但在改造的后期，工作有些过急过粗，出现了盲目集中生产和集中经营的现象。陈云同志当时就指出，手工业在合作化过程中，过多地实行了合并和统一计算盈亏，而这是不利于手工业的经营的。农业在合作化过程中，对该由社员家庭经营的副业注意不够。陈云同志明确提出："我们的社会主义情况将是这样：在工商业经营方面国家经营和集体经营是工商业的主体，但是附有一定数量的个体经营。这种个体经营是国家经营和集体经营的补充。"可惜这个好意见长期没有能够贯彻下去。在"大跃进"和人民公社化运动，特别是在"文化大革命"中，个体经济大部分被当作"资本主义尾巴"割掉了。结果给人民生活带来很大的不便，产生了大量的事没有人干，大量的人没有事干的矛盾。粉碎"四人帮"，特别是党的十一届三中全会以后，个体经济才重新获得了合法地位，得到了新生。个体经济近几年的发展是相当快的。四年来，城镇个体劳动者从 15 万人增加到 147 万人。再以零售商业、饮食业和服务业的从业人员为例，1980 年从事这些行业工作的个体经济人员分别为 47.3 万、24.6 万、17.8 万，1981 年分别上升为 98.5 万、44.1 万、35.3 万。农村个体经济在农业生产责任制的影响下，也得到了发展。

二十多年来，正反两方面的经验证明，在社会主义公有制占绝对优势的条件下，适当发展个体经济，对社会对个人都有好处。它的发展，可以使许多传统的手工业得到恢复与发展；可以迅速增加商品和饮食、修理等服务网点，克服长期存在的吃饭难、做衣难、修理难、行路难、住店难等问题；可以增加新的商品流通渠道，促进城乡交流；可以增加新的就业门路，使更多的人就业，为社会创造物质财富，为自己增加经济收入。

当然，在个体经济发展的道路上还会有种种障碍，需要继续消除"左"的影响，从各方面予以扶植。从事个体经济的是社会主义社会中的独立劳动者，与公有制企业的劳动者享有同等的政治权利和社会地位，不得歧视。他们之中由于特别勤恳、技艺高超、善于经营而劳动致富的应予鼓励。对个体经济发展中出现的一些消极现象，也不必大惊小怪，更不能因噎废食。而需要加强国家有关部门对他们的管理、指导、帮助与监督，并运用各种经济杠杆进行调节，使其沿着有利于社会主义的轨道健康发展。

第六节　大力发展以公有制为基础的合营经济

几年来，我国出现了一批由国营企业、集体企业和个体劳动者分别集资、共同经营的联合企业，形成了一种新的合营经济。

合营经济有多种形式。有同一种所有制企业组成的，如若干全民所有制企业或若干集体所有制企业组成的；有不同所有制企业组成的，如全民所有制企业与集体所有制企业联合、集体所有制企业和个体劳动者联合。合营企业，有的是同一行业的，也有的是跨行业的；有一个地区的，有跨地区的；有单纯生产联合成单纯流通联合的，也有生产和流通联合的；有大型联合，也有中小型联合。据全国 1980 年年底统计，建立各种经济联合体 3400 多个，组建各种专业公司、总厂 1900 多个。1981 年又建立各种公司、总厂 580 个，组织各种经济联合体 730 个[1]。

参加合营企业的不同所有制单位，不因参加合营企业而改变自己的所有制性质。对于那些同类型公有制单位组成的合营企业，如由全民所有制企业组成的合营企业，仍然是全民所有制，由集体所有制企业组成的合营企业，仍然是集体所有制。对于那些不同类型所有制单位组成的合营企业，如全民所有制和集体所有制企业的联合，集体所有制和个体劳动者的联合，则是不同所有制的混合。一方面，它们各自的所有制没有变化，另一方面，在生产资料的支配和使用上发生了变化，原来分散的、规模极小的经营联合为集中的、规模较大的经营。

[1] 1981年和1982年《中国经济年鉴》。

严格来说，由若干全民所有制企业组成的各种专业公司、总厂，实质上不是合营经济，它们是在生产专业化协作的基础上，是对旧的全民所有制经济管理体制改革的结果。只有那些由各个地区、各个部门的全民所有制单位，因临时性的原因组成的联合企业，才带有合营经济的性质。

合营经济打破了地区界限、行业界限和所有制界限，适合社会化大生产的要求。过去的经济体制，受行政管理方法的束缚，把企业的组织限制在较小的范围内，从而限制了生产力的发展。社会化大生产把整个经济联结为一个整体，它要求发展生产专业化协作，不仅要求企业之间建立外部的协作，而且要求企业之间实现经济联合。以生产资料公有制为基础的计划经济也要求把许多分散的企业集中为有较固定协作关系的联合企业。根据经济合理的原则，建立跨地区、跨行业、跨所有制的联合企业，将供产销联结起来，充分发挥人财物的效能，有利于统一规划、合理布局、挖掘潜力、利用资源，克服“大而全”和“小而全”的弊病，避免盲目地重复建设和重复生产，创造出新的生产力。

合营经济也有利于各个地区经济的发展，可以充分发挥各个地区的优势。例如，上海市与其他省市合资经营 46 个项目，由双方共同投资、联合经营、利润分成、共负盈亏。由上海提供设备、技术、零部件，一方提供厂房、劳动力和原材料，上海获得各种紧缺的原材料，另一方提高了技术水平和管理水平，双方都得到利益。

合营经济有利于参加联合的各种经济成分的发展，特别是有利于集体经济的发展，可以大大提高集体经济的技术基础，增加集体经济的收入。例如，沈阳第一工具厂（国营）和沈阳配件厂（集体）合资经营，没有增加投资、设备、厂房、劳动力，产量和利润大幅度上升，集体经济职工的技术水平也得到很大提高。又如轻工业部工艺美术公司出资金，湖北省谷城县赵湾公社出劳动力，共同建立万亩生漆基地，既能解决工艺美术品生产所需要的生漆，又能帮助山区发展经济。

合营经济还是一种新的经济形式，预计在今后一段时期内，随着社会分工的发展和经济体制的进一步改革，还会有很大发展。我们要采取因势利导的对策，大力发展以公有制为基础的各种合营经济。除了继续发展国营企业之间的专业公司和总厂外，在城镇要大力发展国营企业和集体企业之间的联合，在农村中要大力发展集体企业之间的联合，相应地发展一些集体经济和个体经济之间的联合，还要大力发展各个地区和部门之间的联合。

后　记

本书是探讨实现我国20世纪末经济发展战略目标的经济结构对策问题的一本较系统的著作。它主要从宏观经济的几个主要方面论述了结构对策，同时也从微观经济的某些方面对结构对策作了分析。

这是一本集体创作的学术著作。各个题目的作者根据全书的统一构想，分别承担各个题目的写作任务。在设计提纲和写作过程中，曾进行过多次集体讨论，明确主题思想，协调各章内容，交流观点和资料。1983年5月举行了初稿讨论会，会后各章作者根据讨论的成果又进一步作了修改和补充。1983年8月由编辑小组对各章修改稿进行加工和审定。前后经历了一年多的时间。

本书的基本观点是前后一致的，在写作和编辑过程中也已经把重复的内容尽量删节了。但是对于某些属于对未来经济发展的预测，对不同作者也不强求一致。比如，书中有关章节对到20世纪末国民收入年平均增长率的预测，农业、轻工业和重工业在80年代和90年代平均增长速度的预测等，就略有差别。尽管如此，并不妨碍全书基本观点的统一和逻辑的一贯。这与其说是某种遗憾，毋宁说是以论文集形式出现的集体著作所应有的风格。

在写作和编辑过程中，作者们都力求在马克思主义指导下，从中国国情出发，为实现20世纪末经济发展战略目标探索妥善的有效的经济结构对策，并努力从理论上作比较充分的论证。同时，由于本书论述的是实践性很强的主题，而结构对策又不宜笼统，因此本书不是一般的理论著作，它大致具备理论性、应用性和政策建议性相统一的特点。

本书同由马洪同志和我主编的《中国经济结构问题研究》（上下册，人民出版社 1981 年版）一书有着内在的连续性。《中国经济结构问题研究》一书用大量的系统的资料，着重分析、论述了我国经济结构的现状和存在的问题。虽然也提出了许多改善我国经济结构的建议，但那时不可能同实现战略目标联系起来。本书则着重寻求我国今后在经济结构方面应该采取哪些对策，才能更好地促进 20 世纪末经济发展战略目标的实现。

限于水平，书中一定会有许多不足甚至错误之处，希望读者不吝指教。

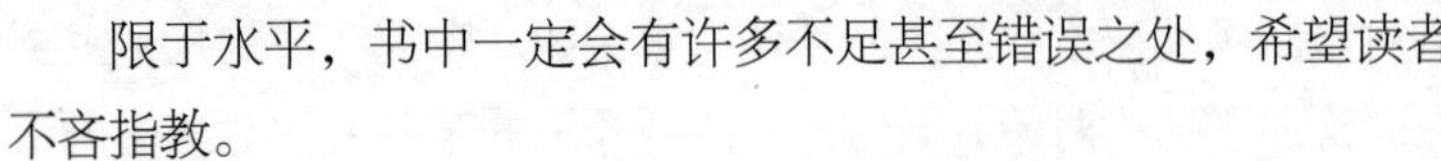

1983 年 8 月 26 日于烟台